석조문화재, 그 수난의 역사

석조문화재, 그 수난의 역사

2007년 4월 16일 초판 1쇄 인쇄
2007년 4월 20일 초판 1쇄 발행

지은이 · 정규홍
펴낸이 · 권혁재

책임 편집 · 최정애
편집 · 김소영, 조혜진
관리 · 이완준

출력 · 반도원색
인쇄 · 태화인쇄

펴낸곳 · 학연문화사
등록 · 1988년 2월 26일 제2-501호
주소 · 서울시 금천구 가산동 371-62 우림라이온스밸리 B동 712호
전화 · 02-2026-0541~4 | 팩스 · 02-2026-0547
E-mail · hak7891@chollian.net

ⓒ 정규홍, 2007

저작권자와 맺은 협약에 따라 인지를 생략합니다.

잘못 만들어진 책은 바꾸어 드립니다.
책값은 뒤표지에 적혀 있습니다.

ISBN 978-89-5508-121-3 03900

석조문화재,
그 수난의 역사

정규홍 지음

학연문화사

책을 내면서

　우리의 국토를 여행하면 많은 고사찰과 석조미술품을 만나게 된다. 이 중에서도 석탑, 사리부도, 석등, 탑비 등의 석조물은 예술적 조형성이 뛰어날 뿐 아니라 그 수량에 있어서도 상당하다 할 수 있다. 수차에 걸친 전화戰禍로 인해 폐사가 된 경우나 조선시대 배불 정책으로 말미암아 사세寺勢가 기울어 폐사가 되었어도 일부 석조물들은 폐사지에 그대로 유존하였다. 이들은 하나같이 우리 풍토와 정서에 적합하게 창조된 것으로 여기에는 오랜 역사와 시대의 사상이 묻어 있으며 종교적 대상에 대한 숭모가 배어 있어 더욱 애착을 가지고 보존해 왔다. 우리나라 지명에도 '탑동'이니 '탑골'이니 하는 이름이 많은 것은 그만큼 마을에 있는 석탑 등에 대해서 마을의 상징으로 삼을 만큼 숭모하면서 보존해 왔다는 것을 알 수 있다.

　비록 황량한 사지에 탑이나 부도가 버려져 있다할지라도 우리 선조들은 이를 훼손하여 유물을 몰래 빼내거나 석조물들을 매매의 대상으로 삼는다는 것은 꿈에도 생각하지 않았다. 그러나 근세 이후 외세의 침략과 함께 귀중한 우리의 석조문화재들은 매매대상으로 전락하여 막대한 피해를 입게 되었다. 탑이나 사리부도 속에 있는 사리장치舍利裝置 등은 그 자체가 우수한 미술품이므로 이것을 절취하기 위해 탑이나 사리부도를 무참하게 파괴하는 행위가 빈번하였다. 심지어는 석조물 전체를 매매대상으로 삼아 탑이나 부도 등을 원지로부터 옮겨와 개인의 정원을 장식하거나 일본으로 반출한 것도 상당수에 달한다.

그나마 현재 우리나라에 남아 있는 석조물들은 조사 연구가 가능하지만 현재 일본에 반출된 석탑, 부도, 석비 등은 그 수가 얼마인지 대략적인 파악조차 힘들다. 국내에 남아 있는 석조물의 경우에도 원형의 훼손은 물론이거니와 불법으로 산간벽지에서 반출해 왔기 때문에 그 법망을 벗어나기 위해 출처를 밝히지 않아 귀중한 사적 증징이 사멸되는 경우가 허다하다. 오늘날 우리 눈앞에 보이는 이러한 조형물을 총체적으로 이해하기 위해서는 이 조형물이 오늘에 이르기까지의 어떤 수난이 있었는지를 살펴보는 것도 중요한 한 요소라 생각한다.

필자는 대학을 졸업한 후 아무런 기본지식도 없이 처음 우리문화재에 관심을 갖게 되었다. 몇 해가 지나면서 차츰 일제강점기의 우리문화재 수난에 관심을 갖게 되었으며 이때부터 메모를 하기 시작하였다. 그간 메모하여 둔 것을 정리하여 2005년에 『우리 문화재 수난사』를 처음으로 출간하였다. 당시 별도로 문화재 수난의 실례를 모아 함께 출간하고자 하였으나 너무 미흡하여 뒷날을 기약할 수밖에 없었다.

이번에 출간하게 된 이 책은 당시 함께 출간하고자 욕심을 부렸던 것 중에서 석조문화재를 중심으로 신문자료 등을 보충하고 다시 정리를 하여 내놓게 되었다. 일제강점기를 통하여 국가의 존엄이 얼마나 귀중한 지를 체험했듯이 우리 문화재의 수난을 상기함으로서 더욱 보존의 중요함을 공감할 수 있지 않을까 하는 생각에서였다.

  그동안 지루하고 고독한 작업에 변함없이 마음 편하게 후원해준 아내 김영숙과 두 아들 찬혁, 희진에게 고마운 마음을 전한다. 마지막으로 출판을 허락해준 학연문화사 권혁재 사장님과 꼼꼼하게 편집에 애써준 최정애 씨를 비롯한 여러분께 감사한 마음을 전한다.

2007년 4월
정 규 홍

차 례

책을 내면서 · 4

1장 경상도 지역

다보탑 · 13
불국사 사리탑 · 27
석굴암 · 33
경주 용장사지3층석탑과 석조불상 · 82
경주 장항리불상과 5층석탑 · 88
경주 창림사지3층석탑 · 95
경주 천군리사지3층석탑 · 103
경주 정혜사13층탑 · 107
군위 인각사 일연선사비와 사리탑 · 112
선산 주륵사지석탑 · 122
영주 순흥면 초암사3층석탑 및 부도 · 125
선산 낙산동(대문동)석탑 · 130
영주 비로사 진공대사묘탑비 · 133
문경 갈평리5층석탑 · 137
상주 화북면 7층석탑 · 139
문경 봉서리석탑 · 141
김천 갈항사지3층석탑 · 143
의성 관덕동3층석탑 및 석사자상 · 150
상주 외남면 지사리 석심회피탑 · 155
칠곡 정도사지5층석탑 · 160
직지사 비로전 앞 3층석탑과 대웅전 앞 석탑 2기 · 165
선산 원동3층석탑 · 167

영천 신월동3층석탑 · 169
봉화 태자사 낭공대사백월서운탑비 · 174
문경 산북면 내화리3층석탑 · 180
상주 공성면 초오리3층석탑 · 182
울산 석남사부도 · 184
합천 영암사지 쌍사자석등 · 187
합천 월광사지3층석탑 · 192
울산 등억리 간월사지석탑 · 195
울산 망해사지석조부도 · 198
산청 범학리3층석탑 · 201
함안 주리사지 사자석탑 · 204
창원 봉림사지 진경대사보월능공탑 및 그 외 석조물 · 208
청도군 장연동 장연사지3층석탑 · 217

2장 전라남북도 지역

장흥 보림사 보조선사창성탑 및 3층석탑 · 223
광양 옥룡면 중흥산성 쌍사자석등과 3층석탑 · 232
광양 옥룡사지 쌍탑과 쌍비 · 240
쌍봉사 철감선사징소탑과 비 · 252
군산 개정면 발산리5층석탑과 석등 · 258

3장 충청남북도 지역

괴산 외사리석조부도 · 265
보령 성주사지의 석조물 · 273
갑사부도 · 292
예산군 덕산면 상가리석탑 · 294
논산 개태사지석탑 및 그 외 유물 · 303
서산 보원사지5층석탑 및 그 외 유물 · 310
부여 정림사지5층석탑 · 317
중원군 청룡사지 보각국사정혜원융탑 · 327

부여 은산면 각대리 숭각사지5층석탑 · 330
중원군 정토사 법경대사자등탑 · 332
충주 탑평리7층석탑 · 336
중원군 정토사 홍법국사실상탑 · 344
제천 월광사지 원랑선사탑과 비 · 348
단양 향산리3층석탑 · 351
제천 장락리7층전탑 · 353

4장 서울 경기 지역

경천사지10층석탑 · 357
고달사지의 석조물 · 376
봉인사부도탑 · 392
하남시 춘궁리 동사5층석탑, 3층석탑 · 397
이천 읍내면5층석탑 · 405
현화사지7층석탑 · 409
장단군 화장사 지공탑과 동남봉부도 · 414
양평 보리사지 대경대사현기탑 · 418
강화군 하점면 장정리5층석탑 · 424
부천 소래면 대리석탑 · 426
가평군 종현암지석탑 및 부도 · 427

5장 강원도 지역

원주 법천사지 지광국사현묘탑 · 431
원주 홍법사지 진공대사비와 탑 · 449
강릉 신복사지3층석탑 · 461
원주 거돈사지 원공국사승묘탑 · 468
양양 선림원지의 석조물 · 477
강릉 굴산사지부도 · 485
원주 약사암지석탑 · 493
양양 진전사지3층석탑과 석조부도 · 494

6장 원소재지가 불명확한 석조물

염거화상탑 · 503
경북대학교 석조부도 · 509

7장 사진자료에 나타난 재일 한국석탑 · 515

참고문헌 · 530
찾아보기 · 547

1장 경상도 지역

다보탑

불국사의 경내에 있는 다보탑은 불국사의 창건(경덕왕 10년 (751))과 동시에 건조된 것으로 국내는 물론 세계 어디서도 그 유례를 찾아 볼 수 없는 진귀한 탑으로 신라 석조미술의 백미라 할

불국사 대웅전 앞 다보탑

수 있다.

대웅전의 동쪽에 위치한 다보탑多寶塔은 서쪽에 있는 석가탑釋迦塔에 대응하는 탑으로, 불경에 '다보여래석가여래병좌多寶如來釋迦如來並坐하여 일一은 설법說法하고 일一은 증명證明한다'는 데서 온 것이다. 법화경에, "부처가 영취산靈鷲山에서 이 경을 설파할 때 다보여래의 진신사리를 모셔둔 탑이 땅 밑에서 솟아 나오고, 그 탑 속에서 소리를 내어 부처의 설법을 찬탄하고 증명하였다" 한다. 따라서 다보탑은 다보여래상주증명多寶如來常主證明의 일탑一塔이요 석가탑은 석가여래상주설법釋迦如來常主說法의 일탑一塔으로 다보탑은 곧 진리임을 증명하기 위하여 용현湧現한다는데서 다보여래상주증명多寶如來常主證明의 보탑寶塔 즉 다보탑多寶塔이란 탑명塔名이 나온 것이다.

불국사 창건 당시부터 이같이 '석가탑', '다보탑'으로 불렸는지는 명확한 기록이 없지만 오늘날 이 명칭이 일반화되어 있다.

1966년 석가탑을 해체하였을 때 11세기에 작성한 '불국사무구광정탑중수기佛國寺無垢光淨塔重修記'가 발견되었다. 이를 국립중앙박물관에 보관해 오다가 보존처리과정에서 그 내용이 일부 밝혀졌다. 석가탑은 11세기 당시에는 '무구광정탑無垢光淨塔' 또는 '서석탑'으로 불렀다는 기록이 나타나 있다. 따라서 석가탑을 '서석탑'이라 불렀다면 그 맞은편에 있는 다보탑은 '동석탑'이라 불렀음을 짐작케 한다.

서의 석가탑이 한국탑의 전형적典型的 양식樣式의 최고봉이라면, 다보탑은 이형양식異形樣式의 최고 걸작이라 할 수 있다. 상륜부의 보주만 없을 뿐 그 외는 완전한 것으로[1] 방형기단을 만들고 사방에 계단과 석난간을 만들었다. 언뜻 보기에는 매우 복잡한 구성으로 보이나 기본구조는 기단부, 탑신부, 상륜부로 이루어진 정사각형기단 위에 안치한 원탑圓塔이라 할 수 있다.

최초로 불국사를 탐방한 일본인 학자는 1902년 세키노 타다시關

---

1) 1925년 藤田亮策이 다보탑을 촬영할 당시에도 상륜부 보주는 없었다.

수리 전의 불국사(1902년)

野貞이다. 당시 그가 남긴 사진이 현재로서는 최초의 사진이라 할 수 있다. 그가 촬영한 사진에 나타난 불국사는 무척 황폐하였는데, 대석단 위의 자하문과 범영루가 있었고 대웅전 뒤에는 무설전이 있었으며 다보탑과 석가탑 그리고 비로전지에는 사리탑이 세워져 있었다. 그리고 경내에는 옛 건축지의 초석이 방치되어 있었으며 와전 등이 상당히 교란되어 있어 당시의 상황을 어느 정도 짐작할 수 있게 한다.

후의 기록이지만 『불국사와 석굴암』에서는 다음과 같이 기술하고 있다.

절터에 비해서 약간 과대하게 소실된 것 같지만 지금 불국사에 남아 있는 당탑堂塔은 옛날의 10분의 1에 지나지 않지만, 기교를 부린 다보탑을 비롯하여 석가탑 〈중략〉 모두 신라의 예술을 볼 수 있는 창건 당시의 유물이라는 것은 우리들로서 지극히 다행이라고 할 수 있다. 〈중략〉 조선 반도는 사적史蹟의 수가 많지만 경주에 있는 신라의 사적만큼 우리들의 감흥을 불러일으키는 뚜렷한 것은 없다. 또한 경주의 사적 중에서도 불국사와 석굴암 같이 미술적 가치가 뛰어난 것은 없다.

임란 이후 대부분의 건축물이 소실되어 복원하지 못한 상태이나 남아 있는 당대의 유물에 대한 경탄은 숨길 수가 없었다. 그들은 불국사와 석굴암이 비록 황폐하게 비쳐지기는 했지만 신라인의 가장 뛰어난 예술로 평가하였으며 가장 중요한 수리보존 대상으로 지목하였다.

한일합방 이후 곧바로 시작된 석굴암의 1차 보수공사가 끝나자

불국사 수선공사 완료 기사
(매일신보, 1925. 10. 17)

불국사의 수리공사로 이어졌다. 1918년 10월부터 실시된 불국사 수리공사의 일환으로[2] 1925년에 다보탑을 비밀리에 전면적으로 해체하고 수리 하였다.[3] 당시 현장공사는 총독부 기수 타케우치 야수기치竹內保吉가 담당하였다.

이 공사는 1925년 9월에 완료되어 동월 25일 오전 11시에 조선 총독부 학무국장, 경주군수, 기타 관민 다수가 참석한 가운데 다보탑중수경찬회多寶塔重修慶讚會를 열었다[4]는 사실 외에는 거의 알려진 것이 없다. 당시 그들은 우리나라 사람들의 접근을 막기 위해 현장 주변에 넓게 줄을 매어 통행을 엄중히 막았으며 삼엄한 경계 속에서 극비리에 탑을 해체하였다. 그러나 해체된 사진은 물론이거니와 당연히 남겨야 할 보고서나 기록을 남기지 않았으며 보수 당시 겨우 금동보살金銅菩薩 2구를 경주박물관에 인계했다는 인계서만 남아 있을 뿐이다.

"이 탑 속에서 어마어마한 보물이 많이 나왔는데 일본사람들이

수리 직후의 대웅전 모습
(1929, 『조선건축사론』)

---

2) 『光復以前 博物館資料目錄集』(국립중앙박물관, 1997)에 의하면, 〈大正7年度 文書綴〉에는 '불국사 다보탑 개수공사 예산조서'와 '불국사 다보탑 개수기초공사 평면도'가 철해 있다.
3) 『光復以前 博物館資料目錄集』에 의하면, 〈大正14年度 文書綴〉에 '불국사 다보탑 파손상태보고(1925년 1월 21일)', '불국사 다보탑 기타 수선에 관한 건(1925년 1월 26일)'이 있다.
4) 中村健太郞, 「佛國寺より石窟庵まで」, 『朝鮮及滿洲』第217號, 朝鮮及滿洲社, 1925年 12月.

시대일보, 1925년 6월 6일자

보자기에 싸서 가지고 갔다"는 현장을 멀리서 바라본 사람들의 말이 전해지고 있다.5) 탑 속에서 사리함을 중심으로 많은 유물이 발견되었을 것이나 여타의 장엄구는 물론이거니와 그때 인계했다는 불상마저도 남아 있지 않다.

그들이 이 당시 한국인의 출입을 막기 위해 엄중한 경계를 하고 있었으나 발굴현장을 멀리서나마 본 사람이 있었던지 시대일보(1925년 6월 6일자)에는 다음과 같은 기사가 있다.

금광이 찬란한 이천년 전의 불상
경주 불국사에서 발견하였다한다.
역사적 유물로 고대조선미술의 찬란한 비츰 세계에 비춰여 주는 경주 불국사慶州佛國寺에서는 지난 29일 오후 9시경에 다보탑을 수선하던 중 탑의 북쪽 땅 밑에서 높이 약 1촌 3분 및 3촌 7분 가량의 불상 두 개를 발굴하였는데 두 개가 모두 정치한 기교로 만든 조각품이며 부분부분에 금빛이 찬란한데 적어도 이천 년 전 신라시대의 작품인바 용이히 엇지 못할 미술품이라고 한다.

일례로 석가탑의 경우를 보면, 1966년 불법자들의 침범을 계기로 해체 수리하는 과정에서 탑 속에서 '무구정광대다라니경'을 비롯한 막중한 유물이 발견되었다. 이 점을 고려한다면 다보탑에서도 이에 버금가는 유물이 발견되었을 것이다. 하지만 일제는 다보탑에서 나온 모든 유물을 보수라는 미명 아래 약탈해 간 것이다.

이 탑의 보계가 마련된 갑석 위에는 원래 4구四軀의 돌사자가 안치되어 있었다. 이는 탑을 수호하는 의미에서 안치한 것으로 이러한 예는 분황사모전탑이나 의성 관덕동3층석탑에서도 볼 수 있다. 그러나 현재 다보탑에는 석사자상이 하나밖에 남아 있지 않다.

세키노 타다시關野貞가 1902년에 이 탑을 조사했을 때에는 "기

---

5) 鄭永鎬, 『韓國佛塔100選』(硏究論叢 92-10), 精神文化硏究院, 1992.
　鄭永鎬, 「佛國寺」, 『韓國의 文化遺産』, 韓國精神文化硏究員編, 1997.

1902년의 모습

단의 4우四隅에는 석사자石獅子를 앉히었다. 그 형태는 가슴이 많이 나오고 머리는 조금 위를 쳐다보고 있어 일본 동대사東大寺 남대문의 석사石獅의 자세와 흡사하다"라고 기술하고 있다.[6] 그러나 1909년 그가 다시 왔을 때에는 비교적 형태가 완전한 2구二軀가 없어졌다.

세키노關野의 기록을 보면,

메이지 42년(1909)에 다시 왔을 때에는 비교적 완전한 2구二軀가 이미 타지로 반출된 것을 보았나.[7]

라고 기록하고 있으며, 1909년에 발표한 또 다른 기록에는 좀 더

---

6) 關野貞, 「韓國建築調査報告」, 『東京帝國大學 工科大學學術報告』 第6號, 東京帝國大學 工科大學, 1904, p.40.
7) 關野貞, 『朝鮮の建築と藝術』, 1941, p.537.

구체적으로 밝히고 있다.

> 기단의 4우四隅에는 석사를 안치하였는데, 그 모습은 가슴이 심하게 나오고 머리는 젖혀 위를 향하고 있는 실로 순연純然하여 당식唐式의 분황사 석사와 함께 당시의 양식을 대표하는 귀중한 표본標本으로, 들은 바에 의하면 그 중 비교적 완전한 2구二軀는 그 후 방인(邦人 : 일본인) 모가 아국(我國 : 일본)으로 가져갔다고 한다.[8]

라고 하여 석사자를 훔쳐간 자는 모 일본인이며, 그것이 일본으로 반출되어 갔음을 밝히고 있다.

1904년에 간행한 『기업안내 실리지조선企業案內 實利之朝鮮』이란 책자를 보면 이 책의 저자인 요시쿠라吉倉凡農란 자가 직접 한국으로 건너와 전국을 돌아보면서 한국에 대한 전반적인 소개와 더불어 도한자渡韓者들이 한국에서 이익을 취할 수 있는 직종과 수단을 소개하고 있다. 그 중에는 불국사 다보탑 석사자의 반출에 대한 다음과 같은 내용이 수록되어 있다.

> 고적古蹟을 탐방探訪하면서 고기물古器物을 수집蒐集함은 또 상당한 영리사업營利事業으로 손색이 없고, 고적의 귀한 것은 신라유적에 해당한다. 신라의 고도古都는 경주에 있다.
> 오늘날 여기에 존재하는 유물로 동양 유일한 것이라고 칭할 수 있는 훌륭한 종, 옛날 건축의 잔적殘跡 불국사에 있는 석조의 사자상(이것은 세 개 있다), 불국사 별원에서 발견된 12신장神將의 동혈洞穴 등은 전부 신라시대의 웅대한 미술을 그대로 오늘날까지 전하는 것으로 현세세계의 일명보一名寶로 손색이 없을 것이다. 아니 수천 만 원 값이 나가는 사자상獅子像을 사승寺僧은 나의 지우知友에게 헐값 40원 정도에 매각하겠다고 했다. 한국인의 안중眼中에는 미술에 대한 지식이 바야흐로 국보가 되는 것도 쓸데없는 것이었다. 그런 까닭에 나는 팔도의 몇 곳에

---

[8] 關野貞,「韓國慶州に於ける新羅時代遺蹟」,『東洋協會 調査 學術報告』第1冊, 東洋協會, 1909, p.107.

1918년의 다보탑 (『慶州紀行』)
당시에는 이같이 탑 위에 까지 올라가 아무렇지도 않게 사진을 촬영하였다.

서 그러한 국보급을 이속삼문二束三文(아주 헐값)에 매수하였다.9)

여기에서 다보탑 석사자상을 명확히 매입하였다는 표현은 나타나 있지 않으나 정황으로 보았을 때 매입한 것으로 보여진다. 불국사의 승이 스스로 사자상을 팔겠다고 했을 리는 없겠지만 불국사를 탐방한 이들은 다보탑에 안치되어 있는 석사자상을 발견하고 온갖 방법으로 매각할 것을 요구했을 것으로 추정되며, 가난한 사승寺僧은 몇 푼의 금전에 현혹되어 귀중한 유물을 팔아버린 것이다.

1918년 12월에 불국사를 담방한 이중화李重華의 『경주기행慶州紀行』에 석사자와 관련한 다음과 같은 기록이 있다.

성덕, 흥덕 두 왕릉의 석사자는 릉의 4우四隅에 안치되었고, 분황사의

---

9) 吉倉凡農,『(企業案內)實利之朝鮮』, 文星堂書店, 1904, pp.136~137.

석사자도 탑의 4우에 위치하며 불국사의 석사자도 본本히 다보탑의 4우에 재하더니 그 중 완전한 것 2구는 일본에 도거渡去하였다 하며 겨우 1구 만이 탑에서 떨어져 지금은 전정殿庭에 있다고 한다.10)

이같이 한국인의 기록에 일본으로 반출된 사실이 나타나 있다는 것은 이미 소문이 상당히 번져있었다는 것을 시사하고 있다.

또 1930년 중반에 불국사를 방문한 나카네 간도中根環堂는 그 행방行方에 대하여 다음과 같이 밝히고 있다.

"다보탑의 4방四方의 모서리에 1필一匹의 석조石造의 사자가 있었으나, 도난을 당하여 돌고 돌아 그 중 1필一匹은 파리巴里의 박물관에 진열되어 있고, 타의 한 필은 우에노上野 서양헌西洋軒의 정원에 있다. 기타 한 필은 행위불명行衛不明이다. 유일하게 남아 있는 한 필은 얼굴이 파괴되어 불국사 중정中庭에 보존되어 있다."11)

이 기록은 상당히 신빙성이 있는 것으로 믿어지는 바,『호남평론湖南評論』에 실려 있는 "그리운 옛터를 차져 신라고도新羅古都 경주로"라는 기행문紀行文에 다음과 같은 글이 실려 있다.

읽고 듣던 다보탑아 이제 와서 만나보니
즐겁기 한량없다. 어디 한 번 내 보련다.
영지影池에 네 몸 비쳐다오. 다시 한 번 내 보련다.

높이가 30척으로 화강암으로 된 것입니다. 그 정묘精妙한 수법手法 기상천외奇想天外의 의장意匠! 탑의 네 귀에는 석사자가 딸려 있다하나 지금은 보이지 않습니다. 두 마리는 동경 요리점에 감추어 두고 내놓지 않는다고 하며 한 마리는 영국 대영박물관에 있는데 찾아오려면 엄청난 돈을 주어야 한답니다. 내 물건을 이렇게 내버려 두고 어느 틈에 도

---

10) 李重華,『慶州紀行』, 第一商會, 1922, pp.37~38.
11) 中根環堂,『鮮滿見聞記 奧付』, 東京 中央佛敎社. 1936年 4月, pp.32~33.

현존하는 석사자상

적맞은 줄 모르는 이 얼빠진 짓이 어디 있겠습니까![12]

이는 물론 전문(傳聞)에 의한 것이라고는 하지만 나카네 간도(中根環堂)의 기록을 뒷받침하는 기록이라 할 수 있다.

그런데 여기에서 한 가지 짚고 넘어가야 할 것이 있다. 현재까지 다보탑의 석사자에 관한 기록으로서 가장 앞선 것은 1902년에 불국사를 조사한 세키노의 기록인데, 그의 기록으로는 그가 방문한 시점인 1902년에 석사자가 몇 구가 있었는지 명확하지 않다. 그러니 그기 당시 촬영한 다보탑을 보면 가장 앞쪽으로 보이는 기단에는 비어 있는 것으로 나타나 있다. 이는 세키노 방문 당시에 이미 1구는 행방불명이었음을 알 수 있다. 이를 뒷받침 하는 기록으로는 1903년에 불국사를 방문한 요시쿠라의 기록에도, "이것은 세

---

12) 吳秉南,「그리운 옛터를 차져 新羅古都 慶州로」,『湖南評論』 第3卷 1號, 湖南評論社, 1937, p.130.

개 있다"라고 하고 있으며, 1938년에 발간한 『불국사와 석굴암』에서는 "메이지明治 35년 세키노 타다시關野貞 박사가 처음 불국사 조사를 했을 때 다보탑의 기단상基壇上에 3구의 석사자가 놓여 있었으며, 당나라풍의 웅건한 조각법에 극찬을 했다. 그러나 얼마 지나지 않아 2구를 실失하고 지금은 1구만 극락전極樂殿 앞에 보존되어 있다"13)라고 기술하고 있다.

따라서 이들의 기록을 종합하면, 4구의 석사 중에서 1구는 1902년 이전에 이미 사라졌고, 남아 있는 3구 중에서 비교적 완전한 1구 내지 2구는 1903년에 요시쿠라 등에 의해 일본으로 반출되었다. 요시쿠라 일행이 반출한 것이 1구인지 2구인지는 불분명하나 만약 1구만 반출하였다면 나머지 1구는 1909년 이전에 일본으로 무단 반출되었을 것이다. 이후 한 구는 파리의 박물관(또는 영국의 박물관)으로 팔려가고 다른 한 구(또는 두 구)는 일본 우에노上野 서양헌西洋軒의 정원에 적어도 1935년까지는 있었다고 보아야 할 것이다.

잃어버린 다보탑의 석사자는 한일회담 때도 수차에 걸쳐 관계인사들이 회담을 가졌고, 또 다보탑의 석사자를 찾기 위해 일본의 방송과 라디오까지 동원하였지만 아직 행방이 묘연할 뿐이다.14)

오늘날 연화대 앞에 앞발을 세우고 앉아 있는 마지막 남은 1구의 석사자는 마치 멀리 떠난 동료들을 애타게 기다리고 있는 듯하여 보는 이를 더욱 가슴 아프게 하고 있다.

현재 국립경주박물관과 용인 호암미술관 등지에는 모조다보탑이 건립되어 있다. 이런 것은 모두 해방 이후 한참 뒤에 만들어진 것이지만 다보탑의 이런 모조탑의 원조는 1934년에 이미 있었다.

1934년에 일본 메이지신궁 공지에 한일합방을 기념하기 위한 '일한합방기념탑'의 건립이 있었는데, 이때 건립한 탑이 다보탑을 그대로 모방하였다.

탑은 1934년 3월에 기념탑 설계안이 작성되고 5월에 기초공사

---

13) 『佛國寺と石窟庵』, 朝鮮總督府, 1938, p.48.
14) 黃壽永, 『黃壽永全集』 5, 圖書出版혜안, 1997.

일한합방기념탑
(『일한합방기념사진첩』)

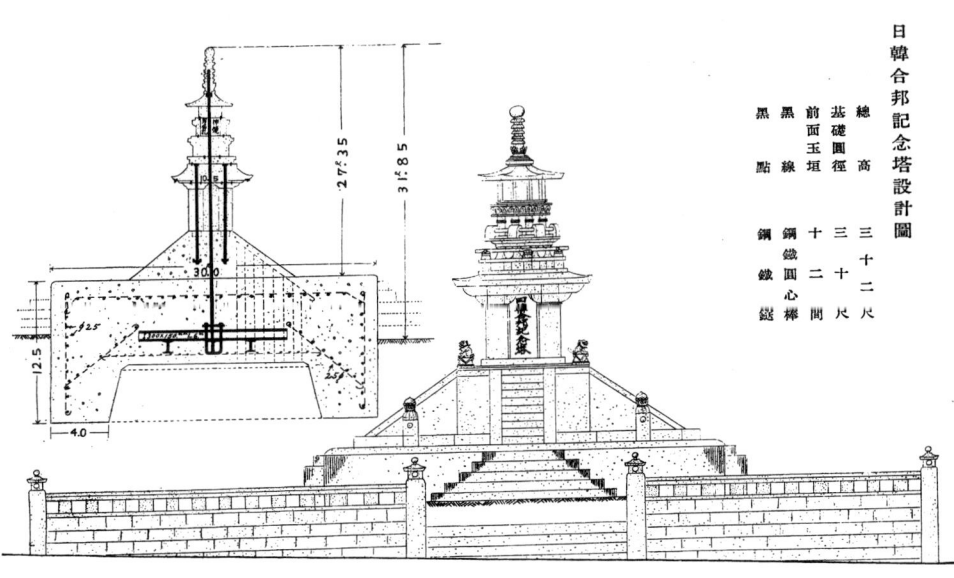

日韓合邦記念塔設計圖

總高　三十二尺
基礎圓徑　三十尺
前面玉垣　十二間
黑線　鋼鐵圓心棒
黑點　鋼鐵鋲

가 이루어져 11월에 완공되었다. 탑 내에는 석실을 만들고 한일합방 공로자들의 명단을 작성하여 넣었다. 그 속에는 이용구, 송병준을 포함한 354명의 매국노 명단이 들어 있다.[15]

일제가 '일한합방기념탑'의 모델을 다보탑으로 선정한 데에는 물론 다보탑의 미술적 가치와 세계에 유례가 없는 형태의 희귀함이 작용했을 것이다. 그러나 무엇보다도 한국을 대표하는 다보탑을 본 따 만들어 건립함으로서 한국 민족을 일본에 완전 흡수한다는 상징적 의미로서의 선택이 아니겠는가?

---

15) 鈴木一郎, 『日韓合邦記念塔 寫眞帖』, 1934.

불국사 사리탑

외형外形이 석등石燈과 흡사한 사리탑舍利塔으로 사적기寺蹟記에 나오는 광학부도光學浮屠가 이것이 아닌가 추정되지만,16) 『삼국유사』 권제4 '원광서학圓光西學'조에는 "부도재삼기산금곡사浮屠在三

불국사 사리탑

---

16) 문화공보부, 『文化財大觀』, 1968.

崎山金谷寺"라 기록하고 있다. 따라서 이 부도는 『삼국유사』에 기재한 부도로는 볼 수 없으며 하대의 안상수법眼象手法, 중대석의 운문수법雲文手法, 그 외 탑신塔身의 감실龕室 주록선周綠線이 고려시대의 특징을 여실히 나타내고 있어[17] 그 제작은 고려 초에 건립된 것으로 추정되고 있다.[18]

세키노 타다시關野貞가 1902년에 처음 한국에 와서 신라의 구도舊都 경주의 고적을 살피기 위하여 『동경잡기東京雜記』를 참고하여 불국사에 왔을 때에는 가람이 매우 황폐했으며, 사찰에는 승이 1, 2명에 불과한 아주 빈곤한 절에 지나지 않았다. 이때 세키노關野는 우수한 신라시대의 석탑, 석계단, 석등, 석사리탑 등 신라시대의 가장 발달한 문화 유물이 유존하는 것을 보고 경탄을 하며 조사하고 사진을 촬영하여 돌아갔다.

그 후 1904년에 동경제국대학 공학부의 보고 『한국건축조사보고韓國建築調査報告』에 이 특별한 사리부도의 사진을 비롯한 불국사의 신라시대 유물을 처음으로 세간世間에 소개하였다. 그리고 그 책을 당시 개성에 거주하고 있던 일본인 모씨에게 주었다. 세키노關野가 1902년에 개성에서 고적조사를 할 때 많은 원조를 받고 신세를 진 바가 있어 한 권을 준 것이다. 그런데 이것은 그 자에게 약탈물에 대한 정보를 제공한 결과를 초래하고 말았다.

세키노로부터 책자를 받은 이 자는 1906년 불국사 유물 중 본 사리석탑을 사승寺僧에게 몇 푼의 돈을 집어주고 매수하여 동경으로 가져가 버렸다.

『조선고적도보』 제4책(도판 1569~1570)을 보면, 주변이 잡초로 덮여 있고 뒤쪽으로 잡목이 보인다. 그리고 해설편에는 원래 가람의 북방 비로전지毘盧殿址의 전면에 서 있는데, 개석蓋石이 떨어져

---

17) 『文化財大觀』(해설편), 韓國文化財保護協會, 1989.
18) 高裕燮은 『朝鮮美術文化史論叢』(1949년, 서울신문사출판부, p.93, 주석2)에서,
  "경주 토함산 불국사 대웅전 뒤에 부도각 내에 있는 것으로 학자에 의하여 신라 작이라 하는 사람도 있으나 필자는 高麗作으로 인정하는 바이며, 광학부도라 한 것은 憑證이 없는 바이요 한때 그러한 稱이 있어 인용한 데 지나지 않는다. 광학은 憲康王妃의 法號라 하나 이 역시 未審이다."라고 한다.

1902년의 사리탑 모습
(『조선고적도보』 제4책)

지상에 있었다고 하며 근년에 일본으로 가져갔음을 기록하고 있다.[19] 처음 세키노關野는 이것이 부도탑이 아니라 석등으로 오인하여 『동양협회조사 학술보고東洋協會調査 學術報告』에서 '불국사佛國寺 비로전지전毘盧殿址前의 석등롱石燈籠'이란 제하題下에 "내가 한국에서 본 석등 중에서 최우수한 것"이라고 소개하면서 단면도와 함께 사진(第29圖)을 싣고 있다.[20]

그 후 세키노關野는 우에노上野의 세이요겐精養軒이라는 요리집

---

19) 『조선고적도보』 제4책, 해설편.
20) 關野貞, 「韓國慶州に於ける新羅時代の遺蹟」, 『東洋協會調査 學術報告』 第1冊, 東洋協會, 1909, p.110.

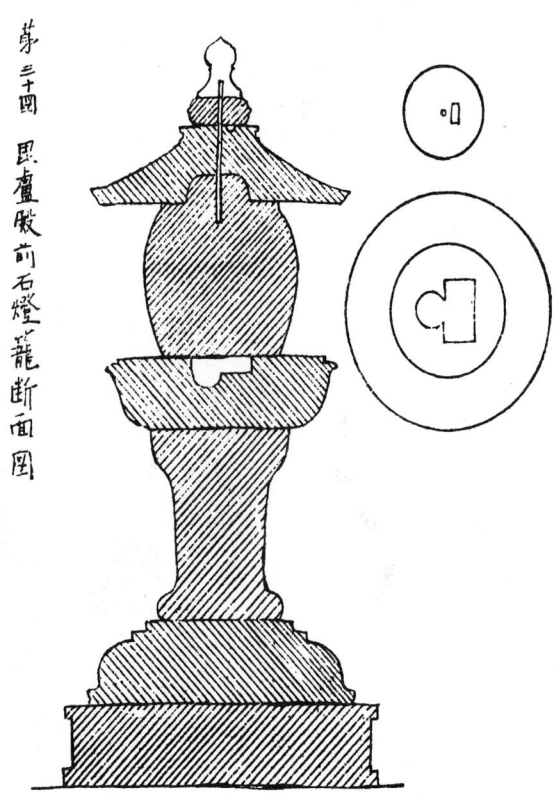

『동양협회조사 학술보고
(東洋協會調査 學術報告)』

정원 앞에 진열되어 일반 유지들이 관람하고 있는 것을 보았다. 당시 잡지 『고구가國華』에 이 사진이 실려 있었으며 세키노關野에게 해설을 의뢰하여 그 해설까지 써 주었다. 그 후에 이 사리탑은 행방을 감추어 버렸다.

1909년 세키노關野는 한국 각 도의 유적유물을 조사하던 중 다시 불국사를 방문하여 이 사리탑이 없어진 것을 매우 애석하게 생각하였다고 하는데, 이때는 불국사의 이름이 날로 높아져 한국을 유람하는 내외의 인사들이 필수적으로 이곳을 방문 일정에 넣었다고 한다. 조선총독부에서도 1910년 이후에 와서야 겨우 이 사리탑의 중요성을 알고 이 사리탑을 되찾아 다시 원위치에 가져다 두기로 계획하고 그 소재 파악을 세키노關野에게 위탁하였다.

세키노關野는 우선 세이요겐精養軒에 그 소재를 물었으나 그 행방을 알 수 없었다. 그 후 20년 동안 행방을 조사하였으나 찾지 못해 유감이었다고 한다. 그러던 중 1933년 5월에 동경에 있는 친구가 새로 집을 짓고 축하하는 연회석에 참석하여 달라는 청첩장을 받고 동경에 갔다가 나가노 긴야長尾欽彌의 정원에서 불국사 사리탑을 발견하였다. 세키노는 크게 기뻐하여 이 탑의 출처를 물으니 나가노는 탑의 형태가 특별하여 어떤 고물상으로부터 5만원을 주고 사왔다고 한다. 세키노는 나가노 긴야長尾欽彌의 소유로 되어 있는 이 사리탑은 원래 불국사의 것이라는 것을 설명하고 그의 논문에 실린 사진을 대조시켜 주었다. 그리고 이런 귀중한 유물은 개인이 사장私藏할 것이 아니라 조선총독부에 기증하여 그 본토로 귀환될 수 있도록 설득하였다. 그래서 1933년 7월 22일 증상사增上寺에서 공양식供養式을 행하고 곧바로 한국으로 송치送致하게 되었다. 당시 나가노는 이 사리탑을 보전하는데 보탬이 되라며 5천원을 주었고, 철도국에서는 무료로 운송해 주었다.21)

매일신보
1933년 6월 23일자 기사

---

21) 關野 貞, 『朝鮮の建築と藝術』, 昭和16年, p.697~702.
　　『佛國寺と石窟庵』, 朝鮮總督府, 1938年, p.44.

당시 신문 기사에는 《고토故土 찾아 돌아오는 불국사 사리석탑舍利石塔》이라는 제하의 다음과 같은 글이 실려 있다.

  약 30년 간 종적蹤迹을 알 수 없던 경주 불국사의 중보重寶 사리석탑이 동경시에서 발견되었다고 한다. 그것은 수만 원의 거액을 들여 사두었던 현재 소유자가 우가키宇垣 총독의 동상同上한 것을 귀히 삼아 다시 조선에 기증하게 된 것인데, 이것이 최초 조선에서 없어지기는 현 동대 명예교수 세키노關野 박사가 메이지明治 35년(1902)에 동석탑同石塔에 관한 기술과 기타 점이 우수優秀한 것을 경탄해서 논문을 발표한 후에 개성의 모씨가 곧 동사원同寺院의 승려를 설득하여 매수買收한 후 밤을 이용하여 비밀리에 동경으로 수송하여 우에노上野 세이요겐精養軒 앞뜰에 비치해 두었다. 그 후는 다시 행방불명이 되었다. 그것은 세타가야구후카사와조世田谷區深澤町 본포주인 나가노 긴야長尾欽彌 씨가 수만 원을 들여 모처로부터 매수한 후 자기 집 정원에 비치하였던 것이다. 나가노長尾 씨가 이를 처음 매수할 때는 비장해 두고자 생각하였으나, 지난 15일에 우가키宇垣 총독의 방문을 받았을 때 이와 같은 귀중한 것을 개인의 소유로 하는 것은 아니 되겠다는 생각을 하여 총독부에 기부하기로 한 것이라고 한다. 근일 중에 고승高僧을 청해서 공양을 한 후에 수송하기로 했다고 한다.22)

이 사리탑이 불국사를 떠나 30년 간 이곳저곳으로 끌려 다니다가 1933년 9월 20일 경찬법회慶讚法會를 성대히 치르고 드디어 불국사 무설전無說殿의 서북에 안치安置하게 된 것이다.

 新韓民報, 1933年 8月 24日字.
 東亞日報, 1939年 9月 10日字.
22) 每日申報, 1933年 6月 23日字.

석굴암石窟庵

　석굴암石窟庵의 원 사명寺名은 석불사石佛寺로, 언제부터 석굴암이라 부르기 시작했는지는 확실하지 않다. 문헌상의 기록으로는 『불국사고금역대기佛國寺古今歷代記』에 "강희사십이년계미종열중창석굴암康熙四十二年癸未從悅重刱石窟庵"이라 하여 18세기 초의 기사가 보이고 있으며, 우담 정시한의 『산중일기』에는 "지석굴암至石窟庵"이라 하여 1688년 5월 15일에 석굴암에 오른 기사가 보이고 있다. 따라서 최소한 조선 중기 이후에는 석굴암이라 불렸던 것으로 추정된다.[23]

　간혹 작은 규모의 절을 사寺라고 일컫는 예는 없지 않으나 큰절을 암庵이라고 부르는 예는 없다.[24] 사寺는 원래 정사政事를 취급하던 건물의 명칭으로 후에 불佛을 안치하여 승니가 거주하는 정

---

23) 大坂金太郞은 「新羅廢寺址의 寺名推定에 대하여」(『조선』 16권 7호, 朝鮮總督府, 1932년 7월)에서, 1914년 석굴암 수리시에 〈石佛寺〉라 陽刻한 平瓦를 발견하여 이 瓦는 경주분관에 보관했다고 한다.
24) 金煐兒, 「石窟庵 內部의 經敎的 이해」, 『佛敎思想史論』, 민족사, 1992, p.335.
25) 寺라는 말은 중국에 있어서 後漢明帝時에 白馬寺라는 것으로부터 시작이다. 백마사 이전에 있어서 寺라는 것은 官署의 명칭으로서 太常寺이니 鴻臚寺이니 하던 것이다. 후한 명제 11년에 인도 攝摩騰과 쓰法蘭이라는 두 梵僧이 오게 됨으로써 이를 국빈으로 대접하여 홍려사라는 관서에 영접하였다. 홍려사라는 것은 원래 외국으로부터 來朝하는 사신을 迎接하는 관서이므로 섭마등과 축법란의 두 범승을 홍려사에다가 영구히 居接할 수는 없으므로 다음해에 이르러 낙양 四雍門 밖에다가 홍려사와 동양식으로 된 건물 하나를 신축하여 두 범승으로 하여금 영구히 거주케 하고, 額題를 만들 때에 홍려사라는 寺字는 그대로 옮겨오고 두 범승이 백마에다 經像을 싣고 온 것을 기념하기 위하여 홍려 누자의 대신에 백마 2자를 붙여 白馬寺라고 한 것이다.
그 뒤부터 寺字의 의미는 범위가 확대되어 관서라는 이외에 승려가 거주하면서 불법을 선포하는 僧寺라는 의미를 다시 가지게 된 것이다. 다시 말하면 백마사 이전의 寺字는 단순한 관서의 명사이지만은 백마사 이후의 寺字는 관서라는 의미 이외에 승사라는 의미까지 포함한 것이다.
이리하여 인도에서는 공원이란 의미로서 伽藍이라고 칭하던 佛敎道場의 명칭이 중국에 와서는 寺라고 하여 백마사니 永寧寺니 하게 된 것이다. 이것이 寺字가 생기게 된 유래이다.

보수 전의 석굴암
(『朝鮮古蹟圖譜』에 의함)

사精舍로 응용한 데에서 유래한 것으로,25) 일반적으로 산문山門, 승당僧堂, 불전佛殿 등을 구비한 정사精舍이다. 이에 비해 암庵은 승당, 불전 등을 일우一宇에 설비한 소사小舍를 지칭하고 있다.26) 따라서 조선시대 이후에 석불사가 석굴암으로 불리어진 것은 석불사의 사세가 급격히 기울어 옛날 석불사의 본존불을 봉안奉安한 금당金堂(석실법당)을 제외한 나머지 건물은 많이 축소되었음을 의미한다.

석굴암은 오늘날까지 남아 있는 석불사石佛寺의 굴형석실窟形石室로 이루어진 금당을 가르키는 것으로 일반적으로 석굴암이라 명명되고 있으며 석불사石佛寺라는 명칭을 쓰자는 의견도 있으나27) 일반 국민들에게는 이미 석굴암이라고 알려져 있고 세계적으로도

參考: 金映遂,「寺刹이란 名義는 이러하다」,『金剛山』제4호, 金剛山社, 1935년 12월.

26) 渡邊彰,「石窟庵의 境域內에 在한 古代의 石垣及土塔」,『朝鮮』第77號, 1924년 2月號.
渡邊彰은 石窟庵保存工事竣工을 보기 위해 석굴암에 갔다가 석굴암 창건시에 造營한 것으로 보이는 石垣을 잡초와 가시덩굴 속에서 발견하고, 石垣의 잔존지역과 구릉상에 유존한 석탑의 소재지를 접합하면 寺域이 광대하였음을 알 수 있었다. 또한 稱號에 있어서도 창립 당초에 규묘가 광대하였을 때에는 石佛寺라 칭했으나 사운이 衰微하여 一宇의 僧坊을 존치한 시대에 와서는 石窟庵이라 칭하였을 것으로 보고 있다.

27) 金相賢,「石佛寺 및 佛國寺의 硏究」,『佛敎硏究』 2, 1985.

석굴암으로 알려져 있으므로 혼란을 피하기 위하여 석굴암石窟庵이라 부르고 있다.[28]

석굴암에 관한 창건설화는 『삼국유사』 '대성효이세부모大城孝二世父母' 조에 나타나 있는데 그 일부를 보면,

모량리의 가난한 여인 경조慶祖에게 아이가 있었는데 머리가 크고 정수리가 평평하여 성城과 같다하여 이름을 대성大城이라 하였다.
(한 가지를 보시하면 1만배를 얻는다는 스님의 소리를 듣고 품팔이로 얻은 밭을 법회에 보시하고 후일을 도모했다.)
얼마 후 대성은 세상을 떠났다. 이날 밤 국상國相 김문량金文亮의 집에 하늘의 외침이 들렸다. '모량리에 살던 대성大城이란 아이를 네 집에 맡기겠다' 집안사람들은 매우 놀라서 사람을 시켜 모량리에 가서 알아보았다.
태어난 후 7일 만에 손을 폈는데 손바닥에 대성大城이란 두 글자가 새겨진 금간자金簡子가 있었다.
하루는 토함산을 올라 곰 한 마리를 잡아서 (꿈을 꿈) 곰을 잡은 자리에 장수사長壽寺를 세웠다. 그로 인하여 마음에 감동되는 바 있어 비원悲願이 더욱 깊어졌다. 이에 이승의 양친을 위해 불국사를 세웠으며, 전생의 부모를 위해 석불사를 세워 신림 · 표훈 두 성사를 청해서 거주하게 했다.
장차 석불을 조각하려고 커다란 돌을 다듬어 감개龕蓋를 만드는데 갑자기 돌이 세 조각으로 갈라졌다. 대성이 분하게 여기다가 어렴풋이 잠들었는데 밤중에 천신天神이 내려와 다 만들어 놓고 돌아갔다.
옛 향전鄕傳에 기재된 것은 이상과 같은데 정안의 기록은 이렇다.
'경덕왕景德王 때에 내상大相 내성大城이 천보 신묘(751)에 불국사를 짓기 시작했다. 혜공왕 때를 거쳐 대력 9년 갑인(774) 12월 2일에 대성이 죽

---

28) 姜友邦은 「佛國寺와 石佛寺의 公德主」, 『美術資料』 第66號, 國立中央博物館, 2001에서
  석불사는 寺院 전체를 가르키는 것이고, 오늘날 석굴 형태의 구조를 가진 것은 석불사의 金堂역할을 담당했을 것이다. 따라서 石窟 만을 가르킬 때는 석불사라 부를 수 없고 석굴암이라 부를 수밖에 없다고 한다.

자 나라에서 이를 완공했다. 처음에는 유가교의 큰스님 항마를 청해다
가 이 절에 거주케 했고 이를 계승하여 지금에 이르렀다.'

이처럼 창건주創建主 김대성金大城이 전세의 부모를 위한 발원發
願에서 창건한 것으로 되어 있다.

김대성의 가계家系는 그가 성덕왕대聖德王代의 중시中侍를 지낸
(706~711) 국재國宰 김문량金文良의 집안에서 출생했음을 말한다.
김대성 역시 실재의 인물로 경덕왕대景德王代에 중시를 지낸 김대
정金大正으로서 이에 대한 비정比定은 일찍이 이기백李基白 교수가
논문29)에서 밝힌 바 있다. 이처럼 부자가 함께 중시를 지낸 것을
보면 김대정 가문은 왕의 측근으로 막강한 권력과 부를 축적했을
가능성이 크다. 그러나 아무리 막강한 권력과 부를 축적하였다 할
지라도 불국사와 석굴암 같은 대토목공사를 동시에 감당하기에는
무리였을 것이다. 대성(대정)이 경덕왕 10년(751)에 불국사를 시창
始創하고 그가 혜공왕惠恭王 10년(774)에 죽자 국가에서 그 절 짓는
일을 완성하였다. 물론 여기에는 절의 완성 연대가 밝혀져 있지 않
으며 더구나 석불사의 창건 연대에 대한 언급도 없다. 그러나 경덕
왕 10년이라는 시창년이 분명하고 그 공사가 다음 대의 혜공왕 9
년 대성의 생존시까지 계속되었으며 그의 사후에 국가에서 이를
계속하여 오래지 않아 완성을 본 것임을 알 수 있다. 불국사와 석
불사는 거의 동시에 세운 것으로 보이고 있기 때문에 불국사를 시

---

29) 李基白, 「新羅 執事部의 成立」, 『震檀學報』 第25·26·27 合倂號, 震檀學會,
1964年 12月, pp.28~29에,
聖德王 때의 中侍 文良과 景德王 때의 中侍 大正도 父子關係로 생각된다. 이 兩
人은 佛國寺를 지은 大相 大城을 大正에 大城의 父 國宰 金文亮을 文良에 比定하
는 경우에 성립된다. 그리고 이 比定은 거의 의심이 없다.
주석) 文亮과 文良은 比定하는데는 누구도 의의가 없을 것이다. 大正과 大城에
대해서는 머리를 기웃거릴 사람이 있겠지만 앞서 甘山寺의 미륵보살 및 아미타
불의 造像記에 나오는 金志誠과 金志全, 또 上記의 維誠과 魏正이 동일인임을 확
인한 우리는 별로 이상스러이 생각할 필요가 없다고 믿는다. 게다가 金大城이 景
德王 때에 大相이었다는 사실과 그의 父 金文亮이 國宰였다고 하는 사실이 여기
의 中侍였다는 것과 相符하는 것이다. 시대관계도 이들을 부자로 생각하는데 좋
은 조건을 제공하고 있다. 그러므로 이들의 부자관계는 거의 확신해도 좋다고 믿
는다.

창한 경덕왕 10년에 석불사도 기공起工되었을 것으로 볼 수 있다. 또한 설화의 마지막 부분에 석불조성石佛造成 및 감개석龕蓋石에 대한 언급으로 보아 대성의 생존시에 최소한 완성단계에 이르렀다고 볼 수 있다.

이처럼 긴 공기工期30)에 이루어진 공사는 국가, 즉 왕실의 발원이 함께 하였을 것이며,31) 석굴암이 김대정의 전세의 부모32)를 위해 시작하였다 하나 결국은 국가 왕실의 힘으로 완성되었다고 볼 수 있다. 따라서 석굴암은 국가적인 차원에서 신라인의 믿음과 슬기로 만들어진 민족정신民族精神의 정화精華이며 세계에서 가장 아름답고 숭고한 문화유산이다.

근세에 와서 석굴암이 세인들에게 주목을 받게 된 것은 한일합방 수년 전인 1907년경 이후이다. 일인들의 주장으로는 1907년경에 경주우편국에 근무하는 김 씨라는 우편배달부가 토함산에서 석굴암을 보고 와서 "석인石人들이 많이 서 있다"고 전하였다. 그후 일인들 사이에서 주목을 받으면서, 마치 지하 동굴에서 처음 발굴이나 하듯 그것을 과장하여 일인들이 선전하였기 때문에 오늘날까지 그렇게 믿어왔다.

오사카大坂의 기록에,

메이지明治 40년(1907년)경에 '토함산정吐含山頂의 동측東側에 대석불이

---

30) 金相鉉은 「石窟庵에 관한 文獻資料의 檢討」(『精神文化硏究』 15-3, 1992)에서,
공사 시작(751년) 39년 만인 원성왕 6년(790)에 불국사가 완성되었고 비슷한 시기에 석불사도 완성되었다고 추정하고 있다.
31) 강우방은 「佛國寺와 石佛寺의 功德主」에서,
전제왕권이 기울어지기 시작하자 그것을 감지한 경덕왕은 전제왕권을 다시 확립하기 위하여 두 사원의 건립을 김대정에게 위임하여 감독게 하였을 것으로 추정하고 있다.
32) 黃壽永은 「三國遺事와 佛敎美術」(『黃壽永全集』 6, 도서출판, 1999 혜안)에서,
그 前世의 父母는 누구를 指稱하는 것인가?
여기에 대하여 황수영 박사는 인공으로 구축된 石龕 그 자체에 주어진 일정한 방향에 주목하였으며, 동시에 이 석굴의 방향이 곧 本尊의 坐向과 일치되고 있는 사실에서 마침내 1967년 5월에 이르러 東海中에서 文武大王陵에 착안하게 되었다. 그래서 황박사는 전생의 부모란 곧 동해의 藏骨 또는 散骨된 신라 역대의 대왕을 포함한 김씨 왕족들을 가르키는 것이라고 했다.

묻혀 있다'는 소문이 당시 재주 내지인內地人(日本人) 사이에 전해졌다. 일찍이 불도佛都였던 경주에는 석불이 여기저기 있었기 때문에 진귀할 것도 없던 때였으므로 이 얘기에 귀 기울이는 이는 아무도 없었다.33)

라고 했고, 야나기 무네요시柳宗悅의 기록에도

세키노 타다시關野貞 박사가 직접 경주 특히 불국사에 관해 상세한 조사를 했고, 또《계창기》를 읽고 석불사의 이름을 알고 있었음에도 불국사에서 불과 5리 밖에 떨어져 있지 않는 이 굴원을 모르고 돌아왔다는 것은 그것이 완전히 사람들의 기억에서 잊혀졌기 때문일 것이다. 이 석불사가 처음으로 우리의 주의를 끈 것은 경주의 우편국 직원이 우연히 발견했다고 한다. 지금은 도로가 수리되어 누구든지 불국사에서 쉽게 갈 수 있지만, 10년 전에만 해도 거의 길이 없었다.34)

라고 했다. 그러나 황수영 박사는 이같은 일인들의 과장된 발설에 대해 "당시의 석굴에는 주승 1~2인이 있기는 하지만 한말의 불안한 산중치안으로 말미암아 간혹 공사空寺로 둔 채 산하山下마을에 피신하기에 이르렀다"고 한다. 이같은 공백기는 당시 상황이 의병의 봉기와 이에 따른 일본군대에 의해 사찰이 소각과 약탈을 당하던 때였기 때문에 간혹 공포에 떤 승들이 피난 차 잠시 절을 비울 수 있을 것이다. 또 세키노關野가 1902년 한국 고건축 조사차 불국사에 왔었고, 1906년에는 이마니시 류今西龍가 경주고적 답사 차 불국사에 들은바 있으나 양인 모두 석굴암의 존재조차 모르고 떠났다. 그 이유를 황수영 박사는 『동국여지승람東國輿地勝覽』이나 『경주읍지慶州邑誌』 또는 『동경잡기東京雜記』에 아니 보인 산중속암山中屬庵으로서 그들의 착안着眼을 벗어나기도 하였으나 동시에 불국사 잔승殘僧이 당시 공포의 환경과 언어불통 등의 사유로 그들에게 석굴의 존재를 말하지 않았던 것이 사실이라 짐작된다"고 했다.

33) 大坂六村, 『趣味の慶州』, 慶州古蹟保存會, 1939, p.103.
34) 야나기 무네요시,「석불사 조각에 대하여」,『조선을 생각한다』.

또 석굴암의 천정 낙하와 그에 따르는 굴 내 토사의 퇴적에 대해서 오사카大坂는,

> 석굴암은 고려를 지나 조선에 와서 가람伽藍의 당우堂宇가 점차 파괴되었다. 지금으로부터 217년 전에 규모가 축소되어 석굴암으로 고쳐졌고, 후 53년에 일대수리를 가하였고, 또 그 후 90년이 지나 제2회 수리에 착수하였으나 자금력이 부족하여 공사를 반 정도하고 중지하였다. 이래邇來 토석土石이 붕괴되고 그 입구가 막히기에 이르렀다.[35]

라고 하여 아주 오랜 연대로 잡고 있을 뿐 아니라 굴 입구가 막힌 것 같이 표현하고 있으나 당시 사진에도 굴 입구가 막힌 것이 아니라는 것이 잘 나타나 있다. 그것은 야나기 무네요시柳宗悅의 기록대로 아주 우연히 발견되었다는 일인들의 기록에 비중을 둔 탓이 아닌가 생각된다. 그러나 여기에 대해 황 박사는 일인들이 현장에 당도하기 불과 수년 전에 붕괴된 것임을 명백히 하고 있다.

완전한 석굴의 형태는 우담愚潭 정시한丁時翰의 『산중일기山中日記』(1688)에,

> 오랫동안 앉았다가 승통僧統이 신정信定 스님에게 시켜 뒤쪽 봉우리에 오르게 하였는데 매우 높고 급하여 있는 힘을 다해 10여 리를 가서 고개를 넘고 1리쯤을 내려와 석굴암石窟庵에 이르렀다. 암자에 있는 명해明海 스님이 맞이하여 잠시 들어가 앉았다가 석굴로 올라갔다. 모두 인공적으로 만들어졌고 석문 밖의 양쪽 가장자리에는 모두 큰 바위 각각 4~5개에 불상을 조각하여 기이하고 교묘하며 자연스럽게 이루어져 있었나. 석문은 부시새처럼 돌이 나뉘어서 있었고, 그 안에 있는 큰 식 불상은 위엄있게 살아 있는 것 처럼 불좌대佛座臺에 앉아 있었다. 돌은 정제되어 기이하고 교묘하였으며 굴 위의 덮개돌 및 여러 돌들은 둥글고 바르게 되어 있어 하나도 기울거나 바르지 않은 것이 없었다. 불상

---

35) 大坂六村, 『趣味の慶州』, 慶州古蹟保存會, 1939, p.102.

은 열을 지어 서서 살아 있는 것 같아 기이하고 절묘하여 형상을 말로 표현할 수 없었다. 하나하나가 기이한 광경으로 드물게 보는 것이어서 오랫동안 감상하고 구경하다가 암자로 내려와 갔다.36)

라고 석굴 내외의 모든 것이 건재함을 기록하고 있다. 또 겸재가 57세가 되던 영조 9년(1733)의 작품으로 그가 영남 유람에 나섰을 때 도사圖寫한 《교남명승첩嶠南名勝帖》(간송 미술관 소장)37)이란 화첩

경주 골굴석굴도 (慶州 骨窟石窟圖)

---

36) 愚潭 丁時翰, 『山中日記(1688年 5月 15日字)』, 金成讚譯, 國學資料院, 1999.
37) 全暎雨, 「謙齋畵 嶠南名勝帖의 慶州 骨窟石窟圖」(『考古美術』第5卷 第2號) 에 의하면,
　　本 『謙齋畵嶠南名勝帖』은 先考가 1931년 10월 19일 당시 영락정에 있었던 荒木朴堂이라는 고미술상에서 오봉채 씨를 통해서 입수한 두 권으로 된 화첩으로서 합천 해인사를 비롯한 안동의 청량산, 동래의 해운대 등의 영남 각처의 명승 절경

중에 들어 있는 〈경주 골굴석굴도慶州骨窟石窟圖〉란 그림 속에서 석굴에 목조건물이 가구架構되어 있는 모습을 보여 주고 있다. 따라서 최소한 1733년까지는 석굴암이 본모습으로서 건재하였다고 할 수 있다.

그러나 1767년 11월에 경주 기행에 나섰던 박종朴琮(1735~1793)은 『동경기행東京紀行』에서 경주 일대의 고적에 대해 기록하였는데, 특히 불국사에 대해서는 당시의 모습을 계단의 수까지 헤아려 가며 상세히 기술하고 있지만 석굴암에 대해서는 그 명칭조차 언급하지 않고 있다. 이를 보면 당시의 석굴암은 일반적으로 알려지지 않은 불국사에 딸린 하나의 소암자적小庵子的인 성격을 지녔던 것으로 보인다.

1703년에는 종열從悅이 석굴을 보수하고 굴 앞의 석계石階를 만들었고, 1718년에는 다시 중창한 바 있었다. 최후의 중수重修는 바로 한말 정세가 급박하고 일제의 침입이 심산에까지 이르렀을 때에 상당한다. 이때에도 석굴 수호의 최후의 노력은 이루어졌던 것이며, 암자에는 거승居僧이 있어 불전의 공양供養과 향화香火가 그치지 않았다. 비록 승려가 1~2명에 불과했으나 최종의 중수가 있었으며, 오늘날 남아 있는 상량문 현판38)에도 나타나 있다. 이후에 불과 수년이 못되어 다시 퇴락頹落 하였으며, 마침내 근세기에 들어서서는 천장 일부가 낙화되어 본존불의 연대蓮臺 전면이 파손되

을 그린 것으로 표제의 『嶠南』도 『嶺南』을 칭하는 것으로 생각된다. 1권은 30면 그 2권은 28면, 도합 58면 비교적 큰 화첩으로 후미에 題跋 1면을 加하고 있다.
이 경주 골굴석굴도는 제1권의 23면에 실려 있는 크기 38×26cm의 견본에 淡彩한 것으로서 겸재 57세 때의 작품이다.
화면을 통해 보면 동남쪽의 어느 언덕에서 골굴과 석굴을 바라본 것으로 석굴은 토함산 숭넉에 자리 잡고 있으며 여기에서 우측으로 매우 험난한 斷崖에 골굴이라 생각되는 것이 표현되어 있다.

38) 현판의 이름은 '石窟重修上棟文'이라 하였다.
이 현판은 19세기 말인 조선조 고종 28년(1891)에 趙巡相에 의하여 석굴이 중수되고 그 前室이 수리되었을 때 만든 것으로서 일제시대에 들어 그들에 의한 대규모의 중수에 앞선 우리 손에 의한 최종의 석굴 중수 기록이다.
이 현판은 해방이후 석굴암 수리공사를 하던 중 1963년 8월 18일에 황수영 박사에 의해 발견되었는데 수광전 북방의 변소(화장실) 벽으로 首尾切斷하여 사용되고 있었다(수리공사일지 1963년 8월 18일 조).

고 토사가 굴 내에 쌓이게 되었던 것이다.[39]

이러한 증거는 1913년 코쿠지 히로시國枝博 기사가 현지조사를 하고, 1차 수리공사의 기본이 된 '복명서'와 '석굴암 수선공사 시방서'에서도 나타나 있다.

석굴암이 크게 파손된 것은 최근 수년 간의 일로서 천장 일부가 수년 전에 추락하여 전반면前半面이 파괴되었다. 금후에 추락될 돌은 매우 위험하여 수개월을 견디기 어려울 것이며, 만약 천장 개석의 전반면이 떨어지면 석불 머리 위에 떨어지게 되며 그 손상의 정도는 상상하고 남음이 있다.[40]

일인들 사이에 이 석굴암의 존재가 알려지자 가장 먼저 이곳에 몰려든 것은 보물 탐색에 혈안이 된 불법자들이었으며 석굴암의 최대 위기를 맞이하였던 것이다.

석굴암 굴 내에는 10개의 감실龕室이 있고 그 감실龕室에는 10구의 보살상菩薩像이 안치되어 있었다. 그러나 현재는 좌우의 제1감실 두 곳이 모두 비어 8구만 전하고 있다.[41] 결실된 2구의 보살상은 당시 이곳에 잠입한 불법자들이 약탈하여 일본으로 반출하였다.

석굴감불石窟龕佛 2구軀가 일본으로 반출된 것은 한일합방 1~2년 전의 일이다. 이에 대하여 조선총독부가 간행한 『불국사와 석굴암』은,

---

[39] 黃壽永,「石窟庵에서 搬出된 塔像」,『考古美術』 2-8.
　　黃壽永,「石窟庵 修理工事 報告書」,『黃壽永全集』 2.
[40] 大正2年 4月 8日附 復命書,『石窟庵修理工事 報告書』, 文教部文化財管理局, 1967.
[41] 이 점에 대해 처음부터 비어 있었다는 견해도 있다.
　　남천우의『유물의 재발견』(도서출판 학고재, 1997)에 의하면,
　　주벽 상부 좌우에는 각각 5개씩 도합 10개의 소감실이 있으나 그 중에서 좌우의 첫 번째 소감실은 둘 다 비어 있으며 나머지 8개의 소감실에는 모두 보살 좌상이 한 분씩 모셔져 있다. 비어 있는 소감실을 살펴보면 이들은 모두 출입구 상부와 팔각기둥 그리고 법당천장이 함께 이어지는 복잡하고 또 구석진 곳에 위치하고 있다. 그러므로 이런 불편한 위치관계로 이들 비어있는 소감실의 내면에는 출입구 천장석이 돌출되어 있으며 따라서 이들 소감실에는 불상을 안치할 수 없도록 되어 있다. 그러므로 이들 소감실은 처음부터 비어 있었다는 견해.

제1감급 제10감第一龕及第十龕 즉 전면의 2감二龕은 지금 공허로 있어서 어떤 물건이 안치되어 있었는지 알 수 없지만 창건 당시에 여하如何한 것이 놓여지고 또 어느 때 잃어버렸는지 알 길 없다. 항간에 다이쇼大正 2년 굴 내 토중에서 2구軀의 석상이 발견되어 어디론지 잃어 버렸다는 설은 신빙할만하지 못하다."[42]

하였는데 약탈을 은폐하려는 의도가 엿보인다고 할 수 있다.

오랫동안 경주에 재주在住하였던 오쿠다 게이운奧田耕雲의 기록에,

감실龕室 보살상菩薩像은 10체十体였으나 전방前方 2체二体는 분실紛失했다.[43]

라고 하였다. 또 당시 경주 '주석서기主席書記'를 지낸 자로 데라우치寺內 총독의 불국사 및 석굴암 관람을 안내했던 키무라 시즈오木村靜雄의 기록에,

나의 부임(경주군)을 전후하여 도아盜兒들에 의해 환금換金되어 내지內地(일본)로 반출돼 있는 석굴 불상 2체軆와 불국사의 다보탑 사자1대對와 기타 등롱燈籠 등 귀금물貴金物이 반환되어 보존상의 완전을 얻는 것이 나의 종생終生의 소망이다.[44]

라고 하였다. 이 석상 2구는 불국사를 경유하여 운반되었다는 구전이 현지에 남아 있다.[45]

반출 시기에 대해서는 오사카의 기록대로라면 토함산에 대석불大石佛이 묻혀 있다는 소문이 1907년부터 일본인들 사이에 번져나가 1908년부터 점차 사람들의 주목을 받게 되었다고 하니 대략

---

42) 『佛國寺と石窟庵』, 朝鮮總督府, 1938, p.149 '도판68 해설'(龕內諸像).
43) 奧田耕雲, 『新羅舊都 慶州誌』 1919년 9월. p.216.
44) 木村靜雄, 『朝鮮た老朽して』, 帝國地方行政學會朝鮮本部, 1924, pp.51~52.
45) 黃壽永, 『考古美術』 13號.

1908년경으로 소네曾禰 통감의 이곳 순시 전에 반출된 것으로 추정된다.

1912년 경주 '신라회新羅會'의 초청 강연 차 경주에 왔던 키구치 겐죠菊池謙讓46)는 석굴암을 탐방한 후「경주잡기慶州雜記」란 제하의 탐방기에서 다음과 같은 기록을 남기고 있다.

동해의 바다 빛 멀리 구름 사이로 비치는 광대한 바다색을 마주한 나는 지금 천 년의 유물 위에 서서 그것을 바라본다. 그 큰 바다는 유유하고 옛 유물은 고즈넉하다. 인생은 천년의 시대를 지나 오늘날 객으로 하여금 무량한 감회를 말하게 한다.
스님이 말하기를 근래 이 산사에 오는 사람의 발길도 끊기고, 심한 경우에는 돈을 던져 놓고 굴 안의 유물을 가져가 버리는 사람도 있다고 한다. 이같이 천 년 전의 문화를 헐값으로 쓸어 가버리는 사람들 때문에 지금은 국가가 나서서 보존하고 있다.47)

위 키구치 겐죠菊池謙讓의 기술은, 석굴 중수가 있기 전 즉 데라우치의 석굴암 방문 전까지는 관리 소홀을 틈탄 불법자들이 석굴암에 침투하여 수차 굴 내의 유물을 훔쳐 갔음을 증언하는 것으로 당시의 상황을 충분히 짐작케 하고 있다.

석굴 안에는 원래 두 기의 작은 석탑이 있어서 석굴의 본존대불을 중심으로 앞뒤에 안치되어 있었던 것으로 추정되는데 이는

---

46) 기구지 겐조(菊池謙讓)는 1895년 국민신문 통신원으로 처음 한국에 들어왔다. 1899년에 漢城新聞 주필로 일제의 정책 수행에 앞장섰다. 1904년 대동신문 창간 및 사장에 취임하였다. 1905년 숙명여학교를 창립, 1906년 통감부 촉탁으로 정보수집에 노력하여 통감부 시설의 참고자료를 제공하였다. 1909년 조선통신사를 창립하고 월간잡지『朝鮮及滿洲』를 창간하였으며, 조선통치를 위해 항시 이면에서 활약하였다. 1912년 8월에 한국병합기념장, 1914년 은배 1조를 받았다. 1920년 7월에는 조선총독이 조선사정의 조사를 위촉하여 조선 통치에 필요한 각종 자료조사를 하여 총독부에 보고하였다. 1921년에 언론계에 다시 들어와 대륙통신사장에 취임하였다. 1930년 4월 이왕직실록편찬 자료수집위원에 임명되었다. 저서에『朝鮮王國』,『大院君傳』,『朝鮮帝國記』,『朝鮮雜記』등이 있다.
졸저,『우리문화재 수난사』, 학연문화사, 2005, p.128.

47) 菊池謙讓,「慶州雜記」,『(朝鮮研究會3周年記念)朝鮮』, 朝鮮研究會, 1913, p.229.

1913년 중수공사를 할 때 두 탑이 안치되었던 화강암 대석臺石과 작은 석탑石塔(상부와 상륜부)이 수습된 사실로도 알 수 있다.

　석굴암 본존불 뒤 즉 11면관음상 앞에는 현재 대석만 남아 있는데 이곳에는 아름답기 그지없는 5층 사리탑이 놓여 있었다고 한다. 그런데 1909년 2대 통감 소네曾禰가 경주의 초도순시 때 그 수행원들과 함께 석굴암을 다녀간 후 이 탑이 사라졌다고 한다. 소네曾禰가 개인적으로 탐이나 빼돌린 것이거나, 아니면 그의 수행원이 약삭빠른 출세욕에 소네曾禰를 부추겨서 일본으로 반출한 것으로 생각된다.

　소네曾禰가 석굴암을 순시한 것은 고적조사원들의 정식조사가 있기 전으로 그가 석굴암을 순시한 직후의 석굴암 사진과 그 내용이 1910년에 간행한『조선미술대관朝鮮美術大觀』에 실려 있다. 사진은 소네曾禰 일행의 관리들이 석굴암 본존상을 배경으로 찍은 사진으로 그 해설편에서는 "선년先年 소네曾禰 통감 일행이 동암同菴에 이르러 처음으로 이를 발견하였으며, 이외 방인邦人의 학자 및 조사원 등의 발길이 아직 닿지 않았다"라고 하고 있다.[48] 여기서 '선년先年'이라고 하는 것은 곧 1909년을 가르키는 것으로 소네曾

1909년 소네(曾禰)의 경주 초도순시(初度巡視) 때의 사진

禰가 경주를 초도순시初度巡視한 해와 일치한다.

오쿠다 게이운奧田耕雲의 기록에는,

11면관음상十一面觀音前의 소석단小石壇에는 원래 5중五重의 석탑이 있었는데 소네曾禰 통감시대에 지거持去하고 지금은 어떻게 되었는지 알지 못한다.[49]

라고 하고 있으며, 일제강점기 초의 경주박물관장이였던 일인 모로시가 히사오諸鹿央雄의 기록에 의하면,

현존하는 대석상에 불사리가 봉납되었다고 구전口傳된 소형의 훌륭한 대리석탑이 있었던바 지난 메이지明治 41년 춘(42년의 착오) 존귀한 모 대관의 순후巡後에 어디론지 자취를 감추어 버린 것은 지금 생각하면 애석하기 짝이 없는 것이다.

라고 하는데, 이에 대해 일인 야나기 무네요시柳宗悅는 "목격자의 회술에 따른다"고 하면서,

9면관음九面觀音(11면)앞에 작고 우수한 5중탑五重塔이 안치되어 있었다고 한다. 이것은 후에 소네 아라스케曾禰荒助 통감이 가져갔다고 말하고 있으나 진위는 불명하다.[50]

모로시가 히사오諸鹿央雄가 '모 대관'이라 함에 대해 야나기 무네요시柳宗悅는 2대 통감 소네 아라스케曾禰荒助를 지목하고 있다. 소네曾禰를 가르키면 초도순시는 1909년의 일로서, 오사카大坂의 기록에는,

---

48) 『朝鮮美術大觀』 '第2部 彫鑄' 第1圖 및 解說, 朝鮮古書刊行會, 1910年 2月.
49) 奧田耕雲, 『新羅舊都 慶州誌』, 大正 8年 9月, p.215.
50) 야나기 무네요시, 「석불사의 조각에 대하여」, 『조선을 생각한다』.

메이지明治 42년(1909年) 추에 소네曾禰 부통감이 순시巡視하였고, 그 사이 세키노關野 박사의 조사가 있었다.[51]

라고 기술하고 있다.

소네의 초도순시에 대해 모로시가 히사오諸鹿央雄는 '메이지明治 41년(1908) 봄春'이라고 하고, 오사카大坂는 '메이지明治 42년(1909) 가을秋'라고 하여 소네의 경주방문시기가 명확하지 않다. 1907년 통감부관제를 개정하여 새로 부통감제를 설치함에 따라 소네가 임명되었으며, 이토가 1909년 6월에 일본 추밀원 의장으로 전임하게 되어 일본으로 귀국하고 소네가 그 뒤를 이었기 때문에[52] 소네가 부통감으로 있었던 시기는 1909년 6월 이전이 된다. 따라서 '1909년 가을秋'라는 것은 시기가 맞지 않다.

소네의 초도순시에 대해서 1917년에 간행한 와다 유지和田雄治의 『조선고대관측기록』에 의하면, 1909년 4월 21일에 부산항에서 순라함巡邏艦 광제호光濟號에 편승하였는데 당시 일행으로는 소네曾禰 부통감과 그 수행원, 그리고 와다和田와 그의 동료 히라타平田 학사, 야마모토山本 기수가 있었으며 헌병 순사 등이 호위를 했었다고 한다. 그들은 포항에 상륙하여 1박을 하고 이튿날 4월 22일 오후 8시에 경주에 도착한 것으로 나타나 있다.[53] 와다和田의 기록은 경주의 전반적인 여행을 기술한 것이 아니라 경주 첨성대에 대한 기술이 중점이었기 때문에 석굴암에 대한 구체적 기록은 보이지 않지만 능묘를 비롯한 고종, 고사찰, 첨성대를 살펴본 것으로 나타나 있기 때문에 소네 일행의 석굴암 방문시기임을 알 수 있다.

이 책자에는 첨성대 앞에서 찍은 사진 1매가 실려 있는데, 이는

---

51) 大坂六村, 『趣味の慶州』, 慶州古蹟保存會, 1939, p.103.
　　大坂은 曾彌의 慶州 巡視가 明治 42年임을, p.221에서도 분명히 하고 있다.
52) 『朝鮮年鑑』, 京城日報社, 1941.
53) 皇城新聞 1909년 4월 28일자에는 曾禰 일행이 4월 26일에 경주에 도착했다는 기사가 있다. 와다(和田)는 직접 일행 속에 있었으며 첨성대 연구에 몰두하고 있었기 때문에 일정을 메모해 두었을 것으로 추정되나, 皇城新聞 기사는 전보 등에 의한 것이기 때문에 신문 기사 쪽이 더 신빙성이 있어 보인다.

『조선미술대관』에 실려 있는 석굴암 앞에서 찍은 소네 일행의 복장과 일치하고 있다.54) 또한 『조선미술대관』에 수록한 사진 2매를 보면, 석굴 입구의 작은 나뭇가지에 나뭇잎이 하나도 보이지 않는다. 가을이라면 나뭇가지에 아직 잎이 남아 있어야 한다. 따라서 소네의 경주초도순시는 와다 유지和田雄治의 기록대로 1909년 4월이 정확한 것으로 보인다.

이후 이 탑의 행방에 대해 나카무라 료헤이中村亮平는,

유설流說에 의하면 모 씨의 저택에 옮겨져 있는 것이 아닌가 하는 이야

첨성대 앞의 소네 일행
(『朝鮮古代觀測記錄調査報告』에 수록)

---

54) 和田雄治, 「慶州瞻星臺ノ說」, 『朝鮮古代觀測記錄調査報告』, 朝鮮總督府觀測所, 1917, p.144~146.

기가 있다.55)

라고 하였다.

또한 이 탑을 가져간 후 이러한 행위를 은폐하기 위해 대석臺石을 뒤집어 놓았다. 이로 인해 사리공舍利孔이 은폐되었기 때문에 일제기에 이를 조사한 고유섭高裕燮은 다음과 같이 기술하고 있다.

구면관음상 앞에는 오중석탑이 있었다는 설이 있으나 본존과 구면상 간의 공간이 너무 좁아서 그곳에 탑이 있었다면 오히려 궁색한 감이 없지 않다. 지금 그곳에 무슨 대석인지 남아 있지만 오히려 무슨 석상이나 조그만 석등이 있지 않았을까 한다. 물론 그곳에 탑이 있었다고 하여도 의미 없는 것은 아니니 …… 탑파가 있었다는데 교리상 무리한 바는 없으나 그렇다고 반드시 수긍이 되는 것도 아니다."56)

대석臺石 위에 석탑石塔보다는 오히려 상석床石이나 석등石燈이 있었을 것으로 오인誤認하기도 했다.

뒤집어 놓았던 석탑대석

---

55) 中村亮平, 『朝鮮慶州之美術』, 1929, p.36.
56) 高裕燮, 『朝鮮美術文化史論叢』, 서울신문사출판국, 1949, pp.41~42.

이런 사실은 1962년 석굴암 조사를 실시하였을 때 11면관음상 바로 앞의 4각형 대석을 뒤집어 본 결과, 그 하면下面은 바로 상면 上面으로서 중앙에 사각형의 사리공이 있었으니 일인들이 보탑을 가져간 후 자취를 남기지 않으려고 취한 소행이었음을 알 수 있었다. 현재 이 대석은 금강역사상 앞에 놓여 있으며 상면 중앙에 사리공이 생생함을 볼 수 있다.57) 이처럼 그 후에도 은폐하려고 했던 것이다.

또 주존主尊의 이마에 있었던 백호白毫의 행방인데, 1917년 이곳을 방문한 춘원 이광수의 『오도답파여행五道踏破旅行』에 다음과 같은 기록이 있다.

석굴 해체 상태

57) 鄭永鎬,「石窟庵」,『韓國의 文化遺産』, 韓國精神文化硏究院編, 1997 參照.

일언부기─言附記할 것은 석불의 미간眉間에 수정구水晶球가 있었습니다. 구의 이면裏面에는 황금을 부치니 동해의 파간波間으로서 욱일旭日이 약 출躍出할 때에는 정동향인 석불의 미간으로서 황금색 광선을 발사하더 란다. 그 얼마나 장엄하겠느냐. 한번 보고 싶건마는 년전에 석굴암을 중수할 때에 사중에 묻혔던 그 수정구를 어떤 못된 놈이 훔쳐가고 말 았다.58)

또 오쿠다 게이운奧田耕雲의 기록에,

석존釋尊의 백호白毫는 지금은 탈락脫落하여 없다. 오래 전 매몰되어 지하에 있던 것을 최근 수선修繕할 때 토사 중에서 발견했다고 해서 지금은 총독부 박물관에 있다고도 하고 혹은 전혀 행방불명이라고 하는데, 원래는 동해의 아침 해가 뜨는 새벽의 운무를 깨치고 만경창파에서 나와 고고 당당하게 밝게 빛을 내며 굴 내에 들어와서 석존의 이마 위의 백호에 반사되어 세상에서도 진귀한 대금광大金光 빛을 반사하도록 수정의 뒷면에 황금을 박았다고 한다.59)

석굴 해체 상태

---

58) 每日申報, 1917年 9月 8日字.

또 1929년에 간행한 『경주지미술慶州之美術』에도 같은 내용을 싣고 있다.

> 백호가 어느 땐가 탈락하여 오랫동안 지중地中에 매몰되어 있다가 최근의 중수 때 발견되었다가 후에 다시 잃어버렸다.[60]

그런데 『불국사와 석굴암』에서는 석굴암 수리공사 때 굴 내窟內에서 발견한 유물의 내용을 보면,

> 다이쇼大正 2년 석굴 수리공사 착수 때 굴 내에 매몰되어 있는 토양土壤 중에서 다수의 와편瓦片, 정釘, 송못 등과 석조금강역사상石彫金剛力士像 수首 1, 좌완左腕 1, 좌수左手 1, 소보탑小寶塔을 발견했다.[61]

고 하면서 백호가 발견되었다는 기록은 없다.

이 백호는 인위적인 힘을 가하지 않고는 탈락되지는 않았을 것이다. 또한 설사 자연적으로 탈락이 되었다 할지라도 그동안 계속하여 승들이 상주常住하고 있었기 때문에 보관되었을 것은 틀림없다. 그런데 이것이 토사 중에서 발견되었다는 것은 보수 전에 석존이 외부로부터 큰 충격을 받았다는 것인데, 그동안 한 번도 천정부분이 낙하하여 본존의 머리 부분에 떨어 진 적이 없었음을 감안한다면 인위적인 가해가 있었을 것으로 추측된다.

그렇다면 이것은 전게한 유물들이 반출되던 시기에 무뢰한들에 의해 도실되었거나, 불법자들이 본존의 이마에서 백호를 떼어내다가 파손되어 그 파편이 토사 중에 매몰된 것은 아닌지? 또한 보수공사 시에 발견되었다가 행방불명이라 하는 것은 여기에 무슨 흑막이 있는 듯하다.

많은 의문은 있으나 아직까지 단서는 찾지 못하고 있다. 그리하

---

59) 奧田耕雲, 『新羅舊都 慶州誌』, 1928, p.214.
60) 中村亮平, 『慶州之美術』, 1929, p.59.
61) 『佛國寺と石窟庵』, 朝鮮總督府, 1938, p.77.

여 그동안 여러모로 궁리한 끝에 1966년 8월에 백호 3개를 국산품 수정을 깎아 완성하여 그 중 하나를 선정하여 시공할 수밖에 없었다.

또 하나 중요한 것은 석굴 본존의 바로 뒷자리 즉 굴 내 주벽의 가장 중앙이 되는 곳이다. 이곳을 차지하고 있는 석상이 곧 11면관세음보살입상十一面觀世音菩薩立像으로서 주벽周壁의 많은 불상 중에서 가장 비중이 높은 불상이다. 이 11면관세음보살상의 특색은 먼저 그 머리 위에 11면[62]이 달려 있다는 사실인데, 이것은 보

頂上面과 左側 一面이 사라진 11面觀音像(『朝鮮古蹟圖譜』에 의함)

[62] 十一面이라는 것은 다음과 같다. 正面의 세 얼굴은 慈相으로 착한 중생을 보고 慈心을 일으켜 기쁨을 주자함을 나타낸 것이며, 왼쪽의 세 얼굴은 瞋相으로 악한 중생을 보고 悲心을 일으켜 고통을 없애자함을 나타낸 것이며, 오른쪽 세 얼굴은 白牙上出相으로 淨業을 행하는 자를 보고 佛道에 더욱 정진하도록 찬양하고 권장함을 나타낸 것이다. 뒤쪽의 한 얼굴은 大暴笑相으로 착하거나 악하거나 간에 모든 부류의 중생들이 함께 섞여 있는 것을 보고 악한 자는 고쳐 불도를 닦도록

살상이 여러 가지 기능과 양상樣相을 지니고 있다는 것을 표현하기 위함이다. 그런데 1917년에 간행한『조선고적도보』제5책에 실린 11면 관음상의 사진을 보면 관음상의 정상면正上面과 좌측左側의 1면이 결실되고 삽입공挿入孔만이 남아 있다.『불국사와 석굴암』에서는 이에 대해 "머리 위 10면 안에 지금 남은 것은 8면으로 어떻든 보관에 화불을 모시고 있어 보살인 것을 알 수 있다. 2면을 잃은 것은 유감이다."라고 해설을 붙이고 있다.

또 조선총독부 발행의『조선보물고적도록朝鮮寶物古蹟圖錄』의 해설편에는, "정상頂上의 1면과 좌의 1면은 현재 궐실闕失되어 삽입공挿入孔만 남아 있다"[63]라고 하였다. 오쿠다奧田의 기록에도, "11면 관음의 1면을 분실"[64] 하였음을 기록하고 있으며, 나카무라 료헤이中村亮平의 기록에도 "불타의 배후의 구면관음의 두상에 장한 작은 1면을 잃어버렸다"[65]고 한다. 북한에서 발행한『고고학술총서』에도 "관음상의 관에 붙어 있는 작은 부처 하나까지 훔쳐갔다"[66]고 하는데 지금까지 이에 대한 행방은 오리무중이다.

지금의 것은 후대에 보완한 것이다. 보완한 것은 정상면頂上面의 앉아서 합장하는 상[67]과 좌의 1면, 그리고 우 얼굴 부분을 새로 보충했다.

이 외에도 석굴 본존本尊[68]의 두부에 대한 파손까지 자행하였다.

함을 보여 주는 것이다. 그리고 頂上의 불면은 大乘根機를 가진 자들에 대해 가장 오묘한 불도를 설하는 것을 나타내고자 한 것이다(문명대,『吐含山 石窟』).
63)『朝鮮寶物古蹟圖錄』(佛國寺と石窟庵), 朝鮮總督府, 1938, p.119.
64) 奧田耕雲,『新羅舊都 慶州誌』, 1928, p.215.
65) 中村亮平,『慶州之美術』, 1929, p.59.
66)『북한고고학술총서』, 한국 인문과학원 영인, 1990, p.290.
67) 姜友邦은 "石窟庵 佛敎彫刻의 圖像的 考察",『美術資料』第56號, 1995年 12月에서, 머리의 頂上部는 평평하고 지금 그 위에는 일제 때 만든 佛坐像이 놓여 있으나 원래는 儀軌나 현존하는 중국의 예에서처럼 佛頭가 놓였을 가능성이 크다고 한다.
68) 石窟本尊의 名號에 대해서는 여러 주장이 있다.
　*釋迦名號
　釋迦로 명명한 것은 關野貞 등의 일본 학자들에 의해 1910년 초부터이며, 1912년 조선총독부 기수 木子智隆이 석굴암을 조사하고 보고한 복명서에서 '釋迦佛'이란 칭호를 사용하고 있으며, 1917년에 간행된『朝鮮古蹟圖譜』에도 '石窟本尊 釋迦如來像'으로 기록하고 있다.
　특히 關野貞은『朝鮮美術史』에서 降魔觸地의 手印과 十代弟子像의 배치를 근거

정상면과 좌측면이 보완된
11면관세음보살상

석굴의 존재를 안 악당들이 이 같은 대불에는 보물이 감추어져 있는 것이라고 기대를 걸고 이 대불의 뒷부분(엉덩이)을 반원형으로 크게 따내서 대불이 앉은 좌대 상하면을 고루 탐색한 사실이다. 그

로 들고 있다.
* 池內宏도 關野貞의 說에 동조를 하고 있다(池內宏,「朝鮮の文化」,『東洋思潮』第5券, 岩坡書店, 1934.).
* 無量壽佛(阿彌陀佛) 名號
이는 黃壽永博士가 주장하는 바,
黃壽永,『佛國寺와 石窟庵』, 교양국사총서, 1974.
____,「石窟庵 本尊 阿彌陀如來坐像 小考」,『考古美術』136·137호, 1997.
____,「石窟庵本尊 名號考」,『佛教學叢書』, 천태종 불교문화 연구원, 1999 등이 있다.
* 釋迦이며 동시에 毘盧遮那佛 名號
이는 姜友邦이 주장하는 바
姜友邦,「佛國寺와 石佛寺의 公德主」,『美術資料』제66호, 국립중앙박물관, 2001.
____,『圓融과 調和』, 열화당, 1990.
* 석가불이요 비로자나불이며 또한 아미타불이라는 명호
김영대,「석굴암의 敎理的 理解」,『정신문화 연구』, 제48호.

러나 연화좌대 상면에 아무런 보물의 장치가 없는 사실을 발견하고는 세 쪽으로 깨진 돌을 땅 위에 버려 둔 채 도망해 버렸다. 이때 파괴한 석편은 오랫동안 지면에 방치되어 있었으며 그것을 다시 접합한 것은 해방 이후 1960년대 수리 때의 일이다.[69]

이같이 처음 불법자들의 침범에 이어 일본 관리들의 방문이 있었고, 이후에야 전문적인 학자들의 조사 촬영이 이어졌다. 현재까지 나타난 석굴암의 사진으로는 소네 일행의 답방 때에 찍은 사진이 가장 오래된 것이다. 그 다음이 전문 학자들의 조사 때에 찍은 사진이『조선고적도보』에 실린 것으로 이 사진에 대해서『불국사와 석굴암』에서는 다음과 같이 해설을 붙이고 있다.

> 사진은 그 개수 이전의 상태를 촬영한 것으로 석굴의 천정석이 떨어져 빗물이 새어 본존여래에게 흘러내리고 토사는 굴 안에 3척에 가까울 정도로 메워져 있으며, 전실은 지붕을 잃고 좌우의 조각상은 기울어졌으며, 큰 돌은 사방으로 흩어져 풀이 우거지고 어지러운 상태였다. 또 굴 앞의 돌계단은 깨어져 돌을 쌓아서 겨우 상하로 연결해 놓았을 뿐 굴 정면에 세워졌을 것으로 추정되는 석단과 초석도 전혀 흔적을 찾아 볼 수가 없는 상태이다.[70]

이는 전문학자들의 조사 당시의 모습으로 비록 석굴 일부가 낙하되었다하나 그들의 눈에도 "토함산 꼭대기의 석굴암은 그 시대의 석조 조각의 최정점을 전하는 것"이라고 하는 점을 공감하고 있으면서도 다음과 같이 그 격을 저하시키고 있다.

---

69) 1960년대의 수리당시 현장에서는 이같은 본존불의 큰상처부분의 조사를 여러날 진행했으며, 그에 따르면 파괴할 부위를 미리 예정하고 작은 정으로 윤곽을 따낸 다음 보다 큰망치로 강한 타격을 가함으로써 이 대불의 일부를 파괴했다.
黃壽永,「新羅의 동해구」,「石窟庵 修理工事」,『黃壽永全集』2.
日帝의 수리 때 일인들이 看過하거나 고의로 버렸던 것으로 추정되는 石窟部材의 破片이 1960년대 석굴암 수리를 할 때 窟前面 基壇部 부근 表土下 2尺 되는 곳에서 발견되었는데, 그 중에는 금강역사상 팔뚝과 本尊像衣端片 그리고 四天王像 持物인 보탑이 발견되었다. 발견된 파편들은 1960년대 수리 시에 복원하였다.
『石窟庵 修理工事 報告書』, 文敎部文化財管理局, 1967年, p.133.
70)『佛國寺と石窟庵』, 圖板 解說 22.

불국사 영지 전설을 생각하고 또한 중국 산서 천룡사 동굴의 불상 가운데 당대唐代의 불상과 그 수법이 닮은 점이 있는 것과 서로 비교해 보면 이 석굴암의 불상도 역시 당나라 미술가의 손에 완성되었다는 것을 우리들은 추측할 수 있을 것이다.[71]

석굴암과 같은 위대한 석조미술이 신라인의 손에 의해 조영되었다는 사실을 지배국인 그들로서는 받아들이기 싫었던 것이다. 그들의 식민지배논리에 끼워 맞추어 한국 문화의 원류를 중국에 두고, 석굴암이 중국인의 손에 의해 조영된 것으로 왜곡시킨 것이다.

소네의 답방 이후 석굴암에 대한 조사가 이어지면서 통감부는 석굴암 전부와 불국사 주조불까지 옮기려 했다.

키무라 시즈오木村靜雄의 기록에 의하면, 그는 1910년 6월에 경주군 주임서기主任書記로 경주에 부임赴任해 왔는데 8월에 카와이 히로타미河合弘民, 와타나베 아키라渡邊彰 등과 함께 주동이 되어 경주 고적의 보존을 목적으로 〈신라회〉(경주고적보존회의 전신)를 조직하여 그 일원으로 활동을 하였는데 당시는 수명에 불과했다고 한다. 그런데 얼마 되지 않아 귀를 의심하는 명령이 관찰사로부터 내려 왔다고 한다. 「불국사의 주조불鑄造佛과 석굴불의 전부를 경성으로 수송輸送하라」는 엄명嚴命과 함께 이를 운송하는데 사용되는 비용의 계산서를 즉각 올려 보내라는 것이다. 이에 군수는 아무런 일의一議 없이 복종하는 태도였으나 자신은 이러한 폭명暴命에 반감反感이 생겨 속으로 이것을 다른 곳으로 옮기는 것은 무모無謀할 뿐 아니라 사리를 모름에 맹종盲從할 수가 없다고 생각하여 계산서에 대한 회답回答을 보내지 않고 묵살默殺하기로 결심하였다고 한다. 얼마 지나지 않아 10월의 관제개제官制改制가 있어 도장관道長官이 임용되고 그 밑에 대소의 일본인 관리가 배치되면서 이 일은 유야무야 되었다고 한다.[72]

그때의 계획으로는 석굴암을 해체하여 석불과 기타 모든 석재를

---

71) 『佛國寺と石窟庵』, p.6.
72) 木村靜雄, 『朝鮮に老朽して』, 帝國地方行政學會朝鮮本部, 1924, pp.48~49.

토함산에서 약 40리 내려온 동해안의 감포를 통해 배로 인천까지 운반한다는 것이다.

오사카의 기록에는 보다 구체적으로 기술하고 있다.

현지 보존은 이상뿐이지만 당시의 지방 상황으로 보아 그것은 오히려 위험하다고 보아서 될 수 있으면 이것을 경성에 옮기려고 했다. 곧 당시의 장기군청에 그 조사를 명령하게 되었다. 놀란 것은 장기군청이었다. 표고 561미터의 산 정상에서 감포甘浦 항구까지 약 4리의 도로를 새로 만들지 않으면 안되었다. 뿐만 아니라 귀중한 석상, 크고 적은 것 38개와 석굴용재를 완전하게 운반하지 않으면 안된다. 자신을 가지고 견적을 낼 사람이 없어서 그 계획을 해 낸다는 것은 도저히 불가능하다고 생각하였다. 따라서 결국 현지 보존으로 결정하였다.

'여하튼 내가 가서 보아야겠다'는 이 한마디는 데라우치 총독의 모양새를 높이는 일이었다.

다이쇼大正 원년 가을 드디어 총독순시라는 일정을 잡았다. 이번에는 경상북도가 놀랐다. 불국사에서 석굴암까지의 도로를 어떻게 하느냐? 올해 예산으로는 도로공사비가 하나도 없었다. 할 수 없이 올해로서는 나무꾼이 다니는 길에 약간의 손질을 해 두기로 했다.

당시 경주군청에는 주석서기主席書記로서 경주의 연구와 소개에 앞서서 해 낸 키무라 시즈오木村靜雄 씨가 있었다. 그는 이 기회에 편승해서 유람도로를 개설하고자 공사계획서를 세 통이나 작성하여 도청에 내었으나 결정 받지 못하였다. 여하튼 총독을 안내할 수 있는 곳이라도 한 번 봐 두지 않으면 안되겠다고 생각하고 내무부장 나카노 타사부로中野太三郞 씨가 키무라木村 씨의 안내로 실지를 답사하기로 하였다.

'제일 가까운 곳은 비용도 들지 않습니다'라고 하는 키무라木村 씨의 설명이 짓궂기는 하지만 도청 당국은 단순하게 그렇겠지 하고 수긍하였다. 그리고 단거리 중앙선을 총독 안내의 첫번째 예정선으로 하였다. 그러나 단거리 선은 경사가 심해서 나카노中野 씨는 그 비대한 몸을 가누지 못하고 문자 그대로 중도에서 오도 가도 못하고 말았다. 이런 일로 22정보의 석굴암 참배길은 키무라木村의 예정안대로 결정하

게 되었다.[73]

이 운반 계획은 〈경주고적보존회〉의 역할이 지대하였다는 것을 설명하면서 그 일원이었던 키무라木村가 불국사 주조불과 석굴불 운송을 막았다고 떠벌리고 있으나 당시로서는 오사카大坂의 기록대로 짧은 기간에 엄청난 운송계획의 견적을 곧바로 낸다는 것은 어려웠을 것이다. 한일합방이 추진되고 있었으므로 이곳에 신경 쓸 여지가 없었을 것이다.[74] 더욱이 석굴암 이건설은 경주시민의 민심을 자극하여 여론을 악화시켰으며, 총독부에서는 이를 무마하기 위해 원천 무효화한 것으로 추정된다. 당시 매일신보(1912년 10월 30일자)에는 다음과 같은 기사가 있다.

경주에 있는 신라고도의 다보탑 급 석굴암의 불적 등을 총독부에서 경성으로 이전 보관한다는 떠도는 소문을 접한 경주지방의 선민 등은 크게 소요騷擾한 일이 있으나 그것은 하등의 오보誤報이며 전연 사실이 아니다. 총독부에서는 경성으로 이전할 의지가 전혀 없으며, 단 기其 보존과 급 수리에 관하여서는 현재의 상태와 같이 방치어려할 수 없으므로 자연히 기其 방법에 관한 이와 같은 거짓보도를 전한 듯하다더라.

일련의 운송계획에서 불국사 주조불과 석굴암의 경성(서울) 운송계획은 경성 어디로 옮기려 했는지에 대한 기록이 보이지 않는다. 거대한 석조물을 옮기려면 이 석조물이 들어설 장소부터 먼저

---

73) 大坂六村, 『趣味の慶州』, 慶州古蹟保存會, 1939, pp.154~155.
74) 黃壽永, 「石窟庵 修理工事 報告書」에 의하면,
이와 같은 운반지령은 그 당시의 식골 성황과 지방시절을 밑하여 주는 것이다. 다행히 이 계획은 중단되었는데 그곳에는 이 같은 대규모의 반출작업 그자체가 손쉽게 이루어질 수도 없으려니와 또 다른 이유로는 국권의 강탈이 자행되는 마당에서 이 같은 계획이 현지 보존으로 변경될 여건이 따랐을 것으로 보인다. 이 같은 명령이 있은 다음에 경주거류 日人官民을 주체로 삼은 경주고적보존사업의 움직임이 있었다. 또 한일합방을 계기로 日政의 시대를 맞이함에 1912년에는 초대총독 寺內의 登窟이 있어 이를 전후하여 마침내 총독부에 의한 긴급대책 수립을 서두르게 되었던 것이다. 이로 인해 석굴의 중수가 이루어진 하나의 계기가 되었다고 한다.

설정되어 있어야 할 것이다. 당시에 이왕직박물관이 있었다고 하나 자기류나 규모가 작은 조각품들만이 진열하고 있었기 때문에 적합한 장소로 보기는 힘들다. 석굴암의 운송계획이 나왔을 시기는 경복궁의 정리작업이 시작되기 전이긴 하지만 이미 조선총독부 청사의 건립 장소로 경복궁을 지정하고 있던 터이며, 물산공진회를 계기로 많은 석조물이 들어선 예로 보았을 때 혹 경복궁을 염두에 둔 것은 아닌지 의혹이 남는다.

데라우치 총독의 석굴암 현지답사에 앞서 석굴암 현황에 관한 1차조사가 총독부기수 키고 도모다카木子智隆에 의해 이루어졌는데 1912년 6월 25일부 복명서에 "현상태 그대로 두게 되면 잔존하는 천장의 3분의 2도 추락하여 주벽불상을 상하게 하고 중앙에 안좌하는 석가의 대상을 훼손시켜 동양무비東洋無比의 미술품을 멸망시킴에 이른다"75)라며 석굴암 중수의 시급함을 알리고 있다. 그리고 총독의 경주 방문이 있은 후 운송계획은 변경되고 석굴암의 중수가 이루어지는 것으로 일단락이 되었다.

1912년 데라우치寺內가 경주를 방문했을 때 2박 3일간 데라우치寺內를 수행하여 경주 안내를 맡았던 키무라 시즈오木村靜雄에 의하면 데라우치寺內는 석굴암을 방문하고 내려와 곧바로 '불이법문

데라우치 총독의 경주 방문 기사 (매일신보, 1912년 11월 10일, 14일자)

75) 『石窟庵修理工事報告書』, 文教部文化財管理局, 1967, p.16.

佛二法門' 4자를 써서 석굴의 암벽에 새기라고 했다고 한다. 키무라木村는 『조선에서 늙으며』에서,

> 그때에는 나이가 아직 64·65세 정도였을 거라고 생각하는데, 석굴암이 심히 마음에 들어 자기도 기념을 남기고 싶었는지 불이법문佛二法門의 네 글자를 2척 크기로 크게 써서 주고 갔다. 굴 위의 벽에 새기라는 주문이었다. 백작의 필적 중 명작으로서 오카야마岡山에서 석공을 불러들여 새기게 했다. 즉 석굴암이 마음에 들었던 것은 미술감상 때문만이 아니라 무상관無常觀(세상 만사가 덧없고 항상 변화한다고 보는 관념)에 기인한 영원한 바램 때문이라고 나는 깊이 느끼고 돌아왔다.[76]

라고 회고하고 있다. 데라우치寺內의 글씨는 석실 금당 뒤편의 바위 벼랑에 새겼다.[77] 후일 오쿠다奧田는 『신라구도 경주지』에서,

> 암의 상방석벽上方石壁의 면에 당시의 총독 지금의 수상 데라우치寺內 백작 각하의 서書 '불이법문佛二法門' 네 자의 글씨를 새겨 놓았는데, 석면石面의 가치가 없어서 우러러 볼 정도로 좋지는 않다고 한다. 새긴 모양이 정교하지 않기 때문에 천하무쌍天下無雙의 명산영지名山靈地를 장식하려고 백작 각하가 공들여서 휘호한 명필이건만 가치가 없어 보이는 것은 어쩔 수 없다.[78]

라고 기술하고 있다. 데라우치가 석굴암 방문 시 직접 '不二法門'를 써서 새기라고 한 것은 방문 즉시 석굴 보수에 대한 마음을 굳힌 것으로 추정된다. 그리고 석굴암 보수공사를 그의 공적으로 남기기 위해 천고의 유遺적을 거침없이 농단하였던 것이다.

---

76) 木村靜雄, 『朝鮮に老朽して』, 帝國地方行政學會朝鮮本部, 1924, p.53.
77) 신영훈은 『천상이 천하에 내려 깃든 석굴암』(2003)에서 단지 "석실 금당 뒤편 바위 벼랑에는 '不二法門'이라고 큰 글씨로 새겨 넣었다"라고만 기술하고 있으며, 해방 이후 1960년대의 석굴암 수리보고서에도 이에 대한 자세한 기록이 보이지 않고 있어 어떻게 처리했는지 명확하지 않다.
78) 奧田慶雲, 『新羅舊都 慶州誌』, 1928, p.217.

데라우치寺內의 현지답사 후 석굴암 보수공사계획은 일사천리로 진행되었는데, 원형에 대한 기본적인 학술조사도 거치지 않고 일개 토목기사에게 맡겨져 응급의 조사가 이루어졌다. 1913년 4월에 총독부기사 코쿠지 히로시國枝博[79])의 현지 출장에 따른 복명서로 '석굴암 수선공사 사양서石窟庵修繕工事仕樣書'와 '석굴암 수선공사 예산서石窟庵修繕工事豫算書'가 작성되었으며, 1913년 9월 12일부 토목국에서 내무부 앞으로 '석굴암 보존공사 설명서 및 설계도면'이 송부送付되었다. 이 서류에 총독부 고적조사 촉탁 세키노 타다시關野貞은 도면만 보고 자신의 의견서를 첨부하였으며, 1913년 9월 13일 공사 착수를 위한 데라우치寺內 총독의 결재가 이루어졌다.

이로써 최종 절차가 완료되면서 1913년 10월부터 착공되는 공사에 현지감독관으로는 일개 토목기사인 이이지마 겐노스케飯島源之助 기수가 임명되어 그의 지휘 아래 토목공사의 성격을 가지고 긴급수리에 착수하였던 것이다.

보수공사는 이이지마 겐노스케飯島源之助가 현장주임으로 1913년 봄부터 착수하여 1915년 8월에 일단 준공하게 되었다.

당시 신문지상에는 [석굴암 개안법회石窟庵開眼法會]란 제하의 다음과 같은 기사가 있다.

지난 다이쇼大正 2년 6월 그는 설계조사를 마치고 동년 10월 중 공사에 착수하여 경주 석굴암은 실로 해발 일천삼백척의 높고 험산 산봉우리 정상에 있어 자재를 옮기고 이동하는 것이 더디어 공사재료의 공급, 기타 제반의 연락聯絡이 아주 곤란함에도 불구하고 관계당국 관헌이 경비의 안배와 재료의 공급, 현장의 경비를 함께 원조한 주임기수 이이지마 겐노스케飯島源之助 씨의 노력으로 본월 13일에 그 보존공사의 준성竣成을 보기에 이르렀다. 그간에 소비한 일자는 사백 사십 삼 일,

---

79) 1905년 동경대학 공과대학 졸업, 1906년 한국정부 촉탁으로 도한, 1907년 통감부 기사로 임명, 1910년 조선총독부로 옮겨 營繕課에 근무
『隆熙2年 6月 職員錄』,『在朝鮮 內地人 紳士名鑑』參照.

제직공 인부 일만 일천 이백 인, 보족석재補足石材 팔천 오백 체八千五百切, 총독부 보조의 공사비 전액을 보면 이만 이천 칠백 십칠 원 칠십 전二萬二千七百十七圓七十錢의 거액에 달했다. 이어 보존공사 낙성을 지난 15일 오후 10시 동사에서 본도장관대리 이리사와入澤 제1부장, 코쿠지國枝 총독부 기사, 와타나베渡邊 총독부 서기, 타카다高田 본도관방주임 이하 경주 각 관공서 수뇌자, 경주 고적보존회 관계자, 민동유지 및 신문 기자가 참여하여 성대하게 개안법회開眼法會가 이루어졌다. 당일 예배를 위해 모인 노약老若(老弱의 잘못된 표기, 늙은이와 약한 사람)이 약 400에 달했다. 이 심산유곡에서 근년 희유의 성사라 하겠다.[80]

이같이 대규모 공사가 만 3년에 걸쳐 이루어졌으나 준공 이후 2년이 못되어 굴 내에 누수현상이 나타났다. 이로 인하여 다시 보수공사가 시행되었는데 이때 석굴암 주지명의의 신청서에는 "굴 내의 누수침투로 점차 내부의 불상을 오손할 염려가 있어 이대로 두기가 어렵다"했다. 공사보조비지령 안에 첨부한 회계장부 기록에는 "설계불비에 기인된 것"이라고 이러한 사태의 원인을 지적하고 있다.

수리 후의 석굴암

---

80) 奧田耕雲, 『新羅舊都 慶州誌』, 大正 8年 9月, p.15에서 轉載.

그리하여 1917년 7월에 이르러 이를 방지하는 공사가 이루어졌다. 이는 1917년 6월부터 7월까지 약 1개월에 걸친 오직 굴 상부 봉토면에 대한 응급조치에 그쳤으며, 불과 3년 후에 이르러 다시 대규모의 중수공사를 다시 할 수밖에 없었다. 3차공사는 1920년 9월 3일부터 이후 4년에 걸쳐 이루어졌다.

그러나 이는 처음 1차 수리공사부터 출발이 잘못되어 2, 3차 수리공사를 하였으나 근본적인 치유는 될 수가 없었다.

당시 『개벽』(제28호, 1923년 8월)의 '소식란'에는 다음과 같이 비평하고 있다.

이 굴이야 말로 퇴폐頹廢는 하였을지라도 여하한 폭우에도 일점의 옥루屋漏는 없었던 것을 1차 일본식의 수보자修補者의 손을 대인 후부터는 조금 오는 비에도 감당이 안되므로 지금 다시 개수에 급급함을 보면 이것이 이른바 혹 떼려다가 도로 붙인 것과 무엇이 다르겠는가!

석굴암 수리공사의 기본 골격이라 할 수 있는 '석굴암 수선공사 사양서石窟庵修繕工事仕樣書'[81]는 다음과 같다.

1. 중앙에 안치하는 불상에 손상이 가지 않도록 목재로 포장하고 주위 벽면에는 판을 대고 각 요소에 버팀목을 하고 천정은 비기목飛機木으로써 돌의 추락을 방지하는 설치를 하며, 또 판을 깔아 굴 내 전부를 덮고 서서히 천정석을 취제取除하여 석벽 밖을 둘러 싼 흙을 걷고 석벽 내면에 출래하는 요철을 고치며 외부의 둘레에 두께 3척 균일 콘크리트를 박는다.
1. 천정은 구형과 같이 수보하고 상부에 두께 3척尺의 콘크리트를 박아 전부를 덮고 성상盛上 할 것.
1. 전면 덮개가 없는 곳은 철근鐵筋 콘크리트로 옥개屋蓋를 만든다.

81) 『石窟庵修理工事報告書』, 文教部文化財管理局, 1967, p.16.

위의 코쿠지國枝 기사의 사양서仕樣書는 처음부터 통일신라의 예술혼을 무시하고 신식 콘크리트로 완전히 개조하겠다는 기본골격이 구상되어 있었던 것이다.

이 계획은 사전에 전문학자에 의한 원형에 대한 검토도 없었을 뿐 아니라 원형에 대한 최소한의 기본조사 조차도 실측으로 남기지 않아 이후 복구에 대한 혼란을 초래하게 하였다. 또한 보수공사의 설계에도 전문학자의 참여 없이 작성되어 석굴암의 원형이나 고고미술학적인 면을 완전 무시하고 공사가 이루어졌던 것이다. 이점에 대해서 총독부간행『불국사와 석굴암』에서 해체한 석굴암 사진 해설을 보면,

본 도판은 그 수리공사 때 기념 촬영한 것으로 본존불을 제외한 다른 것을 일단 전부 떼어내어 튼튼한 기초공사를 한 뒤 복원한 것이다. 다만 석굴의 주위에 두꺼운 회반죽을 하고, 여러 개의 돌을 교체하여 쌓았으며, 또 전면에 새로운 돌을 쌓아서 공사를 한 탓에 옛 모습을 잃었고 심하게 존엄을 잃은 것은 참으로 유감이 아닐 수 없다.
이에 1920년 봄부터 1923년 말에 걸쳐 재수리가 행해져, 봉토를 두껍게 하여 튀어나온 장대석을 쌓은 부분을 덮고 자연 석재를 이용하여 옛것을 보존하려 노력했지만 최초의 연구에 불충분한 점이 있었으므로 오늘에 만족할 수 없는 점이 적지 않다"[82]

라고 하고 있다. 또 서언序言에서 "불국사나 석굴암의 미술사적 또는 고고학적 연구는 아직 충분하다고 말할 정도가 아니며, 필요한 기본적인 조사를 행하지 않고 먼저 수리공사를 실시하였기 때문에 금일에는 이미 원형이 불명한 부문이 발생하고 있다"라고 그늘 스스로도 과실을 인정하고 있다. 뿐만 아니라 시공을 위한 설계도 設計圖와 시공 후의 공사준공도工事竣工圖가 서로 일치하지 않으며, 해방 이후 수리공사시에 각 부재部材를 조사해 본 결과 준공도면

---

82)『佛國寺と石窟庵』圖版23 解說, 朝鮮總督府, 1938, p.58.

이 실제와 많이 다르고 어떤 부분은 전혀 사실과 다르게 되었다.[83] 이는 원형대로 하지 않고 공사 과정에서 편리한대로 그때그때 임의로 왜곡하였다는 것을 알 수 있으며, 이 공사가 얼마나 문화재에 대한 인식 없이 토목공사 위주로 이루어졌는지를 말해 주는 것이다.

당시의 공사는 본존불을 제외하고는 석굴 전체를 해체하였는데, 1차공사 때 이이지마飯島는 "해체에 있어서 당초 예기豫期했던 파손 석재 이외에 외부에서 규지窺知할 수 없었던 파손 석재가 다수임을 발견한 것은 본직本職이 유감으로 여기는 바이다"[84] 하여 토목기사로서는 규명할 수 없는 석재에 대한 난제를 토로하고 있다. 이러한 부분에 대해서 제멋대로 모자라는 석재는 새로 깎고 보충하였던 것이다. 석굴암 천장의 보충한 석재 중에는 일인 석공들의 장난으로 추정되는 "日本"이라 각명刻銘한 것까지 있었다. 내부 구조는 그래도 옛 모습을 거의 간직하고 있으나 굴 외곽부는 보수공사로 인하여 원형을 완전히 잃어버렸다. 또한 석굴 전면에는 석축을 쌓아 오히려 외관상 고색을 상실케 하였다.

용처를 몰라 남긴 석재들

83) 『石窟庵修理工事報告書』, 文敎部文化財管理局, 1967, p.60.
84) 飯島의 年度報告, 『石窟庵修理工事報告書』, 文敎部文化財管理局, 1967, p.19.

이 수리공사는 당시에도 문제점이 많아, "그 수리에 대하여 이곳을 방문하는 사람들은 여러모로 비평을 하였다. 전문가는 전문가대로 그 밖의 사람은 그들대로 시간과 비용을 생각하지 않고 많은 비평을 퍼부었다"[85]라고 하고 있다.

먼저 석굴의 윗부분을 보면, 1차 수리 전의 사진에는 굴개부窟蓋部의 즙와葺瓦 모습이 남아 있어 석굴 위에 기와를 덮었다는 추정이다.[86] 석굴 정상부의 마감처리는 둥글게 기와를 덮음으로써 빗물의 침투를 막았던 것인데,[87] 이 같은 원형을 근본부터 임의 변경

1차 수리 후의 前室南面

---

85) 大坂六村, 『趣味の慶州』, 慶州古蹟保存會, 1939, p.105.
86) 1991년 5월 3일 한국정신문화연구원 인문과학부 연구원 대강당에서 '석굴암의 제문제'에 관한 학술세미나가 열렸다. 이날 김상현(金相鉉) 교수는 「석굴암에 관한 문헌자료의 검토」라는 논문 발표에서, 일제가 1913년 석굴암 복원공사를 시작하기 전에 찍은 사진에는 기와지붕이 덮여 있고 봉토가 없지만 석굴암의 외곽을 "소릉과 같고 잔디가 덮여 있다"는 임필대(任必大)의 『遊東都錄』에 실린 1767년의 방문기의 묘사를 비롯한 기록으로 보아 수리 전인 18·19세기에는 능과 같은 모습을 하고 있었다고 밝혔다. 따라서 그 이후의 기와지붕이 원래 있다가 중간에 없어진 것을 복원한 것인지, 아니면 원래 없던 것을 새로 만든 것인지는 앞으로 규명해야 할 것이라고 지적했다(한국일보, 1991. 5. 3 기사 참조).
87) 黃壽永, 『佛國寺와 石窟庵』, 敎養國史叢書, 1974, p.142.

1차수리 후의 前室北面

하여 석굴 외부의 돌은 모두 깨어버리고[88] 그 대신 주벽에는 파손된 석재를 갈아 끼우고 석굴돔을 약 3척 두께의 콘크리트로 덮고 정상부에는 그대로 흙을 덮고 다시 잔디를 입혔으며 전실은 천장을 만들지 않고 방치하였다.

   이 공사에 대해 해방 이후 석굴암 수리를 위해 1962년 이 부분을 해체한 결과 잘못된 부분이 명백하게 드러났다. 『석굴암 수리공사 보고서』에 의하면,

   석굴 입구 좌우석원左右石垣 및 석계단 공사도 진행되었던 바 그 기법과 석축방식에 있어서 일식日式이 가미된 것은 약 20명의 석공 전부가 일인이었다는 사실만으로도 이해될 것이다. 굴 입구 상면 및 전실 좌우 양벽면 상부에 높은 석단축石段築도 이때 마련되었으며, 전실 입구 부

『朝鮮古蹟圖譜』第5冊, 圖版(1829∼1910) 解說.
『石窟庵修理報告書』, p.102.
88) 現場寫眞을 보면 화강석의 파편들이 산더미처럼 쌓여 있다. 이는 이미 깨어버린 殘骸임을 알 수 있다.

추가한 팔부신장
(이들 둘은 다른 팔부신장에 비해 유난히 작다. 처음 조상할 때의 시기가 다른 신장과 다르거나 다른 장소에 배치되었을 가능성을 시사하고 있다.)

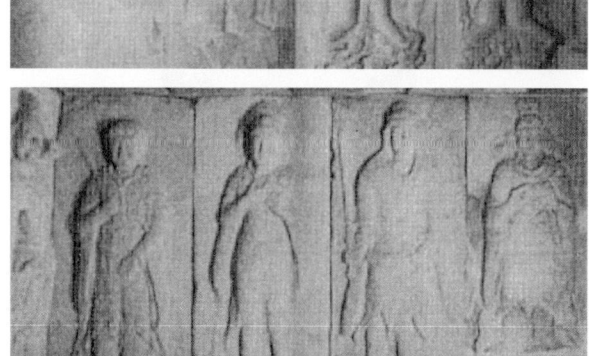

해방 이후 수리 후의 모습
(일제 때 추가한 것을 1960년대에 그대로 편 모습)

경상도 지역

근에서 발견된 팔부상 2구를 다시 부가하되 좌우 벽과 잘못 굴곡시켜 인왕상과 상대케한 작업도 이때 이루어졌다. 이것은 일정공사에 따르는 석굴 변형의 하나인 바[89]

라고 하고 있다.

일인들의 보수에 있어서 전실부는 노천으로 하고 남북 양벽에 팔부신장八部神將을 6체는 서로 마주보게 하고 나머지 2체는 반면半面을 꺾어 서향西向하게 한 것이다. 전실부가 과연 원래부터 이러했는지 자세한 보고서가 없을 뿐 아니라, 굴곡부의 두 신장도 어디에서 나왔는지 정확한 기록이 없다.

다만 요시오카 겐타로吉岡堅太郎는 『계림鷄林의 림林』에서 이 두 팔부신장八部神將에 대해, "그리고 입구 쪽에는 반파된 금강신金剛神이 좌우 2개가 서향西向으로 나란히 서 있는데 이것은 중수할 때 석굴

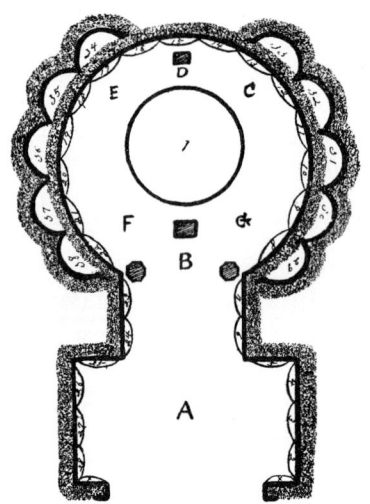

석굴암 석불 위치도
(『慶州之美術』)

89) 『石窟庵修理工事報告書』, 文教部文化財管理局, 1967, p.20.

1909년경으로 추정되는 석굴 입구의 모습 (『朝鮮美術大觀』, 1910年 朝鮮古書刊行會에 의함)

암 부근에서 발견한 것을 추가한 것인데 말하자면 사족蛇足이라 할 수밖에 없다"90)라고 하여 불상이 원래부터 있었던 것이 아니라 굴 부근에서 출토되었다는 것이다. 이러한 것을 아무런 고증도 없이 추가시킨 것이다.

나카무라 료헤이中村亮平는 '석굴암 석불위치도石窟庵石佛位置圖'에 있어서 직각으로 꺾은 부분의 두 상에 대하여 "다이쇼大正 2년 부가附加××"로 표시하고, "금강신金剛神의 2체를 보충하여 전실의 형태를 제멋대로 구조構造한 것은 확실히 불요의不要意한 부가附加이다"라고 하였다. 그리고 "이런 것의 2면二面을 여기에 부가附加한 것은 실로 추태醜態의 극極이며 대담한 추가라고 말하지 않을 수 없다"라고 비난하고 있다.91)

1910년에 간행한 『조선미술대관朝鮮美術大觀』에는 1909년 즉 석굴 보수공사가 이루어지기 전의 석굴 입구의 원형모습을 담은 사진 한 점이 실려 있다. 이 사진을 보면 전실의 남면에는 3구軀의 팔부신장八部神將이 서 있고 그 모서리는 적석積石으로 나타나 있으며 문제의 신장은 보이지 않는다. 그런데 새로 발견한 것을 모서리 적석으로 보이는 이 부분에 추가하고 전실의 모습을 제멋대로 왜

---

90) 吉岡堅太郎, 「慶州 見物」, 『鷄の林』, 1924, p.184.
91) 中村亮平, 『慶州之美術』, 1929, pp.34·55·61.

이 사진은 『(朝鮮)慶州之美術』의 부록편에 실린 사진을 연결한 것이다. 이는 1910년에 발간한 『朝鮮美術大觀』에 실린 사진과 일치하고 있다.

곡시켜버린 것이다.

　이 보수에 대해 일본인 야나기 무네요시柳宗悅는 다음과 같이 혹독한 비평을 하고 있다.

　근년에 이런 상태의 석불사를 중수한 것은 조선총독부였다. 이 중수는 1913년 10월에 시작하여 1915년 8월에 준공되었다. 세키노關野 박사도 직접 관여했고 주로 이이지마 겐노스케飯島源之助 기사의 감독 아래 공사를 진행했다. 이 중수 때 추가된 것은 그림 가운데의 추가번호 EX29, EX30(입구) 두 금강신을 서쪽으로 면하게 세운 것이다. 그러나 이보다 더 대담하게 추가한 것은 이 굴 밖 주위의 돌담이다.

나는 이를 보고 그 몰취미한 행위에 그만 놀라지 않을 수 없었다. 무슨 생각으로 꼭 터널의 입구로 오인될 것 같은 담을 건설한 것일까? 굴원을 수리한 것이 아니라 새로이 훼손한 것이라고 밖에 생각할 수 없다.
〈중략〉 오늘날 굴 밖의 구조가 옛날 그대로의 모습을 잃은 것은 대단히 섭섭한 일이다.
〈중략〉 그러나 오늘날 수리라는 이름 아래 새로운 모욕을 당한 것이다. 나는 전체적으로 통일되어 있는 저 굴원에 추한 중수로 새로운 불순이 추가된 것을 한탄하지 않을 수 없다.
〈중략〉 나는 파괴된 채 있던 당시의 사진과 수리 뒤의 사진을 보고 예술을 모르는 죄 많은 과학의 행위를 미워하지 않을 수 없다.[92]

전실부분에 대한 복원은 해방 후 수리공사를 하면서 상당한 논란과 진통을 겪은 후에야 이루어졌다. 굴곡부에 대한 복원문제는 수차에 걸쳐 논의가 되었다. 일인들이 임의로 요석腰石을 구부려 놓은 흔적이 있고 요석 자체가 풍기는 일인들의 솜씨 등으로 보아 팔부신장은 전개展開시켜 전실에 맞도록 해야 한다는 주장과, 굴곡부의 팔부신장을 일본인들이 임의로 꺾어서 행하였다는 증거가 희

안에서 본 석굴 입구

92) 류종렬,「석불사 조각에 대하여」,『예술』, 1919년 6월.
『조선을 생각한다』에서.

박하니 지금현상을 그대로 두고 수리한 후 더 정확한 자료가 나타 났을 때 다시 복원해야한다는 두 주장이 맞섰다.

결국 1963년 10월 12일 '제16차 회의'에서 굴곡부를 펴는 것이 좋다는 결론을 내려 일제강점기에 축조한 석축과 굴곡부를 해체하여 정리하였다.

또 노천露天으로 두었던 전실의 가구공사架構工事도 이때 이루어 졌는데, 당시 전실구조의 목조지붕 존재 여부에 있어서 "대한제국 말기까지만 하여도 전실에는 목조가구가 있었고 일정수리 직전에는 전실과 굴정부에 와즙瓦茸한 모습과 개와蓋瓦들이 있었다"로 결론을 내렸다.[93] 처음 설계는 2층 가구로 하였으나 수리공사 마지막단계에서 전실상량前室上樑을 수 일 앞둔 1963년 가을에 최순우 선생에 의해 겸재謙齋의 『교남명승첩嶠南名勝帖』에 실린〈경주골굴 석굴도慶州骨窟石窟圖〉가 소개됨으로서 이 그림에 나타난 것과 같이 단층으로 변경하여 축조築造하였다.[94]

그러나 전실 목조가구에 대한 논란은 오늘날에도 계속되고 있다. 세키노關野는『조선미술사』에서 "이 석굴은 평면원형으로 지름 6.8m이고 그 앞면에 입구가 있으며 바깥에 직사각형의 전실이 만들어져 있다. 이 전실은 당초에는 어떤 종류의 지붕이 있은 듯하지만 지금은 그 윗부분이 소실되었다"라고 하고 있다. 그러나 배진달은 정시한丁時翰의 1688년 5월 15일 여행기에서 "석문 밖 양변에

---

93) 당시 보수공사 과정에서 출토된 기와류와 鐵釘 등이 이러한 사실의 자료로 제시되었으며, 특히 謙齋의 그림은 결정적인 역할을 하였다.
『佛國寺と石窟庵』의 '25. 석굴의 구조 2'에서는, "전실의 조상을 새긴 돌 위에는 좌우 4개의 肘木 모양의 돌을 돌출시켜 본래 그 위에 지붕이 있었던 것을 알 수 있고 석조였는지 목조였는지는 명확하지 않지만, 굴내 매몰된 흙 속에서 다수의 기와, 못, 걸쇠 등이 발견된 것으로 보아 전면에는 목조의 지붕과 입구가 만들어져 있었던 것으로 추정된다."라고 기술하고 있으며, '26. 석굴의 정면'에서는, "굴 문의 입구 좌우 모서리에 금강역사와 사천왕상을 만들고 직각점 바깥쪽 밑바닥에 둥글게 구멍을 낸 대좌 같은 모난 돌이 깔려 있던 것이 大正 2년 실측도에 기입되어 있어, 이 모든 정황으로 보아 이곳에 方立을 놓아서 문짝을 달았다고 생각되며, 전실 좌우위에 肘木과 함께 목조 부속 건물이 존재했음을 추정할 수 있다."라고 해설을 붙이고 있다.
94)『石窟庵修理工事報告書』, 文敎部文化財管理局, 1967, '日誌', '分科委員會 會議錄' 參照.

커다란 돌에 새긴 불상이 각각 네다섯 개 있는데 기교하기가 짝이 없다. 석문은 잘 연마된 것으로 무지개 형태를 하고 있다"라는 대목을 들어 전실은 지금과 같은 목조건물이 가설되지 않은 개방된 상태였음을 지적하고 있다.[95] 그리고 남천우는 원래 구조에서는 목조전실이 없었으며, 그것이 새롭게 조성된 것은 18세기 초의 중수 때로 보고 있다.[96]

1960년대의 수리시에 "대한제국 말기까지는 목조가구가 있었을 것"으로 추정하고 있으나, 1910년에 간행한 『조선미술대관』에 실린 1909년경의 석굴 입구의 모습을 보면 전실 벽의 윗부분은 물론이거니와 주실 입구의 윗부분에까지 잡초들이 수북하게 자라고 있다. 이는 외부로부터 완전히 노출된 상태를 보여 주는 것으로, 최소한 1차 수리 직전에는 전실에 천정부가 있었다는 증거를 찾을

동아일보,
1962년 12월 5일자

---

95) 裵珍達, 「石佛寺 石窟構造의 原形과 淵源」, 『新羅文化祭學術發表論文集』, 東國大學校 新羅文化研究所, 2000.
96) 南天祐, 「龕佛을 포함한 諸像과 石窟法堂의 敎理的 解釋」, 『歷史學報』 111, 1986년 9월, p.17.

수가 없었다.

해방 이후 보수공사와 관련하여 김원룡은 "오늘날 석굴암 보수에 있어서 이 전실을 어떻게 덮는가가 큰 문제거리로 되어 있는데 여기는 원래 목조지붕이 씌워져 있었으리라고 생각된다."고 하며[97] 일부 의문을 가지면서도 전실가구는 인정하였다. "모든 것이 불확실한 것으로 보아 이런 불확실한 점을 갖고서 이와 같은 중대한 사건을 쉽게 결정짓는 것 보다 지금의 현상대로 두어야 할 것으로 본다"라고 하면서 여기에는 좀 더 시간을 가지고 확실한 자료가 나올 때까지 기다리자는 신중한 자세를 보이기도 했으나,[98] 결국에는 당시의 세를 따를 수밖에 없었다. 앞으로 이에 대한 확실한 자료가 더 발견되어야 결론이 날 것으로 보인다.

해방 후 수리공사에 앞서 1958년 석굴암 현황을 조사한 조사단은 "일제강점기 보수시補修時 토목공사적인 시공으로 40년 후인 오늘에까지 끼쳐진 피해가 신라 창건기로부터 한말에 이르는 천여 년간의 손상보다 막심하다"고 지적하고 있다. 일개 토목기사에 의해 이루어진 이 공사는 당시 보수전의 상세한 실측과 개수 과정의 상세한 자료를 남기지 않았기 때문에 너무나 많은 문제를 안고 있어 해방 후 여러 차례 보수공사를 했으나 많은 결함을 지니고 있다.

석굴암의 훼손이 일제기에만 있었을까?

일제는 석굴 해체 후 석굴 후면에서 용출하는 지하수[99]를 처리하기 위해 자연석에 2개의 수조水漕를 만들고 연관鉛管으로 수조를 연결하여 외부로 배수하고 천정부 등을 콘크리트공사로 처리하였다. 1920년 후반에 들어서자 석굴 내에 습기가 차면서 석면에는 무수한 청태가 생기고 조각의 요철이 선명치 않았을 뿐 아니라 점

---

97) 金元龍, 「石窟庵隨想」, 『考古美術』 2-8, 1961년 8월.
98) 『石窟庵修理工事報告書』, 文敎部文化財管理局, 1967, p.109.
99) 해방 후 수리공사 때 해체한 결과 지하수는 본존상 뒷면 암반 밑에서 솟았는데 이 샘의 수위가 굴의 밑바닥 보다 높다는 사실이 발견되었다. 그리고 이를 밖으로 배수한다고 설치한 鉛管은 지하수의 용출구와 접촉되지 않아 효과가 없었고, 석굴 암벽 밖에 설치한 수조는 오히려 지하수의 수위 보다 높아 아무런 배수 역할을 하지 못하고 있음이 발견되었다.

> 慶州石窟庵石佛
> 蒸氣로써 沐浴
> 彫刻面靑苔退治코저

동아일보,
1928년 7월 28일자

점 석면이 부스러지기 시작했다.

　총독부 당국에서도 대단히 놀라서 이와이岩井 총독부 건축과장에게 청태의 제거방법을 연구하게 하였다. 이에 이와이岩井는 "청태의 제거방법으로는 무엇보다도 석불에 더운 증기를 취입吹入하여 청태를 없애는 수밖에 없다"고 하였다. 이에 1928년 7월 7일 학무국 촉탁 와타나베 아키라渡邊彰가 내무국의 타케우치武內, 아오야마靑山 두 기수와 같이 석굴암으로 가서 석불을 증기로 씻었다. "차후부터는 연 1회씩은 증기행수蒸氣行水를 시행하리라" 하며 학무 내무 양국에서는 손쉬운 보존방법이 강구된 것을 기뻐했다고 한다.[100] 그러나 화강석에 뜨거운 증기 압력을 가하는 것은 석면에 막대한 손상을 가져왔던 것이다. 그들의 말대로 1년에 한 번씩 증기세척을 하였는지는 명확하지 않지만, 일제는 1941년에 마지막으로 이 방법을 중지하였다.

　그럼에도 불구하고 해방 후에는 일제가 설치한 보일러를 사용하여 증기압력에 의한 세척을 1947, 1953, 1957년 3차에 걸쳐 대대적으로 진행되었다. 전문가의 조언도 없이 지방 관청에서 씻어 내어 석상표면에 상당한 손상을 입혔던 것이다.

---

100) 東亞日報, 1928年 7月 26日字

1960년에도 또 한 번의 대대적인 증기세척이 행해졌는데, 이 사건은 1960년 초 유엔사절단이 경주를 방문하게 된 것이 계기가 되었다. 지방관청에서는 시커멓게 오염된 석굴암을 그들에게 보일 수 없다고 생각한 나머지 독단적으로 약물까지 사용하여 세척을 하였다고 한다. 이에 대한 이야기는 『간송문화』(1991)에 실린 황수영 박사의 「간송선생과 석굴암」이란 글에서 당시의 상황을 다음과 같이 회고하고 있다.

굴 안에 들어서면서 손전등을 켜서 주벽의 불상을 살펴보니 몇 시간 전에 세척이 끝난 직후의 일이라 세척된 곳과 남은 곳과의 흑백의 대조가 너무나 심하였다. 그리고 세척된 불상 바로 밑에는 물을 따라 흘러내린 고운 모래가 소복히 쌓여 있었다. 이 모래는 모두 불상에서 떨어진 것임은 말할 것도 없었다. 나는 십일면관음상 밑에 쌓인 모래를 두 손가락으로 모아서 봉지에 담기도 하였다. 뒤에 암석전문위원에게 들으니 세척이 아니라 석물의 표면을 한 꺼풀 벗겨낸다는 것이다. 그러나 당국자의 궁한 변명은 인부로 하여금 한 자 떨어져서 세척하라고 지시했다는 것이다. 그리고 열탕熱湯은 석굴암 밑에 일제가 두었던 보일러를 경주역 기관차 화부를 불러 끓인 것이라고 하였다. 석굴암 불상이 고온의 물벼락을 만난 것이다. 두 사람은 현장에 서서 서로 말이 없었다.

이는 천여 년의 풍화에 의한 손상보다도 심한 훼손이었다고 할 수 있다.

해방 후의 수리에서도 굴 안의 습기로 인한 피해는 가장 긴급한 일이었다. 그래서 월성군교육위원회는 문교부가 마련한 5백 25만 원으로 1960년 12월 26일 반세기만에 보수공사에 착수하였다. 그러나 당시에는 사전준비에 따른 연구가 부족했을 뿐만 아니라 경비 부족으로 인하여 석굴 본전의 입구를 짚으로 덮어 새어든 물이 얼어붙지 않도록 한 것이 고작이었으며, 벌려놓은 일은 산에서 흘러내리는 물이 석굴 안으로 스며들지 못하도록 본전 뒤와 좌우로 도랑을 파는 일이 고작이었다. 한 때 참의원에서 의원 수행원비를 모두 거출하여 석굴암 보수비로 쓰자는 이야기까지 나왔으나 몇 의원을 제외한 나머지 모두가 수행원을 채용하고 말았다. 석굴암 보수공사장은 그저 "돈이 없다!"는 말만 하였다고 한다.
 보수공사를 지켜본 동아일보 권오기權五琦 기자는 당시 상황을 다음과 같이 기술하고 있다.

> 지금 설계 중이라는 석굴 본전공사를 지켜보고 있노라면, 〈중략〉 부조된 11면 관음과 10나한은 세어 흐른 물로 검붉은 얼룩에 덮여 있는데, 그 내부의 단장丹粧공사는 "섣불리 누구나 할 수 있는 것이 아니라"는 스님들의 말이니 조상의 예술을 그냥 간직해 나갈 만한 기술조차 없는 우리의 현실에 숨이 막힌다. 고적 보수는 특별한 기술 내지 숙련이 필요하기 때문에 입찰업자는 중앙의 고적보존위의 자격심사에 합격해야 한다지만 요즘에 공사는 현장에 감독하나 없이 수3인의 인부들 끼리 돌을 나르고 깨고 할 뿐, 선뜻 오히려 위험한 작업 같다는 느낌까지 들었다. 날품삯 500원짜리 인부들에게 제1급 국보를 맡겨 두어도 좋을까 전문가 아닌 기자는 몇 번씩이나 아찔한 느낌이었다.[101]

해방 이후 석굴암에 대한
논쟁 기사 (경향신문,
1989년 1월 23일자)

---

101) 동아일보, 1961년 2월 27일자.

해방 이후 석굴암에 대한
논쟁 기사
(위로부터 서울신문, 1989
년 3월 19일자 ; 한국일보,
1991년 5월 3일자 ; 경향신
문, 1991년 5월 4일자)

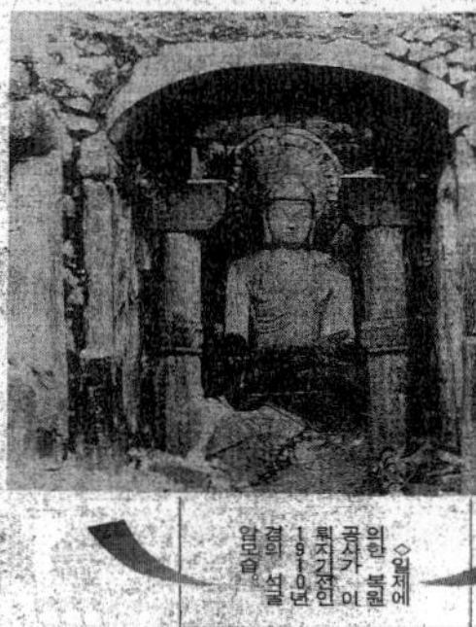

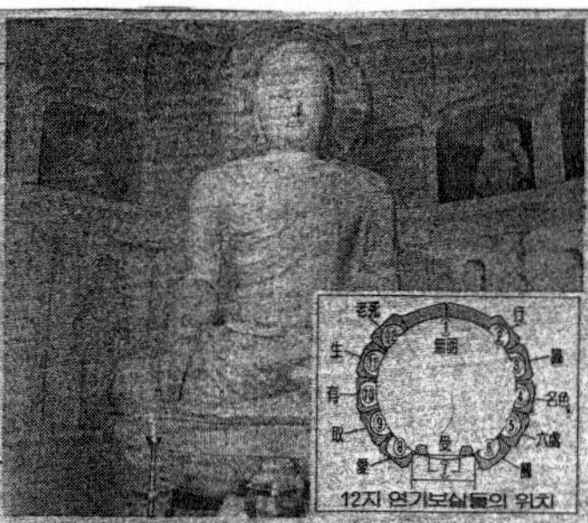

해방 이후 석굴암에 대한 논쟁 기사
(왼쪽부터 서울신문, 1989년 3월 26일자 ; 1992년 10월 22일자)

이것이 해방 후 우리 손으로 시작된 석굴암 보수공사의 첫 모습이다.

오늘날 석굴암의 모습은 목조전실과 석굴암 사이에 유리벽을 설치하고 외부와 차단을 시켜버려 마치 유리 속에 갇혀 있는 모습을 하고 있다. 우리 민족 문화재의 크나 큰 한사恨事라 아니할 수 없다.

경주 용장사지茸長寺址 3층석탑(보물 제186호)과 석조불상(보물 제187호)

이 사지는 경주 월성군 내남면의 용장리에 소재하는 것으로, 『삼국유사』 권4 '현유가' 조에,

유가종의 조사인 고승 대현大賢은 남산의 용장사에 살고 있었다. 그 절에는 돌로 만든 미륵보살의 장육상丈六像이 있었다. 대현은 항상 이 장육

경주 용장사지삼층석탑

상을 돌았는데, 이 장육상도 역시 대현을 따라서 얼굴을 돌았다. 〈중략〉 경덕왕 때인 천보天寶 12년(754) 여름에 가뭄이 심했다. 이에 대현을 내전으로 맞아들여 금강경을 강연하여서 단비를 내리도록 빌었다.

라는 기록이 있어 용장사의 창건은 경덕왕대를 전후하여 있었을 것으로 추정되고 있다.102) 『삼국유사』에는 그 위치는 명확히 밝히지 않고 있으며, 『동경잡기』에도 "재금오산在金鰲山"라고 하여 그 정확한 위치를 기록해 두지 않았다. 그래서 내남면 용장리의 용장곡에 유존하는 사지寺址 중에서 어느 곳이 정확한 용장사인지 알지 못하였는데, 1920년 가을에 이시가와 에쓰조石川悅三란 일본인이 이곳 사지에서 '용장사茸長寺'라는 명문銘文이 있는 기와를 발견함으로서 이곳 일대가 용장사임이 밝혀지게 되었다.103)

이 사찰이 언제 폐사가 되었는지에 대해서는 명확하지 않으나, 『신증동국여지승람』 '경주부' 조에,

용장사는 금오산에 있다. 시승詩僧 설잠雪岑이 일찍 이 절을 짓고 살았다.

또 『동경잡기』 '매월당梅月堂' 조와 '용장사茸長寺' 조에,

즉 용장사의 옛터로 김시습이 놀던 곳이다. 〈중략〉 매화를 찾고 숲을 물으면서 항상 읍조리고 취하며 스스로 즐겼다하였으니 세상에서 전하기를 매월당이라 하는 것은 금오산에서 매화와 달을 취했다는 뜻이다(매월당 조).

어느 때부터 황폐되었는지는 알 수 없으나 섬돌은 아직 남아 있다. 경술년(1670년) 봄에 부시 민주면이 관찰사 민시중에게 품외하고 여러 경내境內의 인사들과 도모하여 사우祠宇를 이곳에다 처음으로 짓고, 장차

---

102) 高裕燮은 「朝鮮塔婆의 樣式變遷(各論, 續)」(『佛敎學報』 3·4합집, 1966년 12월, 東國大佛敎文化硏究所, p3)에서 용장사지에 있는 遺構로서 이보다 오랜 세대로 올려 볼 것이 있지 않음으로서 대략 경덕왕대를 전후한 시기로 보고 있다.

103) 大坂金太郞, 「慶州に於ける新羅廢寺址の寺名推定に就て」, 『朝鮮』, 朝鮮總督府, 1931년 10月, pp.81~82.

김시습이 손수 그린 진짜의 초상을 모사摹寫하여 봉양하고 중을 모아 수호하려 했으나 공사를 마치지 못하고 체직遞職되었다(용장사 조).

따라서 17세기 후반에 와서 어느 때인가 폐허가 된 용장사지에 다시 당우를 짓고 법등을 이어왔음을 알 수 있다.

정시한의 『산중일기』에,

손자 경신 및 경수, 나귀와 같이 간신히 헌한 길을 넘어 10여 리를 가서 매월당에 이르렀다. 매월당 뒤쪽에 있는 금오산의 돌봉우리는 금강산과 비슷함이 있었고 깔고 앉은 땅은 높이 끊어져 있었다. 매월당 김시습이 일찍이 암자를 지어 항상 거처하였고 비록 다른 곳에 가더라도 이곳을 고향으로 하였었다. 암자 이름은 용장암茸長庵으로 민주면이 부윤으로 있으면서 암자 옆에 세간의 집을 지어 매월당이라 부르고 진영眞影을 벽에 걸고 스님에게 4계절 제사를 올리게 하여 관아 둔전屯田 1석락一石落을 지급하였기 때문에 지금도 그대로 따라서 행한다고 하였다. 수좌首座 사밀과 옥현 스님이 점심식사를 대접하여 식사를 한 뒤에 사당에 들어가 삼가면서 화상畵像을 구경하니 용모가 맑고 빼어나 살아있는 것 같으므로 저절로 감회가 일었다.

라고 하여 그동안 사세가 기울었지만 조그만 암자가 조선 후기까지는 이어왔으며 이때까지는 주변의 사지가 그런 대로 정돈된 상태였다고 볼 수 있다.

현재 이 사지에 남아 있는 대표적인 석조물은 삼층석탑과 석조불상, 마애불이 남아 있다. 삼층석탑은 사지의 건물지로 추측되는 곳에서 동북방으로 등산로를 따라 올라가면 바위정상 봉두암반상峰頭巖盤上에 있다. 탑은 하층기단을 생략하고 직접 자연암석 위에 상층기단을 세우고 그 위에 3층의 탑신을 올려놓았다.

이 탑은 1922년 탑 내의 보물을 훔치기 위해 불법자들이 도괴하여 옥개석, 탑신 등이 모두 암석 사이에 흩어져 떨어지고 기단 양측의 측석側石이 깨어지기에 이르렀다.[104]

도괴된 석탑(『남산의 불적』)

「조선고적조사보고서」에는 1922년 도괴된 것으로 다음해 가을에 복구하였다고 하는데 불법자들이 석탑과 불대좌를 파괴하고 사리장엄구를 절취해 갔다. 1923년 이들 탑상을 다시 복구하였으나 1932년에 재차 파괴되어 동년 11월에 다시 복구하였다.[105]

현재 상륜부는 잃어버리고 탑신 곳곳에 파괴된 상처가 남아 있는데 이것은 1922년 도괴시에 입은 것이라고 한다.

1960년 9월에 또다시 재건하였는데 이때 부근에서 금동소불이 발견되었다.

삼층석탑의 남방 아래쪽에는 3층연대三層蓮臺의 석불좌상이 있다. 머리 부분이 없어져서 불상의 명칭을 확정지우기가 어려우나 『남산의 불적』에서는 '3층연대승형탑三層蓮臺僧形塔'이라고 하고 있으며, 인근 마을 사람들은 많은 석불 석상 중에서 이 석불은 중의 모습을 닮았다고 해서 '중꾸부렁이'라고 불렀다고 한다.[106] 고유섭

---

104) 小場恒吉, 『南山の佛蹟』, p.51.
105) 小場恒吉, 앞의 책, pp.32~37.
　　1923년 8월 13일자 학무국장이 경상북도지사에게 보낸 [慶州遺物 保存 件]에는, "······ 今夏 경주 남산 유물 유적 조사 중 경주군 내남면 용장리 소재의 傳 茸長廢寺의 後峰에 있는 3층석탑 及 불탑은 ······ 최근 파괴의 참상을 보아 참으로 유감으로 생각함"(金禧庚 編, 「韓國塔婆硏究資料」, 『考古美術資料』 第20輯, 考古同人會刊, 1969) 이라고 하고 있다.

도괴된 석상 (『남산의 불적』)

석불좌상

선생은 『삼국유사』에 나오는 장육상을 지목하고 있다.[107]

　이 불상은 1923년 봄에 도괴되는 재난을 만나 가을에 삼층석탑과 함께 복건復建하였으나, 또다시 1932년에 재차 파괴되어 그 해 12월에 복구했다. 이렇게 짧은 기간에 두 번씩이나 도괴되었다는

106) 「慶州文化의 今昔」, 동아일보, 1961년 11월 4일자.
107) 高裕燮은 [朝鮮塔婆의 樣式變遷(各論, 續)](『佛敎學報』3,4집 합집 1966년 12월 東國大佛敎文化硏究所 p3)에서, "곧 僧形임은 보살형으로서 미륵을 나타내기 위함이고, 그가 西面하여 놓여진 것은 동방불로서 미륵의 西方 彌陀淨土에의 回向을 의미하고 있는 것이라고 해석한다"라 기술하고 있다.

것은 인위적인 작용이 있지 않고는 힘든 일로서 당시 전국적으로 탑이나 고분을 도굴한 예가 성행했던 것에 비추어 본다면, 이 모두가 보물을 도취盜取하기 위해 저지른 불법자들의 소행으로 보여진다.

오바 츠네기치小場恒吉는 석상의 머리를 잃어버린 것은 1922년 이전의 일로서 삼층연대의 도치倒置를 그 증거로 들고 있어[108] 수차에 걸친 수난의 역사를 가지고 있다.

용장사지 마애불

---

108) 小場恒吉, 『南山の佛蹟』, p.51.
　　小泉顯夫, 『朝鮮古代遺蹟の遍歷』, 1986, p.150.

경주 장항리獐項里 불상과 5층석탑 (국보 제236호)

장항리獐項里의 사지寺址는 경주 월성군 양북면에 소재하며 석굴암이 있는 토함산에서 오솔길을 따라 내려가면 좌우에 계곡을 끼고 있는 낮은 대지에 위치한다. 이 동리를 일명 탑정리라 부르고 있어 이곳 폐사지에 남아 있는 탑과 연관된 동리명임을 알 수 있다. 이곳 사지는 사찰의 이름을 알 수 없어 동리의 이름을 빌어 장항리사지로 부르고 있다. 이 사지에 대해 고유섭 선생은,

> 신라 왕도王都의 동악東岳인 토함산의 동쪽, 마을 이름을 탑정塔亭이라고 부르고 있는 산간장곡山間長谷 사이에 한 폐사지가 있는데 사전寺傳, 사칭寺稱 따위는 전함이 없으나 신라통일 초대初代의 우수한 불상대좌 석佛像臺座石이 유존하고 있으며 정정亭亭 5층의 석탑 양기가 동서에 상용相聳한 특수가람의 유구遺構로서 주의할 만하다.[109]

하여 일찍부터 주목되어 왔다.

이곳 금당지金堂址의 중앙에 위치하는 불상좌대佛像座臺는 1920년대 초기에 불법자들의 손에 의해 폭파되어 후방 3분의 1이 주변에 흩어졌다.[110] 불상좌대에 놓여졌을 것으로 추정되는 불상단편佛像斷片은 1932년 경주 고적보존회의 사업으로 장항리 5층석탑 수리복원시에 경주분관으로 이 단편들을 반입搬入하였다.

당시 불상단편을 발굴한 후지시마 가이지로藤島亥治郎의 기록에 "그것은 보기에도 무참히 파손되어 고의로 파묻은 것처럼 보였다. 발견된 것은 7개이며 이것으로는 완전히 복원 할 수 없다. 그것은 4.83m 높이의 입상이다. 무참히 둘로 쪼개진 얼굴을 둘로 합하면

---

109) 高裕燮, 「한국 탑파의 연구」, 경주 장항리 폐사지 동서 5층석탑 條, 『고유섭전집』 1.
110) 藤島亥治郎, 「慶州を中心とせる新羅時代 佛座論」, 『考古學雜誌』 23-10, 1933年 10月, 圖版 第30 參照.

1929년 2월 장항리대좌
(『고고학잡지』 23권 10호,
1933년 10월)

불상대좌석 (현재의 모습)

거의 완전하게 된다. 참으로 고상하고 우아하며 원만하고 자비스러운 상이다"[111]라고 하고 있다.

그 후에도 금당지의 진면前面 부근에서 단편이 출도되었고 해방 이후에도 불상의 단편이 발견되어 단편의 수도 대소 13개에 이르게 되었다. 이들은 모두 금당지 근처에서 발견된 점으로 보아 금당지 중앙에 있는 팔각석조대좌 위에 놓여졌던 이 절의 본존불이었

---

111) 藤島亥治郎, 『韓의 建築文化』 李光魯譯, 技文堂, 1986.

불상 대좌석 부조

장항리불상
(경주박물관 정원에 소재)

을 것으로 추정되고 있다.[112] 여래상 머리의 놀라운 조각 수법과 광배에 있는 화불火佛의 조각 등이 뛰어난 걸작이자 거상으로 제작 시기는 8세기 후반으로 추정되고 있다.[113] 현재 국립경주박물관 북쪽 뜰에 전시되어 있다.

이곳에 있는 쌍탑은 통일신라기 문화가 최고조에 달하였던 성덕왕대에 제작된 것으로[114] 천여 년 간 그 당당한 모습을 고스란히 유지해 왔으나 일제기에 탑 내의 보물을 노리는 도굴배들의 손아귀를 벗어나지 못하고 결국 파괴당하였다.

이 탑의 도괴에 대해 스기야마杉山의 기록에는 '이 쌍탑은 일찍이 도굴배들에 의해 1925년에 도괴되어 계곡에 부재가 흩어져 있던 것을 1932년 그 중 서탑 만을 복원한 것이다'[115]라고 하고 있다.

후지시마藤島의 기록[116]에는,

탑정리 서탑
(1929. 8, 『조선건축사론』)

---

112) 大西修也, 「獐項里廢寺 出土의 石造如來像의 復原과 造成年代」, 『考古美術』 125號, 韓國美術史學會, 1975年 3月.
113) 장충식, 『한국의 탑』, 일지사, 1989.
　　 진홍섭, 『경주의 고적』, 열화당, 1975.
114) 高裕燮, 『韓國塔婆硏究』.
115) 杉山信三, 「朝鮮の石塔」, 1944, p.149.
116) 藤島亥治郞, 「朝鮮建築史論(其二)」, 『建築雜誌』(第44輯 第534號), 1930, p.202.

동탑 잔석
(1929. 8, 『조선건축사론』)

서에는 먼저 도괴된 석탑이 있고 그 동쪽의 당지堂址에는 그 단석壇石과 팔각형 불좌석이 남아 있다. 또 동쪽에는 벼랑이 있어 직하直下 백척의 깊은 계곡에 석탑파편이 있다. 탑신부는 멀리 계곡 밑의 하원河原에 전락顚落되어 있다.

고 하고 있다. 탑 내에 납입納入한 보물을 훔치기 위해 한 짓이다. 특히 서탑은 폭탄으로 이것을 폭파하여 후지시마藤島가 촬영한 사진(제137도 1929년 8월 촬영)을 보면 동쪽으로 무참히 횡도橫倒되어 있었다.

1932년에 경주고적보존회에서 서탑 재건을 결정하여 그해 10월부터 11월까지 후지시마藤島의 감독 하에 재건공사를 하였다. 재건공사 중에 탑 주변을 함께 발굴하여 탑 상륜부에 해당하는 탑재와 사리용기 안에 수장되었던 것으로 보이는 옥석玉石 하나와 귀와鬼瓦 등을 수습收拾하였다.[117] 4층과 5층 옥개석이 조금 파손되고 상륜 일부만이 소실되었을 뿐 거의 완전한 모습을 하고 있다.

동탑은 이 사지의 동방 계곡에 전락되어 있던 석재를 1966년 2월 전부 인양하여 그것을 다시 9월에 서탑으로부터 10m 동편에

---

117) 藤島亥治郎, 『韓의 建築文化』, 李光魯 譯, 技文堂, 1986.
　　藤島亥治郎, 「韓文化探訪の追想」, 『朝鮮學事始め』, 靑丘文化社, 1997.

석탑중수계획기사 (동아일보, 1932년 3월 23일자)

복원한 현재의 모습

복원했다. 현재 서5층탑은 비교적 원형을 갖추고 있으나 동5층탑은 기단 위에 초층탑신과 1층과 5층까지의 옥개석만을 쌓아 놓은 형태로 보존하고 있다.

서탑 탑신

동탑 탑신

경주 창림사지 昌林寺址 3층석탑

창림사 昌林寺는 경주시 내남면 탑리의 남산 기슭의 일명 탑곡塔谷이라 부르는 곳에 위치한 신라 최초의 궁전宮殿 옛터에 창건한 사찰이다.[118] 이곳 사지에는 폐탑, 석불, 귀부 등이 유존하여 사지

경주 창림사지삼층석탑

---

118)『三國遺事』第一, 紀異一 新羅始祖 朴赫居世 條.

임은 알 수 있으나 사명寺名이 밝혀진 것은 1918년 가을에 경주 재주在住의 오사카 긴타로大坂金太郎가 이곳에서 창림사昌林寺 사명寺名이 양각된 평와平瓦를 발견함으로써 창림사지임이 밝혀졌다.[119]

창림사가 언제까지 유존하였는지 밝혀진 것은 없으나 『고려사』 세가 권제4 현종12년 5월조에, "무자戊子에 상서좌승尙書左丞 이가도李可道에게 명하여 경주고선사慶州高僊寺의 금라가사金羅袈裟, 불정골佛頂骨과 창림사昌林寺의 불아佛牙를 가져오게 하여 이를 모두 내전內殿에 안치安置하였다" 하는 기록이 보이는 것으로 보아 이 당시까지는 창림사가 그대로 유존하였던 것으로 보인다.

『신증동국여지승람』 제21권 '경주부' 조에는,

금오산 기슭에 있다. 신라 때 궁전의 옛터가 있는데, 뒷사람들이 그 자리에 절을 세웠다. 지금은 없어졌다. 옛 비석이 있으나 글자가 없다. 원나라의 학사 조자앙趙子昂의 창림사비 발문跋文에 이르길, '이것은 신라 중 김생이 쓴 그 나라의 창림사비인데, 자획이 깊고 법도가 있어 비록 당나라의 이름난 조각자라도 그보다 썩 나을 수는 없었다. 옛말에 어느 곳엔들 재주 있는 사람이 나지 않으랴 하였더니 진실로 그러하구나' 하였다.

하여 원나라 사신이 올 적마다 으레 창림사비의 탁본을 얻어 갔다고 한다.

이규경李圭景의 『오주연문장전산고五洲衍文長箋散稿』 '김생의 사

  ······ 이에 그 아이를 혁거세왕이라 이름하였다.
  ······ 이에 당시 사람들은 다투어 치하하기를 "이제 천자가 이미 내려왔으니 마땅히 덕이 있는 왕후를 찾아 배필로 삼아야 할 것이다" 했다.
  이날 사량리에 있는 알령정가에 鷄龍이 나타나서 왼쪽 갈비에서 어린 계집애를 낳았다.
  ······ 남산의 서쪽 기슭(지금의 창림사 터)에 궁궐을 짓고 이들 두 성스러운 아이를 받들어 길렀다.
119) 大坂金太郎,「慶州に於ける廢寺址の寺名推定に就て」,『朝鮮』, 朝鮮總督府, 1931年 10月, p.84.
  * 大坂이 발견한 瓦는 東京帝國大로 搬出하였다.

도괴된 석탑 모습
(『남산의 불적』)

실에 대한 변증설' 조에 의하면, 위의 『신증동국여지승람』에 전하는 이야기는 원나라 조맹부趙孟頫의 「동경서당집고첩東京書堂集古帖」에 쓴 기록이라 한다. 또 "노수신盧守愼의 『야성야록』에 전하기를, '일찍이 창림사비를 썼는데 조맹부가 그 탁본을 보고, 한 획과 한 글자가 다 왕씨王氏의 서법에서 나왔으니 당나라 사람의 명각名刻도 이보다 나을 수 없을 것이다' 하였으므로 그 뒤부터 이름이 온 천하에 알려져서 원나라 사신이 오면 으레 그 탁본을 얻어 가곤 했다" 하였다.

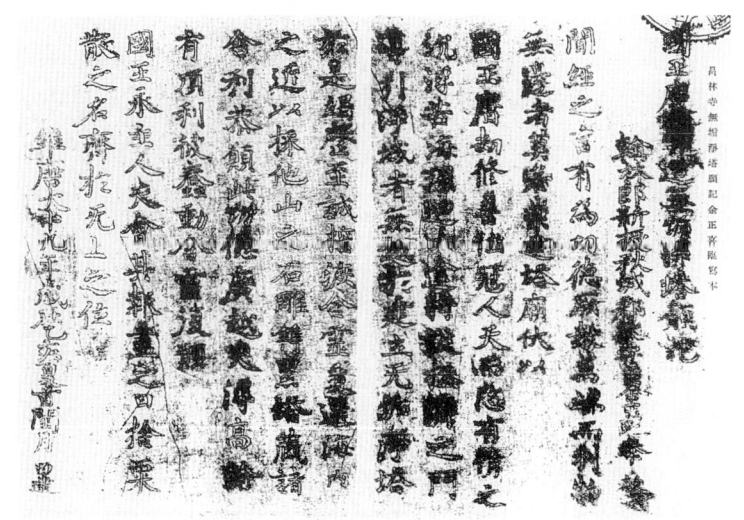

창림사무구정탑원기
김정희임사본

『신증동국여지승람』에 김생이 쓴 창림사 비문은 없어지고 '금폐 今廢'라고 한 점으로 보아 적어도 『신증동국여지승람』이 간행된 1530년 이전에 폐사가 되었음을 알 수 있다.

1824년 추사 김정희金正喜는 경주 남산 서록의 포석정 근방의 유적을 답사하던 중 창림사의 폐탑을 한 석공이 깨뜨리고 있는 장면을 목격하였는데 거기서 《무구정광대다라니경無垢淨光大陀羅尼經》 머리 부분과 《무구정탑원기無垢淨塔願記》를 비롯한 각종 유물을 발견 수습收拾하였다. 추사가 정육鄭六에게 보낸 서첩書帖에,

> 동쪽 우리나라 사람의 것으로 신라와 고려 사이의 옛 비석은 모두 구양순 필법이어서 곧장 산음으로까지 거슬러 올라갈 수 있다. 금글씨로 경經을 베낀 것이 있는데 신라 때 글씨가 더욱 옛스러워 고려 때 글씨는 미칠 수가 없다. 일찍이 동경東京(경주)의 폐탑 속에서 나온 것으로 묵서墨書한 광명다라니경光明陀羅尼經을 보았는데 한 글자도 손상損傷이 되지 않고 어제 쓴 것과 같았다. 곧 당나라 대중大中 연간에 쓴 것으로 김생金生의 이전 육칠십 년 사이에 해당되는데, 필법筆法이 극히 고아하여 마땅히 문무文武, 신행神行, 무장無藏 여러 비와 더불어 갑을甲乙을 논할 만하며 김생도 마땅히 일주一籌를 사양할 것이다.[120]

라고 하며 탑 속에서 발견 당시 보존상태가 양호하였음을 알려 주고 있다.

또 원기는 동판에 새긴 것인데 추사가 손수 쌍구雙鉤를 본떠서 따로 첩帖을 만들고 원기願記의 여백餘白 좌단左端에 '김정희인金正喜印'을 찍고 첩帖의 말미末尾에 발견 전말顚末과 반출품搬出品의 종류를 명시해 두었다.[121]

이 기록에 의하면 다라니경은 한 질이었는데 둥근 통에 들어 있었고 개원통보, 거울, 불좌 등이 있었다.[122] 이 첩帖은 원래는 김돈

---

120) 秋史,「書贈鄭六」,『阮堂全集 卷六』.
121) 末松保和,「新羅昌林寺無垢淨塔願記について」,『靑丘學叢』第15號, 大板屋號書店, 1934.

인金敎仁의 구장舊藏이었다가 아유카이 후사노신鮎貝房之進이 소장所藏하고 있었다고 하는데123) 후에 국내의 손孫 모씨가 입수하였다는 소문이 있다.

그리고 스에마츠 야스카즈末松保和는 아유카이 후사노신鮎貝房之進 소장所藏의 첩에 남아 있는 원기(국왕경응조무구정탑원기國王慶膺造無垢淨塔願記)의 '유당대중구년세재을해維唐大中九年歲在乙亥'을 들어 이는 신라 문성왕文聖王(諱는 慶膺) 17년(855)에 해당함을 밝히고 있다. 따라서 창림사탑은 855년경에 건립되었음을 알 수 있다.

1918년에 발간한 오쿠다 게이운奧田耕雲의 『신라구도新羅舊都 경주지慶州誌』에,

창림사의 거탑이 파괴되어 넘어져 있는 것을 보면, 석石에 천부天部의 조각이 있고 그 수법이 유려하다. 이 지방 일대를 탑리라 부르는 것은 이 탑이 있었기 때문이다. ……옛날 신라의 서성 김생의 글씨로 된 비가 있었으나 지금은 남아 있지 않고 귀부만 남아 있다.

라고 기록하고 있다.

1922년에 후지타藤田, 오가와小川, 우메하라梅原에 의해 창림사지에 대한 정식조사가 이루어졌는데, 창림사삼층석탑은 남산 일대에서는 그 규모가 큰 것이나 애석하게도 원위치에서 도괴倒壞되어 석재가 산란하고 그 일부는 잃어버려 주요한 부분은 파손되었다. 그리고 사지의 오른쪽 논에는 우수한 연판蓮版을 가진 석등 기대석이 있고 연못가에 2~3개의 석탑 옥개석 등의 조각이 흩어져 있었으며 다수의 초석은 파헤쳐져 모두 이동되어 있어 도굴의 흔적을 발견할 수 있었다.124)

---

122) "甲申春 石工破慶州昌林寺塔 得藏陀羅尼經一軸 盛銅圓套又有銅板一 記造塔事實 板背並造塔官人姓名 又有金塗開通元寶錢 靑黃燔珠 又鏡片銅趺爲鑄銅者所壞 軸面黃絹金畵經圖"
123) 末松保和,「新羅昌林寺無垢淨塔願記について」,『靑丘學叢』第15號, 大板屋號書店, 1934.
124) 藤田 外 2人,「慶尙北道 忠淸南道 古蹟調査報告」,『大正11年度 古蹟調査報告』

창림사지 비로사나불좌상
(경주박물관)

이후에 탑 석재의 도난에 대한 경계를 했음인지 1922년에 간행한 『최근조선사정요람最近朝鮮事情要覽』(조선총독부)에는 탑 주위에 목책木柵을 설치한 것으로 게재되어 있다. 1939년에 발간한 『일본미술연감』 11월조에는 '1939년 및 1940년에 수리 예정인 건축물'에 창림사3층석탑이 포함되어 있는 것을 보면 복원에 대한 시도가 있었던 것으로 보이는데 예산 부족 때문이었는지 이루어지지 못하고 해방 이후 1978년에 와서야 수리 복원을 하였다.

사지의 석불은 남쪽 기슭에 반정도 매몰되어 있었는데, 그 수부首部를 잃어버리고 우장右掌이 결실된 것을 경주분관에 옮겼다. 그 외

第1冊, 朝鮮總督府, 1923, pp. 28~29.
『朝鮮古蹟圖譜 第5冊』에 昌林寺址 發見 瓦로, 小平亮三(도판 2477, 2598), 諸鹿 (도판 2478, 2480, 2627)의 것이 실려 있다.

사지 아래의 수전水田 중에 있던 석등연대石燈蓮臺와 석탑기단측석石塔基壇側石, 신중상神衆像 등도 경주분관으로 옮기게 되었다.125)

창림사석탑에서 50m 정도의 아래쪽에는 수부首部를 잃어버린 쌍두귀부雙頭龜趺가 하나 있다. 앞의 『신증동국여지승람』과 『동경잡기』에 기록한 김생이 서書한 창림사비의 귀부로 추정되고 있

창림사지 발견 와(瓦) 탁본

으며, 제작 연대는 8세기 후반의 것으로 추정되고 있다.126) 잃어버린 수부首部 중에서 1두頭는 발견하여 경주박물관으로 옮겼다. 1931년 9월에 후지시마 가이지로藤島亥治郎가 찍은 사진을 보면 창림사비의 귀부 주위에는 목책木柵이 둘러져 있었으나127) 현재는 목책木柵마저 치워버리고 아무런 보호장치 없이 귀부 옆에는 민묘民墓가 들어서 있다.

1966년 6월에는 창림사지 옆의 못 매립공사를 하면서 수십 편의 경석비편經石碑片이 발견되어 경주박물관에 보관하였다.

---

125) 小場恒吉, 『慶州南山の佛蹟』, 朝鮮寶物古蹟 圖錄 第二, 朝鮮總督府, 昭和十五年 三月, pp.15~19.
126) 李浩官은 「統一新羅時代의 龜趺와 螭首」, 『考古美術』 154·155合本(1982年 6월)에서, 景德王代를 전후하여 활약한 김생의 전성기인 8세기 초로 보기에는 어려움이 많음을 지적하고 있으며,
藤島亥治郎은 「慶州를 중심으로 한 新羅時代碑論」, 『考古學雜誌』 23-11(1933年 11月)에서, "『三國史記』에 의하면 景雲 二년(聖德王 10年)에 태어난 僧으로 景德王 前後에 활약한 일로서 本龜趺를 보면 技巧의 點에서 景德王 前後에 제작된 것으로는 다소 의문이 있다"고 하여 귀부의 제작년대를 경덕왕대(742~764) 이후로 보고 있다.
『三國史記』卷第48, 金生條에, "김생은 부모가 한미하여 집안을 알 수 없으나 景雲 二年(711)에 낳았다. 그는 어려서부터 글씨를 잘 썼는데 일생에 사는 학문은 공부하지 않고 나이 80이 넘어서도 붓을 놓지 않고 글씨를 썼으며 ……"라고 하고 있어 그가 711년에 태어나 790년대에 몰했다고 본다면 그의 글씨는 경덕왕대 이후에 오히려 더 성숙되었을 것으로 보인다.
127) 藤島亥治郎, 「慶州を中心とせる新羅時代 碑論」, 『考古學雜誌』 23-11, 1933年 11月, pp.18~19.

창림사지 귀부

경주 천군리사지 3층석탑

천군리사지는 경주군 내동면 천군리 서라벌초등학교에서 백여 미터 떨어진 곳에 위치하며 사명寺名을 알 수 없어 동리의 이름을 따 가칭의 명칭을 부여한 것이다. 본래의 사명 내지 가람의 창건 연대에 대해서는 확실한 자료가 없으며 1924년에 부근 흙 속에서 '현각사玄閣寺'라 각자刻字된 기와가 발견된 사실이 있으나[128] 이 사지와 어떤 관계가 있는지 밝혀지지도 않았다. 이 사지에서 출토된 문양와紋樣瓦와 치미鴟尾 등이 『조선고적도보』 등에 수록되어 있을 뿐이다.

사지에 남아 있는 동서 양탑 모두 2중기단 위의 탑신부塔身部는 옥신屋身과 옥개석屋蓋石이 한 돌로 이루어져 있어 통일신라기의 일반형에 속하는 3층석탑으로 규모나 수법이 동일하여 같은 계획

1960년의 모습

---

128) 조선일보, 1938년 5월 25일자.
경주군 내동면 천군리 명활산성 아래 경주 감포간 연변에 넘어져 있던 신라시대의 석탑 두 개는 금번 총독부촉탁 米田의 감독 하에 공비 2천4백원으로 그 복원공사를 행하여 준공되었으므로 지난 5월 11일 관민 다수 참석 하에 준공식을 거행하였다. 〈중략〉 거금 14년 전에 흙 가운데서 '玄閣寺'라고 刻字한 기와가 발견되었음으로 보아 절터이었던 것을 짐작할 수 있다고 한다.

천군리석탑 도괴 상태
(1929. 8, 『조선건축사론』)

아래 세워진 동시대의 것으로 추정된다.[129] 동탑은 상륜부가 전실全失되었으며 서탑은 일부만 남아 있다.

이 두 탑은 일찍 도괴되어 『조선보물고적조사자료』에는, "천궁사지川弓寺址라 칭칭 3중석탑 2기 도괴三重石塔二基倒壞 명활산 동록 천군리부락 전중明活山東麓千軍里部落田中에 있음"이라 하고 있다.

또 후지시마藤島의 기록에는,

근년 당사지에서 계속하여 우수한 문양을 가진 와당을 발굴하여 매매하는 자들이 있어 방임하기 어려운 상태에 이르러 일층 취체를 엄히

---

129) 고유섭은 쌍탑형식의 가람에 대해,
"원래 사찰에는 단탑가람형식과 쌍탑가람형식이 있어서 후자는 唐代 이후 교리의 변천으로 말미암아 탑에 대한 가치사상의 변천에서 생겼을 뿐더러 삼국기에 유행한 평지가람제와 통일 후 현출한 산간가람제가 一因이 되어 탑파형식에 多分의 변화를 내게 된 것이다. 평지가람에는 단탑형식, 산지가람에는 쌍탑형식이 원칙적으로 이용되어 단탑형식의 가람에는 대개 5층 이상의 탑파가 경영되고 쌍탑가람에는 3층탑이 경영되었다."고 하며, 2중기단과 옥신 옥개석이 1석으로 이루어진 시대에 대해서는, "初代에는 기단이 단층이었으나 통일기로부터 2중기단이 생겨 기단이 불단같은 의미를 갖고 탑신을 받았으나 차차로 기단이 대좌의 의미를 갖게 되었으니 건축적 구성 가치에서 멀어진 것은 이에서 알 것이요 기단, 탑신, 상륜 등에도 조각수법이 가미되고 탑신 오개들이 각 1석으로 조성되어 통일 이후 조선 석탑의 한 準則이 되었다"고 한다.
高裕燮, 『朝鮮美術文化史論叢』, 서울신문사출판국, 1949, p.83.

하고 경주박물관 제씨諸氏에 의하여 쇼와昭和 3년 여름에 발굴을 하였던 바 거의 완전한 치미鴟尾 1개를 발굴하고 …… 와당의 문양은 아주 우수하여 신라 와당 문양 중 최수최미最秀最美하다.[130]

하는 것으로 보아 도굴꾼들의 주목을 상당히 받아 왔음을 알 수 있다. 그리고 "동서 양탑은 도괴되어 있다."고 하며 그가 촬영한 사진 제133도(1929年 8월 藤島 撮影)를 보면 서탑이 무참히 허물어져 있어[131] 도저히 자연적 도괴로 볼 수 없다. 불법자들이 보물을 도취하고자 이렇게 한 것으로 추정된다.

1937년도 '조선 고적 보물 유적 보존위원회'는 본사지 양 석탑에 대하여 재건하는 것을 조건으로 보물로 지정할 것을 가결하고, 위원 오바 츠네기치小場恒吉가 이 석탑을 실측하고 재건원안을 설계하여 조사위원 후지타 료사쿠藤田亮策, 기수 오가와 케이기치小川敬吉에 의해 시행계획을 추진하였다. 1938년 3월 경상북도지사의 감독 하에 고적연구회 사업의 일부로 재건되었는데 이때 요네다 미요지米田美代治가 현장 공사감독을 맡아 약 1개월에 걸쳐 재건공사를 하였다.[132] 공사에 착수하면서 도괴시 손실된 부재의 탐색을 겸하여 부근 발굴조사를 하였다. 그 결과 서탑 부근에서 로반, 복발, 상륜의 일부와 상당량의 우수한 고와를 발견했다. 양 석탑은 제3층 탑신의 상면上面 중앙에 폭 약 8촌 깊이 5촌의 사리공이 있었으나 안에는 아무것도 남아 있지 않았다.[133] 불법자들에 의해 이미 도난 당한 것이다.

동경박물관 소장목록에 이곳에서 출토된 와瓦가 15점이 나타나 있는 것으로 보아 상당수가 반출된 것으로 추정된다.

---

130) 藤島亥治郞, 「朝鮮建築史論(其二)」, 『建築雜誌』(第44輯 第533號), 1930, p.119.
131) 藤島 前揭書, p.200.
132) 米田美代治, 「慶州 千軍里址 及 三層石塔調査報告」, 『昭和13年度 古蹟調査報告』, 朝鮮總督府.
133) 米田美代治, 『朝鮮上代 建築의 硏究』, 秋田屋, 1944, pp.49~50.

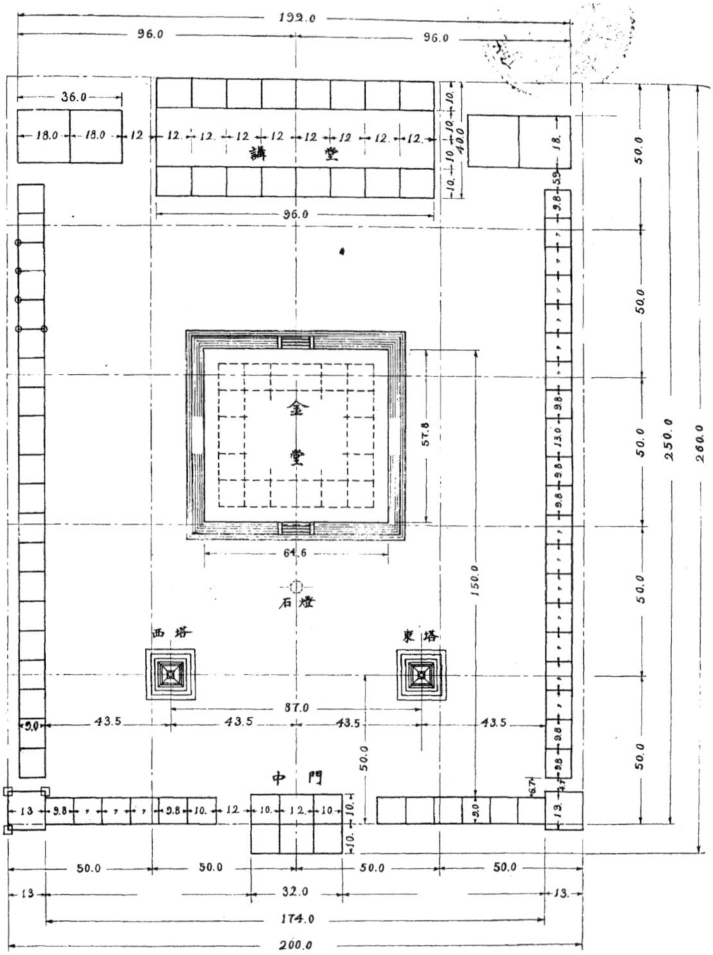

천군리사지 평면배치 복원도
(昭和13年度 古蹟調査報告)

최근의 모습

경주 정혜사지淨惠寺址 13층탑

이 사지는 경주시 안강읍 옥산리에 있다.『동경통지東京通誌』에,

자옥산 밑에 있다. 신라 성덕왕 경신庚申에 당의 첨의사 백우경이 참소를 입고 이곳으로 와서 영월당과 만세암을 짓고 살았는데 선덕왕이 이곳에 행차하여 정혜사라 고치고 영월당을 경춘당으로 고치었다고 한다.

경주 정혜사지13층탑

하여 이곳에 처음 만세암이라는 작은 암자가 성덕왕 19년(720)에 지어지고, 그 후 선덕왕대(780~784)에 와서 사명을 정혜사로 개명하고 사세를 확장하였음을 짐작케 하고 있다. 이후 사명寺名은 정혜사淨惠寺(또는 定慧寺), 완호사完護寺, 부혜사浮惠寺 등 여러 사명으로 불리었다.

우담愚潭 정시한丁時翰의 『산중일기』(1687년의 일기)에,

말을 타고 냇물을 따라 나무 그늘 사이로 여러 리를 가서 정혜사定慧寺에 이르러 법당에 앉았다. 절은 신라 때 창건되었으나 굳세고 완전하여 기울지 않았고 도덕산 아래에 있었다. 절 앞에 있는 바위는 기이하고 절묘하였으며 계정의 상류에 있었다.

또 1845년에 간행된 『동경잡기東京雜記』 정혜사 조에는,

자옥산 아래에 있다. 회재 이언적 선생이 소시에 여기에서 학업을 닦았다. 그 절의 창건한 년대는 어느 해인지 모르나 예로부터 전해오기를 신라 고찰이라 한다. …… 옥산서원 창건 후에 이로 인하여 완호사完護寺라 하였다.

하는 것으로 보아 19세기 중기 이후에 폐사가 된 것으로 추정된다.

이 사지에는 현재 8세기 후반에서 9세기 초에 건립된 것으로 추정되는[134] 본 탑 이외의 아무런 유구가 없다. 이 탑의 제1층 탑신은 다분히 목조건축의 양식을 본떠서 만들었고[135] 4면에는 감실을

---

134) 高裕燮은 「朝鮮塔婆의 樣式變遷」(『東方學志』 제2집 1955년 5월 연희대동방학연구소)에서, 이 탑의 건립연대를 8세기 후반으로 보고 있으며,
鄭永鎬는 「韓國石塔의 特殊樣式 考察」(『단국대학교논문집』 제3집 1969년 12월)에서, 이 석탑은 8세기에서는 벗어나서 9세기경에 이르러 조영된 것으로 추정된다고 하고 있다.
135) 高裕燮은 「朝鮮塔婆의 樣式變遷(各論, 續)」(『佛敎學報』 3·4합집, 1966년 12월, 東國大學校 佛敎文化硏究所, p.11)에서, "총체로 보아 옥개의 만듦 및 첨하 받침의 관계는 저 백제계에 속하는 부여 정림사지탑, 익산 왕궁리탑 등의 양식 수법을 연상케 하는 점이 있다."라고 하고 있다.

만들어서 불상을 안치했을 것으로 추정된다. 제2층부터는 갑자기 감축되어 탑신과 옥개석을 하나의 돌로 만들고 층이 올라 갈수록 차츰 감축되었다. 13층의 탑으로는 신라시대의 유일의 것이며 그 형태도 다른 곳에서는 볼 수 없는 양식으로 귀중한 것이다.

『경주읍지慶州邑誌』136)에는 "정상유금로반頂上有金露盤"이라고 하는 것을 보면 상륜부는 금으로 장식한 듯한데 현재는 그것을 잃어 버렸다.

세키노關野의 기록에,

1910년대의 모습
(『조선고적도보』)

---

136) 英祖朝에 작성된 것을 1932년에 李錫欽 등이 '實則筆之 虛則削之'하여 간행한 것임.

폐정혜사(廢淨惠寺)는 경주 서북 5리 강서면 옥산리 자옥산의 기슭에 있다. 현재 사는 황폐하고 오직 13층석탑만 솟아 있었다. 작년에 적(賊)이 밤중에 탑의 내장물(內藏物)을 훔치기 위해 위 3층을 붕괴 시켰다. 이를 주민들이 발견한 바, 도주해 버렸다고 한다. 고로 현재 서 있는 것은 10층으로 위의 3층은 지상에 널려 있다. 최상층의 옥개는 현재 노반은 남아 있으나 그 상부의 상륜은 실하였다.[137]

탑을 붕괴하고 탑속의 보물과 상륜부를 훔쳐 달아난 것이다.
이 기록은 세키노(關野)가 『국화(國華)』지에 1912~1913년에 게재한 것이기 때문에 탑의 붕괴는 1911~1912년에 있었던 것으로 추정된다. 『조선고적도보』 제4책에 위 3층 이상을 실(失)한 사진(도판

1935년 5월 24일 보물로 지정, 주변을 정돈하기 위해 파헤쳐 있다. 위의 3층을 올린 후의 모습 (『조선』, 1936년 3월)

137) 關野 貞, 『朝鮮の建築と藝術』, p.538.

1524)이 실려 있다.

그 후 1922년경에 일인들에 의해 낙하된 3층은 다시 올려지고 기단은 시멘트로 굳혀 놓았다. 1968년 2월 28일에는 이 탑을 도굴하려다 미수에 그친 일도 있다.

1998년 9월 2일에도 신원불명의 도굴범들이 정혜사지석탑에 대한 도굴을 시도하다가 미수에 그친 사건이 있었다. 이 사건은 석탑 주변에서 포도밭을 경작하던 사람에 의해 발견되어 경주시 문화예술과에서 현지조사가 이루어졌다. 당시 조사 내용을 보면 도굴을 시도한 부분은 초층 탑신 남측면으로서 우주석 안쪽에 있는 2매의 석주를 밖으로 빼내어 놓았다. 빼낸 2매의 석주는 잡초로 은폐시킨 점으로 보아 오랜 시간에 걸쳐 도굴을 진행하려 했던 것으로 추정되었다.

정돈 후의 모습

군위 인각사麟角寺 일연선사一然禪師비와 사리탑 舍利塔(보물 428호)

인각사麟角寺는 경상북도 군위군 고노면 화수동(화북리)에 소재한다. 이곳은 원래 의흥군에 속하던 곳으로 1914년 3월 '행정구획변경'에 의해 구군위군 일부와 구의흥군 일부가 합병하여 군위군으로 정리되었다. 인각사의 사명寺名에 대해서는 『신증동국여지승람』에,

인각사 보각국사탑

화산華山 동네 어구에 있는데, 석각이 깎아 선 듯하다. 속담에 전하기를, '옛날 기린이 이 석벽에 뿔을 걸쳤다 해서 이렇게 이름을 지었다'.

라고 한다. 이 사찰의 창건에 대해서는 의상조사가 창건했다는 설도 있고 원효대사가 창건했다는 설도 있으나 어느 것이 맞는 지 정확한 기록은 없다.[138] 다만 목은牧隱 이색李穡의「인각사 무무당기麟角寺 無無堂記」에 고려 말기 사찰의 규모를 짐작할 수 있는 기록이 있다.

……중 창공이 나를 한번 보더니 기뻐하면서 그가 있는 인각사의 '무무당기'를 지어 달라고 청하여 그 절의 내력을 간추려 말한다.
대개 이 절은 불전이 높은 곳에 있고, 뜰 가운데에는 탑이 있다. 좌편에는 무, 우편에는 선당이 있다. 좌편은 가깝고 우편은 멀어서 벌려 있는 것이 서로 같지 않다. 이런 때문에 무무당은 선당 좌편에 세웠으니 여기에서 좌와 우의 거리가 고르게 되었다. 그 집을 보면 이것을 기둥으로 계산하면 다섯으로 된 것이 103이요 간수로 계산하면 다섯으로 된 것이 둘이다. ……지정至正 임인년壬寅年에 쓰다.

이후 조선 전기까지는 청정한 상태로 보존되어 왔음이 유호인兪好仁(1449~1494)의 시에도 나타나 있다. 그러나 임진왜란 때 완전히 불타버리고 그후 한 때 중수하였다는 것이『화산인각사강설중수기華山鱗角寺講說重修記』(1721)에 나타나 있다.『강설루중수기』에 의하면, 1721년 무렵에 인각사의 사세가 극도로 위축되어 대웅전, 극락전 두 전각의 기둥이 기울고 지붕이 새어 비바람을 가리지 못하니 그 안에 보셔신 상육존상노 훼손이 심하고 경내도 수풀이 우거져 황폐화 되었다. 그래서 대시주 배홍일, 화주승 성화性和, 전승통 쾌일快日, 도감승 혜언慧彦 등이 선심으로 시주를 모아 중건하게 되었다. 이때 법당의 불상을 새로 조성하였으며 종루인 강설루와

---

138) 權相老,『韓國寺刹事典』에는, "新羅善德王十二年(癸卯)元曉祖師刱建, 高麗忠烈王三十三年(丁未)普覺國尊重刱" 이라고 하고 있다.

요사를 개수하였다고 한다.[139] 하지만 이도 얼마 가지 않아 거의 폐사에 이르렀음이 홍양호洪良浩의 『이계집耳溪集』(1760)에 나타나 있다.

『대정원년고적조사약보고』(1911년 12월 10일 조사)에는 인각사의 유물로 3층석탑乙, 대웅전丙, 극락전丙, 명부전丙, 강설루丙를 기록하고 있다. 그러나 거의 폐허가 된 상태였으며, 현재의 인각사 건물은 대부분 새로 보수한 건물들이다.

이곳은 일연선사가 만년에 『삼국유사』를 집필한 역사의 현장으로도 뜻 깊은 곳이라 더욱 안타까운 일이다.

일연선사의 처음 이름은 견명見明인데 후에 일연一然이라 하였다. 9세에 해양(현 광주光州) 무량사無量寺에서 취학하였으며 설악산 진전사陳田寺의 대웅장로大雄長老에게서 구족계를 받았다. 충렬왕 9년에 국존國尊의 책冊을 받고,[140] 충렬왕 10년(1284) 보각국사 일연이 봉양하던 어머니가 죽자 조정에서 인각사를 중수하고 토지 100여 경을 주어 일연의 하산소下山所로 정하였다. 일연은 이 인각사에서 구산문도회九山門都會를 두 번이나 개최하였으며, 또한 『삼국유사』를 여기에서 저술하였다고 한다. 일연은 선사이면서도 교학

---

139) 『朝鮮寺刹史料』, 朝鮮總督府 內務部 地方局, 1911.
140) 國尊에 册한 일은 忠烈王 9年 癸未 條에, "以僧見明爲國尊"이라는 문구가 보이며, 國師라 하지 않고 國尊이라 한 緣由에 대해, 權相老는 『朝鮮佛敎略史』(1917년)에서 普覺國尊에 대해, "圓經冲照의 號를 加하고 …… 國師를 改하야 國尊이라 함은 大朝(元指)에 國師의 號를 避함이러라" 하고 있다.
今西龍은 『高麗史 硏究』, 「高麗普覺國尊 一然にきて」에서,
元朝의 國師의 號를 피하여 國尊이라 한 것은 高麗史 忠烈王元年 乙亥 條에 記해 있는바, 元使가 가져온 元帝의 詔中「王之未爲王也不稱太子而稱世子國王之命舊稱聖旨今稱宣旨官號之同於朝廷者亦其此也云」이라 하였고, 충렬왕 2년 3월 고려 王廷과 元의 達魯花赤(官長)이 詰責한 일이 보인다. 元의 國師의 號를 피하기 위해 國師를 國尊이라 바꾼 것으로 國尊의 號는 見明이 처음이며 그 후 忠烈王 18年 僧 惠永, 同21年 僧 景宣이 國尊의 册을 받았다. 그리고 고려사 충렬왕 24년 12월에 一時 官制를 복구하였다가 27년 5월에 이르러 官名을 다시 원과 같게 하였다가 마지막에는 이를 다시 고쳤다고 한다.
『高麗史』 忠烈王 2年 3月 甲申日조에는,
"담로화적이 '宣旨라하고, 朕이라하고 赦라고 하니 이것은 참월한 일이 아닌가? 하고 따지자, 이를 고쳐 宣旨를 王旨로, 朕을 孤로, 赦를 宥로, 奏를 旱으로 고치었다." 라는 기록이 보인다.

보각국사비편

敎學에 많은 노력을 기울였다.

그의 학문적 노력은 『삼국유사』에 인용된 수많은 서명을 통해서도 짐작되는 일이지만 『화록話錄』 2권, 『게송잡저偈頌雜著』 3권, 『중편조동오위重編曹洞五位』 2권, 『조도祖圖』 2권, 『대장수지록大藏須知錄』 3권, 『제승법수諸乘法數』 7권, 『조정사원祖庭事苑』 30권, 『선문점송사원禪門拈頌事苑』 30권 등 100여 권에 달하는 방대한 저술이 이를 뒷받침하고 있다.[141] 충렬왕 15년 10월 84세로 입적하니 시호는 보각普覺이라 하고 탑은 정조지탑靜照之塔이라 하여[142] 선사가 입적한 지 6년째인 1295년에 보각국사존비普覺國師尊碑와 일연선사의 부도인 보각국사정조지탑普覺國師靜照之塔을 세웠다.[143]

비의 문은 민지閔漬가 찬하고 서체는 행서行書로서 일연선사의 문인인 죽허竹墟가 진의 왕희지王羲之의 서를 집자集字한 것이다.[144] 보각국사비에 대해 『동국금석東國金石』[145]에 "왕우군자로 의흥 화산

---

141) 金相鉉, 「三國遺事에 나타난 一然의 佛敎史觀」, 『韓國史硏究』 20, 1978.
142) 退耕相老, 『朝鮮佛敎略史 卷中』, 新文館, 1917, pp. 104~105.
143) 『大東金石書』, 京城帝國大學, 1932.
144) 高麗國義興華山曹溪宗麟角寺迦智山下「普覺國尊碑銘幷書」
 "學士充吏館修撰官知制誥知版圖司事世子右諭善大夫賜金魚袋臣閔漬奉 勅撰
 元貞元年乙未八月日門人沙門竹虛奉 勅集晉右軍王羲之書"
 (『朝鮮佛敎叢報』 第8號, 三十本山聯合事業社, 1917年 7月).

일연선사비각

에 있다"고 하고, 평하길 "행서절품行書絶品"이라 하였다.

이 비는 현재 비신이 단절되고 비면은 박락剝落되어 과반수는 읽을 수가 없다. 이렇게 된 것은 임진왜란 때 왜병에 의하여 전화를 입은 탓으로 추정된다. 허형도許亨道(1567~1637)의 『동계집東溪集』에,

절은 본래 보각국사가 창립하였고 비는 원정 원년 8월에 세운 것인데 왕우군의 글씨라고 일컬어 오지만 그러한 지는 정확하지 않다. 임란 후 명나라 장수가 보고서야 왕공의 글씨인줄 알게 되어 다투어 찍어냄으로서 널리 퍼져 매우 보배스러워 했다. 이때부터 사신이 올 때마다 번번이 이를 구하므로 순사가 임금의 뜻에 따라 고을의 원으로 찍게 하였다. 정유년에 적병이 지른 불에 절이 탔는데 비는 법당 마당에 있어서 불길이 돌아 표면의 손상이 가장 심했고 처음과 끝은 자획이 남아 있으나 한 노인의 말로는 얼마 남지 않은 글씨를 따로 떠서 오래도록 전하여 방문하는 사람이 매우 즐겼는데 불행히 비와 함께 모두 없어졌다.

---

145) 齊藤忠, 『高麗寺院史料集成』, 大正大學綜合佛敎硏究所, 平成九年.

라고 기록하고 있어, 임진왜란으로 인해 사찰이 불타면서 비도 함께 손상을 입은 것으로 짐작된다.

이후 절은 폐사가 되고 비는 파손되어 돌보는 이가 없이 버려져 있었던 것 같다. 그러나 광해군 원년(1608)에 명의 사신이 일연비의 탁본을 요청한 기록과 1614년경에 지은 이수광李睟光의 『지봉유설芝峰類說』에도 중국 사신들이 인각사비명을 탁본해 갔다는 기록이 보이는 것으로 미루어 볼 때 임진왜란 때에 어느 정도 파손이 있긴 했으나 그렇게 심각한 정도는 아니었던것 같다.146) 18세기에 들어와 결정적인 파손이 있었던 것으로 추정되는바, 1760년경에 이르러 홍양호에 의해 재발견되었을 때는 이미 탁본 주문에 시달린 인근 주민 내지는 비를 보관하고 있던 승들에 의해 완전히 쓸 수 없게 파손된 것이 아닌가 하는 추정을 가능케 하고 있다.147) 다행히 강원도 평창군 월정사에 이 비의 사본寫本을 장藏하고 있어148) 이능화李能和의 저서 『조선불교통사朝鮮佛敎通史』에서 소개하고 있다. 『조선금석

---

146) 蔡尙植, 「普覺國尊 一然碑의 現像과 復原의 問題」, 『古書硏究』 第13號.
147) 洪良浩의 『耳溪集』 卷十六, 「題麟角寺碑」에,
경진년(1760)에 …… 의흥현감에게 서신을 보내어 탁본을 부탁하였더니 "우리의 곳에는 인각사라는 절이 지금은 없으니 어찌 탁본을 취하리까?"라는 회답이었다. 나는 절이 폐사가 되었으니 비도 없어졌을 것이고 따라서 지금 사람들이 모르는 것이 당연할 것이니 비는 과연 없어졌을까 한탄하였다. 이에 글자를 좀 알고 일을 감당할 만한 아전을 골라서 10여 일분의 양식을 주면서 이르기를 '두루 찾되 찾지 못하면 돌아오지 말라' 고 엄히 일러 보냈다. 한 열흘 후에 아전이 돌아와서 말하기를 '깊은 산골에 고찰의 터가 없어 인각사는 종래 찾지 못했다. 우연히 한 곳에 가니 폐사된 신라 때 절이 있어서 중에게 옛 비석이 있는가를 물었더니 중이 불전 마루 밑에 깨진 돌 수십 덩어리가 있는데 그것인지 모르겠다고 하므로 끌어내서 보니 과연 옛 비석이었습니다. 물로 닦고 보니 글씨는 희미한데 '인각' 의 두 글씨가 있었습니다' 하였다. 드디어 탁본에 능한 사람에게 종이와 먹을 주고 그 아전과 함께 가서 세 벌을 떠오게 하였다. 아마도 중들이 탁본 주문에 시달려 깨서 깊이 감추어 버린 듯하다. 지금 십여 편 남은 것도 글자가 쏚이어 알 수 있는 글자는 10분의 1밖에 안뇌니 매우 애석하다.
148) 본 謄本이 만들어지게 된 경위는 安震湖의 「『三國遺事』 出現을 보고 普覺國尊의 碑石을 言하노라」(『佛敎』 36, 1929년)에 나타나 있는 바, 1836년경에 월정사 승려였던 金慧月이 인각사를 지나다가 우연히 一然碑를 筆寫한 것이라고 기술하고 있는데, 蔡尙植은 「普覺國尊 一然碑의 現像과 復原의 問題」(『古書硏究』 第13號)에서 혜월이 필사한 일연비문의 내용은 몇 십자만 잘못이 있을 뿐 거의 완벽하다고 한다. 그런데 당시 일연비가 이미 파손이 심했다는 사실을 감안 할 때 그의 謄本은 인각사에 전하던 寫本이든가 아니면 사본에 의거하여 筆寫했을 것이라는 점을 지적하고 있다.

총람朝鮮金石總覽』 상권에는 보각국존의 비편을 싣고 「참조」편에 "강원도 평창군 진부면 간평리 월정사장 사본에 의함"이라 하고 비문의 전문全文을 소개하고 있다.

이 비문의 마지막에 "겁화劫火가 활활 일어 산하가 모두 재가 될지라도 이 비는 홀로 남고 마멸되지 마소서" 하여 길이 보전되길 기원 했으나 임란 이후 거듭된 화를 피해가지 못했다.

현재 보각국사비편은 따로 비각을 마련하여 보관되어 있다.

보각국사비는 임란 이후 인위적인 손상으로 파괴되었으나 보각국사정조지탑은 그나마 한말까지는 큰 손상이 없이 보존되어 온 것으로 보인다. 그런데 풍수설에 현혹된 자들이 자손들의 발복發福을 위해 고대사지의 탑지에 석탑을 철거하고 그 자리에 분묘를 설치하는 예가 종종 있었던 것과 같이 보각국사정조지탑도 이런 예

보각국사비문

에서 벗어나지 못하였다.

1890년에 황보皇甫 씨 일족이 일연의 부도자리에 묘를 쓴 것을 인각사 승려들이 저지하자 그 일족들이 습격하여 일연비와 전각을 파괴하기도 했다고 한다.[149] 이 후에도 보각국사의 부도는 대구 서 모씨의 분묘설치로 말미암아 원위치에서 약간 떨어진 지점으로 이건 된 일도 있다고 한다. 총독부 참사관실에서 조사한 사료수집 史料蒐集 조선금석문의 설명서에는 다음과 같이 기술하고 있다.

금 오직 기석基石 및 비신 일부가 존하며 양면에 문을 각한 표면은 민지, 이면은 승 산립이 찬하고 진의 왕우군의 자를 집자하여 각하였다. 원의 원정원년元貞元年 을미에 립, 〈중략〉 비에서 약 2정二丁 떨어진 곳에 보각의 탑이 있다.[150]

이 비의 서쪽에 보각국사의 사리를 납한 부도에 대해 가츠라기 스에하루葛城末治의 『조선금석고』에는,

비에서 동 2정의 곳에 보각국존의 사리를 납納한 석탑이 있는데, 「보각국사 정조지탑普覺國師 靜照之塔」 8자가 각해 있다.

고 하면서 손상되었다는 기록은 보이지 않는다.[151] 당시(1914년경) 금석문 수집에 가츠라기 스에하루葛城末治가 직접 참여하여 현지를 답사하고 자료수집을 한 사실로 미루어 보아 위 기록은 상당히 신빙성이 있는 것으로 비록 분묘를 설치하기 위해 부도가 원위치에서 옮겨졌다고는 하나 탑신이 파괴되지는 않은 것으로 추정된다.[152] 그러니 정확한 시기는 알 수 없으니 이 시리

---

149) 姜裕文, 「抱雲寺를 追憶하면서 今世紀 僧伽에 想到함」, 『新佛教』 9, 1937.
　　蔡尙植, 「普覺國尊 一然碑의 現像과 復原의 問題」, 『古書研究』 第13號에서 轉載.
150) 『朝鮮總督府 月報』 第4卷 9號, 1914年 9月.
151) 葛城末治, 『朝鮮金石攷』, 大阪屋號書店, 1935.
152) 『朝鮮金石總覽』에는 "普覺國師靜照之塔 石塔高八尺 字徑二寸楷書"라 기록하고 있다.

탑은 사리 탈취를 목적으로 한 불법자들에 의해 도괴 내지 파괴되어 속칭 둥딩마을로 불리는 화북3리 뒷산 부도골 즉 인각사 동쪽 언덕에 방치되어 있었다.153) 이와 같이 겹친 수난과 만행이 있은 후 다시는 찾는 사람 없이 버림을 받아 왔다. 그러던 중 1958년 황수영, 이홍직 박사가 비명에 대응하는 부도를 확인하기 위해 부락 뒷산 속칭 '부도골'을 수색하여 산란된 탑재塔財를 찾게 되었다. 그 중에는 '보각국사普覺國師', '정조지탑靜照之塔'이라는 2행의 기명記銘이 있어 보각국사탑임을 확인할 수 있었으나 사리공은 이미 공허하게 파괴되어 있었다.154) 이때의 상황을 이홍직 박사는 다음과 같이 기술하고 있다.

사리탑은 멀리 떨어진 구릉 위에 있었는데 무참하게도 도괴되어 탑신의 사리공이 볼상 사납게 노출되어 있었다. 사리장치를 훔쳐간 도둑놈의 소치인데 부락민의 말에 의하면 한일합방 후 일인의 수작이라 하였다. 나는 이 무참한 일연선사의 사리탑의 모습을 보고 암담했다. 기왕의 일은 어쨌든 간에 하루바삐 이 사리탑을 세워야겠다고 생각했다.155)

당시 일연선사의 사리탑은 면사무소로 옮겼다가, 1962년 황

사문 도로변에 이건된 모습

153) 황원갑, 『고승과 명찰』, 책 있는 마을, 2000 參照.
154) 「일연선사부도의 조사」, 『고고미술』 제39호, 1963. 10.
155) 李弘稙, 『한 史家의 流薰』, 通門館, 1972, p.223.

수영, 이홍직 박사의 건의로 재건되었으나 '부도골'을 떠나 한 때 사문외寺門外 도로변에 이건되었다. 현재는 다시 경내로 이건하였다. 부도형식은 팔각원당형의 기본형식을 취하고 있으며 사리공은 옥신 상면에 시설되었으나 장엄구는 남아 있지 않다.

인각사 대웅전 앞마당에 있는 석불좌상은 원래 인각사에서 약 10km 떨어진 고노면 괴산2리의 한 폐사지에 있던 것을 1963년에 이 자리로 옮긴 것이다.

인각사3층석탑

선산 주륵사지朱勒寺址석탑

주륵사지는 경상북도 선산군 도계면 다곡1리(다황리)에 있다. 입구는 냉산과 청화산 사이의 협곡이며 청화산 서남방 계곡 중복에 위치한다. 본래 큰 사찰이었으나 조선 초기에 벌써 폐사에 가까워 세종 11년에 부사 이길배가 남관南舘을 수리할 때 주륵사의 목재와 기와를 사용할 것을 상신한 것156)을 보면 이때 이미 사세가 기운 것으로 추정된다. 이후 폐사가 되어 사지에는 석재로 이루어진 유구遺構만 남아 있었을 것으로 짐작된다. 『신증동국여지승람』에는,

주륵사는 냉산 서쪽에 있으니 안진이 지은 승僧 혜각慧覺의 비명이 있다.

선산 주륵사지석탑

---

156) 『嶠南誌』, 佛宇條.
『一善誌』 佛宇條에, "府使李吉培構南舘時撤毁材瓦廢今有遺址".
『新增東國輿地勝覽』에, "지금의 부사 이길배 공이 정치에 임한 지 1년에……부의 관우와 누대와 못을 다스리되, 부역이 백성에 미치지 않고 재목을 산에서 베이지도 아니 하였으므로 부의 백성들이 이상히 여기었다. 어느날 향선생(시골 장로) 장빈 등 1백여 명이 부사를 찾아보고 폐사의 재목과 기와로 현의 향교를 지을 것을 청하였더니 부사가 기뻐하여 곧 감사 이승직 공에게 보고하여 마침내 임금께 아뢰어 허락을 얻었다."

라고 기록되어 있으며,『선산읍지善山邑誌』[157] 권제1에는 승僧 혜각慧覺의 비명碑銘에 대해 "금무今無"로 기록하고 있다. 또『범우고梵宇攷』에는 "금폐今廢"로 기록되어 있다.『조선보물고적조사자료』에는 "탑이 도괴되어 부근에 흩어져 기단석 길이 2칸間 1층 옥개석 길이 7척尺 5촌寸의 3층석탑基石二間角初層率石七尺五寸角三重石塔으로 짐작되며 사기 및 와편이 곳곳에 흩어져 있다砂器及瓦破片點在"라고 탑의 도괴와 석재石材의 산일散逸을 기록하고 있다.

1917년 이마니시 류今西龍가 이 사지를 조사할 당시에는 날이 어두워 사진 촬영은 못했지만 당시 사지에 남아 있는 유구를 보면 석탑과 혜각탑비편慧覺塔碑片, 두부가 결실된 석귀石龜 1개, 석불후배단편石佛後背斷片, 등롱대석, 기형석물 등이 남아 있었다.[158] 그리고 이 석탑에 대해서는『대정6년도 고적조사보고』에,

> 그 1석탑은 화강석재로서 구성한 장대壯大하고 우수한 작품이다. 지금 후방에 전도顚倒하여 개석蓋石이 산재散在하여 있다. 마을사람의 이야기로는 4~5년까지 서 있었다고 하는데 지금은 3층 이상의 용재用材가 있지 않은 듯하나 5층탑이었을 것이다. ……그 상면 중앙에 방공方孔이 있다. 그 상부의 폭이 10촌5분十寸五分이지만 하부에 이르러서는 각角이 되어 이것을 좁게 하여 방6촌5분方六寸五分으로 하였는데 전체의 깊이는 4촌5분四寸五分이다. 사리호舍利壺를 장藏하였던 것으로 보인다.[159]

라고 기록된 것으로 보아 한일합방 직후 불법자들의 보물 도취로 인한 파괴로 짐작된다.

현재는 1917년 이마니시 류今西龍의 조사에서 나타나 있는 혜각탑비편慧覺塔碑片, 석귀石龜, 석불후배石佛後背, 등롱대석燈籠臺石 등은 흔적도 보이지 않고, 탑의 옥개석 3개와 탑기단의 장대석편만

---

157) 예전부터 전하는 舊誌를 純祖 2년(1802)부터 同王 6년(1806)까지 善山府使로 재임하던 金箕憲이 續編하였는데 이를 바탕으로 丁圭三이 一編을 만들었다. -韓國邑誌總覽-
158) 今西龍,『大正6年度 古蹟調査報告』, p.148 參照.
159) 今西龍,『大正6年度 古蹟調査報告』, p.147.

파헤쳐진 탑지

남아 있으며, 탑지塔址는 파헤쳐져 있다. 탑의 옥개는 한 변의 길이가 2~3m나 되어 대단히 장대했을 것으로 보이며, 석탑재로 보아 3내지는 5층탑으로 추정된다.

필자가 이곳을 탐방하고 내려오면서 사지에 남아 있던 석재의 행방에 대해 마을 고노로부터 들은 바, "수십 년 전에 돌쟁이(석공)들이 가져갔다"고 대답을 하였다. 1968년에 발간한 『선산군지』에 다음과 같은 기록이 있어 혹시 연관이 있지 않나 추정한다.

냉산 너머 주륵사 터엔 불국사 석가탑만한 석탑이 있었다. 넘어진 담돌을 깨어 묘석으로 다듬은 일선김 씨네의 정소리만이 요란하다. 여차리 나루 옆 원동3층석탑도 이미 그들의 사당 축대가 돼 산산조각이다. 조사대는 분을 참지 못해 가슴을 쳤지만 그것이 다시 탑으로 묶어지기엔 벌써 늦었다.

사지 일대는 40~50m 가량의 석축이 남아 있으며 민묘民墓 2기가 들어서 있다. 우선 탑지 일대라도 정리하여 보존하는 것이 급선무로 보인다.

영주 순흥면 초암사草庵寺 3층석탑 및 부도

초암사는 영주시 순흥면 소백산에 소재한다. 초암(사)이라는 명은 의상대사가 부석사를 창건하기에 앞서 이곳에 초막을 짓고 기거한 것에서 유래한 것으로[160] 의상조사가 문무왕 16년(676)에 창건한 것으로 알려져 있다.[161] 『신증동국여지승람』에는 나타나 있

영주 순흥면 초암사삼층석탑

160) 『梵宇攷』 "今廢, 義湘刱浮石寺時先入此山結草爲庵故因名. 文純公李滉改今名".

으나, 『범우고』에 "今廢"로 기록하고 있다. 이후 큰 중창기록이 보이지 않는 점으로 보아 소암자로 남아 있었던 것으로 추정된다. 지금의 건물은 근래에 조성된 것이다.

이곳에 남아 있는 석탑은 2중기단에 3층의 탑신을 갖춘 통일신라시대의 일반형의 석탑으로 상층기단 일부는 파손되어 시멘트로 보완했다.

세키노關野 일행이 이곳을 조사한 것은 1911년 11월 26일로 초암사 3층석탑과 석조부도 2기를 『대정원년고적조사약보고』에 수록하고 석탑은 상륜부 복발覆鉢까지 있었다고 기술하고 있다.[162]

1910년대의 모습
(『조선고적도보』)

161) 『朝鮮寺刹史料』, 朝鮮總督府 內務部 地方局, 1911.
162) 『大正元年古蹟調査略報告』, 朝鮮總督府, 1914, p.76.

『조선고적도보』 제4책 해설편과 도판에도 피해기록이나 하등의 피해의 흔적이 보이지 않는다. 그런데 1933년 후지시마 가이지로 藤島亥治郞가 조사할 때에는 초층 옥개 이상이 붕괴되었다.[163] 탑 내의 사리장엄구舍利莊嚴具를 도취盜取하기 위해 도괴시킨 것으로 짐작된다.

또한 이곳에는 석탑을 중심으로 좌우 양편에 두 기의 부도가 존치해 있었다. 물론 이 위치가 원위치는 아닌 것으로 보여진다. 1980년경에 이곳을 조사한 진홍섭 교수의 조사에 의하면, 석탑을 향하여 좌측에 있는 서부도는 팔각원당형에 속하는 부도인데 옥개석 밑에는 8각석재가 삽입되어 있었는데 이것은 원래 앙련仰蓮 상대석과 탑신 사이에 삽입되었던 별석의 탑신받침이었으나 위치도 바뀌고 뒤집혀 있었다. 석탑을 향해 우측에 이는 동부도도 일부 부재의 순서가 바뀌고 혼란이 있었다고 한다.[164]

진교수의 조사 내용은 오가와 케이기치小川敬吉의 조사자료집에 게재되어 있는 초암사부도의 사진에 나타난 것과 비슷한 상태이

서부도(좌) / 동부도(우)
(『조선고적도보』에 의함)

---

163) 杉山信三,『朝鮮の石塔』, 彰國社, 1944, p.168 참조.
164) 秦弘燮,「新羅北岳太白山遺蹟調查報告」,『韓國文化硏究院論叢』 36, 이화여대 한국문화연구소, 1980.

다. 그런데 1918년에 간행한 『조선고적도보』와 『오가와 게이기치 小川敬吉 조사자료』에 게재된 초암사부도의 사진[165]을 비교해 보면 상당히 다르게 나타나 있다.

서부도의 경우 고적도보에는 상대석 이상이 한쪽으로 치우쳐 놓여 있으며, 상륜부에는 보개寶蓋만 보이고 있다. 그런데 오가와小川의 조사자료에는 상륜부에 고적도보에서 보이지 않던 복발覆鉢까지 보이고 있으며, 상대석이 상하 뒤집혀 올려져 있다. 또한 고적도보에 비해 탑신석과 중대석의 위치가 바뀌어 있다.

동부도의 경우 고적도보에서 상륜부에 보개와 보주가 보이고 있는데 중대석괴임은 보이지 않는다. 그런데 오가와의 조사자료에는 상륜부의 보주는 보이지 않고 고적도보에서 보이지 않던 복발이 보이고 있으며, 또한 고적도보에서는 보이지 않던 중대석괴임이 나타나 있으며 상대석은 상하가 뒤집혀 있다.

이 같은 현상은 일찍이 도괴되어 있던 것을 후대에 복원하면서 부도의 부재가 혼란이 온 것으로 그간에 도굴과 관련이 있었던 것으로 추정된다.

서부도(좌) / 동부도(우)
『오가와 케이기치(小川敬吉) 조사자료』에 게재된 초암사부도의 사진

165) 朝鮮古蹟圖譜에 게재된 것보다 後年에 찍은 것으로 추정 된다.

현재는 부도를 사찰의 동편 아래쪽으로 이전하면서 부재의 순서를 바로잡아 놓았다.

서부도(좌) / 동부도(우)
사찰 동편 아래편으로 이전한 2005년 현재의 모습

선산 낙산동洛山洞(대문동)석탑(보물469호)

이 탑이 위치한 지역은 행정구역상 경북 해평면 낙산1동으로 옛 날에는 마을 입구에 큰 대문이 있었다고 하여 대문동이라 부르기도 한다. 이 석탑 주위에는 아무런 유구가 없으나 일대의 경작지에서 몇 년 전까지만 해도 옛 기와와 토기들이 눈에 띄었다고(동리 주민의 말씀談) 하는 것으로 보아 부근이 사지였음을 짐작 할 수 있다.

이 석탑은 각부를 많은 부재로 구성하고 있는 모전석탑계통模博

선산 낙산동석탑

石塔系統의 장중한 탑으로 죽장사5층석탑과 거의 비슷한 양식을 취하고 있다.[166]

1916·1917년경에 기록한 『조선보물고적조사자료』에는 사지가 사유림私有林으로 되어 있으며, 탑의 상태에 대해서는 "3중석탑으로 조각이 정교하고 완전하다"[167]고 하는데, 1918년 이마니시 류西龍의 기록에는, "파손된 형태는 죽장사탑竹杖寺塔보다 심하여 급히 수리를 요한다. 감龕과 석선石扇이 유존하나 현재 개방된 상태"[168]라는 것으로 보아 불법자들의 보물 도취로 인해 파손된 것으로 추정된다.

1968년 단국대학교 박물관 조사단에 의해 탑의 외형 조사가 이루어졌는데, 당시 조사에, "현재 각 층의 부재部材를 검토해 보면 하층기단 남면1석이 도괴되었으나 면석面石이 그 자리에 잔존하므로 곧 복원될 것이며 상기면석上基面石에서 동쪽과 서북면에 약간의 파흔破痕이 있고 탑신부에서 2층의 탑신과 3층 옥개석에 결손된 부재가 여러 개 있으나……"[169]라고 기술하고 있어 일부 인위적인 손상을 나타내고 있다.

1971년에 해체 복원공사를 하였는데, 해체 결과로 밝혀진 바에 의하면 도굴자들에 의하여 2층기단의 동면과 북면·서면의 일부 면석面石과 탱주석撐柱石을 파괴한 연후에 적심부積心部까지 파해破害를 입힌 공간이 있었다. 사리공은 3층탑신 상면에 있었으나 사리장치는 한일합방 직후에 일인에 의해 도굴 당하여 아무런 흔적을 찾을 수 없었다. 다행히 1층 옥개의 적심積心 속에서 창건 당시에 사용하였던 것으로 추정되는 석재활석용石材活石用 공구인 철침鐵針 한 개를 발견하였으며, 2층기단에서 금동제파불金銅製破佛 4구와 금동제불대좌金銅製佛臺座 한 개를 발견하였다.[170] 현재 모빈 이

---

166) 『善山郡誌』(1968年)에서는 이 탑을 남매가 탑을 누가 먼저 세우나 경쟁하였다는 죽장사탑과 관계가 있는 일명 餘次塔으로 추정하고 있다.
167) 『朝鮮寶物古蹟調査資料』, 朝鮮總督府, 1942.
168) 『大正七年度 古蹟調査報告』, 原田淑人의 報告書, p.153.
169) 단국대학교 박물관, 『선산지구 고적조사 보고서』, 1968, pp.129~130.
170) 鄭明鎬, 「慶北地方 石造物 補修」, 『考古美術』 113·114, 韓國美術史學會, 1972. 6.

상은 결실된 상태이며 곳곳에 일부 파손된 흔적이 보인다. 1층 탑신에 감실이 있으나 비어 있으며 탑지를 제외한 나머지 부분은 모두 논으로 되어 있다.

낙산동석탑
(대정6년도 고적조사보고)

영주 비로사毘盧寺 진공대사묘탑비眞空大師墓塔碑

비로사는 경북 영주군 풍기읍 삼기리 소백산 비로봉 동남록인 삼기리에서 소백산 비로봉으로 향하는 등산로에 위치한다.

683년(신라 신문왕 3년) 의상대사가 창건한 화엄종사찰華嚴宗寺刹로 창건 직후 의상대사의 10대제자 중 한 명인 진정대사眞定大師가 머물렀으며 신라 말에는 당대의 고승 진공대사眞空大師(855~937)

진공대사보법탑비

가 이곳에 머물렀다.

　진공대사의 비문에 의하면, 속성은 김씨이며 조부는 집사시랑執事侍郞을 지냈고, 부는 사병원외司兵員外를 역임하였다. 부모의 반대에도 불구하고 출가하여 경문왕 14년(874)에 가야산 수도원에서 구족계를 받고 삼장三藏을 연구하였다. 스승인 선융화상善融和尙이 더 이상 지도할 것이 없다고 하자 그를 떠나 어떤 선로의 유지에 얼마동안 주석하다가 다시 행선지를 설악산으로 정하였다. 그는 이 시기에 화엄에서 선종으로 선회한 것으로 보인다. 도의가 머물렀던 진전사를 답사하여 그 영탑에 예배하고 제자의 예를 올렸다. 그후 왕경을 거쳐 소백산사에 머물렀는데, 이때 고려 태조가 방문하여 법문을 듣고 그를 매우 존중하였다고 한다.

　고려 태조 20년에 대사가 입적하자 태조는 진공眞空이라는 시호謚號와 보법普法이라는 탑호塔號를 내렸다. 진공대사보법탑비眞空大師普法塔碑는 태조 22년(939)에 건립되었으며 최언위崔彦撝가 찬撰하고 이환추李桓樞가 서書했다.[171] 비문 가운데 나오는 '청구靑丘'라는 용어는 우리나라를 뜻하는 별칭別稱으로 이 비에서 가장 먼저 나타나고 있는 점이 주목되고 있다.

　사찰의 고려 이후 법맥은 계속되어 인종仁宗 4년(1126)에는 김부식金富軾으로 하여금 불치아佛齒牙를 봉안奉安케 하였으며, 우왕禑王 11년(1385)에는 환암幻庵이 중창하였다. 임진왜란 때에는 당시 승군의 주둔지가 되기도 했으며 이때 병화로 인해 전소되었다. 그 후 1609년과 1684년에 일부 중건 및 중창 기록이 있으며 1907년에도 일부 증축한 기록이 있다. 그러나 1908년 당시 일어난 병화로 법당을 제외한 모든 건물이 불타 버리고 이곳에 유존된 진공대사의 탑비도 파괴되고 거의 폐사로 남아 있었다.[172]

　1912년 이곳을 탐방한 다니이 세이치谷井濟一의 기록에,

---

171) 李智冠,「豊基毘盧庵眞空大師普法塔碑文」,『校勘 歷代高僧碑文』.
172) 參考 :『毘盧寺事蹟』.
　　權相老,『韓國寺刹事典』, 이화문화출판사, 불기 2538.
　　「毘盧庵 眞空大師普法塔碑」,『譯註 羅末麗初 金石文』(하), 도서출판 혜안, 1998.
　　『전통사찰총서』17, 사찰문화원, 2000.

도괴된 진공대사비
(『조선고적도보』에 의함)

진공대사보법탑잔석
(『조선고적도보』에 의함)

고려시대 진공대사 묘탑은 파괴되고 동비同碑는 넘어져 비신이 절단되어 있다.[173]

라는 것으로 보아 병화를 당한 이후 도굴꾼의 소행으로 보인다.
 『조선고적도보』에 실려 있는 사진(도판번호 3034~3036)을 보면, 진공대사의 탑비가 완전히 도괴되어 귀부, 이수, 비신이 분리되어

---
173) 谷井濟一, 『考古學雜誌』 3-9, p.38.

흩어져 있다. 이수는 「고진공대사비故眞空大師碑」라 2행으로 양각되어 있는데 귀부에서 분리되어 상당한 거리에 이동되어 있으며, 특히 비신은 여러 조각으로 파괴되어 있다.

진공대사보법탑(도판번호 2995)은 파괴되어 석재 2매와 그 위에 장방형의 석재 2단만 남아 있다.

진공대사의 비는 현재 비신의 상부와 하부의 오른쪽 부분이 파괴되어 없어진 상태이며, 1972년 복원할 때 파손되어 없어진 부분은 별석으로 보강하였다.

이 외에도 『조선고적도보』(도판번호 2996)에 누구의 부도인지는 알 수 없으나 '비로사동봉부도毘盧寺東峰浮圖'라 게재되어 있는 것이 있다. 신라시대의 양식을 계승하고 있으나 조각수법의 둔화와 무기력한 점이 있음으로 보아 고려 초기의 작으로 추정되는 것이 있는데[174] 상대석이 상하 바뀌어 있고 지대석과 하대석 사이에 잡석이 끼어 있음을 보아 진공대사의 탑비와 때를 같이 하여 도괴된 적이 있었던 것으로 추정된다.

비로사동봉부도
(『조선고적도보』)

174) 秦弘燮,「新羅北岳太白山遺蹟調查報告」,『韓國文化硏究院論叢』36, 이화여자대학교 한국문화연구원, 1980.

문경 갈평리5층석탑

이 석탑은 문경시 신북면 관음리 불당골이라 불리는 산중의 폐사지에 있었는데,[175] 1936년 9월에 관음리의 이모 등이 부락의 사업 시설비에 충당한다는 모의를 하여 서울에 거주하는 임장춘이란

문경 갈평리5층석탑

---
175) 『朝鮮寶物古蹟調査資料』. "觀音洞北方田中에 在한다. 高十尺의 八重方塔이 있으며 形態完全".

자에게 매각하였다. 임장춘은 이 석탑을 해체하여 서울로 이반 중에 당국에서 탐지하여 조사에 나서게 되었다.

총독부 학무국장이 경기도지사에게 보낸 '석탑 반출에 관한 건'[176]을 보면, 법령위반法令違反으로 인정되는 행위이므로 엄중취조嚴重取調한 뒤 적의適宜의 처리를 바란다고 하면서 임장춘은 경성부 남대문통 고물상인 배성관과 연관이 있음을 부언하고 있다.

배성관이란 자는 1935년 괴산 외사리부도의 일본 밀반출 기도에도 가담했던 악덕 고물상으로 해방 이후에도 온갖 불법 장물을 취급했던 자이다. 『광복이전 박물관자료목록집光復以前 博物館資料目錄集』의 '진열품구입회의서陳列品購入回議書'에는 1930~1932년 사이에 배성관으로부터 자기 등을 여러 차례 구입한 건이 있다.

결국 매도관계자를 경찰서에 출두시켜 계약을 취소시키고 가장 안전하다고 생각되는 문경면 갈평리 갈평지서 구내에 재건했다.[177] 현재 갈평리 지서는 없어지고 이 자리에는 문경 갈평출장소 및 보건소가 들어서 있으며 석탑은 갈평출장소 내 입구쪽 담측편에 세워져 있다.

본 석탑이 원래 있었던 5천평 가량되는 넓은 관음리 사지는 축대와 장대석 등이 남아 있으며 아직도 주변에서 와편이 발견된다.

---

176) 金禧庚 編,「韓國 塔婆硏究資料」, p.214.
177) 秦弘燮,「聞慶 觀音里의 石佛과 石塔」,『考古美術』 2號.
張俊植,「遺蹟을 통해 본 鷄立嶺考」,『예성문화』 제7호, 예성동호회, 1985.

상주 화북면 7층석탑(보물제683호)

 이 탑이 있는 동리는 속리산 우복동중牛腹洞中으로 이곳이 소의 뿔角에 해당한다하여 장각長角이라 하였으며, 또 이곳에 고려 때 장각사長角寺라는 사찰이 있었다고 하여 장각골이라 불리고 있다. 사찰의 연혁에 대해서는 명확하게 알려진 것이 없으며 본 석탑이 위치한 일대가 장각사였는지에 대한 확실한 기록도 없다. 이 일대는 모두 경작화되어 탑지만 일부 정리되어 있다. 그러나 탑 뒤편

화북면 7층석탑

복원 전의 모습

밭에서 주춧돌과 와편이 발견되고 있어 제법 규모가 큰 사찰지로 추정되고 있다.

사찰은 임진왜란 때 소실되었다고 하나 사적 기록은 찾을 수 없고 탑 주변 지표하 20cm 정도에 신라, 고려, 조선시대의 기와조각을 발견할 수 있어 신라 때부터 있었던 고찰 터로 여겨진다. 이곳 7층석탑은 고노들의 구전에 의하면 한일합방 때 일본헌병이 낭인들을 동원하여 북쪽 기단을 허물고 탑을 넘어뜨렸다고 한다.[178]

1975년 김천 직지사에서 이전을 시도하였으나 주민과 당국의 반발로 실패하고, 1977년 문화재 전문위원 신영훈 씨를 초청하여 조사한 후 황수영 박사의 자문을 받아 복원하였다. 그 후 1980년 9월 16일 보물 683호로 지정되었다.

탑의 곳곳에 파손된 부분이 많으며 3층 탑신석에는 불에 탄 흔적까지 보인다. 탑 기단 앞에는 용도를 알 수 없는 둥근 석재가 하나 놓여 있다.

178) 『尙州誌』, 尙州市·郡, 1989, pp.823~824.

문경 봉서리鳳棲里석탑

 이 사지는 경북 문경군 호계면 봉서2리 63번지 야산 중복에 위치한다. 이곳은 현재 밭으로 경작되고 있으며 주변에는 와편이 산재하고 석탑을 비롯하여 신라 하대의 둥근 기둥자리 모각模刻을 지닌 초석 수기가 있다. 석탑이 있는 곳으로부터 약 30미터 떨어진 곳에 석담으로 둘러싸인 파괴된 석불 2구가 있었다고 하니 옛 사지임이 분명하다.
 탑지는 금당지로 추정되는 곳으로부터 동쪽으로 거대한 암반 위에 자리하고 있다. 이 석탑은 일제 말기에 탑 내의 보물을 훔치기

봉서리석탑

위해 불법자들이 야음에 자행한 야만적 행위로 부락민들은 밤중에 붕괴되는 소리를 듣고 이튿날 그 사실을 확인하였다고 한다. 탑 내에서 훔쳐간 유물은 어떤 경로를 통했는지는 밝혀지지 않았으나 일본으로 반출되어 오랫동안 동경국립박물관에 니시와키 겐지西脇健治란 자의 기증으로 보관되어 있었다.

니시와키 겐지西脇健治란 자는 『조선은행회사요록』(1923)에 의하면 1920년에 한국에 삼한운수라는 주식회사를 설립하여 해륙 운송업과 창고업을 운영한 것으로 나타나 있다.

동경국립박물관에 비장되어 있던 봉서리석탑 유물은 1966년 5월 28일 한일문화재 협정에 의해 반환 문화재로 국고에 귀속되었다.[179]

오랫동안 석탑은 도괴된 채 그대로 방치해 두었는데 그간에 상대중석 및 2·3층 탑신과 상륜부가 없어졌다. 2·3층 탑신은 새로운 석재로 보강하여 해방 이후 1991년에 와서야 현재와 같이 복원하였다.

이곳에 있던 불상은 두부가 절단된 것을 시멘트로 보수했고 다른 한 체의 불상 역시 두부가 절단되어 있어 두상과 흡사한 자연석을 올려놓았다고 한다. 훼손이 심하여 존명은 알 수 없다고 하는데 두 구 모두 1987년 겨울에 도난을 당하고 말았다.[180]

탑지로 향하는 길의 마을 뒤편에는 최근에 봉서사鳳棲寺라는 작은 사찰이 건립되어 있다. 이곳에서 탑지까지는 500m 정도의 거리다.

---

179) 당시 국고에 귀속된 것은 다음과 같다.
金屬小玉(9점), 水晶玉, 骨石製管玉, 水晶製舍利壺, 硝子小玉, 木製圓形臺, 盒子木製琥珀片, 紫地唐花模樣金製一括, 紙片香木片, 紺地寮二草花紋綾裂.
180) 參考 : 장충식,「聞慶 鳳西里 石塔의 調査」,『佛教美術』第7號, 동국대학교 박물관, 1983年 12月.
『聞慶誌』, 聞慶誌編纂委員會, 1994.
秦弘燮,「高麗時代의 舍利莊嚴具」,『考古美術』175·176號, 韓國美術史學會, 1989.
「返還目錄」,『考古美術』165號, 韓國美術史學會, 1985.
金禧庚,「統一新羅時代의 金屬製舍利具」,『考古美術』162·163號, 韓國美術史學會, 1984年 9月.

김천 갈항사지葛項寺址 3층석탑 (국보 99호)

갈항사지는 경북 김천군 남면 오봉2리 갈항동 금오산 서록에 위치하고 있다. 옛 사역은 모두 밭으로 변해 있으며 현재는 석불좌상(보물 제245호)과 또 다른 석불좌상 1구가 남아 있는데 주변에는 주춧돌과 기와편이 산재해 있다.

갈항사는 652년 당나라에서 귀국한 승전이 창건하였다고 전해진다. 『삼국유사』 제4권 '승전촉루勝詮髑髏' 조에,

중 승전勝詮의 내력은 자세히 알 수 없다. 일찍이 배를 타고 중국에 가

원지의 갈항사탑

서 현수국사賢首國師의 강석講席에 나아가 현언玄言을 받아 정미한 것을 연구하여 …… 그는 인연이 있는 곳으로 가고자하여 고국으로 돌아올 생각을 하였다. 처음에 현수는 의상義相과 동문으로서 함께 지엄화상의 자훈慈訓을 받았다. 현수는 스승의 학설에 대한 글의 뜻과 규범을 연술演述한 바 있어 승전법사가 고향으로 돌아갈 때에 글을 보냈는데, 탐현기探玄記 20권 중에서 2권은 아직 미완성이고, 교분기敎分記 3권, 현의장등잡의玄義章等雜義 1권, 화엄범어華嚴梵語 1권, 기신소起信疏 2권, 십이문소十二門疏 1권, 법계무차별논소法界無差別論疏 1권을 모두 승전법사편에 간추려 베껴서 고향으로 보냈다.

기타의 사적事迹은 비문碑文에 실려 있는데『대각국사실록大覺國師實錄』과 같다.

당나라에서 귀국한 고승 승전은『삼국유사』에서 전하는 이러한 불서를 의상에게 전해 줌으로서 화엄의 학문이 이로부터 더욱 성행하였다고 한다.[181]『삼국유사』말미末尾에 밝혀 놓은 바와 같이 승전의 사적을 기록한 비의 건립이 있었던 것으로 보이는데『삼국

---

181) 賢首大師와 義湘大師는 中國 華嚴宗의 第二祖 智儼의 門下에서 나온 二大 傑僧이다. 義湘은 新羅人으로 唐에 留學하여(661년) 智儼에게 10년 간 수업하고 歸國(671년)하여 마침내 海東의 華嚴宗을 開倉한 始祖가 되었고, 이에 비해 賢首(643~712)는 智儼을 사사하고 그의 뒤를 이어 화엄의 조직체계를 대성한 第三祖가 되었다. 이렇게 의상과 현수는 異國血統으로 同時同門이었지만 연령이나 造詣에 있어서 의상이 선배격이었고 또 그때 현수는 아직 在俗한 채로 學徒이었다. 그가 비로소 출가하기는 지엄이 入寂 후 2년(676년)이었다. 그후 勅命에 의해 大原寺에 住하면서 華嚴講席을 베풀었는데, 이때 현수의 講下에 신라에서 건너온 勝詮이 화엄학을 연구하고 있었다. 승전이 귀국할 때에 스승(현수)의 지금껏 著述을 모조리 謄寫하여 副本을 만들어 가지고 돌아왔다. 이때 현수는 승전의 귀국시 동문 선배인 의상대사에게 그간 싸이고 싸인 회포와 自著에 대한 비판을 청하는 등 "唐 西京 崇福寺 僧 法藏(현수)은 글월을 海東 新羅 大華嚴法師侍者에게 드립니다. 한 번 작별한 지 二十餘 年에 傾望하는 정성이 어찌 다 말하리까……"로 시작되는 書簡을 부쳐왔다.
승전법사가 돌아와 현수의 書翰과 贈物을 의상대사에게 전하니 의상은 이들을 감사하게 받고 특히 현수의 저술에 대해서는 마치 先師(지엄)의 訓敎를 받는 것 같이 하였다 한다. 이로부터 현수의 저술은 화엄대찰에 널리 傳布되어 해동불교에 기여 공헌한 바 많았다고 한다.
參考 : 李能和,『朝鮮佛敎通史』佛化時處 條.
李丙薰,「唐法藏寄新羅義湘書에 대하여」,『書誌』第2號, 書誌學會, 1960年 8月.

유사』에는 그 내용이 대각국사문집에 실려 있음을 들어 생략하고 있다. 그러나 안타깝게도 승전의 사적이 실려 있다는 대각국사의 문집은 현재까지 발견된 것이 없다.

이 사찰이 언제 폐사가 되었는지는 알려지지 않고 있다. 『신증동국여지승람』 개령현조에는, "금오산 서쪽에 있다. 신라의 고승 승전이 돌해골로 이 절을 창건하고 관속을 위하여 화엄경을 강의하였는데, 그 돌이 80여 개나 되었다" 한다. 그 이후의 기록인 『범우고梵宇攷』, 『가람고伽藍考』, 『교남지嶠南誌』 등에는 모두 "금폐今廢"로 기록하고 있어 조선 중기에 폐사된 것으로 추정되고 있다.

이곳 폐사지에 유존한 동서 양탑은 통일신라기의 석탑양식을 잘 나타낸 3층석탑으로 특히 동탑의 경우에는 탑신부에 소형 구멍이 남아 있어 주목되는데, 외부에 어떤 화려한 장엄을 하였음을 짐작케 하고 있다.[182]

이 탑에 대한 명성은 1914년 금석문 수집의 일환으로 총독부참사관실에서 조사를 한 결과 탑의 기단에서 이두 혼용의 문을 각한 명기銘記를 발견하였다. 이러한 사실이 세상에 알려진지 2년 후인 1916년 2월 12일에 불법자들이 야음을 틈타서 이 탑을 무너뜨리고 사리구 일체를 탈취해 갔다. 이를 계기로 총독부에서 이 탑을 총독부로 옮기기 위해 조사를 하였다. 당시 이를 조사한 오다 간지로小田幹治郞의 기록을 보면,

> 이 두 탑은 재작년 금석문 수집의 명이 있어 참사관실에서 그의 조사를 함에 있어서 원 개령군 금오산 하에서 발견된 것으로 이 탑의 기단에서 이두 혼용의 문으로서 기를 각하였다.

---

[182] 高裕燮은 「朝鮮塔婆의 樣式變遷」(『東方學志』 第2輯 1955년 5월 연희대동방연구소) 김천 폐 갈항사 條에서,
"이 탑에서 또 주의할 것이 있는데, 그것은 각 탑신 및 옥개석의 곳곳에 남아 있는 정연한 釘穴로서 이 같은 사실은 이 탑에 금속재의 표피가 덮여 있었음을 생각게 한다. 특히 초층 탑신의 축부에는 각면에 천의를 휘날리는 사천왕 내지 사보살상의 鎚鍱製 物象이 달려 있던 흔적이 희미하게 보인다. …… 생각컨데 석탑재에 금속재의 표피를 입히고 또 추접제의 물상을 단 것과 같은 예는 다른 곳에서 들 수 없고……"라고 하고 있다.

갈항사 동탑 (경복궁에 소재 할 때의 모습)

탑의 소재는 금 김천군에 속하지만 원래 개령군으로서 금오산의 서록이며 지금도 석불, 초석, 석담 등이 있어 일대의 지형이 폐사지임이 명료하다.

(『동국여지승람』, 『범우고』, 『삼국유사』) 이들 기사에 의하면 금오산 서쪽의 원原 개령군 안에 갈항사가 있었음은 명백한 것으로 탑의 소재는 대략 그 위치에 상당할 뿐 아니라 지명을 갈항동이라 칭하고 또 탑 부근에 갈항사의 문자가 있는 와편이 산락散落함으로서 갈항사의 폐지임은 의심할 여지가 없다.

부기附記

탑 출토물에 근거하여 추측하건데 이 두 탑은 원성왕의 생모 박씨 등

형제자매 3인의 생시生時에 조립造立하여 박씨 및 그의 매妹 모씨의 몰후歿後 유해遺骸를 불식佛式에 의하여 다비茶毘하고 사리를 이에 납한 것으로 생각됨.[183]

동탑 기단부에는 명기가 음각되어 있는데 탑 자체의 명기가 있는 유일한 예이며 이 명기는 탑 조성의 유래를 전하고 있으며 이두문을 사용하여 더욱 귀중한 것으로 평가되고 있다.[184] 그 명기銘記에 의하면 두 탑은 천보天寶 16년(경덕왕 17년, 758)에 오라버니, 언니, 동생 세 사람의 업業으로서 조성한 것으로 되어 있으며 오빠는 영묘사 언적법사이며, 언니는 소문황태후(원성왕元聖王의 생모)이고, 동생은 경신대왕元聖王의 이모임을 밝히고 있다.[185] 이처럼 이 탑이 원성왕의 외척들의 발원에 의해 이룩된 점으로 보아 탑 내에 상당한 유물이 봉안되었으리라 추정할 수 있다.

갈항사지의 두 탑은 1916년 7월에 조선총독부 박물관으로 옮겨[186] 그 후정에 세웠는데 동탑은 상륜부가 전실全失되었고, 서탑은 3층 옥개석 이상을 잃어서 불완전하다. 탑의 운반시 기단 아랫부분에서 청동기 및 도기의 파편이 발견된 것으로 기록하고 있다.[187] 즉 동탑에서는 도자기 파편과 함께 부패된 종이 등이 발견되었는데, 아마도 이 종이는 다라니경으로서 탑 속에 안치되었던 경문으로 추측된

갈항사석탑기

---

183) 小田幹治郞, 「葛項寺の塔」, 『朝鮮彙報』, 1916年 8月, pp.28~31.
184) 『新世界』第2券 12號(1914年 1월)에 수록된 「朝鮮金石文에 關한 參考(其三)」의 '開寧 葛項寺三層石塔記'에,
 "경상북도 개령의 南3리 갈항동에 있으니, 고 12척의 3층석탑인데 其石의 一片에 「(각명생략)」이라 刻하였으니 탑은 신라 景德王 17년에 造立하고 記는 元聖王 때 刻한 것으로 추정된다.
 備考 : 탑의 소재는 갈항사지인데 당 天寶는 14년에 至德이라 改하고 2년에 또 乾元이라 改하고 戊戌은 乾元 원년에 해당하니 舊年號의 次를 따름이라. 記에 敬信大王의 名이 있으니 敬信은 元聖王 生時의 이름이니 其 在位中으로 추정된다."라 기술하고 있다.
 즉 塔記는 造成 당시가 아니고, 그로부터 약 27년 후가 되는 元聖王의 在位 중에 刻字한 것으로 추정되고 있다.
185) 點貝房之進, 『雜攷』第6輯 上卷.
186) 『朝鮮金石總覽』上 20, 朝鮮總督府, 1919.
 白松溪 編, 『金泉郡誌』, 金泉郡鄕校明倫堂, 1929.
187) 葛城末治, 『朝鮮金石攷』, 1935, p.222.

다. 또 서탑에서는 파손된 도금청동병과 지편紙片으로 보이는 유물들이 발견되었다. 이들 가운데 금동병은 사리병으로 추측되며 그 외 지물은 역시 일종의 다라니경으로 짐작할 수 있다.[188]

두 탑은 현재 용산국립박물관으로 옮겨져 있다.

갈항사 서탑
(경복궁 소재 때의 모습)

188) 張忠植, 『韓國의 塔』, 一志社, 1989.

과수원으로 변한 갈항사지 (양쪽으로 작은 석조물은 탑이 있었던 표지석이다. 중앙 상단에 보이는 건물이 보물 제245호 불상을 봉안하고 있는 보호각이며 옛 금당지로 추정되고 있다. 오른편으로 30m 떨어진 곳에 철책을 마련하고 그 안에 다른 석불 1구를 봉안하고 있다.)

갈항사지에 남아 있는 두 불상

의성 관덕동觀德洞3층석탑(보물 제188호) 및 석사자상(보물 제202호)

경북 의성군 단촌면 관덕1동(속칭 목촌木村마을)에서 개울을 따라 산으로 약 500m를 올라가면 폐사지가 나타난다. 속전俗傳으로는 이곳의 산세가 마치 사자가 서북쪽을 향하여 누워있는 형상을 하고 있어서 사자골이라고 하고 이 사지에 있었던 절 이름도 '사운사獅雲寺'였다고 하나[189] 사찰의 유래나 폐사에 관한 자료는 전하

관덕동삼층석탑

는 것이 없으며 주변에 흔히 있을 법한 기와편 등도 눈에 띄지 않는다.

오랫동안 폐사지로 남아 있는 이곳에 아주 아담한 몸체의 석탑과 석불만이 전해져 왔다. 그러나 일제강점기에 들어와 일인들의 석조예술품에 대한 탐욕이 이곳에까지 미치게 되었다. 이곳에 있는 3층석탑을 대구에 살고 있던 일본인 악당이 1931년에 탑을 매각하여 해체해 가져가려 하였으나[190] 주민들의 반발로 실패하고 원위치에 복원하였다.

탑을 복원할 때 초층 탑신에서 황색으로 변한 약 20cm 크기의 탑조립기원문塔造立祈願文으로 추정되는[191] 견포가 발견되었다.

이홍직 박사의 회고에 의하면, 이 악당들은 바로 대구에 살고 있었던 오구라 다케노스케小倉武之助를 지목하고 있다. 오구라小倉가 당시 이 탑을 자신의 집으로 가져가려다 총독부 당국으로부터 제지를 당한 일이 일인들 사이에 잘 알려져 있었다고 한다.[192]

이 탑은 비록 규모가 작지만 하층기단에는 천부상天部像을 상층기단에는 사천왕상과 4보살상을 각 면에 2구씩 제1층 탑신에는 보살상 1구씩을 양각했다. 전체적으로 균형이 잡힌 아름다운 형태일 뿐 아니라 석탑의 상층기단에는 두 쌍의 석사자가 있어 특히 주목을 받아 왔었다. 네 마리 돌사자에 대해 후지시마 가이지로藤島亥治郎는 일본 『건축잡지建築雜誌』에,

지금 상층 기단상 4우四隅에는 4개의 석사石獅가 놓여졌다. 마멸磨滅은 되었으나 자세육부姿勢肉附와 그 요要를 얻고 있다. 이를 정사精査하건데

---

189) 『文化財大觀』, 慶尙北道, 2003.
190) 藤島亥治郎은 「朝鮮 慶尙北道 達城郡, 永川郡及び義城郡に於ける新羅時代建築に就いと」(『建築雜誌』第48輯 第581號)에서, 이에 대한 내용은 1933년 8월 3일자 朝鮮民報에 상세하게 기술되어 있다고 한다.
191) 藤島亥治郎, 「朝鮮 慶尙北道 達城郡, 永川郡及び義城郡に於ける新羅時代建築に就いと」, 『建築雜誌』第48輯 第581號, 1934년 2월, pp.13~14.
해독할 수 있는 문자 중에는 「蔣」,「權」자 등이 있는데, 관덕동은 장 씨와 함께 권 씨가 예부터 많이 살고 있어 藤島는 塔造立祈願文으로 추정하고 있다.
192) 李弘稙, 「在日 文化財備忘錄」, 『史學硏究』 18, 1964.

관덕동3층석탑
(『조선건축사론』)

이 4사四獅는 자웅 2쌍이다. 자사雌獅는 소협小脇에 아사兒獅를 넣고 유乳를 빨게 하였다. 자사雌獅에 아사兒獅를 첨忝함은 일본 축전종상신사築前宗像神社 구견狗犬의 예가 중국 송대의 작으로 생각되는 이상으로 중국에서 오래된 것을 구하기 힘들며 조선에서는 각 대를 통하여 그 예가 없고 일본에서도 가마쿠라鎌倉 시대에 제작된 아사兒獅가 있다. 동양에 있어서의 아사兒獅 최고의 예가 된다.[193]

라고 극찬했다. 그리고 1939년 10월 18일부 조선총독부고시 제857호로 석사자 4구가 보물 제327호로 지정되었다.[194]

이에 고무받은 불법자들이 두 쌍의 돌사자 중 상태가 좋은 한 쌍을 1939년에 훔쳐 가버렸다.

이 사실이 알려지자 총독부는 뒤늦게 나머지 한 쌍을 경주박물관

193) 『建築雜誌』 第48輯 第581號, 1934년 2월, p.14.
194) 朝鮮總督府官報 제3825호, 1939년 10월 18일.

국립대구박물관에 진열된 석사자

해체 보수하기 전의 모습
(『문화재대관』 1968)

으로 이전했다. 현재는 국립대구박물관으로 옮겨 진열하고 있다.

현재 폐사지는 정돈되어 있으며 이곳에서 발견된 석불좌상(지방유형문화재 136호)은 대좌와 광배를 결실하고 1992년에는 부러진 두상을 도난당하였다가 찾아왔다. 여러 곳에 파손이 많으나 별도로 보호각을 만들어 보존하고 있다.

2000~2001년에 석탑 해체보수시에 탑 내부에서 사리공은 확인되었으나 유물은 도실되고 없는 것으로 밝혀졌다.

2004년에는 도굴꾼들이 탑 내에 보물이 있을 것으로 추정하고 도굴을 시도하여 2층 이상이 해체되어 땅바닥에 떨어져 있었으며 1층 옥개 부분이 밀려나기도 했다.

2004년 도괴된 모습

상주 외남면 지사리芝沙里(구 상병리 속칭 탑곡) 석심회피탑石心灰皮塔

이 탑이 있었던 동리는 상주 외남면 구舊 상병리上丙里로 현재 지사리芝沙里라 부르고 있다. 이곳 외남면外南面은 한말韓末에 이르러 상주 지역의 남쪽 바깥에 위치한 면이라 하여 외남면外南面이라 하였으며, 상병上丙, 하병下丙, 구정九井, 지사芝沙 등 53개 동리가 이

지사리탑 (고적도보)

에 속했다. 1914년 행정구역개편行政區域改編에 따라 일부는 외서면外西面, 공성면功城面, 청리면靑里面에 할양割讓하고 8개의 법정리法定里로 개편하였는데 이때 지사리芝沙里는 상병上丙, 하병下丙, 구정九井, 지사芝沙를 병합하여 지사리芝沙里라 하였다. 그후 1973년에 16개 리로 분동分洞하여 오늘에 이르고 있다.[195]

지사리는 옛날부터 탑이 있었다고 하여 탑골 또는 탑동이라고도 부르고 있으며 탑지塔址의 동북쪽은 탑골못이라고 부르고 있다(지사리장芝沙里長 차인호 씨 담談). 사지에 대한 자료가 없기 때문에 이곳에 남아 있던 탑명塔名은 동리의 이름을 따서 1914년 행정개편이 되기 전의 기록에는 상병리탑上丙里塔이라 칭하였으며 그후의 기록에는 지사리탑芝沙里塔이라고 부르고 있다.

이곳 사지에 대한 고문헌古文獻은 현재 발견된 것이 없고, 다만 1969년 단국대학교조사단에 의한 지표조사에서 탑지 주변에서 청자와편은 수습되었으나[196] 조선시대의 것으로 보이는 것은 아무 것도 발견되지 않은 점으로 보아 조선 전기 이전에 폐사가 된 것으로 짐작할 뿐이다.

이 탑은 지금 완전히 인멸湮滅되었으나 『조선고적도보』 제4권에 겨우 그 모습이 남아 있다. 1911년 세키노 타다시關野貞가 촬영하고 조사할 때는 '상주 외남면 상병리俗稱 塔谷 석심회피탑石心灰皮塔'이라 하여 다음과 같이 기술하고 있다.

이 탑은 경상북도 상주의 1리반一里半 외남면 상병리에 있다. 신라시대에 있어 석심토피탑石心土皮塔의 유일唯一한 예이다. 높이 19척으로 지금 6중重이 남았다. 아마도 당초에는 7중重이었을 것이다. 기석基石은 매우 조대粗大하고 탑신은 대소의 안산암재를 쌓았고 〈중략〉 추녀 끝에

---

195) 『嶠南誌』.
　　林茂樹, 「大正2年 府君廢合事情의 追憶」, 『朝鮮』, 朝鮮總督府, 1931年 1月.
　　『尙州誌』, 尙州市・郡, 1989.
　　朝鮮總督府 編, 『地方行政區域名稱閱覽』, 朝鮮總督府, 1912, p.143.
　　臨時土地調査局, 『面의 名稱及區域』, 局報 제37호 附錄(1914. 3. 14).
196) 『尙州地區古蹟調査報告書』, 단국대학교 출판부, 1969, p.21.

는 같은 석재를 3~4중重 올려서 받침을 삼고, 그 위에 얇은 판석을 덮어서 지붕을 삼았다. 제2층 탑신은 얇고 추녀와 함께 차제次第로 감살減殺되어 그 권위 안동읍 7층전탑과 약간 닮았다. 당초에는 전부 표면에 흙을 바르고 다시 그 위에 석회를 바른 것이었으나 대부분 쇠락되어 지금 다만 동면 제2층에 그 형적을 남길 뿐이다. 그 연대를 추정하는 유력한 자료로 삼을 것이다.

이 탑 옆에서 약 1250년 전으로 추정되는 파와巴瓦를 얻었으니 연대를 추정하는 유력한 자료로 삼을 것이다. 신라시대의 탑파는 석조가 가장 보편적이고 전축 또한 왕왕 있으나 석심토피의 것은 오로지 이 하나의 탑파塔婆가 있을 뿐 구조는 조粗하나 매우 진귀한 유구遺構이다.[197]

라고 하여 최소 6층까지는 그대로 존립存立하였으며, 세키노關野는 매우 중요한 일예로 들고 있다.

1912년 1월에 이곳을 조사한 다니이 세이치谷井濟一의 기록에도,

상주군 외남면 상병리의 전형석탑은 매우 귀한 신라탑으로 목조의 중심주는 부패되었으나 그 일부분은 현존하고 있습니다.[198]

1916년경의 총독부 토목국에서 조사한 '외남면 지사리사지外南面芝沙里寺址'에는 다음과 같이 기술하고 있다.

불탑佛塔이라 칭稱하는 부근에 석편石片, 고와편古瓦片이 산란하고, 전탑 1기塼塔一基의 고는 1장8척, 기단 직경 8척으로 전석塼石 및 절석切石이 섞인 탑이다.[199]

이 일대에서 고와편古瓦片 등이 출토된 점으로 보아 옛 사지로 추정되며, 탑은 원위치에 존립해 있었던 것이다.

197) 關野貞, 『朝鮮の建築と藝術』, 岩波書店, 1942, p.551.
198) 谷井濟一, 「朝鮮通信」, 『考古學雜誌』 第3卷 9號, 1913年 5月.
199) 『朝鮮寶物古蹟調査資料』, 朝鮮總督府, 1942.

이곳에 유존한 탑의 석재는 편평하게 잘랐을 뿐 거의 야석野石에 가까운 석재를 사용하였으며 표면이 너무 조야粗野하기 때문에 표면에 흙을 바르고 그 위에 다시 회를 바른 국내 유일의 석심회피탑으로 1916년까지는 6층까지 존립되어 있었다.

그런데 1917년 5월에 도굴꾼 2명이 도청으로부터 관명官命에 의해 발굴한다고 주민들을 속이고 탑을 도괴하고 탑 내의 장치물을 훔쳐 달아났다.[200] 당시 이 탑의 피해조사에 나섰던 기수技手 키바사이조木場才藏의 복명서復命書[201]에는 이 탑이 붕괴되기 전의 높이는 장정壯丁 키의 2배반으로 6층까지 있었으며, 초층 남면에 감실龕室을 설치하였는데 초층의 4분의 1을 남기고 완전히 붕괴하여 형태불명形態不明이라고 하고 있다.

키바의 보고서에는 '복구공사비견적'까지 보고하고 있으나 이에 대한 복구는 끝내 이루어지지 못하고 단지 석재의 산일을 막기 위해 도괴된 탑 주위에 목책木柵을 둘리고 그대로 방치하여 두었다.

1930년경 후지시마 가이지로藤島亥治郎가 조사할 때에는 초층탑신 동남부가 일부 남아 있었으나 이미 완전히 붕괴되어 지상에 석편石片 등이 퇴적되어 있었으며, 설치해 두었던 목책마저도 사라져 완전히 관리 범위에서 벗어나 있었다.[202]

고유섭高裕燮은 『조선 탑파의 연구』에서 "상주읍 외에 '석심토피石心土皮'의 5중탑重塔이 있어 특이한 부류에 속하는 것이나 대체로 전탑塼塔 의욕意慾을 모방模倣한 것으로 유명하였지만 수년 전에 도괴倒壞되어 다시 더 참고할 여지도 없이 되었다"라고 하고 있다. 이로써 국내 유일의 귀중한 석심회피탑石心灰皮塔은 세상에서 사라지게 되었다.

현지에서 전문傳聞한 바에 의하면, 1970년 초까지만 하여도 탑

---

200) 『商山誌』(商山邑誌所, 1929年)에는 다음과 같이 기술하고 있다.
    "外南石塔 在州南二十里外南面塔洞洞口 二千年前新羅所建 大正四年乙卯 樵輩 欲毁暗探其裡郡守聞于總督府鐵絲網其塔"
201) 金禧庚 編, 「韓國 塔婆硏究資料」, 『考古美術資料』 第20輯, 考古美術同人會, pp.172~173.
202) 藤島亥治郞, 『朝鮮建築史論』, 1930, p.846.

전답으로 변한 탑지

지塔址에는 둥글게 돌무지처럼 높이 1.5m 정도로 탑재塔材가 일부 남아 있었다고 하나 어느 때 이 탑지塔址마저도 완전히 경작지화 되어(현지주민現地住民의 담談) 현재는 그 흔적조차 찾을 수가 없다. 이곳 탑지 일대의 밭둑이나 담장에 사용된 석재를 보면 편평한 것이 곳곳에 보이고 있어 탑재로 사용되었던 석재는 밭둑이나 담장을 쌓는데 사용된 것으로 추정된다.203)

일제 때의 수리 포기와 해방 이후 무관심無關心과 몰인식沒認識으로 인하여 귀중한 문화유산이 사라진 대표적인 예라 할 수 있다.

---

203) 筆者가 1996년 처음 이곳 外南面을 찾았을 때는 上丙里가 1914년 행정개편으로 芝沙里로 改名된 사실을 모르고 수민들에게 상병리를 수소문하였으나 아는 사람이 없었다. 면사무소와 군청에까지 찾아갔으나 상병리의 동명을 아는 사람이 없어 모처럼 마음먹은 답사 기회를 포기해야만 했다. 그 후 몇 년 후에야 행정개편 때 동명이 개명된 사실을 알고 다시 답사를 할 수가 있었다. 특히 이런 탑지를 답사하는 일은 숲이 사라진 겨울이 적기인지라 겨울철을 선택하여 내려갔지만 가던 날이 장날이라고 간밤에 눈이 와서 일대가 온통 눈으로 덮여 있었기 때문에 탑지를 전혀 구분할 수가 없었다. 2002년에 다시 현지를 찾았으나 이미 경작지로 변한 탑지에는 농작물로 덮여 있어 아무것도 발견 할 수가 없었으며, 현지 주민들의 증언에만 의존할 수밖에 없었다.

칠곡 정도사지淨兜寺址5층석탑(보물 357호)

이 탑은 원래 경북 칠곡군 약목면 정도사 폐지에 있었던 것인데, 1909년 이전에 이미 옮겨져 옮겨질 당시에 탑 내부에서 황동黃銅의 합盒, 녹유사리병綠釉舍利甁, 석탑조성형지기石塔造成形止記 문서가 발견되어 고려 현종 22년에 건립되었음을 밝히고 있다.204) 탑

정도사지5층석탑
(대구박물관 소재)

내부에서 발견된 문서『정도사오층석탑조성형지기淨兜寺五層石塔造成形止記』의 내용은, 현종 10년(1019) 거란의 침입이 끝나 군민이 평안해지자 약목군若木郡 백성인 광현光賢이 오층석탑 건립의 뜻을 세웠으나 현종 13년(1022)에 죽자 그의 형인 부호장部戶長이 탑의 조성사업을 계승하였다. 현종 14년(1023) 6월에 약목군사若木郡司의 장리長吏들이 중심이 되어 탑을 정도사에 세울 것을 결정하고 같은 해 11월부터 현종 22년(1031) 정월에 9년여 동안 돌을 운반하고 다듬어 오층석탑을 완성했다. 현종 21년(1030) 11월 1일에는 관음방주인觀音房主人 정보장로貞甫長老가 모셔온 사리17구를 유리통琉璃筒과 유합鍮合에 넣어 형지기와 함께 다른 유합에 안치시켰다는 등의 내용을 기록하고 있다.205)

비록 오래전에 폐사가 되었으나 원위치에 존립되어오던 정도사 탑은 한일합방 전에 경부철도공사가 행해지면서 몰려든 일본인들의 눈독을 벗어나지 못하고 원지를 떠나는 운명을 맞게 되었다.

1912년 세키노關野의 기록에,

원 경상북도 인동군 약목면 정도사폐지에 있었으나 현재 경성으로 운반하여 오야大屋 철도관리국장관저 내에 있다. …… 현재 최상층最上層의 상륜相輪은 실失하였다.206)

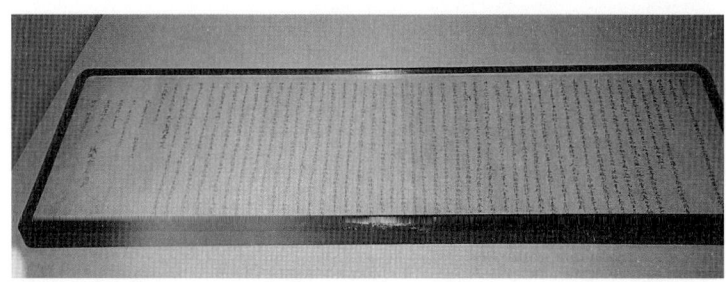

정도사오층석탑조성형지기

---

204) 關野貞,『朝鮮藝術之硏究』, 朝鮮總督府, 明治43年, p.17.
　　奧平武彦,「朝鮮出土의 支那陶瓷器 雜見」,『陶瓷』第9卷 第2號, 1939年 5月.
205) 申虎澈,「高麗 顯宗代의 淨兜寺5層石塔造成形止記 註解」,『李基白선생 古稀紀念 韓國私學論叢』, 이기백선생 고희기념한국사학논총 간행위원회, 1994.
206) 關野貞,『朝鮮の建築と藝術』, pp.559~560.

라고 하며, 1912년에 보고한 『조선고적조사약보고朝鮮古蹟調査略報告』에 실려 있는 《조선고적사진목록朝鮮古蹟寫眞目錄》에도 "정도사5층석탑 오야 곤베이 관저大屋權平氏官邸"라 기록하고 있어 이미 개인의 손에 넘어갔음을 밝히고 있다.

오야 곤베이大屋權平란 자는 1903년 12월에 한국에 들어와 경부철도속성공사부서공사장을 맡은 이래 일본의 식민지 개척상 가장 필요한 철도정책을 실행하였던 자이다. 1908년 통감부관방인사과統監府官房人事課에서 편찬한 『통감부급소속관서직원록統監府及所屬官署職員錄』을 보면, 오야 곤베이大屋權平의 관직官職은 통감부철도관리국장관統監府鐵道管理局長官이면서 문관보통시험위원文官普通試驗委員, 문관보통징계위원文官普通懲戒委員으로 나타나 있다. 또한 그의 작업지시 방법은 "회사식속성작업會社式速成作業을 종래의 육군식속성작업으로 통일 정리하여 대난사大難事를 성취했다"하는 것으로 보아 상당히 저돌적이고 거칠게 작업지시를 한 것으로 보인다.207) 그가 철도관리국장관으로 있을 당시의 자료사진첩에는 철도선로 방해자의 사형집행 장면까지 있다. 이런 사정으로 보았을 때 오야大屋가 사지로부터 석탑을 옮기는데 누구도 제지할 수 없었을 것이라는 것은 쉽게 짐작할 수 있다.

경부철도 선로방해자의 사형집행 모습 (한국사진첩, 1905년)

207) 有馬純吉, 『人物評論 眞物? 贋物?』, 朝鮮公論社, 1917, p.116.

1922년 5월에 이곳을 조사한 고이즈미 아기오小泉顯夫의 조사보고208)에,

> 고려시대의 정도사5층석탑은 지금은 옮겨져 경성부내 만철경성관리국장 사택에 있는데 가까운 시일내 본부박물관내로 이건 계획 중에 속한다. 이 탑 속에서 나온 정두사5층석탑형지기는 거란의 태평11년太平十一年의 연호年號를 가지고 있어 이것의 조성 유래造成由來를 상기詳記하고 있다.

라고 하고 있어 10수년 동안 개인의 사유물로 되어 있었던 것이다. 그후 1924년에 기부형식을 취해 총독부로 이건하였다.

약목 정도사 석탑 조성기에 대해 마에마 교사쿠前間恭作는

> 메이지 말明治末 경부간철도공사京釜間鐵道工事를 할 때 폐사의 석탑 중에서 불사리佛舍利를 납納하는 유합鍮盒 내에서 발견했다.209)

고 하는 것을 보면 철도공사를 하기 위해 탑을 이건 한 것처럼 보인다.

그러나 이 탑을 옮기게 된 경위에 대하여, 1905년경 경부선을 부설하는 과정에서 어쩔 수 없이 옮겨야만 했는지210)를 알기 위해 허흥식許興植 씨가 1986년 약목면 복성동 일대를 답사한 결과, 정도사는 철도와 적어도 200m 이상 떨어져 있었고 30m 이내에 일제의 신사神祠가 설치되었음을 그곳 노인들로부터 듣고 확인했다고 한다. 이로 보면 정도사탑의 이전은 철도로 인한 부득이한 철거가 아니라 계획적인 유적의 철거였음을 알 수 있다.211)

---

208) 小泉顯夫, 「慶尙北道 忠淸南道 古蹟調査報告」, 『大正11年度 古蹟調査報告』, p.32.
209) 前間恭作, 「若木石塔記の解讀」, 『東洋學報』 第15卷 第3號, 東洋協會學術調査部, 1924年 12月, p.363.
210) 稻田春水, 「朝鮮石塔の硏究」, 『朝鮮佛敎界』, 佛敎振興會, 1916, p.65.
211) 許興植, 『韓國의 古文書』, 民音社, 1899, p.64.

이후 이 탑은 경복궁으로 옮겨졌다가, 1994년 대구박물관이 개관되면서 현재 대구박물관으로 옮겨졌다.

고이즈미小泉의 보고에, "복성동福星洞의 취락배후聚落背後의 구상丘上에 약목공원若木公園이라 칭하는 소유원지에 탑 1기가 서 있다. 이미 위치가 변하였고 탑재의 상하가 전도되어 있다"[212]라고 하는 것으로 보아 또 다른 탑도 피해를 입은 것으로 보인다.

철도관리국장 관저에 있을 때의 정도사지5층석탑 모습
(『조선고적도보』)

---

212) 小泉顯夫, 「慶尙北道 忠淸南道 古蹟調査報告」, 『大正11年度 古蹟調査報告』, p.32.

직지사 비로전 앞 3층석탑(보물 607호)과 대웅전 앞 석탑 2기(보물606호)

이 3기의 석탑은 문경군 산북면山北面 서중리書中里 북쪽 강변의 널찍한 대지에 신라 도천사지道泉寺址로 알려진 곳에 유존하였던 것이다.213) 1916년에 문경군 창구리에 사는 채 모라는 자가 이곳 폐사지의 석탑을 자신의 소유라고 칭하고 서울에 거주하는 마츠모토 타미스케宋本民介한테 매각하였다. 마츠모토 타미스케宋本民介가 서울로 반출하려고 2기를 해체까지 한 상태에서 행정당국에서 이를 제지하고 2기의 탑재를 원상복구原狀復舊하라는 명령을 내렸다.214)

그런데 당시에 2기만 해체를 하였고, 원상 복구하라는 명령을 이

대8전 앞 3층석탑

---

213) 道川寺 : 古址在慶尙北道聞慶郡山北面熊倉部落北方錦江邊田中 有塔三座 －寺塔古蹟攷.
214) 『朝鮮寶物古蹟調査資料』, 朝鮮總督府, 1942.
　　 韓國文化財保護協會, 『文化財大觀』, 1989.
　　 『聞慶誌』, 聞慶誌編纂委員會, 1994.
　　 金禧庚, 「韓國塔婆研究資料」, 『考古美術資料』 第22輯, 考古美術同人會, 1969.

행하였는지는 알 길이 없으나 해방 전까지 3기가 모두 도괴된 상태로 남아 있었기 때문에 해방되기 전에 또 한 차례의 도굴꾼의 야만적인 행위가 있었을 것으로 추정된다. 도괴되어 있던 3기의 석탑은 1974년 직지사로 옮겼다. 3기 모두 기단부의 형태가 원형인지 분명치 않다. 상륜부는 3기 모두 1976년에 새로 복원한 것이다.

선산 원동3층석탑

이 석탑의 원소재지는 선산 원리院里 강창부락인데 현재도 주위에는 많은 와편이 산재되어 있어 사지로 추정되나 이 절에 관한 자료가 밝혀진 것이 없다.

석탑에 관해서는『조선보물고적조사자료』에는 "고일장오척, 삼

중석탑高一丈五尺, 三重石塔으로 완전"이라 기록하고 있다.

1917년에는 이마니시 류今西龍가 조사하였는데 간략한 지명에 관한 설명과 더불어 탑 사진(도판제40호)만 게재되어 있다. 당시 사진에 나타난 상태로는 로반 이상은 실하였으나 온전한 상태로 보존되어 있었다.[215] 그러나 일제강점기 말기에 괴한 두 명이 나타나 이 석탑을 쓰러뜨리고 보물을 도취해 갔다고 한다.

그후 석탑은 원 위치에 도괴되어 주변에 모든 탑재가 방치되어 있었는데 부근 사방공사 때 이 탑재를 석축재로 사용하여 각 부재가 완전하지 않다.[216] 1976년 파괴된 부분을 보완하여[217] 군청 경내에 복원하였다가 1980년 김천 직지사 청풍료 앞에 이건하여 보물 제1186호로 지정하였다. 지대석과 기단석은 통일신라시대의 전형적인 양식으로 건립 연대는 8세기 후반으로 추정되고 있다. 노반 이상은 모두 직지사로 옮긴 이후에 보충한 것이다.

원동석탑
(『대정6년도 고적조사보고』)

215) 『大正6年度 古蹟調査報告』, pp.150~153.
216) 『구미시지』, 2000, 구미문화원.
　　『文化遺蹟總覽』中卷, 文化公報部 文化財管理局, 1977, p.323.
217) 1968년도에 단국대학교 조사단에 의한 조사기록(『선산지구 고적조사보고서』 1968)을 보면 "옥개 3석이 완전하고 탑신은 2석만 완전하나 破材가 수편 남아 있어서 원형은 짐작되며 기단 부재도 수석이 잔존하므로 결실 파괴된 부분만 治石 보강하면 원형대로의 복원이 가능할 것으로 안다."라고 기술하고 있다.

영천 신월동新月洞3층석탑(보물 제465호)

이 석탑은 경북 영천군 금호면 신월동에 소재하는 것으로 창건 당시 사명이나 사찰 규모를 알 수 있는 유구가 전혀 보이지 않고 있다. 탑이 있는 자리에 현재 신흥사라는 작은 사찰이 들어서 있다. 입구에는 그리 크지 않은 저수지가 있는데 탑골못이라 부르고

신월동삼층석탑

있어 석탑이 소재한 이 지역을 탑골이라 불렀음을 짐작케 한다.

본 석탑은 이중기단 위에 3층의 탑신을 올린 전형적인 신라석탑의 양식을 지닌 탑이다.

『조선고적도보』 제4책에는 탑의 로반 이상을 제외한 완전한 모습의 사진이 실려 있고 탑 부근에서 수습하여 동경 공과대학으로 반출한 와편이 실려 있다.

1916년경에 조사한 『조선보물고적조사자료』에는 완전한 상태로 기록하고 있다.[218] 1918년 심한 비로 6월 7일 돌연 도괴되어 이 복

도괴되기 전의 모습
(『조선고적도보』)

구에 대해 지역주민의 힘으로는 불가능하여 석재는 모두 대석 옆에 쌓아 두고 당국에 도움을 요청한 기록이 보이며,[219] 그후 당국에서 수리를 완료했음인지 1925년에 간행한『(지나만주조선안내 支那滿洲朝鮮案內)아동지요亞東指要』에 의하면, 수리를 하고 목책木柵을 설치한 것으로 나타나 있다.[220] 뿐만 아니라 1922년에 조선총독부에서 편찬한『최근 조선사정요람最近 朝鮮事情要覽』에도 "수리를 하고 목책을 설치"[221]라고 기록하고 있어 1918년에 도괴된 것을 1920년대 초에 수리를 완료한 것으로 추정된다.

그런데 1933년에 후지시마 가이지로藤島亥治郞가 이 석탑을 조사할 때에는 하성기단 일부만 원위치에 남아 있고 나머지 탑석재는 도괴되어 산란하였다. 도괴 원인에 대해서는 밝히지 않고 있는데 이는 1920년대 초에 수리를 한 이후에 또 다시 일어난 도괴로 사진상에 나타난 모습으로 볼 때 자연적인 도괴가 아니라 인위적인 악행이 있었던 것으로 보인다.

1933년 3월의 모습
(『조선긴축사』)

---

218) 永川邑西南約1里 高1丈3尺臺石幅9尺3重塔基石4面彌勒彫刻, 附近 人民은 新羅塔이라 稱한다.
219) 金禧庚 編, 「韓國塔婆研究資料」, 『考古美術資料』第20輯, 考古美術同人會, 1969, pp.117~178 참조.
220) 山根倬三, 『(支那滿洲朝鮮案內)亞東指要』, 亞東指要刊行會, 1925, p.133.
221) 朝鮮總督府 編纂, 『最近 朝鮮事情要覽』, 1922, p.508.

동경 공과대학으로 반출한
와편

『광복 이전 박물관자료 목록집』에 수록하고 있는 영천 신월동 석탑 관련 건을 보면 다음과 같은 목록이 있다.

1. 영천 신월동 3층석탑 개건공사에 관한 건(1943년 1월 22일~1944년 1월 25일) 3건
2. 준공증명서(杉山信三, 1943년 3월 31일)
3. 영천 신월동 3층석탑 개건공사 설계서

위 목록으로 보아 2차 도괴가 있은 다음에 바로 재건을 하지 못하고 있다가 1943년에 와서야 복원이 이루어진 것으로 보인다.[222] 상층기단上層基壇 중석中石에 손상이 많고 상륜부는 잃어버렸다. 처음 상륜부는 새로 조성했다가 현재는 다시 제거하였다.

---

222) 杉山의 기록에도 "도괴되어 있던 것을 1943년 3월에 재건했다"라고 하고 있다 (杉山信三, 『朝鮮の石塔』, 彰國社, 1944, p.151).

상륜부를 보완했을 때의
모습 (출처 : 문화재청)

봉화 태자사太子寺 낭공대사백월서운탑비朗空大師白月栖雲塔碑

태자사는 그간 정확한 위치가 알려지지 않았으나 1964년부터 신라 오악학술조사의 일환으로 이 절터를 탐색한 결과 경상북도 안동시 도산면 태자리의 한 폐사지를 이 절터로 추정하였다.『신증동국여지승람』제25권 봉화현 불우 조에,

태자사 낭공대사비
(국립중앙박물관)

태자사太子寺 : 태자산太子山에 있다. 신라 병부시랑 최인연崔仁渷이 지은 승 낭공탑명과 고려 좌간의대부 김심언金審言이 지은 승통진탑명僧通眞塔銘이 있다.

라고 하고 있으며, 또 낭공탑비명朗空塔碑銘에 대해『청장관전서靑莊館全書』에는,

봉화 태자산에는 낭공대사백월서운탑비가 있는데 김생의 글씨를 집자한 것이다.[223]

라고 기록하고 있다.

낭공대사의 법휘法諱는 행적行寂이고 속성은 최씨다. 경문왕 11년(870)에 조공을 바치러 가는 김긴영을 따라 중국에 들어가 유학을 하였다. 그후 헌강왕 11년(885)에 고국에 돌아와 남산 실제사實際寺에 안거하다가 경북 영일군 묘봉산妙峰山에 있는 석남사石南寺에서 주석할 것을 청하여 그곳에서 주석하다가 916년 2월 12일에 입적하였다. 2월 17일에 서쪽 봉우리 기슭에 임시로 묻었다가 917년(경명왕 1) 11월에 동쪽 산꼭대기에 묻었는데 절에서 300보 떨어졌다. 왕은 시호를 내려 낭공대사라 하고 탑명을 백월서운지탑이라 하였다. 비의 문은 최인연이 찬하고 글씨는 석 단목이 김생의 글씨를 집자하였다. 건립 연대는 당시 후삼국기의 혼란기로 인하여 바로 건립하지 못하고, 비문에 "현덕원년세재갑인칠월십오일립顯德元年歲在甲寅七月十五日立"이라 하여 고려 광종 5년(954)에 해당한다.[224]

그런데 사찰이 어떤 연유에서인지 일찍이 폐하여져 낭공대사의 탑비는 버려져 있었다. 1509년경에 당시 영천 군수 이항과 권현손이 이를 안타깝게 여겨 영주군 영주면 휴천리로 옮기고 추기를 추

---

223) 李德懋,『靑莊館全書』第69卷.
224)『海東金石苑』.
　　『朝鮮金石總覽』上 58, 朝鮮總督府, 1919.

가하여 다시 비를 세웠는데, 낭공대사탑비의 〈추기〉에 그 전말이 기록되어 있다.

내가 어렸을 때 김생의 필적을 『비해당집』의 고첩에서 얻어 그 용이 뛰고 호랑이가 드러누운 듯한 기세를 사랑하였으나 세상에 많이 전해지지 않음을 한하였었다. 영주에 와서 이웃 읍인 봉화현에 비석이 홀로 옛 절의 남은 터에 있는데 김생의 글씨라는 말을 들었다. 나는 이 세상에 드문 지극한 보물이 잡초에 묻혀 있음을 아깝게 여겼으나, 누군가가 거두어 보호함이 없으니 들소의 날카로운 뿔과 목동의 두드리는 불이 모두 염려 되었다. 드디어 군에 사는 사람인 전 참봉 권현손과 함께 이전을 꾀하여 자민루 아래에 안치하고 난간을 세우고 그 빗장과 문을 굳게 하였다. 진실로 탁본하는 사람이 아니면 출입하지 못하게 하였으니 그들이 함부로 범하여 건드릴까 두려워서였다. 이로부터 김생의 필적이 널리 당시에 전하여져서 사대부로서 호사하는 무리들이 앞을 다투어 감상하였다. 오호라! 천백 년 동안 황곡에 버려졌던 돌을 하루아침에 큰집에 들여와서 세상이 보배로 여기게 되었으니, 대저 물건의 드러남과 숨음이 또한 그 운수가 있음인져. 내가 비록 재능이 얇고 졸렬하여 창려 한유의 박식하고 우아함에는 미치지 못하나 이 물건을 감상하게 된 것은 곧 진실로 기산岐山의 석고와 다름이 없으니 어찌 우연이겠는가.
정덕正德 4년(1509, 중종 4) 가을 8월 군수인 낙서 이항이 기록하고 박눌이 쓰다.225)

이전된 후의 상황은 박종朴琮(1735~1793)의 『청량산유록淸凉山遊錄』에,

김생은 신라 사람으로 글씨로써 천하에 이름났다. 그가 쓴 백월선사비는 본래 이 산중에 있었더니 중국에서 그 서기가 뻗친 것을 바라보고

---

225) 『譯註羅末麗初金石文』에서 拔萃.

찾아온 사람이 있어서 '이 글씨의 서기가 북두성을 찌르고 있으니 진실로 천하의 절보'라고 하며 비를 뽑아 구성까지 옮겨갔다. 그리고는 돌이 너무도 무거워 버려두고 갔으니 지금도 구성관에 있다고 한다. ……『청량지淸凉誌』에 '백월선사비가 구성龜城 객사에 있다'고 기록되었다. 구성은 영천의 구명舊名이다. 드디어 객사에 들어 가 보니 과연 그 비석이 있어 자그마한 비각으로써 이를 덮었다. 비의 높이는 10척 가량, 넓이는 6척 가량이고 자획이 마멸되지 않았다. 비문 제1항에는 "신라국조국사교시낭공대사백월서운지탑新羅國朝國師敎諡朗空大師白月栖雲之塔"이라 쓰고 그 다음 비명과 서문 끝에는 한림학사 수병부시랑 지서서원 사금자어대신 최인연이 교시를 받들어 글을 짓고 김생이 글씨를 쓰고 석釋 단목이 이를 편집하였다고 씌어 있다. 그 필획이 정묘하고 웅건하여 진실로 보배로우나 이를 찍으려 하여도 자세가 불가능하였다. 객사의 곁에는 연못이 있고 연못에 임하여 지은 쌍청당雙淸堂이 있는데 극히 한정하고 깨끗하였다.[226]

이때까지만 하여도 상당히 그 보존이 잘된 것으로 보이나, 그 후 소재를 거의 잃어버리고 버려두었음인지 홍양호洪良浩(1724~1802)의 『이계집耳溪集』 권16 '제백월사비題白月寺碑' 조에,

백월서운사비는 신라 최인연崔仁渷이 찬하고 석 단목端目이 김생의 서를 집자하였다. 원래 영남 영천에 있었는데 중년에 있는 곳을 알 수 없게 되었다. ……내가 경주에 있을 때 매부 김형태가 영천 군수가 되며 영천에 가서 백월비를 찾았더니 황폐한 곳에 버려져 반은 흙에 묻혀 있었다. 급히 사람을 시켜서 관사 앞으로 옮기고 술로 닦았더니 아직 글자를 알 만 하였다. 이내 수십 벌을 탁본하니 세상에 널리 일렸고 주인에게 부탁하여 목갑으로 싸서 비바람을 막게 하였다.

오랫동안 이곳에 보관되어 있던 비를 1918년에 조선총독부 박

---

226) 朴琮, 『淸凉山遊錄』, 김찬순 역, 조선문학총동맹출판사(북한), 1964.

물관으로 옮겨 경복궁에 보관하게 되었으며,227) 가츠라기 스에하루葛城末治는 태자사지에 이 비의 귀부와 이수가 남아 있었다고 하였다.228)

해방 이후 현지에 방치되어 있을 것으로 짐작되는 이 비의 귀부

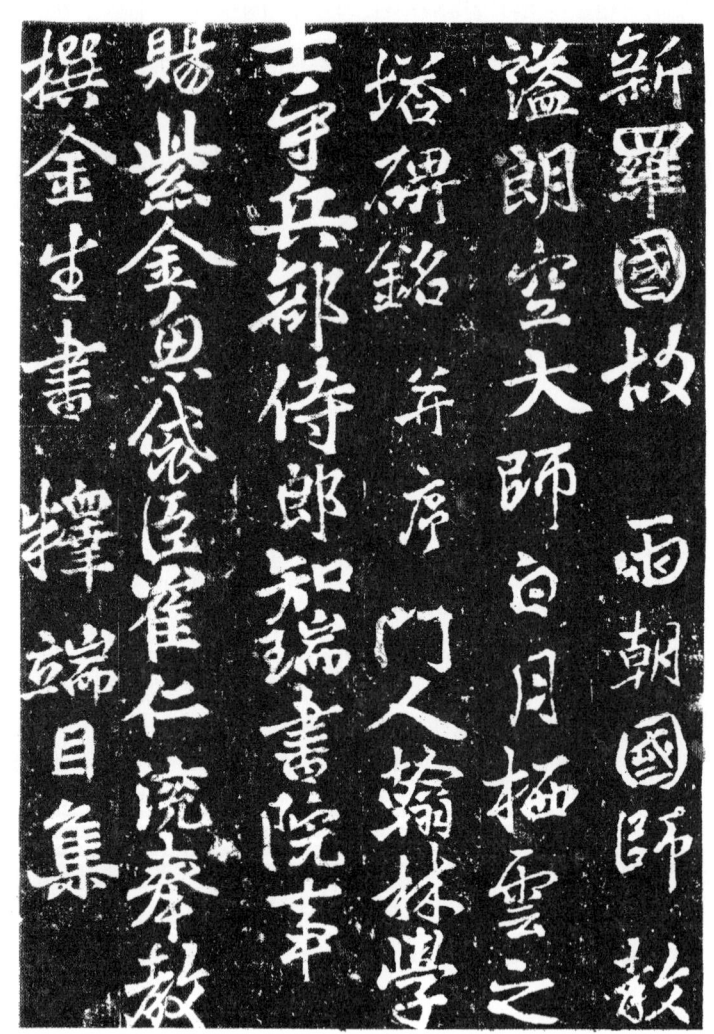

낭공대사비문

227)『朝鮮金石總覽』上에, "처음 경상북도 봉화군 明湖面 太子寺址에 있었는데 往年에 영주군 휴천리로 옮긴 것을 1918년 本府로 옮겨왔다."
『古蹟及遺物登錄臺帳抄錄』(1924年 朝鮮總督府)에는 "처음 奉化太子寺에 在하였음, 後年 영주군 영주면 영주리 영주군청에 옮겨진 것을 大正 7年에 다시 本府博物館으로 옮겼다."라고 하고, '現況'에서는 "二片으로 折斷"이라고 기록하고 있다.
228) 葛城末治,『朝鮮金石攷』, 大阪屋號書店, 1935, p.329 참조.

와 이수를 찾기 위해 수색했는데, 사지는 봉화군 내에 있으리라는 짐작뿐이지 확실한 지점을 알지 못하였다.

비를 이치 할 때만 해도 행정구역이 봉화군으로 되어 있었으며 현 안동군 태자동이야말로 구 봉화군 태자동이기 때문에 태자사지로 추측하였다. 이곳 태자동 사지에서 귀부와 이수를 발견하였으나, 경복궁에 있는 낭공대사비와는 서로 맞지 않았다.[229] 결국 수색에 실패하고 말았다.

1918년에 탑비를 옮기는 과정에서 당연히 있어야 할 사지의 상황에 대한 부주의로 인해 귀중한 유물의 행방이 미상未詳으로 남게 되었다.

1912년에 발간한 『조선불교월보』에 다음과 같은 기록이 있어 주목되고 있다.

> 비는 본래 봉화군 타자산駝子山 석남사石南寺인데 사는 폐하고 비만이 오랫동안 있었다. 영천군수 이항李沆이 애석하게 생각하여 이치하여 영천군 자민루字民樓 아래 두었는데 중국 사신들이 올 때마다 이를 탁본해 가니 노역에 시달린 군민들이 이를 절단하여 땅 속에 묻어 버렸다. 그후 언제부턴가 그 소재를 잃어버리게 되었다. 『영천읍지』에는 정덕正德 4년 8월에 군수 이항과 군인郡人이 옮겨왔는데 봉화현 타자산駝子山 석남사는 오랫동안 폐유허廢遺墟로 백월비가 서 있었는데 본군 자민루 아래 두었다. 명의 사신 주지번朱之蕃이 조선 땅에 와 백월비를 탁본해 가고 그후 민들이 이를 절단하여 땅 속에 묻었다고 한다. 숙종 19년에 다시 나타났다고 한다.[230]

이 기록에서 다자산駝子山이 대자산太子山을 지칭하는 지 미상이나, 석남사가 낭공대사의 입적지란 점에서 주목하지 않을 수 없으며, 봉화군에 있다는 석남사지의 소재 파악을 숙제로 남기는 것이 결코 무모하지는 않을 것으로 보인다.

---

229) 秦弘燮, 「奉化 太子寺址 調査槪要」, 『考古美術』 제6권 제12호, 1965年 12月.
230) 雙荷子, 「白月禪師碑」, 『朝鮮佛教月報』, 1912年 6月.

문경군 산북면山北面 내화리內化里 3층석탑 (보물 51호)

이곳 사지는 본래 신라시대에 창건한 화장사花庄寺라는 절이 있었는데 100년 전쯤에 모두 불탔으며 불상 등은 사불산의 대승사로 옮겨가고[231] 현재는 석탑 1기만이 남아 있다. 석탑 주변의 유구는 완전히 없어져 사역을 짐작하기 어려우나 탑의 구조는 단층기단에

내화리삼층석탑

3층으로 이루어진 탑신부의 옥신석과 옥개석은 각각 한 돌로 이루어져 있으며 상륜부는 결실되었다.

1924년 『고적급유물등록대장초록古蹟及遺物登錄臺帳抄錄』에 등록번호 제111호 등록되어 있으며 파손에 대한 기록은 없다.[232] 그런데 1932년 3월 초에 보물을 노리는 불법자들에 의해 도괴되었다. 탑 속에 매장되었던 순금제보살입상純金製菩薩立像, 금동제8각사리합金銅製八角舍利盒, 은제사리병銀製舍利瓶이 발견되어 총독부 박물관에 보관하였다.[233] 이어 조선총독부고시 제430호(1934년 8월 27일)에 의해 보물(제69호)로 지정하였다.

3층탑신은 근처에 새로 지은 재실의 주춧돌로 사용되었던 것을 수습하여 1960년에 재건하였다.

내화리석탑 사리장치
(국립중앙박물관)

---

231) 『大乘寺記』에 "址在慶尙北道聞慶面化庄里. 按化庄卽華藏之轉變也 寺廢己久而爐殿仍爲朴氏之墓齋".
232) 『古蹟及遺物登錄臺帳抄錄』, 朝鮮總督府, 1924, p.94.
233) 「韓國塔婆硏究資料」, 『考古美術資料』 第20輯, 考古美術同人會刊, 1969, pp.714~715 참조.

상주 공성면 초오리 3층석탑

석탑이 있었던 이곳은 옛날부터 '절터' 혹은 '부처골'이라고 불리어지고 있는데, 폐사가 된 지 오래되어 구전口傳되는 전설이나 이 사지에 대한 관계문헌이 전해지는 것이 없다.

1916~1917년경에 조사한『조선보물고적조사자료』에는 높이 6척, 기단 직경 4척의 3층석탑만이 경작지에 남아 있었음을 기록하고 있다.

그런데 일제 말기 일본인 경찰이 석탑을 도괴시키고 탑 속에서 금색 사리장치를 절취해 갔다는 것이며 그 주동자는 순사부장이었다고 한다. 그 후로 석탑은 다시 세워지지 못하고 석탑재는 공성면 초오리 절골에 흩어져 있었다.

1969년 단국대학교 조사단에 의해 도괴된 석탑재 주변에서 청자와 와편 등이 수집되었다. 탑지에는 반파된 지대석과 기단부재만 유존하고 옥개석 3개와 장대석 1개가 경작지의 축대로 사용되고 있었다. 또 하나의 반파된 기단 부재는 동리의 교판으로 사용되고 있었다. 6·25 직후까지도 주변에 꽤 많은 탑재가 잔존하였다고 하는데 주변에서 축대공사가 진행되면서 여러 곳에 사용되었다고 한다.

1977년에는 옥산초등학교에서 교재용으로 활용하기 위해 주민들의 협조를 얻어 옥개석 3개를 학교로 옮기고 없어진 탑신과 상륜부는 화강석으로 보강하여 건립하였다. 현재 탑지에는 깨어진 기단부가 밭둑에 있다.

고려기의 석탑으로 보이는 귀중한 석탑이 일인 경찰의 만행으로 파괴되고, 무책임한 주민들에 의해 그 석탑재 마저 흩어졌다.[234]

---

234) 參考:『文化遺蹟總攬』, 文化公報部 文化財管理局, 1977.
『朝鮮寶物古蹟調査資料』, 朝鮮總督府, 1942.
『尙州誌』, 尙州市·郡, 1989.

옥성초등학교 교정에 옮겨져 재구성한 석탑 (옥개석)

『尙州地區古蹟調査報告書』, 단국대학교출판부, 1969.

울산 석남사石南寺 부도浮屠 (보물369호)

　석남사石南寺는 경남 울산시 울주군 상북면 덕현리 가지산 동쪽 기슭에 있다. 석남사는 남선종을 중국에서 받아 들여 가지산 선문의 초조를 이룬 도의국사가 신라 헌덕왕 16년(824)에 창건한 것으로 알려져 있으나,[235] 명확하지 않다. 또 가지산문의 낭공대사에

석남사부도

---

235) 權相老 編,『韓國寺刹全書』, 東國出版部, 1997.

의해 10세기 초에 개창되었을 가능성이 높다는 견해[236]도 있다. 1592년 임진왜란 때 전소된 뒤 1694년(현종 15) 언양 현감 강옹姜甕의 시주로 탁령卓靈 등이 중창을 했고, 이후 1803년과 1912년에 중수한 기록이 있다.[237] 『울산읍지蔚山邑誌』에는 "석남사재언양가지산하石南寺在彦陽迦智山下"라고 기록되어 있으나, 『교남지嶠南誌』와 『영일읍지迎日邑誌』에는 "금폐今廢", "금무今無"로 기록된 점으로 보아 18세기 후반에도 한때 폐사로 남아 있었던 것으로 추정된다.

이곳에는 도의국사道義國師의 사리탑으로 전칭되고 있는[238] 팔각원당형부도八角圓堂形浮屠가 유존하는데, 이 사리탑에 대해 석남사에서 입적한 낭공대사朗空大師의 탑으로 보는 견해도 있다.[239] 일제강점기에 보물 도취를 목적으로 한 무뢰한들에 의해 도괴되어 재건된 바 있었으나 각 부재의 순서를 찾지 못해 석재의 순위가 전도顚倒되어 있었다. 1962년 5월에 해체하여 그 순서를 바로 잡았다. 해체 당시 기단부 중대석인 고복석 상면 중앙에 장방형 사리공이 있었으나 사리장치를 도난당하여 사리구는 발견할 수 없었다.[240]

---

236) 崔炳鉉,「新羅下代 禪宗9山派의 成立」,『韓國史硏究』7, 1972.
237) 『迦智山石南寺 事蹟碑』
    이정 편저,『한국불교사찰사전』, 불교시대사, 1996.
238) 『朝鮮寺刹史料』(1911년 朝鮮總督府 內務部地方局)에는 道義國師塔으로 기록하고 있다.
239) 通曉大師 梵日(?~889)의 弟子인 朗空大師 行寂(832~916)은 이곳 石南寺에서 일생을 마쳤다. 入寂 6일째 서쪽 산기슭에 임시로 安葬되었다가 이듬해에 移葬을 하려고 보니 전신의 神色이 여전하였다고 하며, 선사의 유해는 절에서 300보 떨어진 동쪽 산정으로 이장하여 石戶封閉되었다는 기록(李智冠 編『歷代高僧碑文』新羅篇)이 있다.
    蘇在龜는「新羅下代 僧塔造營史 硏究」(『美術資料』第67號, 2001. 12)에서 朗空大師塔(新羅下代 僧塔의 山門別 系譜, 圖版25)으로 기록하고 있으며, 또「新羅下代 蔚山地域의 僧塔」(『蔚山硏究』제3집, 2001년, 울산대학교 박물관)에서, 낭공대사 행적의 부도는 917년에 건립되었을 가능성이 높다고 하며, 석남사 부도는 비록 양식적으로는 보림사 보조선사탑(880)과 상통하는 면을 찾을 수 있으나 두 탑 사이에는 한 세대 이상의 격세지감을 보이고 있어 10세기 초의 것으로 추정되며, 또한 석남사에서 916년에 입적한 낭공대사 행적의 입적시기와도 거의 같은 시기에 해당하므로 낭공대사의 탑일 가능성이 높다고 주장한다.
    엄기표는『신라와 고려시대 石造浮屠』(2003, 학연문화사, p.315)에서 대동금석서를 비롯한 문헌에 의하면 낭공대사 행적의 탑비는 태자사에 건립되었다고 하나, 행적의 하산소가 석남사였던 것으로 보아 석남사에도 석조부도와 탑비가 건립되었을 가능성이 있다고 하고 있다.

고 하는 것으로 보아 일제 때 불법자들에 의해 보물이 약탈당한 것으로 생각된다.

석재의 순위가 뒤바뀐 모습
(『국보도록』 제5집, 1961)

240) 『考古美術 (뉴스篇)』, 1962. 5.
　　鄭永鎬, 「舍利」, 『考古美術』 158·159號, 1983. 9.

합천 영암사지 쌍사자석등(보물 353호)

영암사지靈巖寺址는 경남 합천군 가회면 둔내리의 황매산 기슭에 있다. 이곳 사지에 대해 영암사라는 사명이 주민들 사이에 구전되어 왔으나 명확하게 고증할 수 있는 자료가 발견되지 않았으며, 홍

영암사지 쌍사자석등

각선사弘覺禪師의 비문에 「왕해인사방…… 연복어영암사수정누월 往海印寺訪…… 年復於靈巖寺修定累月」이란 기록이 보이고 있어 886년 이전에 영암사가 창건되었음을 알 수 있으나 이것만으로는 그 위치를 정확히 확인 할 수가 없었다.

그러나 서울대학교 도서관에서 고려 현종 24년(1023)에 세운 「영암사적연국사자광탑비靈巖寺寂然國師慈光塔碑」 비문이 발견되었는데, 비문에 '적연선사가 1014년 6월 83세로 영암사에서 입적하였다고 하며 아울러 영암사 서봉西峰에다 장사지냈다'는 기록이 있다. 현재 영암사에 그 비는 없지만 당시 비를 세웠던 귀부가 남아 있고 서봉에 장사지냈다는 선사의 부도도 영암사 서쪽 약 1500m 지점에 현존하고 있어 이 사지가 비문에 보이는 영암사지임이 밝혀진 셈이다.[241]

이곳 사지에는 현재 건물지와 3층석탑, 쌍사자석등, 비신석과 이수를 결실한 귀부 2좌가 남아 있다.

이 석등은 쌍사자가 서로 복부를 맞대고 우뚝 서서 앞발을 들어 그 위에 연화대를 이어 받치고 있는 석등으로 원래는 둔내리 감바위 부락 근처의 옛 절터인 영암사지에 유존해 왔다. 그런데 1933년 일인들이 외지로 불법반출하려는 것을 부락민들이 발견하고 제

금당지

241) 「陜川靈巖寺址」, 『古蹟調査報告書』 第11冊, 동아대학교 박물관, 1985.

1960년 모습

지하자 부근에 버려두고 가버렸다. 일제강점기에 촬영한 오가와小 川의 사진자료를 보면 쌍사자의 다리가 잘려 있고 각 부재들이 흩 어져 있는 모습이 나타나 있어 밀반출 당시의 상황을 짐작케 하고 있다. 방치되어 있던 석등을 1957년에 해체하여 합천군 가회면 덕 촌리의 면사무소에 세워두었다.

그후 이 석등은 보물로 지정되는 동시에 유리遊離된 유물이니 부 산으로 이건하기로 결정하였다. 이에 따라 경상남도 당국에서는 박경원 씨에게 석등 이건에 따른 실지조사를 의뢰함에 따라 1차조사가 있었다. 경상남도 당국의 이건계획은 최후의 실천단계에서 현지 주민들의 맹렬한 반대로, 부산으로의 이건은 이루어지지 못하고 1959년 봄에 면민들이 영암사지 옛터에 암자를 신축하고 석등을 영암사 마당에 3층석탑과 나란히 두었다. 그후 황수영·박경원 등의 재차조사에 의하여 일인들이 반출하려다 영암사지 부근의 논 가운데에 버려 두어 매몰되었던 기대석基臺石을 발굴 복구하여 완전한 모습을 갖추게 되었다.242)

현재는 발굴조사에 의해 밝혀진 석등의 원위치인 금당 앞 축대 위로 옮겼는데 복원한 모습을 보면 절단된 두 다리는 접합하였고 화사석火舍石에 금이 가고 옥개석 일부가 파손되었으며 상륜부는 결실되었다.

영암사지 귀부

242) 朴敬源,『陜川 靈巖寺址와 그 遺物』,『考古美術』15號.
黃壽永,『황수영전집』5, 도서출판 혜안, 1997.

허물어져 있던 것을 1969년에 복원한 삼층석탑

합천 월광사지月光寺址 3층석탑

월광사지는 경남 합천군 치로면 월광리에 소재한다.

『신증동국여지승람』에, "야로현 북쪽 5리에 있다. 대가야 태자 월광月光이 창건한 것이다"라고 기록하고 월광사에 관련한 이숭인의 시[243]가 게재되어 있다. 탑이 건립되어 있는 주변에서 고려자기의 파편과 고려시대에 제작된 것으로 여겨지는 당초문양唐草文樣의 평와파편平瓦破片이 채집되었던[244] 점으로 보아 고려시대 말까지는 상당히 번창했을 것으로 추정된다. 『교남지嶠南誌』에는, "치로현 북 5리에 있다. 세전世傳에 대가야 태자 월광이 창건하였다. 지금은 폐하였다"라고 하고 있으며, 『합천군지陜川郡誌』에도 "월광사금무月光寺今無"라고만 기록하고 있는 것으로 보아 최소한 18세기경에는 폐사가 되었던 것으로 추정된다.

월광사지삼층석탑

243) "······ 소나무 탑에서 불경 외우니 길고 짧은 음성이네. 산천은 그림 같은데, 수목도 해가 깊어 절로 늙었네. 북으로 가니 언제 또 남으로 오나, 이곳 풍경이 잊히지 않을 것 미리 알겠네"
244) 朴敬源, 『慶南의 古蹟과 그 文化』, 東雲社, 1955.

『신증동국여지승람』과 『교남지』에는 대가야 태자 월광이 창건한 것으로 기록하고 있으나 이는 시기적으로 맞지 않다. 고유섭은 이에 대하여 『세종실록지리지世宗實錄地理志』에 대가야의 멸망을 진흥왕 22년(561)이라 하였고 이를 표준삼아 역산추정逆算推定한다면 월광태자는 서기 200년대에 해당하는 신라의 내해왕대奈解王代를 중심으로 하여 그 전후에 창건했다는 것인데, 이때는 아직 불교가 들어오기 전의 시기이므로 월광태자가 사찰을 창건했다는 것은 맞지 않음을 지적하고 있다. 또 『가야산 해인사고적기』에 후백제의 태자 월광이 미숭산美崇山에서 고려 태조와 전투를 하였다는 기록을 들어, 이 기록에는 월광이란 자를 후백제 견훤의 아들로 기록하고 있는데 월광태자가 과연 견훤의 아들이라고 한다면 그 시대 성시盛時의 상한上限을 진성여왕대 보다 오래지 않는 것으로, 월광사의 창건은 오래 보아도 9세기 후반 이전으로 오를 수 없음을 지적하고 있다.[245]

월광사가 18세기경에 폐사된 후 이곳에는 원래 본존3불이 전해졌다고 하나,[246] 현재는 동서 석탑 두 기만이 남아 있다.

1935년 조선총독부에서 편찬한 『조선보물고적천연기념물요람』을 보면, "소재지 : 경상남도 합천군 치로면 월광리 369번지 분묘지墳墓地"로 기록하고 있다. 이런 점으로 보아 이미 이 지역은 분묘지로 사용되면서 2기의 석탑에 대해서는 그동안 아무런 보호조치 없이 버려져 있었을 것으로 짐작된다.

1916년경에 조사한 『조선보물고적조사자료』에는, "사명 불명不明하고 석탑 2기가 재在, 그 중 1기는 완전"이라고 기록하고 있을 뿐 도괴되었다는 기록은 없다.

---

245) 高裕燮, 「朝鮮塔婆의 樣式變遷」, 『東方學志』 제2집, 연희대동방연구소, 1955년 5월, p.262.
246) 1935년에 刊行한 『慶南旅行の友』(上野盛一 著)에 의하면,
"현재 礎石及五重石塔이 남아 있을 뿐이며, 당시 安置하였던 本尊3佛은 지금으로부터 百數十年前에 海印寺의 大寂光殿에 불이나 본존불이 소실되어 임시로 이를 해인사의 본존으로 移奉하였는데 그 후 월광사는 황폐하고 복구할 생각을 버리고 본존3불은 해인사에 안치하기에 이르렀다"고 하고 있으나 진위에 대해서는 미상이다.

그런데 1924년 『고적급유물등록대장초록古蹟及遺物登錄·臺帳抄錄』에는 2기에 대한 언급도 없이 등록번호 제117호로 등록하고 그 현황에 대해 "전도轉倒"로 기록하고 있다.

1937년 조선총독부에서 간행한 『조선보물고적명승천연기념물요람』에는,

지정번호 : 제204호
월광사지3층석탑 (경남합천군 치노면 월광리)
본 탑은 동서 2기로 각 3층의 석탑이다. 동쪽에 있는 것은 이성의 기단에 세운 화강암의 3층석탑으로 고 약 16척6촌7분, 다른 1기는 동형同型으로 당초 3층석탑이나 금 도괴되어 있음

으로 기록하고 있다.

이상으로 보아 서탑은 1924년 이전에 도굴꾼들에 의해 파괴되어 방치되어 있었던 것으로 짐작된다.

현재 이곳에는 1970년에 월광사라는 작은 사찰이 들어서 있으며 도괴되어 있던 서탑도 복구 재건하였다.

울산 등억리登憶里 간월사지석탑澗月寺址石塔

경상남도 울산군 상북면 등억리의 간월사지澗月寺址라 전하는 이 곳은 『언양읍지彦陽邑誌』(1759), 『간월사기澗月寺記』 등에는 신라 진성여왕 때에 자장율사가 세웠다고 전해지나 확실치가 않다. 실제 발굴조사에서 출토된 불상이나 토기편에 나타난 편년시기가 8세기 중엽 이상은 올라가지 않는 것으로 나타나 있다.[247]

사는 임진왜란 때 화를 입어 폐사가 되었다가 1634년에 다시 세웠다[248]고 한다. 이후의 기록에는 정시한의 『산중일기山中日記』의 1689년 5월 기록에 언급되어 있으며, 『범우고』와 『가람고』 등에도 나타나 있는 점으로 보아 18세기까지는 법등이 이어온 것으로 추정되는데, 『사탑고적고』에 "고지故址"로 기록된 점으로 보아 19세기경에 폐사가 된 것으로 추정된다.

폐사지에 남아 있는 두 기의 석탑은 신라식 일반형에 속하는 것

간월사지석탑

---

247) 「蔚州 澗月寺址」, 『古蹟調査報告書』 第10冊, 동아대학교 박물관, 1985.
248) 澗月寺址案內板.

으로 초층 탑신에는 문비형門扉形을 양각하고 그 양측에 인왕상仁王像이 새겨져 있는 우수한 탑이다. 두 기 모두 일제강점기에 도굴꾼들에 의해 도괴되어 무참히 파괴되었다.249) 1970년 12월에 조사한 바에 따르면 금당지는 거의 완전하게 남아 있었으며, 그 앞에는 양쪽으로 석탑이 도괴된 채로 흩어져 있었다.250)

1984년에는 도괴되어 있는 두 탑을 복원하기로 결정하고 1984년 7월에서 8월까지 1개월 간의 금당지와 남북 탑지 및 석등지를 중심으로 발굴조사를 하였다.

당시 조사기록에 의하면, 금당지는 처음 밭으로 개간되었다가 중앙부에 민묘民墓 2기가 들어서 있었다. 남북의 양 탑은 모두 붕괴되어 있었는데 북탑의 경우 지대석은 원위치에서 일그러진 채로 놓여 있었으나 갑석, 옥개석, 옥신석 등의 상층 구조물은 대부분 남쪽 계곡에 도괴되어 흩어져 있었고, 일부는 절단되어 다른 용도에 사용된 듯하였다. 남탑은 북쪽으로 도괴되면서 초층 옥개석 이상 부분은 한 곳에 묻혀 있었고 초층 옥신석과 갑석 우주석 등은 대부분 절단된 채 지대석 위에 흩어져 있었으며 지대석 아래는 도굴된 흔적이 남아 있었다.151) 파괴된 후 오랫동안 사지에 방치되어 있어 석재가 깨어지거나 분실되어 복원한 두 탑은 각 부재가 부족하여 다른 석재로 보충하였다.

현재 이 일대는 온천개발로 인해 숙박시설들이 들어차 있으며 사지 아래쪽에는 1979년에 세운 작은 암자가 있다. 법당에는 간월사지의 금당지에 있었던 보물 제370호 석조여래좌상을 봉안하고 있다. 대좌의 일부와 불상 뒤 광배가 없어졌으며 목 윗 부분이 떨어진 것을 복원한 것이다.

---

249) 杉山信三, 『朝鮮の石塔』, 彰國社, 1944, p.151.
　　朴敬源, 『慶南의 古蹟과 그 文化』, 慶尙南道 鄕土研究會, 1955.
250) 文明大, 「澗月寺址 調査槪要」, 『考古美術』 133號.
251) 「蔚州 澗月寺址」, 『古蹟調査報告書』 第10冊, 동아대학교 박물관, 1985.

보물 제370호 석조여래좌상

울산 망해사지望海寺址 석조부도(보물 173호)

망해사지는 경남 울산군 청량면 율리의 영취동부락 부근에 소재한다. 신방사라고도 불렀다고 하는데 처용설화와 관련된 사찰이다. 『삼국유사』 제2권 '처용랑處容郞과 망해사望海寺' 조에,

제49대 헌강대왕 때에는 서울에서 지방에 이르기까지 집과 담장이 연이어 있었고 초가는 하나도 없었다. 풍악과 노랫소리가 길에서 끊이지 않았고 바람과 비는 사철 순조로웠다. 이때 대왕이 개운포開雲浦(지금의 울산)에서 놀다가 돌아가려고 낮에 물가에 쉬고 있는데 갑자기 구름과 안개가 자욱해서 길을 잃었다. 왕이 괴이하게 여겨 좌우 신하들에게 물으니 일관이 아뢰기를, '이것은 동해에 있는 용의 조화이오니 마땅히 좋은 일을 행하여 풀어주어야 할 것입니다' 했다. 이에 일을 맡은 관원에게 명하여 용을 위하여 절을 짓게 했다. 왕이 명령을 내리자 구름과 안개가 걷혔다. 그래서 그곳을 개운포라 했다. 〈중략〉 왕은 서울로 돌아오자 절의 이름을 망해사望海寺라 했다. 또는 이 절을 신방사新房寺라고도 했는데 이것은 용을 위해서 세운 것이다.

망해사지석조부도

이런 기록을 비추어 볼 때, 당시 개운포 즉 지금의 울산 앞바다에 처용암이 있고 처용리라는 동리까지 남아 있으며, 바닷길의 안전과 관련한 제사인 망해제가 전해 오는 것으로 보아 단순한 설화로만 묵과할 수 없는 것이다. 또 사지에서 라대의 와편이 다수 출토된 점252)으로 보아 창건설화와 관련한 창건년대는 상당히 신빙성이 있는 것으로 보여지며 대략 9세기 후반에 개창된 것으로 추정되고 있다.

망해사가 언제 폐사되었는지는 알 수가 없으나『신증동국여지승람』에는 "문수산文殊山에 있다"고 하여 이때까지는 법등을 이어 온 듯한데,『울산읍지』에는 "금폐"로 기록하고 있으며,『교남지』에는 "신라 헌강왕 때 건립되었으나 금폐"로 기록하고 있어 최소한 18세기 이전에 폐사가 된 것으로 추정된다.

이곳 사지에는 신라 말기로 추정되는 두 기의 부도가 남아 있었다. 두 기 모두 전형적인 팔각원당형 부도로 동서로 건조하였는데 양부도의 건조양식이나 각 부의 조각수법에 있어서도 같으며 전체 규모에 있어서도 거의 같은 크기이다. 양식상으로 844년에 건립한 염거화상탑과 893년대에 건립한 실상사 수철화상탑과 같은 계보의 것으로 평가되고 있어253) 9세기 말경에 건립된 것으로 추정되고 있다.254)

현재 동쪽 부도는 탑신과 옥개석이 많이 파손되어 있다. 이 같은 파손은 일제 때 보물 도취로 인해 크게 파손되어 도괴되어 있었는

---

252) 鄭海昌,「浮圖의 樣式에 관한 考略」,『白性郁博士頌壽記念佛敎學論文集』, 동국대학교, 1959, p.3.
253) 蘇在龜,「新羅下代石造美術硏究」,『美術資料』62, 1999.
　　蘇在龜는「新羅下代僧塔造營攷」(『美術資料』67, 2001, 국립중앙박물관)에서, 현재 실상사 수철화상탑(893년 작)은 수철화상탑이 아니라 실상산문의 창건주인 증각대사탑(861년 이전 작)으로 보아야 마땅하다고 하며, 대체로 870년대 이전에 활동한 신라 선승들의 승탑은 규모가 작은데다 염거화상과 현 수철화상탑이 860년 이전에 활동한 증각대사탑이어야 한다고 주장하고 있다.
254) 鄭永鎬는「蔚州望海寺 石造浮圖의 建造年代에 대하여」(『又軒 丁仲煥博士還曆記念論文集』, 1974)에서, 聖住寺 朗慧和尙白月保光塔(890)과 禪林院弘覺禪師塔(886) 보다는 樣式上 望海寺浮圖가 앞서며, 鳳巖寺智證大師寂照塔(883) 보다는 뒤지는 건조물로 추정하고 있다.

데, 상대석과 탑신, 옥개석 등 부도의 중추부가 마구잡이로 깨어져 나갔다. 『조선보물고적조사자료』에 이미 부도 두 기 중 한 기는 파손된 것으로 기록된 점[255]으로 보아 1916년 이전에 도굴이 일어난 것으로 보인다.

사지에 남아 있는 부도를 1935년 부산 범어사로 이건 보관할 것을 당국에 신청을 하였으나 망해사지는 장래 보존령에 의해 고적으로 지정될 예정이라 하여 무효화되었다.[256] 1937년 6월 9일 제3회 조선조물고적천연기념물조존회 총회에서 보물로 지정하였다.[257] 그러나 일제 말기 전시체제로 들어서면서 복원을 하지 못하고 그대로 방치해 두었는데 이러한 상태는 1960년까지 계속되었다.

1960년 8월에 이곳을 답사한 정영호 교수의 기록에 의하면, 동쪽부도는 기단부부터 도괴되어 중·상대석과 탑신, 옥개석 등이 주변에 흩어져 있었고 서쪽부도는 상륜부 대신 옥개석 위에 소형의 조선시대 석종형 부도 하나가 놓여 있어 원형을 그르치고 있었다고 한다.[258] 1960년 11월의 복원공사에서 동쪽부도는 산재한 부재를 수합하여 완전히 복구하였으며 서쪽부도도 옥개 위의 타 부재를 내려놓고 현재와 같이 복원하였다.

---

255) 『朝鮮寶物古蹟調査資料』, 朝鮮總督府, 1942, p.308.
256) 朴敬源, 『慶南의 古蹟과 그 文化』, 慶尙南道 鄕土硏究會, 1955.
　　 金禧庚 編, 「韓國塔婆硏究資料」, 『考古美術資料』, 考古美術同人會, 1969, pp.240~241.
257) 『靑丘學叢』第29號, 彙報, 靑丘學會, 1937年 8月.
　　 朝鮮總督府官報, 號外, 1938年 5月 3日.
258) 鄭永鎬, 「蔚州望海寺 石造浮圖의 建造年代에 대하여」, 『又軒 丁仲渙博士還曆記念論文集』, 1974.

산청 범학리3층석탑(국보 105호)

　원위치는 경남 진양군 산청면 범학리로 이곳 사지는 신라시대의 범호사라는 절터로 삼층석탑은 1920년 중반에 영문도 모른채 도괴되어 있었다.[259] 그런데 1941년경에 정점도란 자가 채광시採鑛時 이를 발견하고 범학리 부락에 매각할 것을 요청하였다. 부락민들이 반대하자 100원을 부락 동사 건축비로 기부를 하고 반출에 대하여 묵인해 줄 것을 요청하였다. 부락민들의 묵인하에 하라原 모란 자가 진주까지는 화물차로 진주에서 대구까지는 철도로 각각 운반하여 대구의 오쿠 지스케奧治助란 골동상에게 팔아 넘겼다.

범학리삼층석탑
(경복궁 소재시의 모습)

---

259) 朴敬源,『慶南의 古蹟과 그 文化』, 慶尙南道 鄕土硏究會, 1955, p.199.

1941년 5월 20일자 아리미츠 교이치有光敎一의 조사복명서에는 다음과 같이 보고하고 있다.

> 본 석탑이 대구부에 반입되었다는 사실에 대해서는 먼저 본부박물관 경주분관 오사카大坂 촉탁으로부터 보고가 있었다. 소관 동촉탁과 함께 그 현장을 조사하였다. 현 소재지는 대구부 동운정 5번지 키츠타카橘高 모택某宅의 전정前庭이 된다. 석탑은 현재 해체된 채로 탑석 각개마다 지상에 놓여져 있다.
> 〈중략〉 이 우수하고 보존상태가 양호한 신라시대의 석탑을 원주소로부터 반입한 자는 현재의 대구부 영정榮町 고물상 오쿠 지스케奧治助란 자이다. 지금 동인이 점유자임.
> 〈부기〉
> 반출자는 원지에서는 진주부 거주 정점도 외에 하라原모의 명을 말하였음. 동사洞舍 기부의 신입인申込人의 명은 정점도란 자였다. 그러나 대구부에서 현재 본 석탑의 점유자인 동부 영정고물상 오쿠 지스케로부터 들은 바에 의하면 반출의 일을 직접 담당한 것은 전기 2명이지만 소요의 비용은 전액 오쿠奧가 지출한 것임.[260]

그 후에 이 탑은 대구의 오구라 다케노스케小倉武之助에게 넘어갔다. 처음부터 오구라小倉의 은밀한 모의 하에 이루어진 것인지는 알 길 없으나 오구라小倉는 이 탑을 시골에 숨겨놓았던 것이다.
스기야마杉山의 기록에는,

> 현재 총독부 박물관에 옮겨져 있는데, 무단으로 원위치에서 옮겨져 대구로 운반되어 간 것을 발견, 다시 원위치로 옮기려다 결국 박물관으로 가져왔다.

라고 하고 있다. 오구라小倉가 시골에 숨겨둔 사실을 탐지한 총독

---

260) 金禧庚 編,「韓國塔婆硏究資料」,『考古美術資料』第20輯, 考古美術同人會, 1969, pp. 12~13.

부에서 이 탑을 총독부 박물관으로 가져 왔으나 해체된 채로 그대로 방치해 두었다.

『광복 이전 박물관 자료목록집』에는 다음과 같은 목록이 수록되어 있다.

1. 범학리 3층석탑에 관한 건
    * 총독부 학무국장이 경남도지사에게 보낸 건(1941년 5월 17일)
    * 총독부 학무국 사회교육과 아리미츠 교이치有光敎一가 학무국장에게 보낸 건(1941년 5월 20일)
    * 총독부 학무국장이 회계과장에게 보낸 건(1944년 5월 30일) 외 5건
2. 범학리 3층석탑 취기取嘗 견적서 2부(1941년 12월 20일)
3. 범학리 3층석탑 취기에 관한 건(1941년 11월 13일~1942년 1월 28일) 4건
4. 조선운송주식회사 대구지점장이 조선총독부 박물관장에게 보낸 석탑 운반에 관한 건(1942년 4월 19일)
5. 범학리 3층석탑 건립비 청구서(1942년 4월 19일)

위 목록을 보면 대구에서 경복궁으로 옮긴 시기는 1942년 4월 19일 이후로 보인다. 또한 '건립비 청구서' 목록으로 보아 바로 복원하고자 하였으나 당시 예산이 부족했음인지 복원이 이루어지지 못하고 해체된 채로 그대로 방치한 것이다.

석탑의 재건이 이루어진 것은 미군정 때로 미군 공병대의 힘을 빌어서 세워 놓은 것이다. 이때 도움을 준 사람이 크네미치 대위였다.

오구라의 하수인이 맨 아래 지대석을 가져오지 않았고 박물관에서도 원 소재지에 가서 지대석을 찾아오지 않았기 때문에 현재 지대석은 시멘트로 대신하고 있다. 상륜부는 전실全失되었다. 현재는 용산 국립중앙박물관 수장고에 보관 중이다.

함안 주리사지主吏寺址 사자석탑獅子石塔

주리사지는 함안군 여항면 주서리 좌촌부락에 소재하는데, 주리사의 사역寺歷에 관한 자세한 자료가 없으며 다만 1587년에 편찬한 『함주지咸州誌』에 "주리사재여항산동록主吏寺在餘航山東麓"이라 전하고 있으며, 『교남지嶠南誌』와 『범우고梵宇攷』 등에도 전하고 있음을 보아 18세기까지는 법등法燈이 전하고 있었을 것으로 추정된다.

이곳의 사자탑은 네 마리의 석사자가 탑신을 받들고 있는 형식으로 만들어진 것으로 이러한 유례는 우리나라에는 본 탑을 포함하여 4기 밖에 없는 귀중한 것이다.

「다이쇼大正 6년도 조선고적조사보고」에,

주리사지 사자석탑
(『조선고적도보』에 의함)

함안군청 고적조사 서류에 '주리사는 건물이 어느 해 어느 월에 폐하였는지 알 수 없으나 석사자사석탑石獅子四石塔 1이 지금 군청에 옮겨져 있다. 또 쌍철마가 있다. 〈중략〉 4구의 사자가 석탑을 봉대奉戴하고 있는 형식으로 〈중략〉 4사자 중앙에 있어야 할 불상 등을 잃었다. 신라말 또는 고려시대 작으로 가작佳作이다. 보존에 주의를 …… 운운261)

하는 것으로 보아 주리사가 이미 불법자들의 화를 입어 그 석재들이 외지로 산일散逸되어 갔음을 짐작할 수 있다. 석탑이 군청으로 옮겨진 것은 「(소화 8~9년)보물고적명승천연기념물지정관계잡건철」262)에는 "1912년경에 현 위치(함안군청)로 이건"한 것으로 기록하고 있다.

군청으로 옮겨진 이 탑을 구성하고 있는 부재는 4사자, 옥개석 4, 탑신塔身 2, 로반 보주 각 1 인데 그것도 중층방법重層方法도 순서대로 되어 있지 않고 기단부는 전무全無하다. 여기에서 착안하여 원 탑지에는 혹 탑재가 있지 않을까 하는 가능성에서 1964년 진홍섭 교수에 의해 조사가 이루어 졌는데 그 기록에는,

이상 사지에 잔존한 유물을 보았는데 탑지에 잔존한 탑재를 이치移置된 탑과 종합 고찰하여 보면 탑지의 옥신과 옥개석은 자리만 바꾸어 놓는다면 제2층과 3층의 탑신을 형성할 수 있어 탑신부는 가능하지 않을까 한다. 다만 4사자 위에 놓일 5기단 갑석에 해당하는 탑재와 4사자 하부의 즉 하기단을 형성하는 탑재가 망실 혹은 파손된 채 탑지에 유존한다. 또한 4사자 밑에 놓여 있는 2개의 옥개석인데 이것은 그 형식 수법으로 보아 본 탑과 동시에 조성된 것으로 보여지나 아마도 본 탑과는 관계가 없는 듯……263)

---

261) 今西龍,「廢主吏寺 獅子塔」,『大正6年度 古蹟調査報告』, p.319.
262) 金禧庚 編,「韓國 塔婆硏究資料」,『考古美術資料』, 考古美術同人會, 1969, p.239.
263) 秦弘燮,「咸安 主吏寺四獅子石塔址의 調査」,『考古美術』第5卷 6·7號, 1964.

혼재한 석탑재
(함성중학교 교정)

라고 하며 탑은 동일 탑재로 이루어진 것이 아니라 두 개의 탑재가 혼재混材되어 있음을 말하고 있다.264)

사지에 있어야 할 석재도 물론 일부 사라졌지만 당시 옮기는 과정에서 얼마나 무성의했는지를 알 수 있다.

탑은 구 군청자리에서 현재 함성중학교 교정의 정문 옆에 옮겨져 있었는데 1999년 7월에 문화재 절도범들이 석사자상 4구 중 2구를 훔쳐 달아났다. 후에 2구를 찾기는 했으나 도난을 우려하여 석사자상은 수년간 함안면사무소 창고에 보관하고 있다가 오늘날 새로운 부재를 첨가하여 복원하였다.

---

264) 塔石이 두 개의 탑재가 혼성된 듯한 점에 대해, 朴敬源은 『慶南의 古蹟과 그 文化』(1955) 함안군 大寺里 石佛 條에서,
1936년 여름 大水 뒤에 大寺부락 뒷산에서 우연히 발견된 等身大의 菩薩形立像 一體를 동리 사람들이 운반하여 이곳에 안치한 것이 있는데 당시 발견자의 이야기는 현 위치에는 대좌가 있는 것 같다고 한다. 이 大寺里 부락 前面一帶 전답 중에는 각종 기와의 파편과 전편이 무수히 발견되는 것인데 동리의 이름이나 위치로 보아도 옛적의 사원지 임이 틀림없는 것이며, 함주지에, "北山在各只山南有石彌勒西有六層塔"이라 하는 데가 바로 이 자리가 아닌가 생각된다고 하며, 석탑은 근처에는 없으나 군청 앞 주리사 사자석탑의 석재 중에는 북사탑의 단편도 섞여 있지 않을까 의심되는 점이 있다고 한다.

창원 봉림사지鳳林寺址 진경대사보월능공탑眞鏡 大師寶月凌空塔 및 그 외 석조물

봉림사지는 창원군 상남면 봉림리鳳林里 부락 뒷산에 소재한다. 신라 말기에 원감圓鑑 현욱玄昱의 제자 진경眞鏡 심희審希가 897년 이후 남계南界의 진예進禮에 이르렀을 때 진례進禮 제군사諸軍事 김율희가 정려精廬를 짓고 머물기를 청하자 이에 따랐다. 심희가

진경대사보월능공탑
(국립중앙박물관)

이곳에 머물자 효공왕이 봉림사라 사액하고 장군 김인광이 수축修築을 도와 봉림사를 창건하였다. 심희가 이곳에서 크게 교화 활동을 하게 되어 선문구산禪門九山 중 하나인 봉림산파의 중심도량이 되었다.[265]

국립창원문화재연구소에서 1995년부터 1998년까지 4차례에 걸쳐 이 사지에 대한 발굴조사를 한 결과 이곳에서 명문와銘文瓦 등이 출토되었다. 그 중에는 "병인년봉림사와조丙寅年鳳林寺瓦造"라

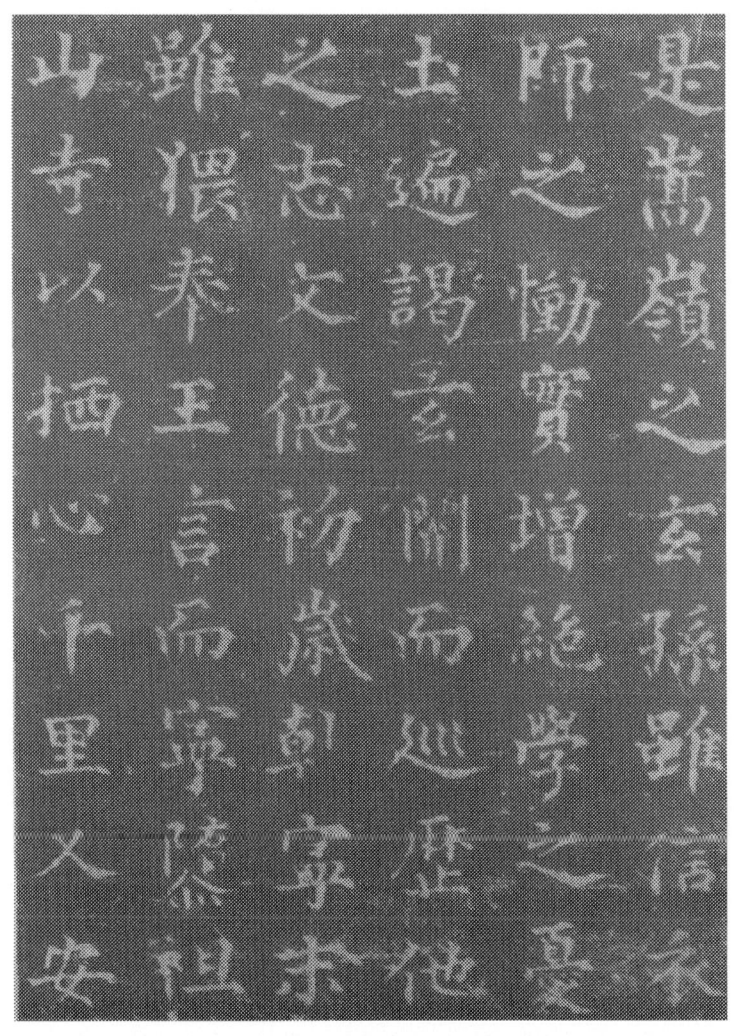

진경대사보월능공탑비문

---

265) 이정 편저, 『韓國佛敎寺刹辭典』, 佛敎時代社, 1996.

간지가 새겨진 암기와가 발견되어 사찰의 창건년대가 906년경으로 추정되어 진경대사 생전에 사찰이 번성하였음을 추정케 하고 있다.[266] 그 뒤의 연혁은 자세하지 않으나 이곳에서 "봉림산보제사鳳林山普齋寺"라는 명문와銘文瓦가 출토된[267] 것을 보면 봉림사가 나중에 보제사로 개명改名한 것으로 추정된다.

『신증동국여지승람』 창원도호부 조에는 "봉림산에 있다. 신라 집사시랑 최인연崔仁渷 찬 승진경탑비僧眞鏡塔碑가 있다"라고 하여 중종 25년(1530)까지는 존속하였던 것으로 보인다. 언제 폐사가 되었는지는 자세하지 않지만, 『교남지』와 『범우고』에는 "금폐今廢"라고 기록하고 있다. 『경상도읍지慶尙道邑誌』(1832년경) 창원 불우 조에는, "임란절상불능기壬亂折傷不能記 금무今無"라 하여 임진왜란 때 소실되어 폐사가 된 것으로 여겨진다. 그 후 언제인가 중창이 있었는지 『가람고伽藍考』에는, "재봉림산부남십오리在鳳林山府南十五里"라는 기록이 보이며, 18세기경에 폐사가 되었다는 설[268]도 있다.

유물로는 1919년 3월에 총독부 박물관 후정으로 옮긴 진경대사 보월능공탑(보물 제362호)과 비(보물 제363호)가 있다.

진경대사가 경명왕 7년 4월 24일에 이곳 봉림사에서 입적하니

---

266) 『昌原 鳳林寺址 發掘調査報告書』, 국립창원문화재연구소, 2000에 의하면, 김인광이 906년 이전의 어느 시점에 禪門에 귀의하여 선종사원의 건립을 후원하다가 몰락과 함께 폐허되었다가 진례성에 머물던 심희가 김율희(907~911년 사이에 활동한 호족으로 소씨에서 김씨로 바꿈) 후원으로 인하여 인근의 봉림산 舊墟에 새로운 사찰을 중창하여 봉림사라 改號하고 駐錫함으로서 드디어 봉림산파라고 하는 독립선문을 개창한 것으로 보여진다고 한다. 또 심희가 입적한 후 곧이어 제3대 종주가 된 찬유대에 와서는 봉림산파의 중심지가 다시 혜목산의 고달사로 옮겨지고 있었는데 그 이유는 분명치 않으나 김율희 세력의 몰락과 관계가 있었던 것으로 보이기 때문에 명문와의 丙寅年을 906년에 맞출 수 있을 것으로 보고 있다.

267) 申昌秀, 「봉림사지발굴개보」, 『고고역사학지』 16, 동아대학교 박물관, 2000.

268) 폐사와 관련된 전설로는 李彦迪(1491~1553)의 후손으로 18세기에 밀양에 살고 있던 여주 이씨들이 봉림사가 명당임을 알고 묘를 쓰려 했으나 승려들의 완강한 반대로 뜻을 이루지 못했다. 이에 여주 이씨들은 선친이 별세하자 시신이 들어 있지 않는 상여 세 개를 만들어서 가로막는 승려들을 유인했고, 그 틈에 시신이 들어있는 상여를 운반하여 묘를 썼다. 그 뒤 절은 폐허화 되었고, 여주 이씨의 가문도 역시 망했다고 한다. 절터 인근에는 아직까지 중사골이라는 지명이 전해진다. -『문화유적총람』, 1977, 문화재관리국.

절 북쪽에 임시로 안장되었고, 왕이 조문사를 보내어 시호를 진경眞鏡, 탑호은 보월능공탑寶月凌空塔이라 하였다. 비문은 경명왕이 찬하고 전액篆額은 최인연崔仁渷이 서書하고 나머지는 석釋 행기幸期가 서書했다.269) 건립년시는 비문에 "용덕사년세차갑신사월일일립龍德四年歲次甲申四月一日立"이라고 하여 신라 경명왕 8년(924)에 건립하였음을 밝히고 있다.270) 재료는 화강암을 사용하였으며 비신의 양측면에 운용문雲龍紋을 전면에 가득 조각하였는데 각 면에 용 한 마리씩을 상부에서 하단까지 조각하고 나머지 부분은 운문으로 채웠다. 이처럼 양 측면에 운용문을 조각한 것으로는 현존 비중에 최고最古이며, 신라 비로는 유일한 예이다.271) 뿐만 아니라 비문 중에 '대사휘심희속성신김씨기선임나왕족大師諱審希俗姓新金氏其先任那王族'이라 하여 '임나任那'라는 문자가 보임으로서 신라시대까지는 '임나任那'의 칭호가 쓰이고 있었음을 밝혀 주는 귀중한 사료이다.

일제강점기에는 날조한 소위 임나일본부설任那日本府說의 주장과 이를 설명하는 교과서에서 임나국任那國의 예증例證으로 이 비를 들고 있다.272)

비는 이수와 귀부를 모두 갖추고 있으나 1915년 이전에 도괴되었음인지 1915년에 발간한 『신세계』(3권 1호)에 실린 '창원 봉림사 진경대사보월능공탑비명' 조에 다음과 같이 기술하고 있다.

경상남도 창원의 동남2리 봉림리에 재在하니 비신은 고 약 5척 3촌인데 중앙이 절단되어 지면에 횡도橫倒 하였으니 신라 말기 승 진경의 탑비라. 진경일대의 사적을 기하였는데 …… 비고 : 비의 존재는 봉림사 지인데 석능, 석탑, 탑기 등이 손하고 지명을 봉림리라 부른다.273)

---

269) 『海東金石苑』.
270) 『朝鮮金石總覽』 39.
271) 姜仁求, 「麗初 碑身側面 雙龍高彫에 대하여」, 『考古美術』 106・107, 韓國美術史學會, 1970年 9月.
272) 朝鮮教育研究會編纂, 『尋常小學日本歷史補充教材教授參考書』 卷一 '上古의 朝鮮半島'條, 朝鮮總督府, 1934, p.13.

탑비가 옮겨질 당시의 상황은 봉림사지의 후정後庭 산배山背에 개조 진경대사의 납골탑과 부근에 탑개석, 석고石鼓, 귀부와 타 비편 등이 있었고, 당시 귀부는 하등의 이상이 없었으며 그 위에 서 있었을 것으로 사료되는 비신은 3단으로 절단되어 상중上中 2단이 가까이에 넘어져 있었다. 비신의 하부는 일부 절단된 부분을 잃어

원위치에 있었을 때의 모습으로 추정되는 보월능공탑 (『慶南史蹟名勝談叢』에는 '(경주)석등롱'으로 기록하고 있다)

273) 「金石文에 관한 參考」, '창원 鳳林寺眞鏡大師寶月凌空塔碑銘' 조, 『新世界』 3권 1호, 1915년 1월.

버렸다.

　이들은 창원역으로 옮겨 후에 다시 총독부 박물관으로 이송하였다. 하단의 비편은 그 후 일대를 수색한 결과 가까운 경작지의 땅속에서 그 일부를 발견하였으며 진경대사 보월능공탑과 함께 총독부 박물관으로 옮겼다.274) 탑비가 옮겨진 연시에 대해서『고적급유물대장초록』(1924년 조선총독부)에는 1919년 3월로 기록하고 있다. 탑비는 현재 비신 최하부의 절단되었던 것을 맞추어 세웠다. 절단된 부분의 각자刻字는 인멸湮滅되어 이 부분을 비신 이면에 보각補刻하였고 결실缺失된 부분의 석재는 원형에 맞추어 신재新材로 보완해 비좌碑座에 감입嵌入하였다.

　현재 국립중앙박물관으로 옮겨진 진경대사 보월능공탑은 그 조성시기를 진경대사가 입적한 해인 경명왕 7년(923)에 건립된 것으로 보고 있다. 부도의 형식은 비교적 간략하며, 양식적으로 9세기 부도와는 많은 차이가 있음을 볼 수 있다. 즉 옥개석의 기와골과 같은 것은 이미 사라지고 있으며 낙수면에 나타난 귀꽃이나 상륜부에 보이는 앙화와 보주의 형태는 처음 나타나는 형식으로 이후 고려시대 부도의 상륜부에 보이는 보주의 선구가 되고 있다.275)

　현재 창원시 지귀동 상북초등학교에는 봉림사의 3층석탑이 있다. 이 탑은 원래 봉림사지의 답에 있었던 것으로 1916년경 산림과에서 조사한 기록에는 "탑 1기는 답중에 재, 높이 5척6촌 삼층방탑임, 타 1기는 산림내재고팔척팔각탑山林內在高八尺八角塔으로 정교精巧"276)라고 기록하고 있다. 이때까지는 3층석탑은 답중에, 진경대사보월능공탑은 조금 떨어진 산림 중에 무사히 보존되었던 것으로 보인다. 그런데 1927년에 간행한『경남사적명승담총慶南史蹟名勝談叢』에, "수답小畓 중에 다의 딥개塔蓋가 경사지에 매믈되이 있고 귀부의 부근에 석고石鼓 기타의 조각품이 넘어져 있다"277) 하는

---

274) 諏方武骨,『慶南史蹟名勝談叢』, 諏方武骨遺稿刊行會, 1927, pp.27~28.
275) 張忠植,「九山禪門의 舍利塔」,『文化史學』11~13合本, 韓國史學會, 1999, pp.428~429.
276)『朝鮮寶物古蹟調査資料』, 朝鮮總督府, 1942.

것으로 보아 1916년 이후 1919년 3월 이전에 탑 내의 보물을 훔쳐 가기 위한 도굴꾼의 소행으로 보인다.

1934년까지는 기초대석基礎臺石을 제외한 나머지 석재는 대석의 주위에 붕괴되어 흩어져 있었는데, 어떤 자가 이것을 원형으로 쌓아 올렸다.278) 그런데 1935년 9월에 창원군 상남면 봉림리의 탑이

상북초등학교 정원에 있는
3층석탑

277) 諏方武骨, 『慶南史蹟名勝談叢』, 諏方武骨遺稿刊行會, 1927, p.29.
278) 국립창원문화원에서 발굴조사(1995~1998)한 결과 탑지는 금당으로 추정되는

있는 전답 소작인 윤상용이란 자가 부산에 있는 골동품 앞잡이 장계상의 꼬득임에 빠져 석탑을 팔고 말았다.

장계상은 다시 이를 부산에 있는 일인 타케스에 가스오武末一夫에게 팔았다. 이 일이 '조선보물보존령' 규정위반으로 조사를 받게 되었다. 그 결과 타케스에 가스오武末一夫는 진해경찰서에 소환되어 조선보물보존령 위반으로 조사를 받는 과정에서 석탑을 원장소에 운반하여 복원하겠으니 관대한 처분을 바란다는 뜻을 진술함에 따라, 부산경찰서에서는 현장까지의 운반 및 공사비를 부담하는 것으로 훈계 방면放免처분을 하였다.279)

그러나 무슨 이유에서인지 당시 3층석탑을 원장소에는 옮기지 못하고 봉림사지 근처에 있는 상북초등학교에 보존하게 되었다. 여러 번 옮겨 다니는 동안 일부를 결실하고 파손 탈락 정도가 심하고 임의적인 보수 등으로 크게 원형을 해치고 있다. 현재 초등학교 교정 내의 석탑은 상층 기단 면석이 생략된 채 복원되어 있는데 1차년도 조사시에 석탑지에서 상층기단의 면석 일매가 발견되었으며 이 면석 주변지역 탐색조사 결과 암반층의 상면에 바로 놓인 기단석과 기단석 주위의 탑구를 확인하였다.280)

상북초등학교에는 이외에도 봉황장식의 석조부재 및 원구형 석조 부재가 각 한 점씩 보존되어 있는데 이 석재들은 바로 진경대사탑에서 결실된 복발覆鉢과 보개寶蓋일 가능성이 짙다281)는 견해도 있다. 진경대사탑을 조선총독부로 옮길 당시에는 매몰되어 있다가 후에 발견되어 상복초등학교로 옮긴 것이다.

건물지와 약 20미터 가량의 서편에 있는데 이곳에서 석탑의 지대석과 탑 구역 돌이 확인되었는데, "상북초등학교 교정의 삼층석탑이 일제시대에 이 자리에 있던 석탑을 밀반출한 것인지 아니면 그 이전에 이미 도괴되어 있던 것을 옮기려 한 것인지 분명하지 않아 더 자세한 것은 알 수 없다. 다만 하층기단 갑석과 상층기단 면석이 현지에 남아 있는 것으로 보아 이는 도괴되어 방치되었던 것을 일본인이 옮기려 한 것인지 모르겠다"라 한다.

279) 金禧庚 編,「韓國 塔婆硏究資料」,『考古美術資料』, 考古美術同人會, 1969, pp.242~248.
280) 申昌秀,「鳳林寺址 發掘調査」,『考古歷史學志』제16輯, 2000.
281) 蘇在龜,「新羅下代 石造美術樣式 硏究方法論」,『美術資料』제62호, 국립중앙박물관, 1999.

상북초등학교 정원에 있는
복발과 보개

청도군 장연동 장연사지長淵寺址3층석탑

이 탑은 경북 청도군 매전면 장연동에 소재한다. 사찰의 창건 연대에 대한 기록이 나타난 것은 없으나 신라시대에 속하는 고와가 수습收拾된 점으로[282) 보아 통일신라기에 창건된 사찰로 추정되고 있다. 이 사지에 대해서는 『오산지鰲山誌』[283)] 불우佛宇 조에, "장연사폐기재상남면금위촌거長淵寺廢基在上南面今爲村居"라고 기록하고 있으며, 동서同書 석탑 조에는 "대석탑이좌재상남면장연사폐기大石塔二坐在上南面長淵寺廢基"라고 기록한 점으로 보아 이곳 사지가 장연사지長淵寺址임을 알 수 있다.

양 탑은 1916년까지는 아무런 손상이 없이 유존되었음이 『조선보물고적조사자료』에 나타나 있다.[284)] 그런데 1918년 하라다 요시

장연사지삼층석탑

---

282) 原田淑人, 「錦川面 長淵洞石塔과 幢竿支柱」, 『大正7年度 古蹟調査報告』, 朝鮮總督府, 1921年 3月.
283) 淸道邑誌이다. 仁祖 5年(1627)에 邑民 李重慶이 編纂을 시작하였으나 완성치 못하고 徐文重에 의해 肅宗 3年(1677)에 刊行된다. 그 후 英祖 13年(1737)徐宗壁이 이 邑誌를 또 다시 續修 刊行하였다.
284) 『朝鮮寶物古蹟調査資料』, 朝鮮總督府, 1942, p.291.
"梅田面長淵洞, 私有, 높이 7尺의 石塔 2基가 長淵部落의 田中에 있음".

장연사지 서탑
(대정7년도 고적조사보고)

장연사지 동탑
뒤쪽으로 도괴된 서탑이
보인다. (대정7년도 고적
조사보고)

토原田淑人의 조사기록에 의하면 1918년 2월에 도적이 보탑 내의 유물을 훔치기 위해 서탑을 붕괴하여 전중畑中에 전도顚倒시켰다.285) 내부에 보기寶器가 매장되어 있을 것으로 예상하여 이렇게 한 것이다. 당시 조사보고서에 나타난 사진에는 서탑은 기단까지 완전히 허물어 내부를 수색했음이 추정된다.

1969년 5월 신라삼산학술조사단新羅三山學術調査團의 조사시에 이곳 사지는 경작지화되어 주변에는 와편이 산재하고 석등재石燈材 일부가 잔존하였으며 3층 동서 쌍탑이 원 위치에 유존하여 당대의 가람을 추정케 했다. 동탑은 완전하였으나 서탑은 도괴되어 있었다.286)

1980년 2월에 현재와 같이 복원하였으며, 탑신과 옥개석 곳곳에 손상이 있었으며 하층 기단 대부분은 석재를 보충하였다. 동탑은 1984년에 해체 보수하였는데 초층 탑신에서 사리장치가 발견되었다. 유리로 만든 녹색사리병을 장치한 사리합은 목재로 만들어진 특이한 것이었다.

현재 탑지를 제외한 사지 일원은 모두 과수원으로 변해 있다.

---

285) 原田淑人,「錦川面 長淵洞石塔と幢竿支柱」,『大正7年度 古蹟調査報告』, 朝鮮總督府, 1921年 3月.
286) 鄭永鎬,「新羅三山 第3次調査略報」,『考古美術』102호, 韓國美術史學會, 1969. 6.

2장 전라도 지역

장흥 보림사寶林寺 보조선사창성탑普照禪師彰聖塔 (보물 제157호) 및 3층석탑(국보 44호)

보림사는 전라남도 장흥군 유치면 봉덕리에 소재하는 신라시대의 유서 깊은 사찰로, 선종이 도입된 이후 가장 먼저 성립된 가지

보조선사창성탑비

산문迦智山門의 중심사찰이다. 가지산사는 원표대덕元表大德이 창건하여 주석하던 곳으로 일찍이 법력으로 정사에 공을 세웠으므로 경덕왕 18년(759)에 왕명으로 장생표주長生標柱를 세워 그 구역을 확정해준 곳이다. 그후 보조선사가 가지산사로 이주한 다음해인 860년에 선사의 제자인 김언경은 문하의 빈객이 되어 사재를 털어서 철 2500근으로 비노사나불을 조성하였다. 이에 왕은 교지를 내려 금 160分을 공출하게 하여 이를 돕게 하니 경문왕 원년(861)에 선우禪宇를 넓히는 불사가 이루어졌다.[1]

가지산문의 조사는 도의선사道義禪師로 중국에서 37년 간 수행 정진하고 821년 신라로 돌아오지만 당시 화엄종이 주류를 이루고 있어 신라에서는 선불교禪佛敎의 이념을 쉽게 받아들여지지 않았다. 때가 무르익지 않음을 느낀 도의선사는 설악산 진전사陳田寺로 들어가 제자를 키우며 지내다 입적하였다. 염거화상廉居和尙(?~844)은 그의 제자로 역시 공식적인 선문禪門을 열지 못하고 보조선사 체징體澄에게 법을 전하였다.[2] 보조 체징(804~880)이 보림사에 주석하면서 화엄종사찰에서 선종사찰로 변모시키면서 최초의 선문인 가지산문이 열리게 되었다. 따라서 보조선사는 가지산문의 제3조로서 실질적으로는 보림사의 개창조가 되는 셈이다.

체징이 신라 헌강왕 6년(880) 3월 9일에 이곳에서 입적入寂하니 왕이 시호를 보조普照, 탑을 창성으로 호號하고 보림의 액額을 사賜하였다. 비의 건립년시는 비문에 "중화사년세차갑진中和四年歲次甲辰 …… 건건建建"이라 하여 신라 헌강왕 10년(884)에 건립한 것을 밝히고 있다. 비의 찬문은 김영金穎, 서는 김원金薳, 김언경金彦卿 2인

---

1) 『海東金石苑』 參考.
2) 普照禪師彰聖塔碑文에,
"처음에 道儀大師가 西堂에게 信任을 받은 후 우리나라에 돌아와 그 禪의 이치를 설하였다. 당시 사람들은 경전의 가르침과 관법을 익혀 정신을 보존하는 법을 숭상하고 있어, 無爲任運의 宗은 아직 이르지 아니하여 허망하게 여기고 尊崇하지 않음이 달마가 梁의 武帝에게 받아들이지 못한 것과 같았다. 그런 까닭으로 때가 이르지 않음을 알고 산림에 은거하여 법을 廉居禪師에게 부촉하였다. 염거선사는 雪山 億聖寺에 머물러 조사의 마음을 전하고 스승의 가르침을 여니 우리 선사가 가서 섬겼다."

보조선사창성탑비문

이 썼다. 초행初行 제7행 '선禪'자까지의 해서楷書는 김원이 서 했고, '사師'자 이하의 행서行書는 김언경의 글씨다.[3] 이렇게 2인에 의해 서書 하여진 것은 김원이 중도에 병몰病沒하게 되어 김언경이 그 이하를 쓴 것으로 추정되고 있다.[4]

『신증동국여지승람』 제37권 '장흥도호부'편에, "가지산에 있다. 신라 사마김영이 지은 보조선사의 탑비명이 있다"라는 기록이 나와 있으며, 1790년경에 편찬된 것으로 추정되는 『장흥부지長興府誌』에 "보림사재부북사십리가지산寶林寺在府北四十里迦智山"이라고 하는 것으로 보아 이때까지는 탄탄히 법등을 이어온 것으로 추정

---

3) 李俁, 『大東金石書』에, "朝靖郞金穎文 昆湄縣令金薳書 從頭第七行禪字以下第字 兵部侍郞金彦卿書".
4) 葛城末治, 『朝鮮金石攷』.

된다. 그러나 거의 같은 시대인 1779년에 편찬된 『범우고』에는 "금폐今廢"로 기록되어 있어 18세기 후반에는 이미 폐사가 되었다는 이야기인데 범우고의 기록을 완전히 다 믿지 않는다고 하더라도 거의 폐사에 가까웠음을 짐작할 수 있다.

일제강점기 초에 금석문 조사를 위해 이곳을 방문한 가츠라기 스에하루葛城末治의 기록에 따르면 당시는 해남 대흥사大興寺의 말사末寺로서 사는 현저히 퇴폐頹廢하여 승이 겨우 2인에 불과했으며 고법당古法堂은 허물어지기 일보직전이었다고 한다. 그는 이곳에 유존한 3층석탑, 석등, 철조비로사나불[5]을 살피고 "극히 우수한

보조선사창성탑

작으로 당시 불교의 융성隆盛을 무언으로 말해주고 있다"고 하면서 이러한 귀중한 유물들이 제대로 보호를 받지 못하고 있음에 대해 무척 안타까워했다.

1928년 8월에 후지시마 가이지로藤島亥治郎가 이곳을 방문하였는데, 이곳에서 신라시대의 석탑 2기, 석등 1기, 보조선사부도 및 동비 등을 살피고 동서 양탑이 거의 완전하게 남아 있음을 기록하고 있다.6)

보조선사의 유골을 안치한 부도탑은 높이 4.1m의 거대한 규모로 비의 건립 연대와 비슷한 연대에 건조建造되었을 것으로 추정된다. 「1935년도 조선총독부 보물고적명승천연기념물보존회총회 지정예정물건指定豫定物件」7)에, "이 탑은 1931년경에 파괴되어 훼손된 부분이 많다. 1934년에 수축했다"라고 되어 있어 도굴꾼이 장치물을 도취하기 위해 파괴한 것으로 보인다. 보조선사창성탑은

1934년 5월 6일의 보림사 모습 (『史迹と美術』 제44호 1934년 7월)

---

5) 葛城이 調査할 당시에는 古法堂에 모셔져 있었는데 元來 도금을 한 것이나 금색 斑點이 곳곳에 남아 있었으며 象의 右耳는 缺損되어 木片으로 補했다. 象의 左腕 後部에, '……大中十二年戊寅七月十七日武州長沙副官金邃宗'이라 하여 憲安王 2年(858)에 鑄成 되었음을 밝히고 있는데, 寄進者에 대해서 葛城은 普照禪師碑文의 내용에 普照의 弟子 金彦卿이 淸俸과 私財를 털어 鐵造毘盧舍那佛을 鑄造 寄進한 사실을 들어 金邃宗과 金彦卿을 同一人으로 邃宗은 唐諱를 避해 後에 彦卿으로 改名한 것으로 推定하고 있다.
6) 藤島亥治郎, 「朝鮮建築史 其二」, 『建築雜誌』 第44輯 第535號, 昭和 5年 7月, p.257 參照.
7) 『靑丘學叢』 第24號, 1936年 5月, p.182.

보림사 서탑
(1929. 8,『조선건축사론』)

최근의 모습

1936년 5월 23일 조선총독부 고시 제318호로 보물로 지정되었다가 해방 이후 현재 보물 제157호로 지정되었다. 보조선사탑 앞에 있는 비는 높이 3.46m로 보물 제158호로 지정되었다.

대적광전 앞뜰에 남북으로 마주 서 있는 삼층석탑은 양식과 크기가 동일한 신라 일반형 석탑으로 양탑 모두 상륜부를 완전하게 갖추고 있다. 그런데 1933년 겨울 불전 앞에 있는 양탑의 사리장엄구를 약탈할 목적으로 도굴꾼들이 파괴하여 다음해 1934년에 먼저 도괴되었던 보조선사창성탑과 함께 재건하였다.[8] 이후 곧 바로 1936년 2월 21일자 조선총독부 고시 제69호로 보림사 삼층석탑 및 철조비로자나불을 보물로 지정하였다.

당시 북탑에서 탑지塔誌, 진유합자眞鍮盒子, 옥주玉珠, 목편木片 등이 발견되었고, 남탑에서는 탑지塔誌, 진유합자眞鍮盒子, 백자명白磁皿 등이 발견되었다.[9] 남탑지南塔誌에는 함통 11년咸通十一年의 조탑명造塔銘과 성화 14년成化十四年에 중수한 사실과 숭정 57년崇禎五十七年의 중수명重修銘이 있고, 별도 청동사리합靑銅舍利盒에는 가정 14년嘉靖十四年의 중수명이 점침각點針刻 되어 있었다. 북탑지北塔誌에서는 함통 11년咸通十一年의 조탑명造塔銘과 성화 14년成化十四年의 중수명이 있었다. 따라서 이 두 탑은 870년(경문왕 10) 선왕인 헌안왕의 극락왕생을 위하여 세웠으며, 김수종이 칙명을 받들어 이를 건조建造하였음을 기록하고 있다. 또 탑을 세운 이후 891년에 내궁소장內宮所藏의 사리 7과를 왕명에 의해 봉안하였다. 조선시대에는 두 탑이 기울어져 1478년에 중수하였으며, 1535년

---

8) 天沼俊一, 「朝鮮全南寶林寺の古石燈」, 『史跡と美術』, 1934年 7月.
　葛城末治, 『朝鮮金石攷』, 1935年, 大阪屋號書店.
　* 『광복 이전 박물관자료 목록집』에 의하면,
　'장흥 보림사 수리 경비 보조신청에 관한 건'으로 1937년 5월 30일~6월 16일까지 4건의 목록이 보이고 있으며, 보림사 주지가 조선총독에게 보낸 '대웅전, 3층석탑, 석등 修善願 신청(1941년 6월 13일)'과 전남도지사가 조선총독부 학무국장에게 보낸 '지정보물 수리와 기술원 파견 신청에 관한 건(1941년 6월 23일)'의 목록이 보이고 있다. 이것이 문서를 철한 일자를 기록한 것인지, 시행 일자를 의미하는지 명확하지 않다.
9) 杉山信三, 『朝鮮の石塔』, 1944.

철조비로사나불
(국보 제117호)

과 1684년에도 중수한 사실이 나타나 있다.[10]

일제강점기에 사리장치 일체는 장흥경찰서에 보관하고 있었는데 해방 이후 장흥군청으로 이관하였다가 6·25동란 이후 문화재 사무가 교육청으로 넘어가면서 이들 유물 보관도 교육청으로 이관되었다. 그후 다시 문화재 업무가 다시 군청으로 넘어 가면서 사리구도 군청 문화공보실로 옮겨 보관하였다가 이들 유물은 현재 국립광주박물관에 보관되어 있다.

한국전쟁 때 공비들이 자신들의 소굴로 사용하다가 도주하면서 방화하여 759년(경덕왕 18)에 왕명으로 특별히 절에 세웠던 장생표 長生標를 비롯한 대웅전(대적광전 당시 국보 제204호) 등 대부분의 건물들이 불에 타버렸다. 대적광전은 한국전쟁 중에 소실되자 전후에 작은 규모로 새로 지었다가 1990년대 후반에 다시 헐고 옛 규

---

10) 藤田亮策, 「朝鮮金石瑣談」, 『靑丘學叢』 第19號, 1934, pp.162~168.
『傳統寺刹 叢書』 6, 寺刹文化硏究院, 1996.

모에 맞게 새로 복원하였다.

대웅전에 있는 철조비로사나불좌상은 대웅전이 불탈 때 왼쪽 어깨부분이 일부 손상을 입었다.

보림사에서 서쪽으로 600m 정도 떨어져 있는 마을의 동쪽 구릉에 2기의 부도가 있다. 이는 보림사의 서쪽에 있다고 하여 보림사 서부도라 부르고 있으며 현 보물 제156호로 지정된 것으로 1931년 탑 내에 수장되어 있는 사리구를 도굴하기 위하여 파괴한 것을 1934년에 재건했다.

또 보림사의 절 입구 동북산록 경사면에 있는 부도군은 7기가 함께 모여 있는데, 그 중 2기는 '향산운파당香山雲坡堂', '지봉당智峯堂'이라고 음각되어 있어 그 주인공을 알 수 있는 것도 있다. 이 부도군에서 동쪽 끝에 서 있는 8각의 지복석地覆石 위에 있는 부도가 현 보물 제155호로 지정된 것으로 기단부의 안상과 옥개석 및 완전한 상륜부의 조형수법이나 조각양식으로 보아 신라말기에 조성된 것으로 추정되고 있다. 이 부도 역시 1931년경에 도괴되이 1934년에 수리했다.[11]

보림사 동부도
(보물 제155호)

---

11) 「彙報」, 『靑丘學叢』 제24호, 1936년 5월.

광양光陽 옥룡면玉龍面 중흥산성中興山城 쌍사자 석등雙獅子石燈(국보 103호)과 3층석탑

전남 광양시 옥룡면의 중흥산성이라 알려진 산성 내에는 현재 삼층석탑만이 남아 있지만 일찍이 사명寺名을 잃은 폐사지임을 알 수 있다. 이곳에 대한 조사는 1916년경에 『고적대장』을 만들기 위

쌍사자석등 (국립광주박물관 중앙 홀 소재)

하여 산림과에서 처음 조사가 이루어졌는데 당시 기록에는,

> 중흥산성中興山城이라 칭稱하는 이곳은 광양읍光陽邑 북1리반北一里半에 있음. 산 정상 및 일부와 계곡을 포함하고 있는데 토석土石으로 축성築成한 것으로 약 천팔백 칸間, 내이사지급석탑석등內二寺趾及石塔石燈이 있다.[12]

라고 하고 있으며, 그후 1931년 3월에 이곳을 조사한 오가와 케이기치小川敬吉는 그 내용을 『조선朝鮮과 건축建築』에 발표하였다. 그의 조사에서 사에 대해서는,

> 『동국여지승람東國與地勝覽』의 기록에도 토지나 사명寺名이 전하지 않아 어떤 절이며 어느 때에 세웠는지 알 수 없다. 유일한 기록으로『광양읍지光陽邑誌』에, '중흥산성재현북십오리中興山城在縣北十五里 석축주위팔백척石築周圍八百尺 내유일계상유대탑內有一溪上有大塔 기폐己廢'라고 기록되어 있다. 옥룡면 운평리에서 서로 백운산맥을 연하여 내려오면 표고 400의 산정상山頂上에는 평탄하며 계류 중간쯤에는 논밭이 있고 주위 1800칸間의 토벽이 둘러져 있는데 중흥산성이라 한다.

하고 있다.

이 석등이 원래 있었던 사지는 어느 때부터인지 폐허가 되어 주위에는 석성石城만이 둘러 있었기 때문에 석등의 명칭은 성명城名을 따라 '중흥산성 쌍사자석등'이라고 일인들이 부르기 시작하여 오늘날까지 그렇게 부르게 되었다. 오늘날에는 중흥사中興寺로 보는 견해도 있다.[13]

---

12) 『朝鮮寶物古蹟調査資料』, 朝鮮總督府, 1942, p.190.
13) 寺名에 대해서는 中興寺로 보아야 한다는 見解도 있다.
　장충식은 『한국의 탑』(1989, 일지사)에서, 『大東地志』에 "中興山 古城은 북쪽 10리에 있다" 하는 것에 착안하여, 이 산성이 중흥산 고성이란 이름으로 불리어 왔다면 중흥사가 있는 山名이 中興山이었다는 새로운 착안을 지닐 수 있다. 그것은 山名과 寺名이 일치하는 경우가 흔히 있으므로 이곳의 사명 역시 산명과 동일한

중흥산성3층석탑

이곳 석탑, 석등에 대한 오가와 케이기치小川敬吉의 조사보고에,

3층석탑 : 이 중흥산성 중의 탑은 양질의 화강암석으로 만들어진 방형 方形의 3중탑重塔으로 이중기단二重基壇에 세웠다. 기단의 우목석隅目石에는 우수한 천부상天部像이 양각陽刻되어 있고 정면에는 인왕상仁王像, 좌우 양측면에는 사천왕상四天王像, 후면에는 보살상菩薩像을 조출彫出하였다. 이중기단 위에 초층탑신을 올려 놓고 4우四隅는 주형柱形으로 만들었다. 내에는 4불상四佛像을 양각陽刻하고 위에 옥개屋蓋를 올렸다. …… 만약 내지內地에 있었다면 일찍이 국보로 지정되어 미술적 가치를 인정받았을 것이다.

쌍사의 석등 : 탑의 배후背後에 한 기의 석등롱石燈籠이 있다. 그 자세가 진기珍奇하고 그 의장意匠 풍모風貌는 웅장하여 드물게 보이는 걸작이

中興寺로 보아야 한다는 견해다.

다. 내지에는 이 석등롱에 비할 수 있는 것은 없다. 조선에는 유일하게 1기가 유존하는데 유명한 속리산 법주사 쌍사자석등이다. …… 이는 동의동수법同意同手法으로 진중珍中의 진기중珍奇中의 기奇이다.[14]

라고 극찬을 아끼지 않고 있다. 또 이 석등은 "다이쇼大正 7년(1918) 1월 전남 광양군 옥룡면 운평리雲平里 중흥산상中興山上에서 이건移建한 것으로 이 지점의 사적에 대한 상세한 것은 알기 어렵다"고 하며, 일본『고고학 제7권 6호』(1936년 6월)에 '조선의 석조미술자료'로 소개하고 있다.

이 석등의 유랑流浪이 시작된 것은 1930년 8월경에 전남 광양군 옥룡면의 옥룡보통학교 후원회가 조직되어 그 재원財源을 마련하기 위해 중흥산성에 있는 석탑, 석등을 매각하고자 하였다. 그래서 부산에 있는 골동상에게 팔기로 하여 흥정을 하였는데, 부산의 골동상은 700원에 사겠다고 하여 이 말에 후원회측은 크게 놀랐다. 후원회측은 기껏해야 100원쯤에 팔릴 것으로 생각했는데 700원을 부를 줄은 몰랐던 것이다. 후원회측에서는 이에 분명히 유서由緖있는 것이라고 생각하여 군청에 상담을 하였다. 군청당국에서는 몰래 매각하는 것은 고적취체법古蹟取締法에 저촉抵觸된다고 하여 매각賣却을 일시 중지하였다. 그런데 이 석물石物이 소재한 땅 소유자所有者가 자신의 사유지에 있는 것을 후원회측에서 자신에게 의논도 없이 무단으로 매각하고자 한데 대해 화가 나서 주재소에 유물발견계遺物發見屆를 제출함에 따라 1931년 3월 조선총독부에서 오가와 케이기치小川敬吉가 파견되어 조사에 나서게 된 것이다.[15]

그 결과 오가와가 학무국장에게 보낸 복명서(1931년 5월 20일)를 보면 오가와小川가 경찰서에서 들은 얘기로 부산의 매수인은 대구

---

14) 小川敬吉,「玉龍面の石塔婆と石燈籠に就て」,『朝鮮と建築』第十輯 第八號, 1931, pp.3~5.
15) 朝鮮總督府官房文書課,「昭和5年度古蹟調査」,『朝鮮』, 朝鮮總督府, 1931年 10月, p.37.
　小川敬吉,「玉龍面の石塔婆と石燈籠に就て」,『朝鮮と建築』第十輯 第八號, 1931, p.2.

의 이치다市田 모에게 전매轉賣를 약속했다고 한다. 이에 이치다市田는 후지타 료사쿠藤田亮策에게 상담까지 하였다고 한다.

이에 대해 1932년 5월 오가와 케이기치小川敬吉의 보고[16]에는,

> 전라북도 지방에서 석탑, 석등롱 등이 매매되어 부자의 정원에 놓여지고 혹은 바다를 건너 내지內地(일본)로 반출搬出되고 심지어는 천유년千有年이나 유존한 국보적 고탑을 도괴 파괴하여 내부에 수장收藏된 유보遺寶를 도취盜取하고 매각하는 자가 있다는 풍문이 종종 귀에 들어오고 그 유물이라고 보여지는 것을 2, 3회 본 일도 있다. 작년 가을경 대구 사람이 어느 시골에서 석탑과 석등롱을 샀다. 대구로 운반하여도 좋은가라고 하여서 소재지와 매매의 이유를 물으니 전라남도 광양군 옥룡면에서 보통학교의 후원회가 기본재산을 만들 목적으로 중흥산성 내에 있는 삼층석탑과 석등롱石燈籠을 매각하였다. 이러한 지방의 산중에 고대유물을 두어 보아야 보호가 안된다. 대구에 이전하여 정내庭內에 두고 싶다는 희망에서였다.

라고 적혀 있다.

1931년 3월경에는 석등을 몰래 운반하여 산 아래 옥룡면 사무소 앞에 가지고 온 자가 있었는데 동네 주민들의 반대에 부딪쳐 노상에 방치하고 달아났다고[17] 하는데, 1931년 4월 7일자 광양경찰서 보고[18]를 보면,

> 작년 말 해유물該遺物에 주목하여 파편 등을 가져간 자가 있어 소유자 이재영은 망을 보아 산일을 막고 있었으나 과일過日 야음을 타서 유물을 도괴하고 석탑 중의 유물을 가져간 듯한 상황이 있어 소유자 이재영은 보존의 곤란함을 느끼고 해該 토지 유물을 대구 오구라 다케노스

---

16) 黃壽永 編, 「日帝期 文化財被害資料」, 『考古美術資料』 第22輯, 韓國美術史學會, 1973.
17) 黃壽永 編, 앞의 글.
18) 金禧庚 編, 「韓國塔婆硏究資料」, 『考古美術資料』 第20輯, 考古美術同人會刊, 1969.

케小倉武之助에게 매각하려고 하고 있음.

이라고 하며, 1931년 4월 22일자 총독부에 보낸 광양경찰서보고 (유물발견 계출屆出에 관한 건)에는,

수제首題의 건에 관하여서는 본호本號로 본월 7일부 조사보고 한 바와 같으나 그후 소유 및 관리권의 이양을 받은 경상북도 대구부 오구라 다케노스케小倉武之助로부터 아래와 같이 원출願出하였으므로 조사하였는바 관리 보존상 적절하다고 인정하시도록 어허가御許可 있으시기로를 바라며 보고함.
    기
   주소 : 경상북도 대구부 동운정 69
                           오구라 다케노스케小倉武之助
-. 유물인 석탑 1기, 석등 1기는 운평리의 산림 중에 있다. 도난 혹은 파손 등이 될 염려가 있어 전라남도 광양군 읍내로 이전하여 관리 보존을 안전하게 하려함.
-. 위의 원출願出로서 조사하였는데 해該 유물은 근래 갑자기 가치가 있는 것임이 일반에 알려져 전반前般도 탑을 넘어뜨리고 내용품은 절취된 의심이 있다. 또 미신적 행위인지 파편을 가져가는 자도 있다. 소유지는 산간벽지로서 관리 보존상 광양읍내에 이전하는 편이 타당하다고 사료됨.19)

이러한 탑의 도괴와 이건 등은 재력을 이용한 오구라小倉의 음모가 숨어 있을 것이란 의혹이 남는다.
이를 보면 처음 옥룡보통학교 후원회에서 매매를 할 때는 부산의 골동상을 통하여 대구의 이치다市田에게 매각하려 하였고, 이에 화가 난 땅 소유자는 대구의 오구라小倉에게 매각을 해 버린 것으로 추정된다.

---

19) 金禧庚 編, 「韓國塔婆硏究資料」, 『考古美術資料』第20輯, 考古美術同人會刊, 1969.

경복궁에 있을 때의 모습

이후 중흥산성석탑은 1935년 5월 24일 조선총독부 고시 제318호로 보물 제183호로 지정되어 현지에 보존되었다. 그러나 이 석등은 광주 도지사 관사로 옮겨졌다가 1931년 12월에 오가와 케이기치小川敬吉에 의해 재조사되고 1932년 1월에 조선총독부로 옮겨져 경복궁 자경전 앞에 이건되었다.

그 후에도 이 석등은 계속 유랑을 끝내지 못하고 1959년에는 경무대 정원으로 이건되었다가 1960년에는 덕수궁국립박물관 중앙진열실로 옮겨져 전시되었다. 1972년에는 경복궁에 국립박물관이 신축 이전함에 따라 불교조각실로 옮겨 전시되다가 1986년에는 중앙박물관이 중앙청으로 이전하면서 이 석등도 함께 옮겨져 야외정원에 전시되었다. 그후 국립광주박물관이 이 지방에서 반출되었던 문화재를 다시 찾는 계획에 따라 이를 문화재위원회에 상정하여 통과함에 따라 광주박물관 중앙홀로 옮겨지게 되었다.

중흥사지석사자 (『小川敬吉調査 文化財資料』)
이 석사자상은 중흥사지 3층석탑의 기단 네모서리에 있던 것으로 1931년 오가와가 조사할 당시만 하여도 4구였으나 현재는 소재불명이다.

우리나라 문화재의 수난을 대변하는 역정이라 할 만큼 기구한 유랑의 역정을 가진 문화재이다.

광양 옥룡사지玉龍寺址 쌍탑雙塔과 쌍비雙碑

옥룡사지玉龍寺址는 전남 광양시 옥룡면에 있는 백운산의 일지맥一支脈인 백계산의 남단 골짜기에 있다.

사의 창건創建에 대해서는 『신증동국여지승람新增東國輿地勝覽』에 도선이 원래 있던 당우堂宇를 수리 개축하였음을 기록하고 있어 당시의 사명寺名은 알 수 없으나 도선 이전에 이곳에 사찰이 있었음을 알 수 있다.

1997년 1월 20일부터 순천대학교 박물관에서 실시한 발굴조사 결과 탑비전지塔碑殿址 최하층에서 8세기 전반기로 볼 수 있는 와편瓦片들이 다수 출토되어 옥룡사 창건시기는 8세기 전반기로 추정되고 있다. 또 옥룡사지의 중앙 북쪽 일대의 건물지 발굴조사에서 '성화십일년병신成化十一年丙申(1476)' 명銘의 암막새, '만력십칠년기축萬曆十七年己丑(1589)' 명銘의 암막새, '관음觀音' 명銘의 백자편이 발견되었고 그 외 출토유물 중에는 고려청자나 조선 전기의 백자가 발견되었다. 이들은 모두 최상급으로서 조선 전기까지는 옥룡사의 사격寺格이 상당하였음을 뒷받침하고 있다.[20] 그러나 임진왜란과 정유재란을 거치면서 옥룡사가 큰 피해를 입은 것으로 조사결과 추정할 수 있었으며, 그후 다시 중창되었으나[21] 『광양읍지光陽邑誌』 사찰조寺刹條[22]에 "옥룡사재현북이십오리유도선비무인전소비역복玉龍寺在縣北二十五里有道詵碑戊寅全燒碑亦覆"이라 하여 1878년에 화재를 당하여 전소됨으로서 도선비는 넘어지고 폐사지

---

20) 「玉龍寺 建物址 發掘調査」, 『全南 東部地域의 文化遺蹟과 遺物』, 순천대학교 박물관, 1998, p.146.
21) 崔仁善, 「光陽 玉龍寺 先覺國師 道詵의 浮屠殿址와 石棺」, 『黃壽永博士 八旬頌祝 紀念論叢』, 韓國文化史學會, 1997.
22) 正祖 22年(1798) 鄕士大夫 2·3명이 만든 舊誌가 있었으나 疏略하고 誤謬가 많아 1924년 黃承鉉 등 지역의 유력자들이 오류를 바로잡고 빠뜨린 것을 보충하여 만든 邑誌이다.

로 남게 되었다.

옥룡사는 선각국사 도선이 35년간이나 주석하였을 뿐 아니라 고려시대 동진대사洞眞大師 경보慶甫가 그 법맥을 이어왔고, 이 두 대승의 쌍비와 부도가 전해져 그 이름이 일찍부터 알려져 왔다. 『신증동국여지승람新增東國輿地勝覽』에는,

> 옥룡사는 백계산白雞山에 있으니 당나라 함통 5년에 도선이 세웠다. 최유청이 지은 비문에 '사師의 휘는 도선이요. 속성은 김씨이니 신라 영암 사람이다'.
> …… 혹 운봉산 아래 동굴을 뚫고 좌선을 하기도 하고 혹은 태백암 앞에 초막을 짓고 여름을 지내기도 하여 도행의 감동되는 바에 신령스러운 기적이 자못 많았다. 희양현 백계산에 옛 절이 있으니 옥룡사이다. 사는 놀러 다니다가 여기에 이르러 그 그윽한 경치를 사랑하여 당우를 수리하고 깨끗이 개축하여 일생을 마치려는 뜻이 있어서 좌선하여 말을 잊은 지 35년이었다. 입적하니 때는 대당 광화 원년 3월 17일이요 나이는 72세였다.

라고 하고 있다.

도선道詵은 신라 영암사람이며 속성은 김씨로 태종무열왕太宗武烈王의 손孫이라고도 한다. 15세 때 월유산月遊山 화엄사華嚴寺에서 출가하여 후에 대안사大安寺의 혜철대사惠徹大師의 문하에 들어가 무설지설 무법지법無說之說無法之法의 선리禪理를 터득하고 23세에 천도사穿道寺에서 구족계具足戒를 받았다. 후에 백계산 옥룡사에서 35년간 연좌망언宴坐忘言하며 수행 정진하다 신라 효공왕 2년(898) 3월 72세로 입적하니 효공왕은 '요공선사了空禪師'라는 시호諡號와 '증성혜등證聖慧燈'이란 탑호塔號를 내렸다.[23]

그런데 비의 명호名號에 있어 '요공선사了空禪師'라 하지 않고 '선각국사증성혜등탑비先覺國師證聖慧燈塔碑'라 하여 '국사國師'로 표기

---

23) 李能和, 『朝鮮佛敎通事』 下卷, 新文館, 1918, p.18.

하고 있다. 이는 최유청崔維淸의 비명碑銘에서 밝히고 있는 바와 같이 이미 도선의 시적 때 도선의 문인 홍적洪寂 등의 '어읍봉표御泣奉表' 하여 효공왕이 서서학사瑞書學士 박인범朴仁範24)에게 비의 찬문撰文을 명했다. 그러나 옥룡사에는 영당影堂만 건립하고25) 라말 여초의 혼란기로 인해 도선비를 실재 새겨 건립하는데 까지는 이루어지지 못하고 방치되었던 것으로 추정된다. 즉 비의 건립이 국왕이나 중앙 정부의 지원 하에 건립이 가능하였다는 점을 생각할 때 효공왕이 시호와 탑호를 내렸고 비문이 이미 찬술되었다하나 당시 정치적 상황으로는 신라의 국운이 기울었고, 후삼국시대가 도래하면서 정치적 혼란과 맞물리면서 비의 건립은 지연될 수밖에 없었던 것으로 추정된다.

비의 건립을 이루지 못하고 방치되는 동안 사후死後 예우禮遇에 있어 고려 태조의 탄생설誕生說과 관련하여 고려 조정에서 도선을 존숭尊崇하여 후에 추증追贈하였다. 현종顯宗 때 대선사大禪師의 증직贈職이 있었고 숙종肅宗 때 왕사王師의 호를 더했으며 인종仁宗 때 이르러 드디어 국사國師라 봉증封贈되었다.26) 따라서 탑비에 '선각국사'라 한 것은 추증追贈한 이후에 비문이 찬술撰述되었음을 말해 주고 있다.

---

24) 『삼국사기』 권제46, '렬전' '박인범' 조에는,
"저작문자는 조금씩 전해지는 것이 있으나 사기에 그의 경력이 없으므로 전을 만들 수가 없다"라고 기술하고 있다.
25) 1997년 발굴조사 결과 도선국사부도전지가 확인되었는데 부도전 중심부에는 부도가 놓였던 지대석 1매가 발견되었으며, 부도전 주변에서 상당량의 부도편이 인위적으로 작게 깨어진 채 출토되었다. 부도전 최하층에서 통일신라시대의 와편들이 출토된 점으로 보아 도선국사의 부도는 도선이 입적한 무렵에 건립된 것으로 추정되고 있으며, 또한 부도전지에서 석곽 및 석관이 발견되었는데 석관에서는 인골이 나왔으며 인골에서 화장한 흔적이 없는 점으로 보아 입적 후 假葬한 후 사리탑이 완성되자 사리탑으로 옮겨 안장한 것으로 추정되고 있다.
嚴基杓, 『新羅와 高麗時代 石造浮屠』, 학연문화사, 2003.
「光陽玉龍寺 塔碑殿址 發掘調査」, 『(全南東部地域의) 文化遺蹟과 遺物』, 순천대학교 박물관, 1998 參照.
26) 『高麗史』世家 卷 第十七, 仁宗六年(1128) 四月 條에,
"乙卯에 王은 下詔하기를, '요즈음 天文에 변괴가 있어 時令이 고르지 못하므로 …… 또 元曉, 義相, 道詵, 皆古 등 高僧에게는 마땅히 所司로 하여금 封贈하도록 하라' 하였다"하는 것으로 보아 이때부터 國師로 불리게 된 것으로 추정된다.

최유청이 비록 박인범이 남긴 비문의 사본을 읽었다고 유추되나[27] 이 비문은 박인범의 찬문과는 근본적으로 다른 성격을 지닌 것으로[28] 박인범이 기술한 도선의 생몰에 관한 년대적 서술을 참고로 함과 아울러 고려시대의 왕실과의 관계를 새로이 찬술撰述한 것이라 할 수 있다.[29] 비문은 최유청이 찬하고 글씨는 정서鄭叙가 쓴 것이며 의종 4년毅宗四年(1150)에 비가 완성되었다.[30]

최유청이 찬한 비명碑銘[31]에 의하면, 고려 의종 4년 10월에 "인고 仁考(仁宗)께선 벌써 너에게 비명을 지으라는 명령이 계셨으니 공경히 할 지어다" 하는 것으로 보아 비문은 이미 인종조에 시작되었으나 그 완성은 의종 4년에 와서야 이루어진 것으로 볼 수 있다.[32] 그리고 「비음기碑陰記」[33]에 의하면, 비문이 지어지고 비석이 완성된

---

27) 金知見, 『道詵研究』, 民族社, 1999, p.205.
28) 小倉親雄은 「玉龍寺 先覺國師 道詵의 一考察」(『文獻報國』 第2卷 2號, 1938年 2月)에서,
   崔維淸의 碑文은 도선국사의 고려왕실에 대하여 공업을 빛낸 報恩의 情이 합치된 성질을 가지고 있음을 지적하고 있다.
29) 李龍範은 「道詵의 地理說과 唐僧 一行禪師」(『先覺禪師 道詵의 新研究』 1988年 靈巖郡, p.35)에서, 崔維淸이 撰述한 「白鷄山玉龍寺贈諡先覺國師碑銘竝書」의 내용은 도선의 출생에서 입적까지의 서술은 朴仁範이 찬한 것에 의거하였던 것이나 뒷부분인 도선의 음양지리설의 습득과 왕건의 출생 및 고려 창업에 대한 예언, 이로 인한 고려조에서의 推仰 贈諡에 관한 기사는 인종시에 왕명으로 崔應淸이 撰한 「玉龍寺王師道詵加封先覺國師敎書及官誥」에 의거한 것으로 보고 있다.
30) 『朝鮮金石總覽. 附』에, "崔惟淸文 鄭叙書" 碑陰은 "崔惟淸文 釋機後書 麗毅宗四年庚午立".
31) 崔維淸 撰, 「白鷄山玉龍寺贈諡先覺國師碑銘竝書」, 『東文選』 卷117.
32) 今西龍은 「新羅僧 道詵に就きて」(『高麗史研究』, p.24)에서, 學士 崔維淸의 撰文 中에서 王命을 記하고 있는 '行蹟至今尙未文傳之, 仁考旣命汝以撰述'이라고 하고 있으며, 또한 仁宗王의 敎書 中에 '新開貞石之文'이라 한 것은 道詵 贈諡 時에 王이 최유청에게 비문을 찬하게 한 일로 그간에 이 일이 중지되고 毅宗王에 이르러 다시 시작된 것임을 지적하고 있다.
33) 道詵國師碑의 「碑陰記」는 今西龍이 1930년 3월에 발표한 「玉龍寺先覺大師 碑銘に就きて」(『高麗史研究』, 1944年, 近澤書店刊)에 그 내용이 처음 소개되었는데, 「碑陰記」가 실려 있는 册子는 "表紙에 『道詵國師行蹟』이라 墨書로 記해 있으며, 道詵碑는 「碑陰記」와 함께 八葉, 洞眞碑 또한 八葉으로 書記 二枚가 있다."라고 하며, 刊記에는 "康熙五十一年壬辰三月日光陽白鷄山玉龍寺開刊"이라 記해 있다고 한다. 그리고 이 책자의 閱覽에 대해 그의 논문 첫머리에 기술하고 있는 바, 1930년 3월 10일에 小田省吾로부터 그 全文을 알게 되어 이를 借覽하였다고 하는데, 당시 小田은 幾年前에 智異山 華嚴寺事蹟을 公命에 따라 조사할 때에 華嚴寺 및 그 關係諸寺에서 제출한 多數의 册子 中에 있었던 것이라고 밝히고 있다. 그러나 小田은 당시 화엄사 및 관계제사에서 제출하였던 많은 책자들을 그후 어

그 다음 해인 의종 5년(1151)에 최유청과 그의 처남 정서가 왕실의 음모사건에 연루된 사건이 발생했다. 이로 인해 최유청은 남경유수사南京留守使로 좌천左遷되어 이후 충주목사, 경주목사 등으로 전전하였고, 정서는 동래로 장유杖流되는 등 오랫동안 외관으로 나가게 되면서[34] 탑비를 세우지 못하고 송도의 국청사國淸寺 뜰에 방치해 두었다. 그 후 무신란이 일어나고 명종이 즉위하자 명종 2년 6월에 최유청이 사면되어 다시 집현전대학사판례부사集賢殿大學士判禮部事에 취임하면서 비도 옥룡사로 운반하여 세우게 되었다.[35]

따라서 비는 완성되었으나 세우지는 못하고 국청사에 버려진 채로 방치되었다가 20여 년이 지난 후인 1172년에 탑비를 건립하고 비각을 건립하여 부도를 보호할 탑전을 건립함으로써 공사를 완료하게 되었던 것이다.

도선의 「비음기碑陰記」에 의하면 옥룡사에 도선의 비가 건립되기까지는 많은 법손法孫들이 관계하였다. 그 중에서도 옥룡사 주지 지문志文은 태사국太史局에 청원請願하여 개경 국청사에 버려져 있던 비를 옥룡사로 옮겨오게 하였다. 명종 2년 비를 세운 다음 지문은 다시 왕에게 고하여 고려 왕사나 국사의 비문구식碑文舊式에 따라 비석이면碑石裏面에 도선의 법손제자로 대덕이상大德以上의 승계僧階와 법명法名을 기록하여 주기를 청원하였다. 그래서 국왕은 공사가 완료되자 1173년 5월 29일 비문의 음기를 찬하게 하여 6월 14일 음기가 비신에 첨가되어 기록됨으로써 도선의 탑비는 마무리 되었다.[36] 도선이 입적한 뒤 275년 만에 도선의 비가 옥룡사에 세워지게 된 것이다.

떻게 하였는지는 未詳으로, 黃壽永 博士가 1988년경에 화엄사를 찾아 이 冊子를 問議 하였으나 뜻을 이루지 못하였다고 한다.
34) 『高麗史』 世家 卷17, 丁未 條.
『高麗史』 列傳 卷99, 崔維淸傳 條.
35) 今西龍, 「玉龍寺 先覺大師碑銘に就きて」, 『高麗史 硏究』, pp.112~113.
36) 嚴基杓, 『新羅와 高麗時代 石造浮屠』, 학연문화사, 2003, p.47.
엄기표는 비신은 개경에서 배로 옮겨와 1172년에 세워졌지만 귀부와 이수는 석조부도 건립과 동시이거나 직후에 옥룡사에 치석되어 있었을 가능성이 높은 것으로 보고 있다.

동진대사洞眞大師(통진대사)는 영암사람으로 명名은 경보慶甫, 자字는 광종光宗으로 속성은 김씨이다. 대구 팔공산 부인사夫仁寺에서 출가하여 후에 백계산 도선에게서 수학을 한 후 25세 때 중국으로 건너가 30년 간 수학 정진하고 921년에 귀국하였다. 귀국 후 견훤이 전주 남쪽 남복선원南福禪院에 주석할 것을 청하였으나 거절하고 옥룡사에 머물렀다. 견훤이 재차 청하자 남복선원에서 20년간 주석하다가 만년에 다시 옥룡사에 돌아와 주석하다가 947년 80세의 나이로 입적하였다. 후에 추익追謚하여 동진대사洞眞大師라 하고 탑호塔號는 보운寶雲이라 했다. 비문은 광종 9년(958)에 김정언金廷彦이 찬문했다.[37] 동진비에 대한 것은 『동문선』과 『조선금석총람』에 전해지며 김정언이 지은 「옥룡사동진대사보운탑비명玉龍寺洞眞大師寶雲塔碑銘」에,

……인자한 기풍이 이 만리 밖까지 풍겼고 선월禪月이 구천 밖을 비춘 사람은 오직 우리 스님 뿐이다. 그런 까닭에 시호를 추증하고 동진대사라 하고 탑호를 보운寶雲이라 한다. 〈중략〉 정미년(947년) 입적하기에 이르러 '너희들은 나를 위하여 탑을 세워서 유체를 보관하거나 비석을 세워서 행한 일을 적는 일은 하지 않음이 스승의 명복을 돕는 일이다.'

동진대사의 탑과 비는 그의 제자들이 스승의 뜻을 어기고 옥룡사에 세웠다.

옥룡사가 폐사가 된 후에도 이 사지에는 쌍탑 쌍비가 근세에까지 전해 온 것으로 알려져 있다. 그러다가 일제 때 몇 차례 파괴되고 부도 또한 외지로 반출되어 오늘날에는 아무런 흔적도 없이 되어버리고 이 자리에는 민묘가 세워지고 이를 수호하기 위한 세각만이 반파된 채 사역을 차지하고 있었다.

1997년 이곳의 발굴조사에 참여했던 최인선 교수의 조사기록에 따르면, 옥룡사에 주석하였던 도선국사와 동진대사의 부도전지가

---

37) 李能和, 『朝鮮佛敎通事』下篇, 新文館, 1918.

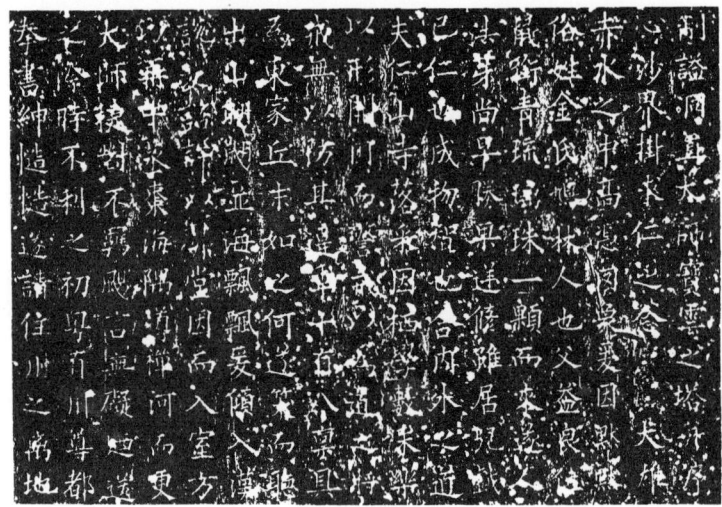

동진대사비문

아주 정연하게 노출되어 부도를 보호하였던 목조건물지를 확인하였으며, 도선비는 1915년경에는 완전히 파괴되어 부근 농민들에 의해 탑비가 세탁석, 지대석 등으로 사용되어 사라졌다[38]고 한다.

1916년 9월에 아사미 린타로淺見倫太郎가 조선총독부 중추원에 제출한 『조선금석조사고본朝鮮金石調査稿本』에는, "옥룡사동진대사보운탑비玉龍寺洞眞大師寶雲塔碑, 광양군옥룡면백계리光陽郡玉龍面白鷄里, 고려광종구년무오립高麗光宗九年戊午立"[39]이라고 기록하고 있다. 그러나 도선국사의 비에 대한 기록은 없다.

또 1916·7년경 식산국산림과殖産局山林課에서 임야 중에 존하는 고적유물을 조사한 『조선보물고적조사자료』에는 동진비에 대해서는 사유私有라고 하고 "폭 4척 고 8척으로 횡도橫倒되어 훼손毁損되었다. 「려국광주희방현고백계산옥룡사제익동진대사보운지탑병서麗國光州晞防縣故白鷄山玉龍寺制謚洞眞大師寶雲之塔並序」라고 되어 있으며 현덕5년 건립顯德五年建立"이라 하여 도괴되어 있으나 현존하고 있음을 기술하고 있다. 동진대사 부도탑에 대해서는 역시 사유물로 기록하고 있으며, "고 8척 부도탑 1기浮屠塔一基 및 전기동

---

38) 崔仁善,「光陽 玉龍寺 先覺國師 道詵의 浮屠殿址와 石棺」,『黃壽永博士 八旬頌祝紀念論叢』, 韓國文化史學會, 1997.
39) 『淺見委員 提出 朝鮮金石調査稿本』, 朝鮮總督府中樞院, 1916.

진대사비前記洞眞大師碑(사지에서 수정數町 떨어져 있음)가 있다"⁴⁰⁾고 기술하고 있다. 따라서 최소한 1916·7년경까지는 동진대사의 탑과 비는 옥룡사에 그대로 현존하였던 것이다. 그러나 도선의 비와 탑에 대해서는 아무런 언급이 없어 1916·7년 이전에 이미 사라졌음을 확인해 주고 있다.

1931년 오가와 케이기치小川敬吉의 조사에도, "동면 내同面內 가까이에 옥룡사지가 있다. 사는 천백 년 전에 도선국사가 재흥한 사원으로 동국사同國師는 이곳에서 입적하였다. 국사의 비가 있었다고 하나 지금은 없다"라고 하고 있다. 오가와는 1915년경에 부근 농민들이 완전히 파괴하여 세탁석洗濯石, 지석砥石 등으로 사용한 것으로 보고 있다.⁴¹⁾

1983년에 간행한『광양군지』에는 도선비의 전래에 대해 "이 비는 옥룡면 추산리 옛 옥룡사지에 있었다. 노인들의 말에 의하면 1920년대 초까지는 있었다고 하나 그후 깨어져 굴러다니다가 부근에 묻혔다고 함"이라고 하고 있다.

황수영 박사는 이들 탑비의 전래와 파취에 이르는 경위를 찾기 위해 고노들을 찾아 문의하였으나 별다른 증언을 들을 수가 없었다고 한다.⁴²⁾ 이들은 모두 고희가 넘었으나 도선비에 대해 전혀 기억을 할 수 없다는 것은 그만큼 오래 전에 파괴되었음을 말해 주고 있다.

1924년에 발간한 개정판『광양군지』에, "1878년에 옥룡사가 불타면서 도선비도 전복되었다"는 것을 보면 도선국사의 비는 이때부터 넘어져 방치放置되어 왔던 것을 짐작할 수 있다. 1911년 3월에 발간한『조선사찰사료朝鮮寺刹史料』에 게재되어있는「백계산옥룡사선각국사비명白鷄山玉龍寺詵覺國寺碑銘」은 선각국사의 비를 이미 잃어버리『동문신東文選』에서 찾아 실았다⁴³⁾고 하는 짓으로 보아 1911년 이전에 파괴되어 그 소재를 잃어버린 것으로 추정된다.

---

40)『朝鮮寶物古蹟調査資料』, 朝鮮總督府, 1942.
41) 小川敬吉,「古蹟保存と取締規律」,『朝鮮と建築』10-3, 1931年 6月.
42) 黃壽永,「玉龍寺 道詵國師碑」,『先覺國師道詵의 新硏究』, 靈巖郡, 1988 參照.
43)『考古學雜誌』2-4, 1911年 12月, p.56.

1997년 발굴조사에서 동진대사의 비전지는 확인하였으나 도선국사의 비전지는 확인할 수 없었다. 도선비는 동진대사비보다 일찍 파괴됨으로서 그 유지가 완전히 파괴되어 확인하기 힘든 것으로 보인다. 또한 도선국사비의 명문이 새겨진 비편을 한 점도 수습하지 못한 점으로 보아 땅에 매몰되었거나 타지로 반출되었을 가능성이 높다.

동진대사비는 상당기간 현지에 전래되었는데 광양읍에 거주하는 향토사가의 증언에 따르면 그것이 일제 때 어디론지 반출되었다고 한다.[44] 1922년에 편찬한『최근조선사정요람』과 1925년에 간행한『(지나만주조선안내支那滿洲朝鮮案內)아동지요亞東指要』에 게재된 내용에는 동진대사보승탑비洞眞大師寶乘塔碑를 수리하고 목책木柵을 설치하였음을 기록하고 있어[45] 적어도 1925년까지는 보존이 되었던 것으로 추정할 수 있다.

조선총독부관방문서과朝鮮總督府官房文書課의 고적조사보고에 의하면, 1931년 전라남도 일대의 석탑, 석비 등이 함부로 매각되거나 파괴되고 있다는 보고를 접한 총독부에서「고적유물보존규칙」에 의해 이들을 등록하기 위해 3월에 총독부 기수 오가와 케이기치小川敬吉와 종교과 촉탁 홍석모洪錫模 조사원을 급파하여 옥룡사지를 조사하였다. 본 사지의 조사보고에, "무지한 리인里人들의 행위로 4, 5년 전에 례외파괴例外破壞"[46]로 기록한 점으로 보아 동진대사비는 대략 1926·7년경에 파괴되어 타지로 반출된 것으로 추정된다.

1997년 조사결과 동진대사비의 전지에서는 비문이 아주 잔편殘片으로 파괴되어 주변에 흩어져 있는 것을 100여 편 수습하였다.[47]

오가와 케이기치小川敬吉의 사진첩에는 옥룡사지부도玉龍寺址浮屠

---

44) 黃壽永,「道詵碑와 洞眞碑」,『黃壽永全集』4 參考.
45) 山根倬三,『(支那滿洲朝鮮案內)亞東指要』, 亞東指要刊行會, 1925, p.133.
46) 朝鮮總督府官房文書課,「昭和5年度의 古蹟調査」,『朝鮮』, 朝鮮總督府, 1931年 10月, p.137.
47) 崔仁善,「光陽 玉龍寺 先覺國師 道詵의 浮屠殿址와 石棺」,『黃壽永博士 八旬頌祝紀念論叢』, 韓國文化史學會, 1997.

오가와(小川) 자료집에 실린 옥룡사부도

1기가 실려 있는데 뒤편에는 정돈된 건물이 보이고 있다.

 그 형식을 보면, 전형적인 팔각원당형을 갖추고 있으며 고달사지 두 부도와 경북대학교 부도, 흥법사진공국사탑에서 나타난 바와 같이 중대석이 크고 표면에 운용으로 추정되는 형상들이 고부조의 형식으로 나타나 있다. 고달사지의 보물제 7호의 부도와 경대부도(보물 제135호)가 네모진 지대석을 가진데 비해, 고달사지 국보 제4호의 부도와 같이 지대석, 하대석이 모두 충실한 팔각원당형을 갖추고 있다. 그리고 상륜부는 완전하게 갖추고 있으며, 연곡사 북부도(국보 제54호)와 흡사한 형식을 가지고 있는 아주 우수한 부도로 추측된다.

 「광양옥룡사 답비진지 발굴조사」[48]의 도신국사부도진지 조사기록을 보면,

  부도전 중심부에 부도가 놓였던 지대석들 가운데 한 매가 있다. 이 지대

---

48)「光陽玉龍寺 塔碑殿址 發掘調査」, 『(全南東部地域의)文化遺蹟과 遺物』, 순천대학교 박물관, 1998.

석 상면에는 팔각원당형 부도의 바닥이 있었던 흔적이 일부 남아 있다. 이 부도전 주변에서 상당량의 부도편들이 인위적으로 작게 깨어진 채 출토되었다. 출토된 부도편 중에는 사천왕상이 새겨진 것이 있었다.

라 하고, 동진대사부도지로 추정되는 조사보고에서는,

이 건물지에서 출토된 부도편 가운데 부도의 형식과 편년을 어느 정도 알 수 있는 편들이 다수 출토되었다. 그것들은 용머리, 몸체, 발 등이 표현된 편들이다. 이 편들은 고부조로 조각되었으며, 표현이 아주 사실적이다. 이처럼 부도에서 용의 표현이 고부조이며 사실적으로 표현된 예는 주로 10세기의 팔각원당식 부도에서 보이고 있으므로 이 부도 역시 같은 시기로 편년될 수 있으며 형식은 팔각당식으로 추정된다. 이 건물지에서 비정해 볼 수 있는 또 하나의 근거는 이 건물지에서 출토된 고려토기의 와편들을 들 수 있다.

라고 기술된 점으로 보아 오가와小川의 자료집에 실린 '옥룡사부도' 라고 기록한 사진이 동진대사의 부도와 일치하는 점이 많이 있으며, 10세기 중반부터 부도의 중대석에서 나타나는 용의 고부조 양식[49]이 동진대사의 편년과 거의 일치하고 있다. 하지만 발굴조사에서 출토된 옥개석은 2개분 모두가 염거화상탑이나 홍법사 진공대사탑과 같은 전각형殿閣型인데 비해, 오가와小川의 사진에는 진전사지석조부도나 고달사지부도와 같은 석등형石燈型을 하고 있어,[50] 옥룡사의 도선국사부도나 동진대사의 부도로 보기도 어렵다.

오가와小川가 옥룡사지에서 직접 이 사진을 촬영한 것이라면 최소한 1916·7년까지 남아 있었던 것, 즉 『조선보물고적조사자료』에서 "고 8척의 부도탑 1기 급 전기동진대사비"로 기록하고 있는 부도로 볼 수 있겠으나 이것이 동진대사의 부도인지도 확실치 않다. 현재로서는 누구의 것인지, 또 이미 외국으로 반출되었는지 그

---

49) 嚴基杓, 『新羅와 高麗時代 石造浮屠』, 학연문화사, 2003.
50) 嚴基杓, 앞의 책.

소재도 불명이다.

　황수영 박사가 1987년 조사 당시 고노들로부터 동진대사의 보운탑寶雲塔으로 추정되는 부도에 대한 증언을 들었는데 사지에서 일제 때 반출되어 광양군으로 향한 사실을 들었다고 한다. 그후 국내에서 고려시대 부도로서 원위치를 떠난 것은 애써 구명究明하여 왔는데, 국내에서는 옥룡사의 것으로 추정되는 것은 전혀 찾을 수가 없었다51)고 하는 것으로 보아 이미 외국으로 반출되었을 가능성이 높다.

　옥룡사지 중앙 북쪽에는 1923년에 제각을 건립하였는데 관리가 제대로 되지 않아 퇴락되어 있었다. 1997년 발굴조사시에 이 제각도 철거하고 하부구조를 조사한 결과 그곳에서 상하층의 기단면석, 탑신석, 옥개석 로반석 등 많은 석탑재가 나타났다. 탑신석은 제각의 주초석으로, 기단면석은 건물의 기단석으로 이용되는 등 모든 탑재가 제각건물祭閣建物의 주재로 사용되었다.52) 1916·7년경에 조사한 『조선보물고적조사자료』에도 석탑에 대한 언급이 없는 것으로 보아 일찍이 도괴되어 매몰되거나 가려져 있던 것을 1923년에 제각을 지으면서 사용한 것이 아닌가 추정된다.

　현재 이곳 사지에는 1969년 동백사라는 절이 건립되었는데 얼마 후에 사명을 백계사로 고쳤다가 최근에는 옥룡사로 다시 개명하였다. 그리고 2001년 11월에 선각국사와 동진대사의 쌍탑 쌍비의 복원공사가 완성되어 그 제막식除幕式을 가졌다.

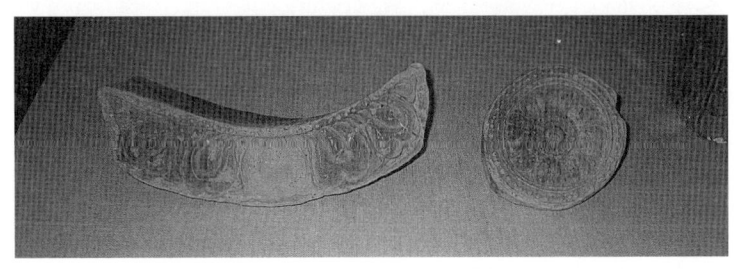

옥룡사지 출토와
(국립광주박물관)

---

51) 黃壽永, 「玉龍寺 道詵國師碑」, 『先覺國師道詵의 新硏究』, 靈巖郡, 1988, p.364.
52) 「光陽玉龍寺 塔碑殿址 發掘調査」, 『(全南東部地域의)文化遺蹟과 遺物』, 순천대학교 박물관, 1998.

쌍봉사雙峰寺 철감선사징소탑澈鑒禪師澄昭塔(국보 제57호)과 비(보물제170호)

쌍봉사는 전남 화순군 이양면 증리에 소재한다. 쌍봉사의 창건에 대해 『쌍봉사창건비문雙峯寺刱建碑文』[53]에 "시사야창어철감사 재건어혜조국사是寺也刱於哲鑑師 再建於慧照國師"라는 구절이 보여 쌍봉사가 철감선사에 의해 창건된 것으로 기술하고 있다. 사찰의 안내문에도 이와 같은 내용을 싣고 있다.[54]

그러나 철감선사에 대한 기록은 너무 소략疏略하여 위의 내용을 뒷받침할 만한 사료가 부족하다. 최고의 선종사서禪宗史書라 할 수 있는 『조당집祖堂集』[55] 제17권의 마지막 부분에 철감선사에 대한 기록이 보이는 바, 쌍봉화상雙峯和尙(철감선사)의 휘는 도윤道允이고 성은 박이며 한주漢州 휴암鵂巖[56] 사람으로 누대호족으로 어머니

철감선사징소탑과 비

---

53) 『朝鮮寺刹史料』上卷, 朝鮮總督府內務部地方局纂輯, 1911, pp.347~348.
54) "쌍봉사는 신라 경문왕대(861~875)에 철감선사가 창건하였으며 고려시대에는 1081년(고려 문종 35) 慧照國師가 중창하였다고 한다." (쌍봉사극락전 안내문)
55) 1947년 寫本, 國立中央圖書館 古典運營室 資料.
56) 崔完秀는 『명찰순례』에서, 한성 현재의 서울을 가르킨다고 하고 있으며,

고씨는 잉태한지 16개월만에 선사를 낳았다. 18세에 귀신사鬼神寺에 출가하여 수학을 하고 장경長慶 5년(헌덕왕 17년(825))에 사신을 따라 당나라에 들어가 남천대사南泉大師 보원普願으로부터 인가印可(心印)를 받게 됨에 대사는 탄식을 하며 "우리 종의 법인이 동국으로 돌아가는 구나吾宗法印 歸東國矣"했다 한다. 회창會昌 7년(847) 초여름에 귀국하여 풍악楓岳에 머물고, 함통咸通 9년(경문왕 8년(868)) 4월 18일에 시적示寂하여 시호諡號를 철감선사澈鑒禪師, 탑명塔名을 징소지탑澄昭之塔이라 했다.

위 『조당집』의 내용에는 쌍봉사에 언제 머물렀는지에 대한 기록은 보이지 않는다. 그러나 『조당집』의 기록에 "쌍봉화상雙峯和尙"이라 한 점과, 「징효대사보인탑비澄曉大師寶印塔碑」에 징효대사가 풍악의 장담사에서 16년간 철감선사에게 법을 배우고, 진성여왕 4년(891)에는 전남 화순군 쌍봉사에 있는 선사先師 철감선사의 탑에 면례面禮 드리려 떠났다는 사실이 기록되어 있어57) 철감선사의 만

철감선사 비의 귀부와 이수

金和英은 「新羅澈鑒禪師塔과 塔碑에 대한 考察」(『白山學報』 第9號, 1970. 12)에서 權相老의 『朝鮮地名沿革考』를 들어 오늘날 黃海道 鳳山郡으로 추정하고 있다.

비의 이수

철감선사 부도

57) 鄭永鎬,『新羅石造浮屠의 硏究』, 1974, p.57 參照.

년에는 쌍봉사에 주석하였음을 짐작할 수 있다.

그러나 당나라에서 수학하고 돌아온 적인선사寂忍禪師 혜철慧徹이 839년 2월에 귀국하여서 최초로 하안거夏安居를 지낸 곳이 쌍봉사라 하였으니58) 철감선사가 당나라에서 귀국하기 전인 적어도 839년 이전에 이미 쌍봉사가 창건되어 있었음을 말하는 것으로 철감선사가 쌍봉사를 창건했다는 것은 성립되기가 힘들다. 그러나 철감선사가 말년에 이곳에서 주석을 하면서 일문一門을 개설 쌍봉산문의 개산조開山祖로 이름을 떨치면서 사세가 크게 일어난 것으로 볼 수 있다.

이곳 사찰의 서북쪽 산록에는 철감선사비의 귀부와 이수가 있고 그 옆에는 징소지탑澄昭之塔이 남아 있다. 철감선사의 비신은 아주 오래전에 파괴되었음인지, 1786년에 건립(숭정원후삼병오구월 일입 崇禎元後三丙午九月 日立)한 「쌍봉사창건비문雙峯寺刱建碑文」59)에 철감선사에 대한 기록으로는 쌍봉사를 창건했다는 기록 이외의 행적에 관한 기록이 전혀 보이지 않는 점으로 보아 1786년 이전에 이미 비신이 없어진 것으로 추정된다.

철감선사탑은 신라시대의 다른 석조부도들과 같은 형식의 팔각원당형으로 비록 상륜부는 남아 있지 않으나60) 여느 부도에 비해 각부의 세부적인 조각이 가장 우수한 것으로 정평이 나있다. 이처럼 우수한 부도에 대한 기록이 일제강점기 초기의 기록인『조선보물고적조사자료』,『조선고적도보』,『고적급유물대장초록』등에도 기록이 보이지 않는다. 단지 1911년에 간행한『조선지朝鮮誌』61)에는 쌍봉사에 대해, "읍의 동남도림면東南道林面에 있다. 이조정종왕

---

58) 崔完秀의「쌍봉사」,『名刹巡禮』에 의하면, 이 기독은 翰林郎 崔賀가 지은「武州桐裏山大安寺寂忍禪師碑頌幷序」(872)에 있다고 한다.
59)『朝鮮寺刹史料』, 朝鮮總督府, 1912.
60) 嚴基杓는「雙峰寺澈鑒禪師澄昭塔의 彫刻史的 意義」(『龍鳳論叢』27輯, 1998, 全南大學校 人文科學硏究所)에서,
澈鑒禪師澄昭塔은 연곡사동부도와 비교적 가까이에 위치하여 전체적인 양식이 강한 친연성을 보이고 있는 것으로 보아 澈鑒禪師澄昭塔의 相輪部도 연곡사동부도와 같이 화려한 多寶型으로 마련되었을 것으로 추정하고 있다.
61) 吉田英三郎,『朝鮮誌』, 1911, p.467.

쌍봉사 철감선사부도 도괴
상태 (『조선의 석탑』)

「주부자가훈朱夫子家訓」의 5자를 쓴 병풍을 장藏하고 있다"라고만 기록하고 철간선사비와 탑에 대한 기록은 보이지 않는 점으로 보아 오랫동안 버려져 방치되어 있다가 뒤늦게 학자들의 눈에 띈 것으로 짐작된다.

1935년경에 처음 학자들의 눈에 띄긴 하였으나 이때는 이미 도굴꾼들에 의해 완전히 도괴되어 탑재들이 흩어져 있는 상황이었다. 스기야마 노부조杉山信三의 『조선의 석탑』에, "현재 원당부분圓堂部分이 도괴되어 옥개상의 보주 등의 소재를 알 수 없다"라고 하며 무참히 도괴되어 석재가 흩어져 있는 모습의 사진(도판 제4)이 게재되어 있다.[62]

『조선총독부지정보물고적명승천연기념물대장』[63]을 보면, 1937년도에 쌍봉사철감선사탑과 비를 조사한 조사서목록調査書目錄이 보이는 것으로 보아 1937년에 와서야 정식조사가 있었던 것으로 보인다. 조사가 있은 후 1937년 6월 9일 제3회 조선보물고적명승천연기념물 보존회 총회에서 쌍봉사철감선사탑과 비, 그리고 쌍봉사 대웅전을 보물로 가지정하였다가[64] 1938년 5월 3일자 조선총

---

62) 杉山信三, 『朝鮮の石塔』, 彰國社, 1944, p.198.
63) 『光復以前 博物館資料目錄集』, 國立中央博物館, 1997.
64) 『靑丘學叢』第29號, 1937年 8月, 靑丘學會, p.150.

독부고시 제393호(총독부관보 호외 1938년 5월 3일)로 정식 보물로 지정하였다.

『광복 이전 박물관자료 목록집』의 '전남 화순군 쌍봉사 대웅전과 철감선사탑'조를 보면, 전남도지사가 조선총독부 학무국장에게 보낸 '지정보물 수리에 대한 기술원 파견 방법에 관한 건(1939년 2월 22일)'이란 목록과 조선총독부 '지정보물 수리에 대한 기술원 파견 방법에 관한 건(1939년 3월 4일)'이란 목록이 보이고 있어 복원에 대한 검토가 있었던 것으로 보인다. 당시는 예산이 부족했음인지 철감선사의 부도를 복원하지 못하고 해방 이후 1957년에 재건을 하였다. 그러나 탑신의 방향이 잘못되어 1962년에 다시 바로잡아 현재와 같은 모습으로 되었다.

탑비의 이수 또한 오랫동안 지상에 도괴되어 있던 것을 해방 이후 재건하였다.

2003년 3월에는 탑의 옥개부분이 동으로 50cm 밀려나 있는 것이 발견되기도 하였는데 도굴꾼들의 소행으로 보여진다.

2003년 옥개석이 밀려난 모습

군산시 개정면 발산리5층석탑(보물276호)과 석등(보물234호)

군산은 일본에 대한 개항과 더불어 일찍부터 많은 일본인들이 이주하여 살고 있었다. 1899년 5월 1일에 일본에 대한 개항이 이루어짐과 동시에 목포영사관 군산분관이 설치되었다. 동년 11월에는 거류 일본인 목포우체국 군산출장소가 설치되어 그후 일본인 이주자가 증가함에 따라 영사분관을 영사관으로 우체국출장소를 우체국으로 승격하였다. 재류일본인은 1901년에 500에 이르렀으며, 이후 해가 거듭되면서 일본인의 수는 엄청나게 불어났다.(65)

발산리5층석탑

이들은 주로 상업 내지는 농업에 종사하였는데, 그 중에서도 농업에 종사하는 자들은 막대한 농토를 조선척식주식회사朝鮮拓植株式會社로부터 불하받거나 강탈하여 군산 일대의 옥토를 대부분 소유하였다. 당시 신문(동아일보 1928년 9월 21일자)에는 "일본인의 소유 답畓은 전라남북도에 특히 많으며 옥구평야에는 조선인의 소유 토지가 거의 없다. 전라남도는 오늘날에 추세로 나아가면 머지않아 조선인 소유의 토지는 없어진다"고 하고 있다. 일본인 지주들은 막대한 부를 누리면서 그들의 생활공간을 꾸미기 위해 폐사지 등에 유존하는 많은 석조물을 불법으로 이건하였다.

그 중에서도 대표적인 자는 시마타니 야소기치島谷八十吉: 島谷八十八이란 자로, 이 자는 원래 일본에서 양조업을 하다가 1903년 12월에 한국에 건너와 일본이 청일전쟁에서 승리를 하자 일본군의 힘을 믿고 옥구군 일대의 전답 430여 정보, 임야 80여 정보를 강제매입하여 1908년부터 거대한 농장을 운영하였다. 1935년에는 소유토지 73정보, 수탁관리토지受託管理土地 664정보 합계 1394정보로 한국인 소작가호小作家戶가 1,600호에 달했을 정도로 부를 누렸던 군산 일대에서 가장 악명 높은 대지주였다. 그의 취미는 서화 골동품 수집이라고 알려져 있다.[66]

현재 군산시 개정면 발산리 발산초등학교 뒤뜰에는 5층석탑과

島谷의 회사 사정
(『朝鮮實業要錄』 1935)

---

65) 瀨戶道一, 「全羅北道의 名勝과 古蹟」, 『朝鮮』, 朝鮮總督府, 1930年 5月, pp.74~75.
66) 參考 : 『全羅北道 案內』, 全北日日新聞社, 1914, p.沃6.
　朝鮮新聞社 編纂, 『朝鮮人事興信錄』, 朝鮮新聞社, 1922, p.744.
　『朝鮮總督府施政25周年紀念表彰者名鑑』, 朝鮮總督府, 1935, pp.976~977.

석등 이 외에도 교정의 곳곳에 사자상, 양 모양의 석물 등이 놓여 있다.

이곳은 일제 때 시마타니 야소기치島谷八十吉의 농장이었는데 해방이 되고 그 자리에 1947년 발산초등학교가 들어서면서 이 석물들도 초등학교에 두게 된 것이다. 이것들은 모두가 시마타니 야소기치島谷八十吉가 그의 정원을 꾸미기 위하여 곳곳에서 불법으로 가져다 놓은 것이다.

이곳의 5층석탑과 석등은 원래 완주完州 삼기리三寄里의 폐봉림사지廢鳳林寺址에서 옮겨온 것으로, 오가와 케이기치小川敬吉의 사진자료집寫眞資料集에는 석탑과 석등에 대해 "원 전북 완주 봉림사지, 현 전북 옥구"라 기록하고 있다.

봉림사지는 고산면 삼기리 남쪽 기슭 봉림골에 있다. 봉림사가 언제 누구에 의해 창건되었으며, 언제 폐사가 되었는지 알려진 것

발산리석등

은 없다. 다만 현존하는 유물로 추정하건데 고려 초기에 창건된 사찰이 아닌가 추측되고 있다.[67] 『동국여지승람』, 『범우고』 등에도 전하지 않는 것으로 보아 일찍 폐사가 된 것으로 보인다.

폐사지의 유물에 대해서 『사탑고적고』에는 "고지재古址在 전라북도 완주군 고산면 삼기리 유탑급불상有塔及佛像"이라고 하고 있다. 『조선보물고적조사자료』'완주군 삼기리의 봉림사지' 조에는 "석탑 고 약 21척 완전, 석등 고 약 8척으로 불상과 용이 부각浮刻되어 있음"이라고 기록하고 있으며, 석불 1구가 반신이 지하에 매몰되고 일부가 지상에 노출되어 있다고 기록하고 있다. 따라서 이 사지에는 1916년까지는 석탑과 석등, 석조불상이 유존하였음을 알 수 있다.

석탑은 2층기단 위에 세운 5층탑으로 4층 이상의 탑신과 옥개는 남아 있지 않다. 4층 옥개 위에 올려진 상륜부는 후에 보완한 것으로 보인다.

석등은 1940년 7월 31일자 조선총독부 고시 제808호에 "소유자 : 전북 옥구군 개정면 발산리 45 시마타니 야소기치鳥谷八十吉"로 하여 당시 보물 제363호로 지정되었다. 지금도 지명을 본 따 옥구 발산리석등이라고 부르고 있다. 간주석竿柱石을 둥글게 깎아서 표면에 운용문雲龍紋을 양각陽刻하였다. 이러한 형식의 간주는 우리나라에서는 전례가 없는 것으로 조성년대는 고려 초기의 것으로 추정되고 있다.

봉림사지에 있던 석조불상은 1961년에 삼기초등학교에 재직하던 교사가 봉림산 기슭에서 이를 발굴하였으며, 이 과정에서 땅속에 매몰되어 있던 다른 또 한 구의 불상을 발굴하여 삼기초등학교 뒤뜰로 옮겨졌다가 1977년에 전북대학교 박물관으로 옮겼다.

---

67) 『完州郡誌』, 완주군지편찬위원회, 1966.

그 외 원소재지 불명의 석탑 및 부도

3장 충청도 지역

괴산 외사리석조부도(보물 579호)

이 부도는 높이 3.5m의 8각원당형 부도로 원위치는 충북 괴산군 칠성면 외사리인데, 사명寺名은 아직 밝혀지지 않고 있으며 사역寺域이 폐사된 지 오래고 또 현장에는 이를 고증할 만한 자료가

외사리석조부도

빈약하고 문헌에도 아직 밝혀진 것이 없다.

사지에 있던 많은 석조물들은 일제강점기에 거의 외지로 이반되었거나 도난, 인멸되었다. 본 석조부도는 1935년에 서울의 고물상 배성관¹⁾과 중계인 그리고 일본인 타케우치 야오타로竹內八百太郎라는 자가 합작 모의하여 일본으로 방매하려다 발각되어 이송 중지 되었다. 당시 매일신보에는 다음과 같은 기사가 실려 있다.

신라시대의 풍취 좋은 사리탑을 불과 수백원에 전전매매轉轉賣買 중 발견한 국보가 있다. 부내 남대문통 고물상 배성관이 지난 6월 27일경 용인군에 거주하는 김성배의 중개로 충북 괴산군 칠성면 외사리 349번지 김준형으로부터 높이 1장2척가량 되는 사리탑 한 개를 350원을 주고 사서 부내 황금정 2정목 타케우치竹內 모에게 1700원에 전매를 하였는데 타케우치竹內 모씨는 수 만원의 가격이 있는 보물인 것을 알고 다시 지나 방면에 전매하고자 하는 것을 총독부 사회과에서 탐지하고 지난 3일 오전 10시경 사회과 최 속과 아리미츠有光, 사와澤 촉탁이 본정 서기보안과 주임과 같이 현장 사리탑을 조사한 후 10일 보물 가지정假指定을 하여 보관케 하였다.²⁾

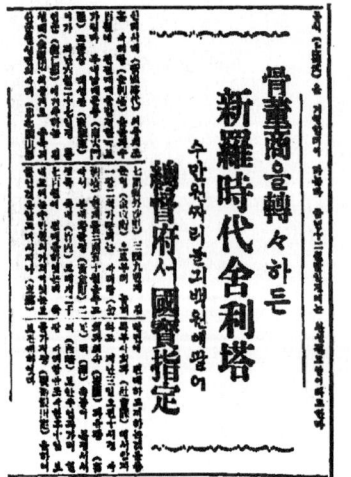

매일신보 기사

이와 같은 기사는 같은 날 조선중앙일보에도 "돌연 문제된 사리탑 국보로 가지정하고 해외

---

1) 배성관은 일제 강점기 중반부터 1960년대까지 골동상을 하던 자로 이득이 되는 일이면 무엇이든 서슴없이 하던 자이다. 『광복 이전 박물관자료 목록집』을 보면 '조선총독부박물관 진열품 구입 회의서'에 1929년부터 1932년 사이에 배성관으로부터 유물을 구입한 여러 건이 보이고 있다. 또 이영섭의 「문화재비화 내가 걸어 온 고미술계 30년」(『월간문화재』 1973년 7·8월호)에 그의 행적과 인간성에 대한 자세한 기록이 있다.

2) 每日申報, 1935년 7月 11日字.

이송 방지 명령"이란 제하의 내
용이 부도의 해체된 사진과 함
께 보도되었다.

총독부에서는 보물로 가지정
함과 아울러 원 위치 조사를 하
였다. 그 결과 조선중앙일보에
는 부도의 사진과 함께 다음과
같은 기사를 싣고 있다.

조선중앙일보, 1935년 7월 11일자

나카노中野 괴산 군수의 안내로 동 사리탑의 원 위치를 조사한 결과 당지는 신라 말엽으로부터 고려 초기에 창건한 오랫동안 사지였음이 판명되었다. 동지에는 아직도 본당 대웅전 터를 비롯하여 기와 조각이 남아 있으므로 폐사지인 것이 틀림없다 하여 전기 사리탑은 당연히 국보로 될 것을 인정하였다. 동탑을 에워싸고 부정매매 사건이 있었으나 모두 무효로 돌아가고 국보로 수속을 마친 후 총독부 박물관으로 이송키로 하였다. 이와 같이 고적지대의 유물을 매매하거나 운반하는 자에게는 법령 위반으로 금 후 엄벌주의를 취할 방침이라 한다.[3]

그런데 총독부로 이송하기로 하였다던 부도는 그 이후 이송되었다는 기록은 보이지 않는다. '쇼와昭和 10년(1935)도 조선총독부 보물고적명승천연기념물 보존회총회'에서는 이 부도를 '지정예정물건指定豫定物件'으로 분류해 놓고 "경성부황금정이정목육오 타케우

---

3) 朝鮮中央日報, 1935년 8월 27日字.

조선중앙일보 기사

치씨방京城府黃金町二丁目六五 竹內氏方"이라 기록하고 있으며,[4] 『조선총독부보물지정대장朝鮮總督府寶物指定臺帳』에는 "충북 괴산군 칠성면 외사리부도와 석등"이라 하여 '외사리부도外沙里浮屠 조사서'와 사진 6매가 실려 있는 것으로 기록하고 있다.[5] 그리고 1935년 7월 10일부 조선총독부고시 제393호[6]에,

조선총독부고시 제393호

조선보물고적명승천연기념물보존령 제2조 제2항의 규정에 의하여 좌(아래)와 같이 가지정假指定함

쇼와昭和10년 7월 10일　　　조선총독 우가키 잇세이宇垣一成

一. 지정번호　　　　　　　보물제1호

一. 명칭　　　　　　　　　석조사리탑

○告示

朝鮮總督府告示第三百九十三號
朝鮮寶物古蹟名勝天然記念物保存令第二條第二項ノ規定二依リ左ノ通假指定

昭和十年七月十日
　　　　　朝鮮總督　宇垣一成

指定番號　　寶物第一號
名稱　　　　石造舍利塔
員數　　　　一基
所在地　　　京城府黃金町二丁目六五
所有者ノ住所及氏名　京城府黃金町二丁目六五竹內八百太郎

---

4) 「彙報」, 『靑丘學叢』第24號, 1936年 5月.
5) 『光復 以前 博物館資料 目錄集』, 國立中央博物館, 1997, p.204.
6) 「朝鮮總督府官報」第2547號, 1935年 7月10日.

一. 원 수 　　　　　　　1기
一. 소재지 　　　　　　경성부황금정이정목육오
一. 소유자의 주소 및 씨명　경성부황금정이정목육오 타케우치 야
　　　　　　　　　오타로竹內八百太郎

 이라고 하여 총독부로 이송하지도 않고 그 소유권이 이미 타케우치竹內에게 넘어가 있음을 밝히고 있다.
 그후 이 사리탑은 1938년 초에 인천으로 옮겨져 일본으로 밀반출하기 직전 간송이 막대한 액수를 지불하고 입수하여 보화각 숲 속으로 옮겼다.
 보물로 가지정되어 신문에까지 반출 불가로 널리 알려진 이 부도가 어떻게 인천으로 옮겨져 밀반출이 시도되었는지 알 수 없다. 일제강점기 동안 숱한 한국의 탑, 부도 등을 일본으로 반출하여 매매하였던 타케우치竹內이고 보면 여기에는 모종의 흑막이 있었을 것으로 추정된다.
 『조선총독부보물지정대장朝鮮總督府寶物指定臺帳』에 기록하고 있는 '외사리석등'에 대해서는 어떻게 되었는지 이후의 기록에 나타나지 않는 점으로 보아 일본으로 반출된 것으로 추정된다.
 간송미술관의 문화재는 대다수가 1930년부터 1945년 해방 때까지 대략 15년에 걸쳐 수집한 것으로, 그 중에서도 1936년에서 1940년 사이에 가장 많은 문화재를 수집하였으며 괴산부도의 입수도 이 시기에 속한다.
 1934년에 북단장 터를 구입하고, 1938년 우리나라 최초의 사립박물관인 보화각을 설립하여 북단장이 완성되어 개설하게 되자 간송은 그간에 손

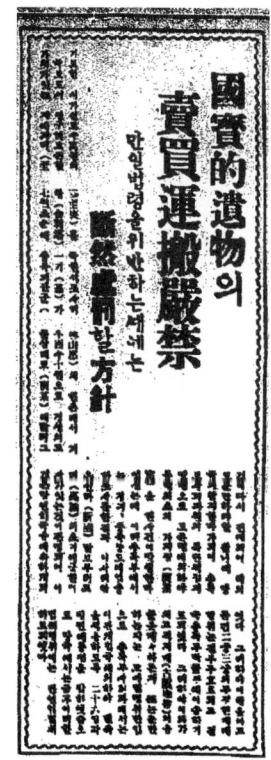
괴산부도 밀매 반출 엄금에 관한 기사 (매일신보 1935년 8월 27일자)

을 대지 못하던 규모가 큰 석조물들을 일본인들로부터 되사오는데 열심이었다.

1998년에 간행한 『간송문화(澗松文華)』에는 이와 관련하여 괴산부도를 보화각으로 옮긴 후의 사진 1매와 함께 다음과 같이 기술하고 있다.

> 북단장이 개설되자 간송은 일인들이 절취해간 석불, 석탑, 부도, 석등 등 규모가 큰 석조물들을 되찾아오는 작업을 시작했다. 이제까지는 보관할 장소가 마땅치 않아 손을 못 대던 것을 북단장 너른 곳곳에 배치할 수 있게 되니 마음 놓고 일본까지 사람을 보내어 되 사온다. 그때마다 이순황 씨가 그 심부름을 도맡아 하게 되었던 듯 일본인들이 일본으로 반출하기 위해 인천항에 실어다 놓은 것을 거금을 주고 되 사왔다는 보물579호 '괴산팔각당형부도'를 옮겨놓은 직후에 찍은 사진에도 간송 앞줄 오른쪽에 이순황이 앉아 있다.[7]

간송의 문화재 수집에는 항상 충실한 두 명의 골동거간이 있었다. 한 사람은 이순황이란 사람으로, 간송은 유명한 고서포인 한남서림을 인수 받아 이를 이순황에게 맡겨 구가에 비장되었다 흘러나오는 문화재를 모았다. 또 한 사람은 퇴계로 맞은편 남산동 동편에 자리 잡고 있던 일본인 골동상 온고당(溫古堂) 주인 신보 키조(新保喜三)란 자로 골동에 대한 감식안이 뛰어났기 때문에 간송은 이 자를 한국은 물론 일본의 각 경매장에 보내어 최고품들을 수집하였다. 즉 이 두 거간을 통하여 전국적인 골동의 흐름과 소재지를 파악하여 중요문화재를 수집할 수 있었던 것이다.

타케우치가 당시 보물로 가지정된 괴산부도를 포함한 대량 석조물들을 밀반출하기 위해서는 극히 은밀하게 행하였을 것이다. 이런 은밀한 타케우치의 행위를 간송이 어떻게 탐지할 수 있었겠는가 하는 데에는 두 정보망이 있었기에 가능했던 것이며, 문화재 보

---

7) 崔完秀, 「澗松이 保華閣을 설립하던 이야기」, 『澗松文華』 55, 한국민족연구소, 1998.

1938년 괴산부도를 옮겨 놓고 (『澗松保華』)

호에 불타는 간송 전형필 선생이 아니었으면 다시 찾을 수 없었던 것이다.

  1967년 8월 정영호 교수가 충북 괴산군 일대의 고적조사를 가는 길에 간송이 정 교수에게 원래 이 부도가 있던 사지를 확인할 것을 당부하여 조사를 한 적이 있다. 절터는 괴산군 칠성면 외사리 삼성 부락에 들어서면 그 어귀 경작지에 당간지주가 서 있고 당간지주에서 500m쯤 동쪽의 도로변이 바로 부도가 있던 자리라고 한다. 당시 정교수가 조사를 할 때 일본인이 이 부도를 헐어 가는 것을 보았다는 김 씨라는 사람도 만나 보았으며 그 사람의 말에 의하면, 김 씨는 외사리 태생으로 어려서부터 늘 이곳에서 탑(부도)을 보고 다녔다고 한다. 그리고 일제 때에는 부도를 이반할 때에도 목격하였다하며 당시 일인과 친교하여 이반에 주동되어 크게 활약하였다는 자도 잘 알고 있어서 현재의 행방까지도 짐작할 수 있다고 하나 그 자가 아직도 생존해 있으므로 그에 대한 이야기는 일절 할 수 없다고 함구하였다고 한다.[8]

1979년에는 이 부도가 있던 외사리지에서 부도비로 추정되는 높이 61cm, 너비 43cm, 두께 22cm의 비편이 발견되었는데, 해서로 쓴 비문은 현재 120자 정도가 판독이 가능하며 청주대학교에 소장되어 있다.[9]

외사리 부도는 한국전쟁 때 무너진 것을 1964년 2월 간송의 2주기에 고고미술 동인들의 주선으로 다시 세웠다.

---

8) 『澗松文華』 41號, 1991.
  『考古美術』 43호, 1964年 2月.
  鄭永鎬, 『槐山地區 古蹟調査報告』, 단국대학교 출판부, 1967.
9) 『괴산군지』, 괴산군, 1990년.

보령 성주사지聖住寺址의 석조물

이 사지는 충청남도 보령군 성주면 성주리에 있다. 사지에는 해방 후 한참까지 민가들이 들어서 있었으며 이런 민가들은 1970년대 이후 모두 철거하고 현재는 말끔히 정돈하여 보존하고 있다.

1968년 동국대학교 박물관에서 지표조사를 실시한 결과와 1974년 발굴조사에 의하면 사지 내에 중문지中門址, 금당지金堂址, 삼천불전지三千佛殿址 등이 확인되었고, 회랑지廻廊址와 강당지講堂址로 추정할 수 있는 건물지가 확인되었다. 성주사사적聖住寺事蹟에는 24개의 건물 이름이 나오고 있어 대규모의 사찰이었음을 알 수 있다. 성주사는 원래 백제인이 세운 가람으로 백제인은 이 지역을 북악北岳이라 했으며, 이 사지에서 수습되어 부여박물관에 옮겨진 김입지金立之의 성주사비문聖住寺碑文 첫머리에는 이 사찰이 백제의 헌왕태자(28대 법왕)에 의해서 창건되었다는 사실을 기록하고 있으며[10] 원래

성주사지

10) 聖住寺의 내력을 적고 있는「崇嚴山 聖住寺事蹟」에 의하면, "聖住禪院者, 本隋煬帝十二年乙亥, 百濟國二十八世惠王子法王所建烏合寺"라 하고 있다.
黃壽永,「崇嚴山 聖住寺事蹟」,『考古美術』98號, 1968年 9月.

의 사명寺名은 오합사烏合寺(烏舍寺 또는 烏會寺라고도 함)라 하였다.[11]

백제의 오합사가 성주사라는 사실에 주목한 것은 이능화의 『조선불교사(상上)』에서 '신라낭혜화상백월보광비문'을 옮기면서 주註를 넣어서 "사구명오합사寺舊名烏合寺"라 했으며, 고유섭은 『조선탑파연구』에서 "이 '주기註記'는 소의불명所依不明"이라고 하였다. 그후 1968년 황수영은 지리산 화엄사의 주지로부터 받은 『숭암산성주사사적』(사본)을 통해서 비로소 확실한 문징文徵을 얻을 수 있었다고 한다.[12]

김입지 찬「성주사비」는 낭혜화상의 비가 세워지기 이전에 세워진 것으로 그 연대는 정확히 알 수 없으나 최치원이「낭혜화상백월보광탑비」에서 이미 이 비가 오래되었음을 기록하고 있고, 비문의 내용에 낭혜화상이 처음 이곳에 머물게 된 후 사찰의 재건과 불상의 조상 등이 기록된 점으로 보아 낭혜화상이 이곳에 머물기 시작한 문성왕 7년경으로 추정되고 있다. 『동국여지승람』에서는 낭혜화상의 비만 거론하고 있어 그 이전에 파괴된 것으로 추정되고 있다.

이곳 사지가 백제의 흥망과 깊은 관련을 가지고 있는 백제시대의 유명사찰지였다는 것은 『삼국사기』와 『삼국유사』의 문헌기록文獻記錄[13] 외에도 백제시대의 연화문와당의 출토[14]가 이를 입증하고 있다. 창건 당시에는 사망한 군인의 영혼을 위로하기 위한 백제 왕실의 각별한 배려配慮 속에 창건된 호국원찰護國願刹이었다.[15]

---

11) 洪思俊,「百濟烏合寺考」,『考古美術』제9권 제11호.
   홍사준은 성주사지 일대에서 藍浦烏石이 出産되고 있어서 '烏岩'이 '烏舍' 再傳되어 '烏合' 또는 同音變音인 '烏會'로써 寺刹 名稱이 變名된 것으로 推定하고 있다.
12) 黃壽永,「百濟烏合寺와 新羅聖住寺」,『又軒丁重煥博士還曆紀念論文集』, 1974.
13) 『三國史記』卷第28 百濟本紀 第6, 義慈王 15年 條.
   여름 5월에 붉은 말이 북악 烏舍寺에 들어와서 불당을 돌면서 울다가 수일 후에 죽었다.
   『三國遺事』第1卷, 奇異, 太宗 金春秋 條.
   현경 4년 기미에 백제의 烏會寺에 크고 붉은 말 한 마리가 나타나 밤낮으로 여섯 번이나 절을 돌아 다녔고……
14) 黃壽永,「崇嚴山 聖住寺事蹟」,『考古美術』98號, 1968年 9月.
   洪思俊,「百濟烏合寺考」,『考古美術』제9권 제11호.

통일신라 중기에 들어와서는 귀족 원찰로 바뀌었으며 그후 김헌창의 난으로 폐사가 되어 방치되었던 오합사는 당나라에서 불도를 닦고 돌아온 낭혜화상朗慧和尙이 주석하면서 새롭게 중창되었다. 이후 오합사는 문성왕에 의하여 사액을 받으면서 성주사라고 불렸다.[16]

낭혜朗慧는 신라 말엽의 명승으로 법호法號는 무염無染이며 태종무열왕太宗武烈王의 8대손이다. 헌덕왕憲德王 13년(821)에 사신으로 가는 왕자 김흔金昕의 도움으로 당나라에 들어가 처음에는 화엄을

대낭혜화상백월보광탑비

---

15) 李道學,「泗沘時代 百濟의 4方界山 護國寺刹의 成立」,『百濟佛敎文化의 硏究』, 충남대학교 백제연구소, 1994.
16)『보령군지』, 1991.
　　金壽泰,「烏合寺」,『聖住寺』(충남대학교 박물관총서 제17집), 충남대학교 박물관, 1998.
　　黃壽永,「新羅 聖住寺의 沿革」,『佛敎美術』제2輯, 東國大學校 博物館, 1974.

공부하다가, 후에 마조도일馬祖道一의 문하門下인 마곡麻谷 보철寶徹에게 심인心印을 얻었다. 보철의 입적 후 여러 곳을 다니며 불교를 연구하다가 당 무종의 폐불정책廢佛政策으로 신라 문성왕文聖王 7년(845)에 고국에 돌아왔다.

당나라에서 돌아온 그는 경주로 가 국민들로부터 환영을 받았지만 정작 그를 도와주는 경주의 진골귀족들에게는 관심을 끌지 못했다. 당시 중앙에서 선종禪宗은 교종敎宗에 비하여 열세에 있었기 때문에 선종이 정착하기 힘들었던 것이다. 그래서 그도 선배 선승들과 마찬가지로 중앙을 떠나 지방에서 법을 펼 수 있는 장소를 물색하였다.

무염이 머무를 곳을 찾고 있을 때 김흔金昕은 몰락해 가고 있던 김인문金仁文의 수봉지소受封之所에 주석케 하였으며, 김양金陽의 도움으로 성주사 창건에 이르게 되었다.[17] 즉 신라로 돌아온 낭혜가 그의 선종禪宗을 펼치고자 하였으나 곧바로 뜻을 이루지 못하고, 귀국 2년 후인 847년에 성주사에 주석하게 됨으로서 비로소 그의 불법을 널리 펼치게 되었던 것이다. 낭혜가 성주사에 주석한 후 문성왕은 사찰의 이름을 성주聖住로 지어 주고 대흥륜사大興輪寺에 편입시켰다.

이처럼 낭혜가 신라 귀족과 왕실의 후원을 받아 이곳 성주사에 주석한 이후 사세는 비약적으로 발전하여 방대한 건물과 수많은 승려들이 수행정진하게 되었다. 김입지金立之 찬撰「성주사비聖住寺碑」에는 이때 중창된 법당은 화려하여 흡사 화락천궁化樂天宮 같고 본존불로는 장육세존상이 봉안되었는데 단정 근엄하고 금색으로 도금되어 빛을 찬란히 드러내며 보좌에 앉아 있었다고 표현하고 있다. 건물의 규모는 1000여 칸에 이르고 낭혜화상의 문하에는 유명한 제자가 2000여 명에 달하였다고 한다.[18]

---

17) 崔柄憲,「新羅下代 禪宗九山派의 成立」,『韓國史研究』7, 1973.
  曺凡煥,「朗慧 無染과 聖住寺 創建」,『韓國古代史 研究』14, 서경문화사, 1998.
  金杜珍,「朗慧와 그의 禪思想」,『歷史學報』57, 1973.
18) 梁承律,『金立之의 聖住寺碑』, 忠南大學校 碩士學位論文, 1993.
  黃壽永,「崇嚴山 聖住寺事蹟」,『考古美術』9-9, 1968.

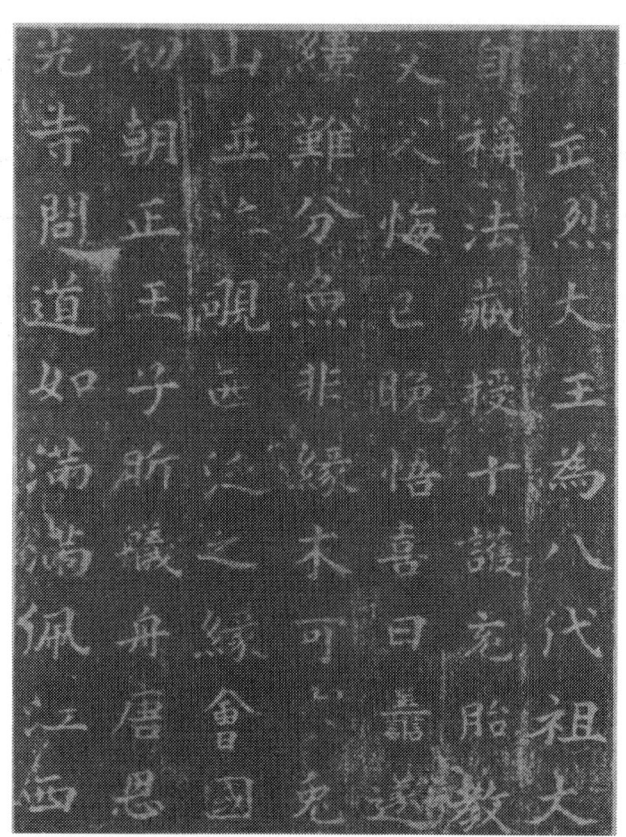

대낭혜화상백월보광탑비문

　낭혜화상 무염이 진성왕眞聖王 2년(888)에 89세로 입적入寂하니 시호諡號는 낭혜朗慧, 탑호塔號은 백월보광탑白月葆光塔이라 했다.[19] 탑비의 문은 최치원崔致遠이 찬撰하고 글씨는 최인연崔仁渷(고려에 복귀 후에는 彦撝로 改名)[20]이 쓴 것으로, 최치원의 4산비명四山碑銘

　　金杜珍,「新羅下代 禪宗山門의 社會 經濟的 基盤」.
19) 李能和,『朝鮮佛教通史』, 新文館, 1918.
　　權相老,『朝鮮佛教略史』, 新文館, 1917.
20) 崔仁渷(868~944)은 初名이 愼之이었으며, 고려 귀부 이후에는 彦撝로 고쳤다. 899년에 入唐하여 孝恭土 10년(906)에 賓貢科에 급제하였다. 그후 42세인 孝恭王 13年(909)에 歸國하여 翰林學士, 兵部侍郎, 지서서원사에 이어 執事侍郎을 제수 받았으며 중국에 사신으로 다녀오기도 하였다. 고려 초기에서 定宗代에 걸쳐 세워진 비문은 태조가 직접 찬술한 충담의 비문을 제외하고는 최언위가 지은 것들이다. 그렇게 본다면 신라 말에서 고려 초에 이르는 기간 당대를 대표하는 문장가이다.
　　參考:『高麗古都徵』卷之七.
　　「羅末麗初 硏究와 金石文」,『譯註 羅末麗初 金石文』, pp.13~17.
　　『海東金石苑』에는 崔致遠의 從弟로 보고 있다.

중의 하나로 명성이 높다. 이 비의 건립년대는 진성왕眞聖王 4년 (890)으로 추정推定하기도 하나21) 비문을 찬하고 글씨를 쓴 시기가 명확하지 않아 실제로 돌을 깎아 탑비를 세운 시기를 890년으로 해석하기에는 무리한 점이 많다.

고승이 입적하게 되면 문도들이 스승의 업적을 기리기 위해 시신을 화장하고 수습된 사리를 봉안하기 위해 부도를 건립하게 되는데, 이를 국왕에게 알리면 왕은 시호와 탑호를 내리고 비문을 찬술하도록 명했다. 찬술한 문은 다시 당대 명필가의 글씨로 새기게 되는데 이러한 과정에서 상당한 시일이 소요되기도 한다. 그런데 낭혜화상의 비문에는 찬문의 시기와 비의 건립시기에 대한 것이 명확하게 나타나 있지 않다. 「만수산성주사낭혜화상백월보광탑비」에 의하면 낭혜화상이 입적한 시기는 888년 11월 7일 속세 나이 89세로 가부좌한 모습으로 입적하였다고 기록하고 있다. 이후 기록을 보면,

1) 문인 순우詢乂 등이 울부짖으며 유체를 받들어 선실 안에 임시 빈소를 마련하였다. 임금께서 소식을 듣고 몹시 슬퍼하며 파발꾼을 보내어 글로 조문을 하고 곡식으로 부의賻儀하였으니 정결한 공양을 돕고 죽은 이의 명복을 넉넉히 함이라. 2년 뒤에 돌을 다듬어 층층이 탑을 쌓았는데, 소리가 임금이 계신 서울慶州까지 들렸다.

2) 드디어 문인인 소현대덕昭玄大德 석통현釋通賢과 사천왕사 석신부釋眞符와 더불어 논의하여 말하기를, '대사께서 돌아가심에 임금께서도 서러워하거늘 어찌 우리들이 차마 마음을 사그러뜨리고 입을 다물어서 스승에게 보은할 일을 빠트리리오.'라고 하였다. 이에 문인들이 서로

"右碑在朝鮮忠淸道藍浦縣無年月崔致遠撰從弟崔仁渷書致遠事蹟見前碑跋仁渷 爲致遠從弟....."

21) 『朝鮮寺刹史料』, 朝鮮總督府 內務部地方局, 1911.
『朝鮮金石總覽』 34.
金煐泰, 『三國新羅時代佛敎金石文考證』, 民族社, 1992.
葛城末治도 『朝鮮金石攷』(1935년, 大阪屋號書店)에서 비를 세운 年時에 대해 碑文에 "文德之年暢月 ……越二年"을 들어, 이는 大順元年(唐의 年號 890年) 즉 新羅 眞聖王4年(890) 丙戌로 보고 있으며 이 당시에 세워진 것으로 보고 있다.

호응하여, 시호와 탑명을 내려줄 것을 청하였는데, (임금께서) 하교하여 '좋다'고 말씀하고, 곧 왕손인 병부의 제이경 우규禹珪에게 명하여 계원의 행인이며 시어사인 최치원을 부르니……

(崔致遠 著: 李佑成 校譯 『新羅四山碑銘』(亞細亞文化社 1995)에 의함)

라 기술하고 있다.

비문 1)의 서술은 낭혜화상이 입적한 후 2년 뒤인 진성왕 4년(890년)에 탑을 세웠다고 했는데, 탑과 비가 동시에 건립되는 것이 일반적이나 여기에서는 비에 대한 언급이 없다. 특히 낭혜화상이 입적한 바로 그 당시에는 임금이 글로 조문하고 곡식으로 부의한 것으로 만 되어 있어, 시호나 탑명에 관한 논의는 한참 후에나 있었던 것으로 보인다. 즉 2)의 내용은 대사가 죽은 후 2년 뒤에 부도를 만들고 그 이후 임금께 고하여 비를 만들 수 있도록 시호와 탑명을 청원한 것으로 해석되어야 하며, 비문의 찬술은 탑이 건립된 890년 이후에 시작되었다고 볼 수 있다.

비문에 "얼른 서까래만한 크기의 글 1편을 내어 환관을 시켜 주고받게 했는데, 곧 문제자가 바친 행장이었다"하는 것은 문제자들이 왕에게 시호와 탑명을 청하기 위해 의논하여 결정한 후 낭혜화상의 행적을 조사하고 이를 기록한 것으로 이를 작성하기 위한 상당히 많은 시간이 소요하였을 것으로 추정된다. 그리고 최치원은 "부유腐儒가 이제 짓는 글은 마땅히 우리 대사께서 열반에 나아간 시기와 우리 임금께서 탑의 호를 높으신 것을 나타내는데 그칠 따름이다"라고 그의 뜻을 밝힌 것처럼 낭혜화상의 제자들이 작성한 방대한 행적에 대해 어떻게 기술하느냐 하는 문제에 대해 상당한 고민이 있었던 것으로 보인다.

최치원의 찬문이 늦어지자 수제자인 비구가 와서 글을 재촉하여 말하기를 "김입지의 비는 세운 지 오래되었으나 오히려 (대사께서) 수십 년 동안 남긴 미행이 빠져 있으며, 태전왕太傳王이 신묘神妙한 필치로 기록한 것은 대개 특별한 만남을 드러내 보여준 것일 뿐입니다. 그대는 입으로 성현의 글을 저작咀嚼하였고, 면전에서 현 임금의 명령을 받았으며, 귀로는 국사의 행적을 실컷 들었고, 문으로는 문생이 지은 행장을 취하도록 보았으니, 마땅히 널리 기록하고 갖추어 말하여서 반드시 그것을 후생에 남기어……" 하는데, 최치원이 "나는 이엉을 엮듯이 간략히 적을려는데, 사師는 채소를 팔듯이 글의 분량을 늘리려 합니까" 하고 있어 그간 다소의 찬문의 지연과 이에 대한 갈등이 있었던 것으로 보인다.

위 비문 1)에서 탑의 건립은 언급이 있으나 비에 대한 언급이 없음은, 비문 2)의 내용이 890년 이후에 일어난 일을 기술한 것이거나, 비문 2)의 기술이 비록 890년 이전에 있었던 것이라 할지라도 최치원의 찬문이 늦어지면서 자연히 비의 건립도 890년 이후로 지연되었던 것으로 추정된다.

또 비문의 말미에 "종제조청대부전집사시랑사자금어대신최인연봉교서從弟朝請大夫前執事侍郎賜紫金魚袋臣崔仁渷奉敎書"라 기해 있는데, 비문을 쓴 최인연의 관직이 집사시랑執事侍郎으로 기록하고 있는 점을 주목할 필요가 있다. 『삼국사기』 권46 최언위崔彦撝 조에 "최언위는 18세에 당나라에 유학하여 예부시랑 설정규의 문하에서 과거에 급제하였고, 42세에 본국에 돌아와 집사시랑과 서서원학사가 되었으며 태조가 나라를 창건하게 되자 고려에 와서 한림원 태학사와 평장사의 벼슬에까지 이르렀다"한다. 『동사강목』 권5(신라 헌강왕 11년)에는 최신지崔愼之의 입당유학을 헌강왕 11년 을사로 기록하고 있으며, 『고려사』 '최언위(愼之 改名)전'에는 18세에 당에 유학하고 효공왕 13년(909) 그의 나이 42세에 신라에 돌아와 집사시랑의 관직을 받았으며, 고려 혜종왕 원년 77세에 졸한 것으로 기록하고 있다.

따라서 890년에 최인연이 비문을 썼다면, 이때는 23세의 나이로 아직 당에 유학 중인 시기에 해당한다. 그러므로 비가 건립된 시기는 최인연이 집사시랑의 관직을 받은 시기의 관점에서 보면 909년 이후라야 맞는다.[22]

---

22) 菅野銀八은 「新羅 興寧寺 澄曉大師塔碑の撰者に就いて」(『東洋學報』 第13卷 第2號, 1923년, 東洋協會學術調査部)에서, 崔致遠의 撰文에 대해서 비문 중에 "贈太

이 사찰이 언제부터 폐사廢寺가 되었는지는 알 수 없으나,[23] 『신증동국여지승람新增東國輿地勝覽』 제20권 람포현籃浦縣 불우佛宇 조에,

師先代王", "贈太傳獻康大王"을 들어 당나라에서 추증한 官誥가 신라에 도착한 孝恭王 元年(897) 秋7月 以前에 追贈한 것으로 이해해야 하며, 이전에는 太傳王이라 쓰지 않았을 것이다. 따라서 이 비의 撰文은 그 이후로 보아야 하는데, 『東史綱目』에 孝恭王 2年 11月에 "阿飡崔致遠有罪免"으로 기록되어 이를 마지막으로 崔致遠은 隱逃하였기 때문에 결국 이 碑文은 孝恭王 元年(897)에서 2年(898) 사이에 撰文한 것으로 해석된다고 한다.
그러나 최근에 발간한 『韓國金石文集成』(任世權·李宇泰 編著, 2004年, 韓國國學振興院)에 의하면, 경문왕과 헌강왕을 중국에서 追贈한 太師와 太傳이란 관작은 진성여왕이 唐帝에게 보낸 글(『東文選』 권33의 「謝賜詔書兩函表」)에도 이미 두 왕에 대한 추증의 내용이 나오고 있다. 뿐만 아니라 비문의 내용에 있어서도 비문을 지으라고 명한 왕이 경문왕을 아버지(文考)라고 일컫고 있어서 그가 바로 경문왕의 딸인 진성여왕임을 알 수 있다. 따라서 關野銀八이 비의 찬문 시기를 孝恭王 元年(897)에서 2년(898)으로 보는 것은 무리가 있다.
關野銀八은 또 비를 세운 시기에 대해서, 이를 쓴 崔仁渷의 朝請大夫前守執事侍郞의 時를 간과할 수 없다고 하며, 高麗史 列傳 崔彦撝 條에 "初命 愼之……年十八에 入唐遊學…… 四十二歲에 新羅에 돌아와 執事侍郞書院學士…… 高麗 開國時에는 太子의 師가 되고…… 惠宗元年 七十二歲로 卒"을 들어 時期으로 맞지 않음을 指摘하고 있다. 그리고 "龍德四年歲次甲年四月一日建"으로 되어 있는 慶尙南道 昌原의 鳳林寺眞鏡大師塔碑에 "朝請大夫前守執事侍郞賜紫金魚袋崔仁渷篆"으로 진경대사비의 篆者와 낭혜화상탑비의 書者가 同人으로 同一官名 즉 現職이 아닌 前職을 사용하고 있으며, 同人의 撰 鳳巖寺智證大師碑 역시 龍德四年에 建立한 것으로 보아 郞慧和尙碑의 建立도 이 시기로 推定된다고 한다. 龍德四年은 景明王八年(924)으로 崔致遠이 撰文한 지 27·8年 後로서 菅野는 眞聖王四年에 세운 것을 다시 改訂한 것으로 추정하고 있다.
또 今西龍은 「新羅骨品考」(『史林』 7-1, 『新羅史 硏究』)에서, 이 비의 建立年時에 대해 그 撰書는 眞聖王四年庚戌 頃으로 보고 있으나 그 刻字建立은 高麗時代로 보고 있다. 그 이유는 碑의 文字를 보면 建(高麗太祖의 諱), 武(惠宗王의 諱), 詢(顯宗王의 諱)의 文字를 缺劃한 점을 들어 刻字建立을 高麗 顯宗代(1010~1031)로 추정하고 있다.
이에 대해 葛城末治는 海東金石苑의 本碑의 跋에 "民字缺筆避唐諱"를 들어 이는 唐諱를 피하기 위한 것으로 해석해야 하며 眞聖王이 特賜한 朗慧和尙의 諡號를 볼 때 碑의 建立을 百年이 지난 後에 建立한다는 것은 首肯하기 힘들다는 점을 지적하고 있다. 이처럼 建立年代에 대해 논란이 끊이지 않고 있으며 아직까지 명쾌한 해답이 없다.

[23] 1991년에 간행한 『保寧郡誌』에는, 임진왜란 때 완전 소진된 것으로 보고 있으며, 사찰에 관한 口傳 내용을 싣고 있다. 즉 임진란 당시 3천여 명의 승려가 있었다고 하는데 식사용 쌀을 씻은 물이 하천을 타고 4km 떨어진 花里까지 흘러내려 이곳으로 진입하던 왜군들이 이 광경을 보고 軍糧米를 씻은 물이 저렇게 흐르는 것으로 보아 이 계곡에는 틀림없이 많은 군대가 있을 것이라고 짐작하고 일단 후퇴를 한 후 첩자를 보내 알아보니 승려들뿐이라 급습하여 불태워 버렸다는 구전이 전하고 있으며 지금도 開花里 냇물의 이름이 '비키내'인데 쌀뜨물이 비쳤다고 하여 '비치내' 라고 하던 것이 비키내가 되었다고 한다.

성주사 : 성주산 북쪽에 있는데, 최치원이 지은 대낭혜화상大朗慧和尙의 탑비塔碑가 있다.

하는 것으로 보아 최소한 조선 중엽까지는 존속하였던 것 같다. 『범우고梵宇攷』에는 "금폐今廢"로 기록하고 있다.

충남대학교 박물관이 1991년부터 1996년까지 모두 여섯 차례에 걸쳐 성주사지에 대한 발굴조사를 한 결과 성주사지에서 출토된 유물은 백제시대부터 조선시대에 이르기까지 다양하게 나타났다. 특히 성주사가 창건된 9세기 중엽 이후의 유물이 풍부하여 각종 토기와 기와 중국산 해무굽 청자, 백자완 등과 국산자기 등의 고급 그릇이 다량 출토되어 당시 성주사의 위세가 크게 번창하였음을 알 수 있다. 또 출토유물의 양상을 볼 때 사세는 13세기 이후 점차 위축되었던 것으로 보이며 조선시대 전기까지 유지되었는데 만력 39년萬曆三十九年(1611) 명와銘瓦를 끝으로 더 이상의 연호가 있는 기와가 확인되지 않은 점으로 보아 17세기 전반을 기점으로 소진된 것으로 발굴조사 결과 추정되고 있다.[24]

『조선고적도보』 제4책(1916년 조선총독부) 도판을 보면 황폐한 폐사지에 5층석탑 1기와 3층석탑 3기가 온전한 상태로 보존되어 있

1910년대의 성주사지
(『조선고적도보』)

24) 『聖住寺』(충남대학교 박물관총서 제17집), 충남대학교 박물관, 1998.

1910년대의 모습
(『조선고적도보』)

다. 그리고 해설편에,

> 대낭혜화상백월보광탑비 1기, 석등 1기, 파괴가 심한 석상 1기가 존存
> 한다. 이같이 4기의 신라대 석탑이 유존된 것이 유희有稀의 예이다.

라고 기록하고 있으나 대낭혜화상백월보광탑大郎慧和尙白月葆光塔에 대해서는 아무런 언급이 없어 당시 조사에서 발견치 못하였음을 알 수 있다. 성주사 석탑과 대낭혜화상백월보광탑비는 1934년 8월에 '조선보물고적천연기념물보존령'에 의해 보물로 지정되었다. 그러나 여기에서도 낭혜화상탑의 행방에 대해서는 아무런 언급이 없었다.

일반적으로 사찰에는 석탑이 1기 또는 쌍탑가람형식을 가지고 있는데, 성주사지에는 석탑이 4기가 건립되어 있다. 금당지 앞에는 5층석탑이 세워져 있으며, 금당지 뒤편으로 3기의 3층석탑이 나란히 세워진 특이한 예를 보여주고 있다. 스기야마 노부조杉山信三는 『조선의 석탑』에서,

> 가람의 탑으로는 금당 앞에 1기를 세우면 그 탑만으로 충분한 조건을 다하고 있으므로 타 3기는 무엇 때문에 건립된 것인지 불명하다. 다만 무염의 백월보광탑비가 있고 부도라고 볼 만한 것이 따로 볼 수 없으

므로 이 중의 1기가 그 탑에 해당되고 타 탑은 같은 의미를 갖고 타자의 것을 만든 것이 아닐까.[25]

라고 하며, 이 3기의 탑이 승탑이 아닌지 처음으로 의문을 가졌다. 즉 3기의 석탑 중에 1기가 백월보광탑이 아닐까하는 추정을 한 것이다.

1961년에 문교부에서 발간한 『국보도록』 제5집 '성주사지중앙삼층석탑' 조 해설편을 보면, "금당터 후방에 거의 같은 규모와 양식의 3층석탑 3기가 일직선상에 나열하고 있어서 이들의 배치장소와 방법에서 부도로서 해석되었다. 더욱이 이곳에는 창건조사인 낭혜화상비가 있고 기타 무명의 귀부도 있어서 이같은 탑비에 해당되는 것으로 추정할 수도 있을 것이다."라고 하며 스기야마의 추정을 그대로 따르고 있다.

1961년에는 강당지 후측에서 파괴된 귀부와 이수가 발견되었는데 귀부의 지대석과 족부足部는 매몰되었고 두부와 비좌는 보이지 않았다. 사지 인근의 고노들에게 전문한바(이은창 확인) 일제 때는 비신이 사지에 굴러다니고 있었다고 한다.[26] 이수와 2좌분의 귀부는 1961년에 부여박물관으로 옮겼다. 1961년 8월 귀부를 부여박물관으로 운반할 때 부근에서 비편 대소 3편을 수습하였는데 비편 중 1편은 신라비로 추정되고 다른 2편은 또 다른 비석편으로 추정되어 이곳 사지에서 낭혜화상탑비 외에 또 다른 2기의 비가 있었을 것으로 추정되었다.[27] 1962년에도 이 사지에서 2기분의 일명비逸名碑의 파재破材가 발견되어 부여박물관으로 이관하였다. 이로써 대낭혜화상백월보광탑비를 비롯한 3기의 비가 있었다는 것이 확인되면서 3기의 3층석탑이 3기의 비에 대한 승려의 승탑일 가능성을 더욱 짙게 하였다.[28]

---

25) 杉山信三, 『朝鮮の石塔』, 1944, p.128.
26) 李殷昌, 「보령 성주사지의 逸名塔碑」, 『考古美術』 2-9, 1961.
 朴日薰, 「보령 성주사지 逸名塔碑」, 『考古美術』 3-10, 1962.
27) 박일훈, 위의 책.
28) 이은창은 「보령 성주사지의 일명탑비」(『考古美術』 2-9)에서,

1961년에 발견한 이수
(국립부여박물관 소재)

1961년에 발견한 귀부
(국립부여박물관 소재)

"그런데 사지에 현존하는 3층석탑 3기가 묘탑으로 추정된 바도 있어 그 중의 1기를 상거(上擧)한 무염대사의 백월보광탑으로 想定한다면 殘餘 2기 중의 1탑은 일명탑비와 有關될 수도 있을 것이며 혹시 대사의 법통을 계승한 고승의 탑비로 해석될 수도 있지 않을까 한다"하고, 또 「보령 성주사지 조사보고」(『아세아 연구』 10-4, 1967년 12월)에서는, 3층석탑 3기가 부도탑이라면, 백월보광탑비와 일명탑비 등 3기의 탑비와 관계되는 것이라 하겠는데, 비는 3기나 있었음에도 부도의 흔적은 사지에서 발견할 수 없었으니 이러한 추정이 가능했던 것임을 지적하고 있다.

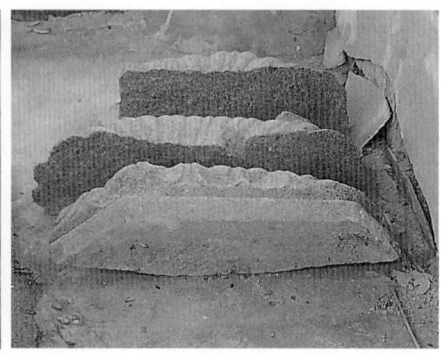

부도탑재

　이후 1968년 「숭암산성주사사적崇巖山聖住寺事蹟」이 발견되어 이곳에 수록된 "대낭혜화상백월보광탑안간서록大朗慧和尙白月葆光塔安干西麓"이라는 기록으로 말미암아 3층석탑은 부도가 아니며, 낭혜화상의 부도탑은 서록에 있을 것이라는 추정에 이르게 되었다.

　이러한 추정에 따라 1968년에 황수영, 홍사준, 문명대 등 3인에 의해서 부근에 대한 확인 조사가 이루어졌다. 이 조사에서 사지 서방西方으로 산기슭에서 올라간 일지맥一支脈의 중복中腹 밑 대지 위가 이 부도의 원 위치임을 확인하였다. 그러나 이곳에는 이미 무덤이 자리하고 있었다. 대낭혜화상탑이 자리한 곳이 탐이 난 자들에 의해 탑은 도괴되어 원위치에서 옮겨지고 이곳에 분묘가 들어서면서 탑재는 파괴되어 산일되었던 것이다.[29]

　1968년 조사 당시 민가 등에서 발견된 지대석地臺石, 연화대석蓮花臺石, 옥개석屋蓋石 3편, 탑신편塔身片 등을 수습하여 탑비각 옆에 두게 되었다.

　성주사지5층석탑은 일정시 일인의 반출 음모가 있어 상당한 위험수위까지 갔으나 진상조사 중 음모가 밝혀져 다행히 화를 면하게 되었다.[30] 1971년 해체수리시에 5층석탑은 제1층탑신 상면에

---

[29] 黃壽永, 「新羅 聖住寺 大郞慧和尙 白月保光塔의 調査」, 『考古美術』 100號, 1968.
文明大, 「聖住寺址 實測調査 - 聖住寺址 1次調査」, 『佛敎美術』 2, 동국대학교 박물관, 1974.

[30] 金禧庚 編, 「韓國 塔婆硏究資料」, 『考古美術資料』 第20輯, 考古美術同人會, p.137, '보령군 대천면 5층석탑 매매운반' 조에,
"본 건에는 따로 성주리의 탑에 대하여서도 매매를 주용한 형적이 있다. 성주사

사리를 장치했던 사리공이 발견되었으나 일체의 유물은 없었다.

동3층석탑은 1971년 해체 수리할 때 제1탑신 상면에 방형사리공方形舍利孔이 있었으나 유물은 도실盜失되었고, 향목소편香木小片과 소형토탑파편小形土塔破片만이 남아 있었다.[31] 서탑 역시 동탑과 같이 사리장치는 전혀 없고 사리공舍利孔에 향목분말香木粉末과 초충피草虫皮가 있었을 뿐이었다. 중앙탑은 파괴현상이 가장 심하여 제1층 탑신의 서북우西北隅가 떨어져 나갔으며 제1층 탑신 상면에 장치한 사리공에는 사리장치와 유물이 도실되어 없었다.[32] 역시 반출음모와 때를 같이하여 도실된 것이 아닌가 생각된다.

성주사지5층석탑

의 탑은 유명한 낭혜화상 백월보광탑비의 옆에 세워져 있던 것으로 그 비문은 선년 참사관실에서 수집하였고 조선금석문 중 有紋의 것이다."
31) 金禧庚, 「우리나라 탑속의 舍利藏置」, 『韓國文化財大系』, 藝耕産業社, 1986 參照.
32) 洪思俊, 「聖住寺址石塔 解體와 組立」, 『考古美術』 113·114號, 韓國美術史學會, 1972.

5층석탑 앞에 있는 석등은 8각을 기본으로 하고 있는데『조선고적도보』의 사진에는 5층석탑 앞에 엄연히 존립하고 있다. 그러나 일제강점기 어느 때인가 도굴꾼들의 소행으로 도괴되어 흩어져 있던 것을 1971년 현재와 같이 복원하였다.

『조선고적도보』를 보면, 금당지에 있었던 것으로 추정되는 석계단이 실려 있는데 평지에서 높게 건축한 기단을 오르는 돌계단의 층석으로 석계단 양편에 사자상을 조각한 미술품[33]이었으나 1986년에 불법자들에 의해 도난을 당하여 현재까지 행방불명이다.

1974년에는 동국대학교 박물관에 의해 발굴조사가 이루어졌다. 이때 사지에 삼천불전三千佛殿 등 건물지를 추정할 수 있었으며,[34]

도난당한 석계단
(고적도보에 의함)

33) 사진은『朝鮮古蹟圖譜』제4책 도관번호 1481로 실려 있으며, 이 石階에 대해서는 1962년 4월에「고고미술」에 소개한 이은창의 「보령 성주사지의 금당지」에 다음과 같이 소개하고 있다.
基壇 남측 중앙에 石階가 殘存하는데 階段式 踏石(디딤돌)이 층층이 놓이고 양측 隅石으로 짜였다. 隅石의 조각이 볼만한 것이니 지대석 우석, 석사가 모두 一石으로 되었는데 鮮妙한 線刻으로 지대석을 표시하고 그 위에 원판으로 4등분한 모습의 우석을 놓았고 또 이 隅石背를 突帶로 修飾하였으며 그리고 이 石階의 특이한 점은 隅石端 양측에 각각 石獅를 배치한 것이다.
石獅는 전후 四肢를 모아 지대석상에 跪坐의 자세를 취하였다. 양눈을 부릅뜨고 開口한 치열은 험상 굳게 하고 …… 본 사찰의 창건과 동시에 羅末의 소작인즉 저 화엄사 사자석탑계의 유례와 같은 것임을 添記해 둔다.
34) 黃壽永,「新羅聖住寺址의 塑佛資料」,『美術資料』17, 國立中央博物館, 1974.

특히 사지의 중심부분에서 금당지金堂址를 확인할 수 있었는데 이곳에서 주목되는 것은 다소 손상을 입은 방형대좌方形臺座이다. 복련부覆蓮部가 4편片으로 파손되어 하대下臺 밖에 없으나 장방형의 최정부最頂部 아래에는 라말부터 유행하던 연화문蓮華文 부조浮彫가 나타나 있다.35) 이 대좌에는 원래 거대한 철조불이 모셔진 것으로 그 크기는 성인이 불상 무릎 위에 서서 겨우 귀를 만질 수 있을 정도로 큰 철조불상이라고 한다.36)

이 불상은 한일합방 무렵 일진회에 관계하고 있던 일본인이 솥을 만들기 위하여 홍산 삼천리 솥점으로 운반해 갔다고 하는데 삼천리 솥점 운운하는 것은 거짓이고 국내에 없는 것을 보면 반출한 것으로 보인다.37) 지금은 연화대좌만이 남아 법당 안에 모셔져 있

연화대좌

---

35) 『佛敎美術』 第2輯(聖住寺址 發掘調査特輯), 東國大學校博物館, 1974.
36) 黃壽永, 「統一新羅時代의 鐵佛」, 『考古美術』 154·155호, 韓國美術史學會, 1982.
36) 황수영은 이 佛像이 『聖住寺事蹟』에 전하는 「毘盧遮那佛一大尊像」이 本鑄佛을 일컫는 것으로 추정하고 있다.
37) 李殷昌, 「보령 성주사지 石塔考」, 『史學研究』 제21호, 1967. 9.
   李殷昌, 「忠南 散逸文化財」, 『考古美術』 제9卷 第2號.
   불상 반출에 관한 내용은 이 불상을 목격한 사지 부락에 거주하는 노인의 증언이라고 한다.
   文明大 교수도 「聖住寺址 實測調査 - 聖住寺址 1次調査」(『佛敎美術』 2, 1974, 동국대학교 박물관)에서, 시기적으로는 다르지만 이송 사실을 전해 들었다고 한다. 성주사지 관리인으로부터 전문한 바에 의하면, 일제시대에 한동안 있었으나 없

던 불상의 규모를 알려주고 있을 뿐이다.

현재 이 절터의 앞은 하천이 흐르고 평지에 위치한 사지는 동서 220m, 남북 142m로 중문, 탑, 금당이 남북 일직선상에 배치되어 있다. 금당지 앞에는 5층석탑이 금당지의 뒤편에는 3기의 3층석탑38)이 있고 그 뒤쪽으로는 낭혜화상백월보광탑비와 동편에는 무

파손이 심한 석상

어졌으며, 특히 두부는 해방 초까지 성주사에서 10여 리 떨어져 있는 암자에 봉안되어 있었는데, 그 후 夫餘 鴻山方面으로 이송되었다고 한다.
38) 洪思俊은 「聖住寺址石塔 解體와 組立」, 『考古美術』 113·114에서,
東西 一列로 배치된 3기의 삼층석탑은 『聖住事蹟記』에 의하면 宣光如來舍利塔, 迦葉如來舍利塔, 藥師如來舍利塔에 해당되는데, 현재 동서 중앙 3기의 석탑이 어느 사리탑에 해당할 것인지는 미상이나 굳이 말한다면 동탑은 東方藥師如來에, 迦葉如來는 釋迦十代弟子의 一人으로 中央塔에 해당시키면 西塔은 宣光如來舍利塔이라 할 수 있다. 또 금당지 앞에 세워진 5층탑은 釋迦如來舍利塔으로 보아서 석탑 前方에 있는 석등은 이 사리탑을 밝히던 석등으로 보아야 할 것이라고 한다.

릎까지 땅에 묻혀 있는 파손이 심한 석상 1구가 있다. 1900년경에 발간한 것으로 추정되는 『사탑고적고寺塔古蹟攷』에는 "유석불입상고약육척수부추락有石佛立像高約六尺首部墜落"이라고 하여 머리부분이 파괴되어 떨어져 나간 것으로 기록하고 있는데 현재는 석상의 파괴된 조각조각을 접합하고 결손된 얼굴은 시멘트를 발라 대략의 형태를 나타내고 있다.

낭혜화상탑비
(『조선고적도보』)

갑사부도甲寺浮屠(보물 257호)

『다이쇼6년도고적조사보고大正六年度古蹟調査報告』에는

계룡면 중장리中壯里 갑사甲寺의 상방上方에 있는 계룡산 중에 있으며, 8각지복석상角地覆石上에 세운 8각부도로 청색 화강암으로 이루어졌다.

하는 것으로 보아 적어도 1917년까지는 원위치에 완전한 형태로

갑사부도

있었던 것으로 보인다. 그런데 스기야마 노부조杉山信三의 기록에는, "후에 도괴되어 갑사로 옮겼다"³⁹⁾고 했다. 역시 내부의 보물을 훔치기 위해 도괴한 것으로 보인다.

『조선고적도보』에 실려 있는 갑사 경내로 옮겨지기 전의 모습을 보면 상륜부가 완전하게 남아 있었다. 그러나 현재의 모습을 보면 상륜부는 복발과 보주만 남아 있는데 이 보주도 원래의 것이 아닌 듯하다. 갑사로 옮기기 전에 도실 당한 것으로 추정된다.

갑사로 옮긴 시기는 정확히 알 수 없으나 1920년대에 들어와 계룡산 일대의 도요지를 파헤치기 위해 몰려들었던 도굴꾼들이 인적이 드문 산중에 남아 있는 부도를 도굴하였던 것으로 추정된다. 1942년 6월 15일자 조선총독부 고시893호로 보물로 지정되었다.

원위치의 모습
(『조선고적도보』)

39) 杉山信三, 『朝鮮の石塔』.

예산군 덕산면 상가리석탑

충청남도 예산군 덕산면 상가리40)에는 보덕사라는 작은 사찰이 있다. 이 사찰은 가야산 가야사의 후신이라 할 수 있다. 흥선 대원군이 여도월呂道月이란 승을 시켜 가야사를 소진시키고 그곳에 남연군의 묘를 조영하였다. 후에 김벽담金碧潭이란 승에게 명하여 남

상가리석탑

---

40) 본래 덕산군 현내면의 지역으로서 가야골 위쪽이 되므로 위가야골, 위개골, 또는 상가야동, 상가라 하였는데, 1914년 행정구역 개편에 따라 중가리 일부와 사점리를 병합하여 상가리라 해서 예산군 덕산면에 편입되었다(『우리고장 충남』, 충청남도교육위원회, 1988).

연군묘에서 약 1km 떨어진 가야산 동록에 절을 짓게 하고 보덕報德한다는 뜻으로 보덕사라 하였다.

『매천야록』에는, "1864년 이후 나라에서는 국비를 들여 대덕산에 절을 짓고 이름을 보덕사라 했다. 토목土木에 금을 칠하여 극히 웅장하고 화려하게 하였다. 그리고 논밭도 하사하고 보화도 후하게 주었다" 하는 것으로 보아 처음에는 아주 화려하게 장식했었던 것으로 보이는데 현재는 아주 작고 아담한 절로 변해 있다.

이 보덕사의 뜰에는 현재 2000년에 예산군청으로부터 옮겨온 아담한 석탑 1기가 있다.

이 석탑 옆에 세워진 안내판에는 다음과 같이 해설을 붙이고 있다.

예산읍 3층석탑
    지정별 : 문화재 자료 제175호
    지정일 : 1984년 5월 17일
    위 치 : 예산군 덕산면 상가리 227

원래 덕산면 상가리 가야사지伽倻寺址에 있던 것을 1914년 일본인이 몰래 내가려다가 보덕사 주지 김관용 스님의 항의로 다시 회수하여 군청 내에 보관하게 되었다. 지대석은 4매의 판석으로 조성하였으며, 한 변

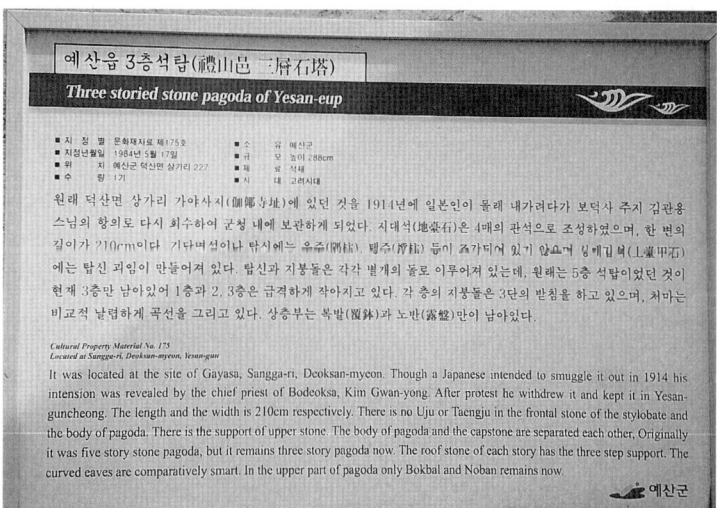

보덕사 뜰 석탑의 안내판

의 길이가 210cm이다. 〈중략〉

원래 5층석탑이었던 것이 현재 3층만 남아 있어 1층과 2·3층은 급격하게 작아지고 있다. 각 층의 지붕들은 3단의 받침을 하고 있으며, 처마는 비교적 날렵하게 곡선을 그리고 있다. 상층부는 복발과 노반만이 남아 있다.

이 내용은 1988년 이후 2001년에 출간한 여러 책자[41)]에 거의 동일하게 나타나 있다.

그러나 여기에는 일부 부적절한 부분이 보이고 있다. 먼저 안내판에는 석탑의 명칭을 '예산읍3층석탑'이라 하고 있는데, 원래는 5층석탑이었기 때문에 현재 남아 있는 층수만을 가지고 3층석탑이라 하는 것은 무리가 있다. 또 석탑 앞에 지명을 넣어 '예산읍'을 붙이고 있는데, 이는 보덕사로 옮겨 오기 전에 예산읍에 있었다고 해서 붙인 것이다. 이 석탑의 원 소재지가 가야사지이기 때문에 경천사지석탑의 예와 같이 '가야사지석탑'이라든가 아니면 가야사지가 덕산면 상가리이고 현재의 소재지도 상가리의 보덕사이기 때문에 '상가리석탑'이라 하는 것이 무리가 없을 것으로 보인다.

다음으로 석탑의 원지 이반 경위에 대해, "가야사지에 있던 것을 1914년 일본인이 몰래 내가려는 것을 보덕사 주지 김관용 스님의 항의로 다시 회수"한 것으로 기술하고 있다. 그런데 이 내용의 출처가 명확하지 않다. 1912년 4월「충청남도 각 말사末寺 주지취직인가住持就職認可」를 보면,[42)] "덕산군 현내면縣內面 보덕사報德寺 김응월金應月"이라 기록하고 있다. 이후 1916년까지의「각 말사 주지취직인가」에는 보덕사 주지취직인가 건이 보이지 않는 것으로 보아 최소한 1914년의 보덕사 주지는 김응월이라는 스님이었다고

---

41) 『충청남도 지정문화재 해설집』, 충청남도, 2001.
  『문화재해설』, 충청남도, 1990.
  『우리고장 충남』, 충청남도교육위원회, 1988.
  『문화유적분포지도 : 예산군』, 충청남도, 2001.
  『충남지역의 문화유적』 제9집, 백제문화개발연구원, 1995.
42) 『朝鮮佛敎月報』 第3號, 1912년 4월.

볼 수 있다. 따라서 안내판에 나타난 반출 연대와 주지스님의 명이 일치하지 않아, 1914년에 일본인이 반출했다는 연대는 신빙성이 떨어진다.

가야사는 『신증동국여지승람』 덕산현의 '불우' 조에 단순히 "가야산에 있다"라고만 기술하고 있다. 그 창건연대는 불명이나, 잔존 유물들로 볼 때 고려시대의 대찰로 추정되고 있다.

1937년에 간행한 『충청남도 예산군지禮山群誌』 '덕산면德山面 가야사伽倻寺' 조에는(글씨가 흐려 판독하기가 어려우나 그 대략은 다음과 같다),

고려 말기에…… 옥계리 와룡담臥龍潭에서 월봉月峰까지 1리에 이른 대사大寺이었으나 지금은 사적寺跡만 있으며, 군청전郡廳前에 석탑이 남아 있다.
〔주〕 가야사에 돌궐突厥이라는 승이 있었는데 성욕난폭性慾亂暴하여 부녀자를 침侵하는 등의 악행을 저질러…… 정병사鄭兵使 차룡且龍이 돌궐을 죽여, 동시에 폐사가 되었다고 한다. 동시에 경내의 5층석탑도 붕괴됨, 지금으로부터 수십 년 전 본면本面 옥계리 백철현씨가 조립組立하여, 1936년 군의 모씨한테 매각하였는데, 당국에서 지시하여 현재 군청 내에 두었다.[43]

라 기술하고 있어, 조선시대 후반에 들어와 한때 폐사에 이르렀다가 조선 말기에는 작은 사찰로 그 명맥을 이어온 것으로 추정된다. 이후 가야사는 흥선대원군에 의해 남연군 묘지가 조영되면서 사찰의 모든 목조물들은 소진되어 폐사가 되고 이곳의 석탑도 원지의 이탈을 면할 수가 없었다.

이를 1차로 이반한 자는 덕산면 옥계리에 거주하는 지방유지 백철현이란 자로, 백철현은 1915년경에 도괴되어 있는 석탑 부재를 수습하여 3층으로 구성하고 자신의 소유물로 취급해왔다. 안내판

---

[43] 『忠淸南道 禮山群(誌)』, 禮山郡 敎育會, 1937年 3月.

에 나타난 '1914년 일본인이 반출을 시도했다'는 것은 백철현이란 자가 1915년경에 가야사지에서 석탑 부재를 옮겨 3층으로 구성한 시기의 오인이 아닌가 추정된다.

1936년 2월에 이르러 백철현은 군산에 거주하는 일본인에게 이 석탑을 매각하였다. 이 사실을 탐지한 보덕사 주지가 현장에 나아가 외지의 반출을 저지하였으나 백철현은 자신의 사유물이라고 우기며 군산으로 운반하였다. 당시 행정관청에 제출하는 보고는 본사를 경유하도록 하였기 때문에44) 보덕사 주지는 본사인 마곡사의 주지에게 이 사실을 보고하고 도움을 요청하였다.

이 석탑의 반출 경위에 대해 마곡사 주지가 조선총독부사회과장에게 보낸 1936년 3월 12일자 '사찰당우에 근접한 석탑 매각 운반에 관한 건'45) 은 다음과 같다.

마발麻發 제25호
　　　소화昭和 11년 3월 12일
　　　　　　선교양종대본산마곡사禪敎兩宗大本山麻谷寺
　　　　　　　　　주지住持 송만공宋滿空

조선총독부사회과장　전殿
사찰당우에 근접한 석탑 매각 운반에 관한 건
본 도 예산군 덕산면 옥계리에 현주現住하는 백철현白喆鉉이라고 하는 자는 상당한 자산가로서 또 지방의 우수한 유지인데 동리同里에는 원래 5층석탑이 있어 이의 책임보호자 없음을 기화奇貨로 하여 좌기와 같이 자기의 소유물인 듯 소화 11년(1936) 2월 25일 군산부 내에 거주한다고 하는 일본인 모氏名不詳에 금일백원야金壹百圓也로 매각하여 즉일卽日 파괴 운반하였음. 그 시時에 예산군 덕산면 보덕사 주지가 전기前記의 사실을 문지聞知하고 곧 현장에 나가 차석탑此石塔은 원래 사찰의 유서 깊은 유물로 사료되며 일개인의 소유물이 아닐지라도 이 지방의 고

---

44) 조선총독부 관보, 1913년 10월 27일자.
45) 金禧庚 編, 「韓國塔婆硏究資料」, 『考古美術資料』 第20輯, 考古美術同人會, 1969, pp. 123~124.

적물에 상위相違없음이 명확한데 이를 개인 소유물이라고 주장하여 매각 운반함은 타당하지 못하다고 제지制止하였으나, 자기의 소유물이라고 주장하는 백철현白喆鉉은 언을을 좌우左右하며 드디어 즉일卽日 운반하였다는 보덕사 주지로부터의 보고가 있었으므로 이에 보고하오니 어정사어처분御精査御處分 있으시기를 바랍니다.

기記

- 매각인 주소   충청남도 예산군 덕산면 옥계리
       성명   백철현
- 매수인 주소   군산부 이하 불상不祥
       성명   모씨名不祥
- 매매년월일   소화11년 2월 25일
- 금액   현금 백원百圓
- 물품   오층석탑

備考 보덕사와 옥계리석탑이 있는 지점과의 거리는 겨우 16정町 정도임.

1936년 4월 충청남도지사가 학무국장에게 보낸 '석탑반출石塔搬出에 관한 건'에 의하면, 석탑을 매수한 계약상의 매수인은 군산의 이부업(당26세)이고 실제의 출자자이며 매수한 자는 군산부의 모리 키구고로森菊五郎란 일본인이라고 하고 있다.[46]

이 자는 1906년에 한국에 건너와 군산에서 모리상점森商店이라는 간판을 걸고 무역상을 하면서 정미소 3개소를 운영하였다. 군산곡물조합장을 맡아 주로 한국의 쌀을 일본으로 수출하는 일을 하였으며, 1919년부터는 농장에까지 손을 대어 김제, 익산, 옥구, 논산 등지의 농토를 매

모리 키구고로(森菊五郎)

---

46) 金禧庚 編, 「韓國塔婆硏究資料」, 『考古美術資料』 第20輯, 考古美術同人會, 1969, pp.125~126.

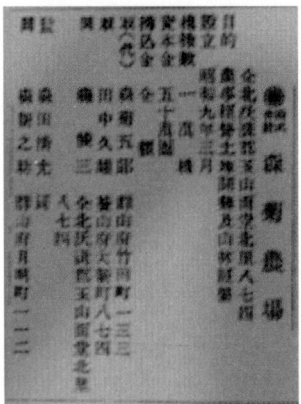

모리 키구고로(森菊五郎)의
회사 사정 (『朝鮮實業要錄』
1935)

입하여 대농장을 운영하기도 했다. 군산 미곡계의 제1인자로 일본에까지 알려진 거물이다.[47]

당시 일본인들은 우리나라 폐사지 등에 있는 석조물 등을 옮길 때 교묘하게 법망을 빠져나가기 위해 서류상의 계약서에는 한국인을 앞세워 서명하게 하는 예가 허다하였다. 모리 키구고로森菊五郎도 이같은 교묘한 방법으로 법적인 책임을 피하기 위하여 푼돈을 주고 한국인을 앞에 내세워 석조물을 사게 하여 자신의 정원으로 옮긴 것이다.

이후 마곡사 주지의 신고가 있고 총독부에서 이를 원지原地에 복원할 것을 명령했다. 이에 따라 백철현은 자신의 잘못을 시인하고 1936년 5월 13일까지 원지에 복원하겠다는 맹약서를 제출했다.

1936년 5월 27일 충청남도지사가 학무국장에게 보낸 '석탑반출에 관한 건'과 1936년 전라북도지사가 학무국장에게 보낸 '석탑반출에 관한 건'에는 1936년 5월 20일에 예산군청에 옮겨졌음을 기록하고 있다.

1937년에 간행한『충청남도 예산군(지)』에도 "1936년 군의 모씨한테 매각하였는데, 당국에서 지시하여 현재 군청 경내에 두었다"라고 하고 있으므로 군청에 옮겨져 보관하고 있었음은 틀림없는 것 같다. 이로써 1937년에 예산군청에 옮겨진 후 2000년에 이르러 현재의 위치인 보덕사 정원에 안치되었다.

모든 부재가 제대로 갖추어졌으면 충분히 보물로 보호를 받을 법도 한데 일부 부재의 분실로 인하여 안타깝게도 지방문화재자료로 지정되어 있다.

---

47) 朝鮮公論社 編纂,『在朝鮮內地人紳士名鑑』, 朝鮮公論社, 1917, p.555.
保高正記,『群山開港史』, 1925, pp.214~216.
鎌田正一,『朝鮮の人物と事業』, 1936.

예산군청에 보관되었을 때의 모습 (『문화유적분포지도 : 예산군』 2001)

남연군묘
(이곳에는 원래 석탑이 있었다고 전해진다)

현재 보덕사 뜰에 안치되어 있는 석탑으로, 군청에 소재할 때의 석탑 사진을 보면 이 석상은 석탑 앞에 나란히 세워져 있다. 석탑과는 관련이 없어 보이는데 2000년 석탑을 옮겨 올 때 함께 옮겨온 것이다.

가야사지에서 옮겨온 석등 (화사석을 제외한 나머지는 새로운 석재를 보완한 것이다)

논산 개태사지석탑廢開泰寺石塔 및 그 외 유물

개태사의 원사지는 논산군 연산면 천호리의 현존 개태사에서 북으로 약 300미터 거리에 있다. 이곳의 원 개태사는 고려 태조 왕건에 의해 936년에 창건[48]된 사찰이다. 고려 태조가 후백제의 신검神劍을 쫓아 황산 숫고개를 넘어가서 마성에 진을 친 뒤 신검에게 항복을 받고 삼국을 통일하였다. 이것을 하늘의 도움이라고 하여 황산을 천호산이라 이름을 바꾸고 절을 창건하여 개태사라 하였다. 『동사강목東史綱目』에는,

그때, 왕이 백제를 정벌하여 크게 이겨 하내河內의 30여 군이 모두 강역江域으로 들어왔고, 발해인도 귀순하였는데, 왕이 부처의 힘이 도운 바라 하여 황산에 절을 창건하여 개태라고 이름 지었다. 친히 발원문

개태사지

---

48) 『高麗史』 世家 太祖 19年 條에,
"이 해(936년)에 또 連山에 開泰寺를 創建하였다."
『高麗史』 世家 太祖 23年(940) 條에,
"12월에 開泰寺가 이룩되므로 落成華嚴法會를 베풀고 왕은 친히 疏文을 지었다."
이로 보아 936년에 공역을 시작하여 940년에 완공되었음을 알 수 있다.

을 짓고 손수 썼는데 그 글의 대략은 이러하다.

'나면서부터 감내하기 어려울 만큼 온갖 고난을 만났고, 병란은 상군上郡을 휩쓸고 재앙은 진한을 흔들어 사람들은 목숨을 부지하지 못했고 집안은 편안히 살수가 없었다. 그리하여 하늘에 맹세하여 거얼巨孼을 평정하였으며, 도탄에 빠진 백성을 구하고 마음대로 향리에서 농사짓게 하였다. 20여 년 동안 물불로 공격하여 몸은 시석矢石을 무릅썼으며, 천리 먼 길에 남쪽, 동쪽으로 정벌하면서 몸소 간과를 베개 삼았다. 병신년 9월에 숭선성崇善城 밖에서 백제와 진을 맞대어 한 번 소리지르니, 흉적들이 기왓장 깨어지듯 하였으며 두 번 북을 두드리니 역적들이 얼음 녹듯 하였다. 개선의 노래가 하늘에 메아리쳤고 기뻐 날뛰는 소리가 땅을 흔들었다. 갯가 풀 속에 엎드려 있던 좀도둑과 골짜기 속에 숨어 있던 작은 흉물들이 뉘우치고 마음을 돌려 곧 귀순할 마음을 품었다. 모든 뜻이 간악한 자를 제거하고 약한 자를 구제하는데 있어서 추호도 범하지 않고 하찮은 생명 하나도 상하지 않았다.' [49]

이러한 창건의 연유로 고려 때에는 국가의 비호를 받으며 왕실과 긴밀한 관계를 맺으면서 유지되어 왔으며, 태조의 영전影殿이 설치되어 기일마다 제사를 지내고 태조의 옷 한 벌과 옥대 한 개가 보관되었다.[50] 그러나 고려 말기에 이르러 사운은 쇠퇴한 것으로 전한다. 즉 고려 말기 잦은 왜구의 침입으로 방화 약탈됨에 따라[51] 사세는 기울고 조선시대 억불정책으로 폐사가 되어 오랫동안 방치되었을 것으로 짐작된다.『범우고』에는 "금폐今廢"로 기록

---

49)『安鼎福,『東史綱目』高麗太祖 19年(936年) 12月 條.
50)『高麗史 世家』恭讓王 3年 條.
  "신묘년 좌대언 이첨을 연산 개태사에 보내어 태조의 眞殿에 제사를 지내고 옷 일습과 옥대를 바쳤다."
51)『東史綱目』우왕 2년 7월 條.
  "왜구가 남쪽지방에 횡행하여 마침내 부여로 쳐들어와 공주를 함락하고 다시 석성 연산을 침략하므로 박인계가 맞아 싸우다가 말에서 떨어져 피살되니 적은 개태사를 무찔렀다."
  또『東史綱目』창왕 즉위년 條
  "왜구가 점점 치열해지므로 최칠석, 장사길 등을 보내어 막게 하였으나 곧 연산현의 개태사를 함락시키고 또 청주 유성, 낙안 등의 고을을 침구하였다."

개태사석불
(『조선고적도보』)

하고 있다.

『조선고적도보』를 보면 당시의 사지는 완전히 황폐화되어 있으며, 석조삼존불石造三尊佛은 우협시불右挾侍佛을 제외한 나머지가 두부를 잃고 완전히 도괴되어 있어52) 인위적인 손상을 짐작케 하고 있다.

개태사석탑은 1917년도 고적조사보고에, "화강석으로 이루어졌음, 현재 도괴倒壞되어 땅에 있다. 초층탑신과 5층옥개 이상은 잃어버렸다"53)라고 하고 있으며, 『조선고적도보』에 나타난 사진을 보면 석탑은 탑재가 완전히 횡도橫倒되어 있어54) 자연적 손상이 아님을 한눈에 알아볼 수 있다.

이처럼 관리하는 사람이 없는 틈을 타서 불법자들이 침범하여 탑 내의 보물을 도취하기 위해 무참히 파괴했던 것이다.

현존의 사찰이 1934년경에 원사지로부터 300m 떨어진 곳에 재건되면서 파괴 및 도괴된 유물은 현 사찰의 경내로 옮겨졌다. 현사찰의 최북단에 삼존불상을 옮기고, 또 창운각創運閣 앞쪽의 우측에

---

52) 『朝鮮古蹟圖譜』第6冊, 圖版3157, 3221.
53) 『大正6年度古蹟調査報告』, 朝鮮總督府, p.647.
54) 『朝鮮古蹟圖譜』第6冊, 圖版2911.

개태사석탑 도괴 상태
(『고적도보』)

개태사 석조 (『고적도보』)

5층석탑을 옮겨 새로운 석재를 보강하여 그나마 유지하고 있다. 원사지에는 석축을 축조한 대지 위에 건물 기단군基壇群이 남아 있으며 도기념물 제44호로 지정되어 있다.

개태사지에서는 이 외에도 고려 최대의 금동제탑[55]과 청동금고[56]가 출토된바 있다.

---

55) 현재 호암미술관에 소장되어 있는 고려 초기의 금동제탑이 이곳에서 출토된 것으로 전해진다.

개태사 철부 (『고적도보』)

  또 개태사의 것으로 추정되는 쇠솥은 일찍부터 알려져 1908년에 발간한 『한국철도노선안내韓國鐵道路線案內』에, "철부鐵釜 연산읍의 1리 전포田圃 중에 있다. 호서삼거물湖西三巨物의 하나로 칭하고 있다"고 지역명물로 기록하고 있다.57) 또 1917년에 발간한 『조선유람록朝鮮遊覽錄』에도 이 솥에 대한 기록이 조금 보이는 바, "논산 개태사를 찾아가니 논 가운데 묻힌 쇠솥 하나가 밖으로 반쯤 드러났는데 주위가 반 마지기 가량이 된다. 어느 때에 제작한 것인지는 알 수 없으나 하우夏禹 씨의 구정九鼎인들 이보다 더 크리요"라고 기술하고 있다.58) 1909년 세키노 타다시關野貞가 조사할 때는 연산읍 서방 작은 개천에 넘어져 있었다고 하는데 당시 전하는 이야기로는 개태사의 대부大釜가 홍수에 흘러 왔다고 한다.59) 1912년 9월에는 연산공원이 만들어지자 읍내 유지들이 이를 공원으로 옮겼나.60) 그후 나시 1919년에 소선총독부 박물관으로 옮겨서 『고

---

56) 부여박물관에 소장되어 있다.
57) 『韓國鐵道路線案內』, 統監府 鐵道管理局, 1908, p.45.
58) 崔相宜, 『朝鮮 遊覽錄』, 廣學書鋪, 1917.
59) 『大正6年度古蹟調査報告』, 朝鮮總督府, p.648.
60) 『湖南線路線案內』 '連山驛' 條, 朝鮮總督府, 1914.
    「名勝과 古蹟」, 『開闢』 第46號, 1924年 4月, pp.147~148.

개태사지 철부

석불입상

적급유물등록대장초록 古蹟及遺物登錄臺帳抄錄』에 등록번호 제67호로 등록되었다[61]가 현재 개태사에 옮겨져 있다.

---

61) 『古蹟及遺物登錄臺帳抄錄』, 朝鮮總督府, 1924, p.6~7.

개태사5층석탑
(1층 탑신 이하와 5층의 옥개석 이상은 새롭게 만들어 복원한 것이다)

개태사지석조
(마을의 담장 밑에 방치되어 있다)

서산 보원사지普願寺址 5층석탑 및 그 외 유물

이 사지는 충청남도 서산군 운산면 용현리에 소재한다. 상왕산 동편에 서산 마애삼존불이 위치하고, 이곳에서 강당천을 낀 도로를 따라 2km 쯤 올라가면 오른쪽으로 가야산 서북쪽에 위치한 보

보원사지오층석탑

원사지가 나타난다.

보원사의 창건 연대는 명확하게 밝혀진 것은 없으나 보조선사창성탑비문普照禪師彰聖塔碑文에 의하면, 보조선사 체징(804~880)이 흥덕왕 2년(827)에 서산 가량협산加良峽山 보원사에서 구족계를 받았다는 기록으로 보아 9세기 이전에 창건된 사찰임을 알 수 있다.

1969년에는 보원사지의 금당지 남측 건물지에서 6세기 중엽 백제시대의 것으로 추정되는 금동불입상(높이 9cm)이 발견되어 백제시대에 창건된 것으로 추정하기도 하지만 명확한 문헌기록이 보이지 않고 있다. 이후 고려 초에 법인국사法印國師에 의해 번성대창繁盛大昌한 대가람으로 추정된다. 『고려사 세가』 권제6, 정종靖宗 2년 5월 신묘에 "왕은 제制하여 말하기를 무릇 4자四子를 둔 사람은 그 한 아들의 출가出家를 허락하여 영통사靈通寺(장단 소재), 숭법사嵩法寺, 보원사普願寺(서산), 동화사桐華寺(원주) 등의 계단戒壇에서 경률經律을 소업所業으로 하라고 분부하였다" 하는 것으로 보아 고려 때는 상당히 활발했던 사찰로 보인다. 폐사 연대는 밝혀진 것이 없으나 『신증동국여지승람』에, "보원사는 상왕산象王山에 있다"라는 것으로 보아 16세기 초까지는 법등이 이어온 것으로 추정된다.

본 사지가 있는 운산면 용현리龍賢里는 1914년 행정구획정리에 따라 보현동普賢洞, 갈동葛洞, 강당리講堂里, 거산리巨山里(일부)를 합해 용현리로 통합되었다.[62] 보원사는 웅장한 강당이 있었다고 하여 속칭 강당사講堂寺라고도 불렀는데,[63] 동명에서 본 바와 같이 본 사찰과 관련한 동명이 생겨났음을 알 수 있다.

1916년에 조사한 『조선보물고적조사자료』에는, 사지는 사유전私有田으로 기록되어 있으며 유물로는 "법인국사보승탑일法印國師保乘塔, 동탑비일同塔碑, 철불상일鐵佛像, 오층석탑일기五層石塔一基, 당간지주일幢竿支柱一, 석조일石槽一"이 남아 있는 것으로 기

---

62) 朝鮮總督府 官報 第621號(1914. 8. 26).
63) 『大東金石書』에는 "講堂碑" 또는 "講堂寺法印大師寶乘塔"이라 기록하고 있다.
　　『寺塔古蹟攷』에는 "亦稱講堂寺"라 하고 있다.
　　『大東金石攷』에도 "講堂寺"로 기록하고 있다.

록하고 있으며 손상에 대한 아무런 언급이 없다.

이곳의 5층석탑은 신라시대 일반형 석탑양식을 계승한 고려 초기 석탑양식을 충실히 갖춘 우수한 석탑으로 탑정塔頂에 금색 찬란한 금속상륜金屬相輪이 얹혀 있었으나 1920년대에 일본인들이 와서 탑정塔頂 보물을 갈취해 갔다고 한다.[64] 『고적급유물등록대장초록古蹟及遺物登錄臺帳抄錄』에는 등록번호 제52호로 등록하고 "노반 이상은 실하고 겨우 철로된 심주心柱만 있다"[65]라고 하는 점으로 보아 금속상륜부金屬相輪部가 도실盜失된 것은 1924년 이전으로 보인다. 지금은 5층석탑의 상륜부에는 로반만이 있고 그 위에 철제鐵製로 된 찰간刹竿이 있다.

또 이곳 사지에 있었다고 하는 불상에 대해서는 『조선사강좌朝鮮史講座』에 수록된 가츠라기 스에하루葛城末治의 기록에, "석불, 철불 각 1체가 있으며 또 당간지주 및 석조石槽가 유존하고 있다. 철조석가상鐵造釋迦像은 다이쇼大正 7년 3월에 사지에서 본부박물관으로 옮겨 경복궁 근정전의 회랑廻廊에 안치하였다"[66]라고 하고 있다. 그런데 1918년에 보원사지로부터 총독부 박물관으로 옮겨진 철조불상은 2체를 기록하고 있다. 한 체는 가츠라기 스에하루葛城末治의 기록과 동일한 날짜에 보원사지로부터 총독부 박물관으로 옮겼다고 박물관진열도감(제2집)에 수록되어 있는 높이 2.6m의 철불좌상鐵佛座像이며,[67] 또 하나의 불상은 높이 1.5m로 1918년 4월 20일자로 서산군 운산면 소재 보원사지로부터 반출되어 당시 총독부 박물관에 보관되었던 유물카드(유물카드번호 519)에 기록되어 있다. 이 불상은 「한국미술5천년전도록」에 8~9세기경의 작으로 표기되어 있으나 황수영 박사는 보원사지를 수차 조사한 결과 보원사에 전래되고 있는 모든 석조물 등의 조형품이 려초麗初 이상을 오를 수 없다는 결론에 따라 이 철불 역시 연대의 양식을 충실

---

64) 李殷昌, 「忠南 散逸文化財」, 『考古美術』 第9卷 第2號.
65) 『古蹟及遺物登錄臺帳抄錄』, 朝鮮總督府, 1924.
66) 葛城末治, 「朝鮮金石文」, 『朝鮮史講座』, 朝鮮史學會同人, 1923.
67) 黃壽永, 「高麗時代의 鐵佛」, 『考古美術』 166·167, 1985.

히 따르고 있지만 그 제작 연대는 보원사 중창과 시대를 같이 하는 고려 초기로 추정하고 있다.(68)

『조선보물고적조사자료』에는 철조불상을 하나로만 기록하고 있는데 이중 어느 것을 지칭指稱하는 지는 미상未詳이다. 『고적급유물등록대장초록』(69)에는 '강당사지불상講堂寺址佛像'이라 하여 "고7척 좌석고1척 양수공결손兩手共缺損"으로 기록하고 있으며, 1927년에 간행한『서산군지瑞山郡志』에 나타난 기록과도 일치한다.(70) 이 또한 가츠라기 스에하루葛城末治의 기록에 나오는 불상으로 보인다. 그렇다면 높이 1.5m의 불상의 반입경로搬入經路가 미상未詳으로 남게 된다.

일제강점기 초에 박물관에서 매입한 많은 탑상塔像들이 고물을 매매하던 일인들로부터 구입한 것으로 이들의 대부분은 폐사지 등에서 불법으로 반출한 것이기 때문에 그 반입 경로를 은폐하여 사

서산보원사지 출토 불상
(용산 국립중앙박물관)

---

(68) 黃壽永,「統一新羅時代의 鐵佛」,『考古美術』154~155, 1982年 6月.
(69)『古蹟及遺物登錄臺帳抄錄』, 朝鮮總督府, 1924, pp.46~47.
(70) 李敏寧 編,『瑞山郡志』, 中央印刷社, 1929.
  講堂寺佛像在雲山面龍賢里普願寺址 鐵座佛像高七尺座石高一尺兩手皆缺失 大正九年移送總督府置博物館 云 古物臺帳 第51號.

서산 운산면 출토 철조불
(용산 국립중앙박물관)

료적인 가치를 소멸시킨 예가 많은 것을 고려한다면, 높이 1.5m의 불상은 1916년경 산림과에서 사지의 유물들을 조사하기 이전에 사지로부터 반출하여 1918년 4월에 박물관에 매각한 것이거나, 아니면 다른 사지의 것을 보원사지의 것으로 칭했다고 밖에 볼 수 없다.

현재 일대의 사지는 모두 경작지화 되었으며 와편瓦片들이 아직도 넓게 산재하여 많은 건물들이 있었음을 추정할 수 있다. 현존하는 유물로는 석조(보물 제102호), 당간지주(보물103호), 5층석탑(보물 104호), 법인국사보승탑과 그 비(보물 106호), 석불, 연화좌대 등이 남아 있다.[71]

보원사를 번창시킨 법인국사는 신라 말기에서 고려 초에 이르는 명승으로 신라 효공왕 4년(900)에 태어나 고려 광종 26년(975) 3월 19일에 시적示寂하니 광종이 이를 듣고 조의弔意의 글을 내려 애도

---

[71] 이 외에도 葛城末治의 記錄에는 石佛이 1軀 더 있었다는 기록이 보이는데, 李殷昌의 「서산 보원사지의 조사」, 『考古美術』 7-4(통권69호)에 "金堂址 後側에 現存하는 石造座像(높이 91센치)…… 結跏趺坐에 胸前에서 兩手를 모아 지장인을 하였으니 毘盧舍那佛座像으로 추측된다"라고 하여 당시 사지에 현존했던 것으로 보아 葛城末治의 기록에 보이는 石佛로 추정되는데, 위 이은창의 조사에서는 또 다른 1軀의 石造佛座像이 부락민들에 의해 발견되어 忠南道敎委에 보관되어 있다고 한다.

법인국사보승탑

하였다. 경종 때에 와서 법인국사로 추익追謚되고 탑은 보승寶乘이라 하여[72] 그 탑비를 세웠는데 비문은 김정언金廷彦이 찬하고 글씨는 한윤韓允이 썼다.

비를 세운 연씨는 비문에 「대평흥국삼년용집섭제사월일입太平興國三年龍集攝提四月日立」이라 한다. 태평흥국太平興國은 송태종宋太宗의 연호로 그 3년은 고려 경종西紀 3년(978)에 해당한다.[73] 법인국사의 탑비는 폐사 이후에도 사지에 완존完存하였던 것으로 추정되

---

72) 葛城末治,「朝鮮金石文」,『朝鮮史講座』, 朝鮮史學會同人, 1923.
73)『最新世界年表』, 三省堂, 1935 參照.

는데, 법인국사보승탑은 1968년 5월 18일 밤중에 도굴자에 의해 도괴 파손되었다. 이에 문화재관리국에서 6월 1일부터 6월 5일까지 이에 대한 복원 및 5층석탑의 해체 중수공사를 하였다. 이때 5층석탑에서는 제5층 옥신석과 4층 옥개석에서 사리장치를 발견했고 기단 적석積石에서는 소형 전탑塼塔 및 목탑잔해木塔殘骸가 발견되었다.

2004년 2월 초에도 법인국사보승탑을 또 다시 도굴꾼들이 도굴을 시도하여 부도 윗부분 옥개석이 10센치 정도 벗어나 있는 것이 발견되었다.

법인국사탑비문

부여 정림사지定林寺址5층석탑(국보 제9호)

정림사지는 부여시내 중심에 위치한 백제시대 사찰을 대표하는 가장 중요한 유적의 하나이다. 현재 사지에는 5층석탑과 석탑의 후방에 소정방蘇定方의 상이라 와전訛傳되었던[74] 석불좌상(보물 제108호) 1구軀가 잔존하고 있다.

이 석불좌상은 두부가 많이 손상되어 몸체와 분리된 것을 접합

정림사지오층석탑

---

74)『朝鮮環輿勝覽』1929年 忠南地理條에, "蘇定方像"이라 기록하고 있다.

하였고, 팔은 결실되고 어깨를 비롯하여 곳곳에 파손된 흔적이 많아 여러 차례 전화를 겪으면서 도괴되어 굴러다닌 흔적이 확연하다. 안면은 둥글넓적하고 소박하게 표현하였으며, 몸체와 세부형태도 많이 간략화 하여 세련되지 못하고 어눌한 느낌을 주고 있다. 여기에 비해 불상을 이고 있는 석불대좌석은 많이 파손되기는 하였으나 세련된 장식미를 보여주고 있다.

사지에 대한 본격적인 조사는 1979년부터 1980년까지 정림사지의 창립가람 규모와 그 후 변천 과정을 밝히기 위해 충남대학교 박물관에서 실시하였다. 그 결과 백제가 사비천도를 단행한 538년을 전후하여 일련의 도시계획을 추진할 때 이곳 사찰은 중심적인 위치에서 도시계획의 한 부분으로 궁성宮城의 축조와 더불어 천도 직

정림사지석불좌상
(보물 제108호)

후에 조영造營되었을 가능성이 확인되었다. 이와 같이 이 사지에 있었던 사찰은 창건 시기가 천도와 맥락을 같이한다는 것은 국가적인 차원에서 이루어진 사찰임을 알 수 있다.[75]

1980년 3월 5일부터 연 55일에 걸쳐 행한 발굴조사에서 창건가람이 화재를 입은 사실에 대하여는 금당지 기단 서북우西北隅와 강당지에서 발견된 소토면燒土面에 의해 확인되었다. 한편 건물이 개수되거나 화재로 인하여 파손된 와편들을 모아서 구덩이를 파고 그것을 매몰한 기와 구덩이 2개소를 발견하였는데, 이곳에는 막대한 와편과 숯 부스러기, 파괴된 소상편塑像片과 도용陶俑의 파편들이 출토되었는데 백제시대 이 외의 유물은 하나도 섞여 있지 않았다.[76] 이는 백제가 660년 나당연합군에게 패망할 때 정림사의 창건가람이 전화 속에 소진되었음을 말하는 것으로 현재 창건가람의 유물로는 오직 석탑만이 유일하게 오늘에 전하여 온다.

이 탑은 신라식 탑과는 다른 강건 웅장한 느낌을 주는 석탑으로 부여에 유존하는 백제시대의 유물 중 백미白眉라 할 수 있다.

현재 정림사定林寺로 불리고 있는 사명寺名에 대해 『삼국유사』나

1930년대의 모습

---

75) 趙焄哲, 「定林寺址의 美術史的 考察」, 『黃壽永博士 八旬頌祝 紀念論叢』, 한국문화사학회, 1997.
76) 尹武炳, 『定林寺址發掘調査報告書』, 民族文化, 1989.

『삼국사기』 등의 문헌에도 알려진 것이 없어 백제 사찰의 창건 당시의 사명은 알 수 없다.

　1928년 9월 부여읍내에서 지역민들이 체육촉진을 위한 운동장을 만들기 위해 5층석탑 주변의 땅을 고르는 작업을 하다가 석탑 부근에서 고와古瓦가 퇴적된 장소가 일부 드러나면서 그곳에서 문자가 새겨진 고와古瓦가 수점 발견되었다. 이 소식을 접한 세키노 타다시關野貞와 총독부 종교과의 와타나베 아키라渡邊彰가 공주에 출장하여 여러 사람이 소장한 수편의 재명와在銘瓦를 모아 해독한 결과「대평8년 무진정림사대장당초大平八年戊辰定林寺大藏當草」의 13자를 밝히게 되었다.77) '대평 8년大平八年'은 고려 현종 19년顯宗十九年(1028)에 해당하는 것으로 동시대에 정림사로 불리었던 절이 이곳에 있었을 것으로 짐작하여 불리게 된 것이다.

　정림사지탑은 백제의 마지막 도성에 위치하여 망국의 한을 안고 있는 비운의 석탑으로 미륵사지석탑과 함께 백제 초기의 석탑 양식을 알게 하는 백제시대를 대표하는 석탑이다. 제1층 탑신 사면에 소정방蘇定方의 기공문紀功文이 각자刻字되어 있어78) 당 고종高宗 현경 5년顯慶五年 소정방이 명을 받아 30만 대군으로 신라를 도와 백제를 공격하여 멸하고 그 지역에 그 공업을 후세에 남기기 위하여 이 탑을 세운 것으로 와전되어 평제탑으로 잘못 속전俗傳되었다.79)

---

77) 渡邊彰,「夫餘 平濟塔 所在地の寺刹名に就いて」,『朝鮮佛敎』, 朝鮮佛敎社, 1930, pp.17~18.
　　藤島亥治郞은「湖南地方に於ける 朝鮮建築史料(二)」(『朝鮮と建築』第5輯 第7號 1926년 7월) '大唐平百濟塔の寺址に就て'條에서 명문와가 발견되기 전까지는 이 사지가 백제시대의 王興寺址로 비정되어 왔었다고 한다.
　　그러나 진홍섭는「백제사원의 가람제도」(『백제불교문화의 연구』1994년 충남대학교 백제연구소)에서, 왕흥사로 추정되고 있는 곳은 부여 규암면 신리의 왕은리 부락에서 '王興'이란 在銘의 瓦片이 발견된 점을 들어 왕은리 부락을 왕흥사로 추정하고 있다.
　　高裕燮은「朝鮮塔婆의 樣式變遷」(『東方學志』第2집, 1955년 5월, 연희대동방학연구소)에서 이곳(정림사지)을『三國史記』百濟本紀 第6 의자왕 20년조에 보이는 '白石寺'라는 것이 한번 고려되는 바이나 證徵이 없다고 한다.
78) 塔의 第1層 全面에 大唐平百濟國碑銘의 題篆과 아울러 4면에 3千餘 字의 長文을 刻하였으며, 마지막에는 "顯慶五年歲在庚申八月己巳朔十五日癸未建, 陵州長史判兵曹賀遂亮撰, 洛州河南權懷素書"라 刻해 있다.

1910년대의 모습
(『조선고적도보』)

그러나 고유섭은,

이 탑은 2, 3씨가 고적적古跡的 추고推考, 고고학적考古學的 추증推證으로서 본래 사탑寺塔에 속하였던 것을 이용하는 것인 듯하다고 하였지만 필자는 이것을 단안하여 확실히 백제 멸망 이전에 이미 있었던 탑이라 한다.[80]

항용 이것을 당군의 기공탑紀功塔으로 보나 그 기명紀銘에 보이는 바와 같이 (형자보찰 용기수공:刑兹寶刹 用紀殊功) 이는 원래 있던 사찰을 불 질러 버리고 그 나머지 석탑에 기공한 것이니 문적文籍의 인멸湮滅로 창명刹名은 망실亡失 하였으나 백제시대의 불탑임에는 틀림없다.[81]

---

79) 이익, 『성호사설』 제30권, 東方石刻 條.
　"부여현에는 백제를 평정한 塔銘이 있는데 낭나라 소성방이 세운 섯이요……"
　이덕무, 『청장관전서』 제69권 한죽당섭필 하, 신라, 고려석각 條에,
　"夫餘縣에는 平百濟塔銘이 있는데 이는 당나라 소정방이 세운 것이고……"라고 하였다.
　『大東金石書』에는 "소정방탑"이라 기록하고 있다.
　『朝鮮古蹟圖譜』 제4册 해설편에, "7월 18일 백제를 항복시키고 소정방의 공을 기념하기 위하여 8월 15일 이 탑을 세웠다."
80) 高裕燮, 『朝鮮塔婆의 硏究』.
81) 高裕燮, 『韓國 建築美術史 草稿』, 대원사, 1999.

위의 고유섭의 기록에서 2·3씨가 누구를 지칭하는 지는 정확히 알 수 없지만 고유섭에 앞서, 일본인 키무라 시즈오木村靜雄는 탑의 건립 기간建立期間에 먼저 의문을 제시했다. 그는 『삼국사기』의 기록을 들어 백제가 항복한 것은 660년 7월 18일이고 7월 29일에 당의 소정방과 신라 장수가 처음으로 소부리所夫里 회담을 하고 술자리를 한 것이 8월 2일이다. 기공비에 의하면 660년 8월 15일에 건립했다고 하니 겨우 십수일에 이런 대탑大塔을 건립할 수가 없는 것이라고 지적하고 있다. 그래서 그는 일찍이 도괴되어 있는 탑을 재건 보수하면서 이에 기공비로 대용했을 것으로 추정했다.82)

1920년대에 이곳을 방문한 곤도 토키지近藤時司도 소정방이 건립했다는 것을 부인하고 있다. 그는 부여박물관의 진열관을 관람

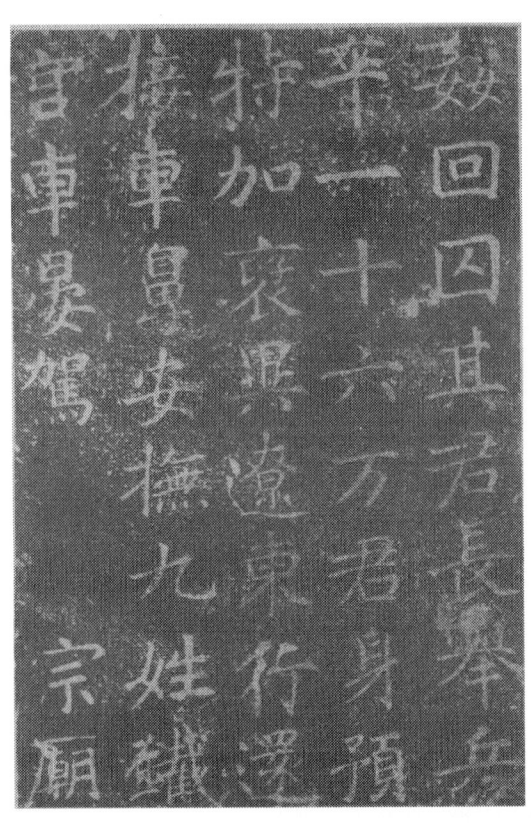

기공문

82) 木村靜雄, 『朝鮮に老朽して』, 帝國地方行政學會朝鮮本部, 1924, pp.68~69.

하면서 구내構內의 공지空地에 옮겨져 있는 석조石槽에 탑에 새겨진 것과 동일한 문사文辭가 수행數行 새겨져 있는 것을 발견하고 이는 당의 소정방이 처음 전공문戰功文을 이 석조에 새기다가 석탑이 빼어난 것을 발견하고 석조에 새기던 것을 중지하고 석탑에 새겼을 것으로 추정하고 있다. 그도 탑명塔銘에 따르면 의자왕이 항복하고 겨우 1개월 만에 이처럼 정교하고 웅대한 석탑을 도저히 건립할 수가 없다는 것을 지적하고 있다.[83]

또 1928년 3월에 이곳을 방문한 키다 사다요시喜田貞吉는 앞의 두 사람과 같은 견해見解를 가지고 있으면서, "그 내용은 우리 제명천황대齊明天皇代에 당의 소정방이 신라군을 돕자 우리(일본)가 구원군을 보내 전투를 했다. 따라서 백제를 멸할 때의 공적을 기록한 것으로 우리(일본) 국사에 중대한 관계를 가지고 있다"[84]라고 하면서 굳이 일본과의 관계를 강조하여 식민통치에 활용하려 하였다.

탑신에 새겨진 문과 같은 내용의 기공비명이 부여박물관에 보존

부여석조 (보물194호)
부여현의 동헌 건물 앞에 있었던 것으로, 일제강점기에 부여박물관 뜰로 옮겼던 것이다. 정림사지5층탑신에 새긴 문과 같은 내용을 새겼으나 현재는 많이 마모되어 육안으로 살피기는 힘들다.

---

83) 近藤時司,『朝鮮名勝紀行』, 東京 博文館, 1929, pp.286~287.
84) 喜田貞吉,「大唐平百濟國碑に關する疑問」,『考古學論文集』, 三宅米吉編, 1929.

된 부여석조[85] 표면에서 판독 확인[86]되므로서 소정방이 기공적 목적으로 건립한 평제탑이 아니고 백제시대에 이미 건립되어 있던 이 탑에 각자만 하였음이 확인되었다. 그래서 고유섭은 평제탑이라는 칭호를 사용하지 않고 처음으로 정림사탑의 뜻으로 '정림탑定林塔'이란 칭호를 사용하였다.

1937년 스기야마 노부조杉山信三에 의해 석탑의 비례와 양식에 대한 실측조사가 있었으며,[87] 정림사지에 대한 조사는 1942년, 1943년에 후지사와 가스오藤澤一夫에 의한 1차 학술적 조사가 있었다. 당시 탑 부근에서 용도를 알 수 없는 국엽菊葉 모양의 소형순금제식금구小形純金製飾金具가 출토되었다.[88] 그러나 조사보고서가 나오기 전에 일본이 패망함에 따라 후지사와 가스오藤澤一夫는 일체의 자료를 가지고 일본으로 가버렸기 때문에 평면도만 소개되어 있을 뿐 세부 내용을 알 수 없다.[89]

해방 이후 정림사지석탑에 대한 조사는 1963년 12월에 있었는데 석탑을 조사한 결과 제4층 탑신 남측면 두께 13센치의 판석으로 가린 사리공이 있음을 알게 되었다. 당초 조탑造塔 때에 계획적으로 사리공을 만들되 그 내부의 4우四隅를 안쪽으로 둥글게 도려낸 것이 특수하다고 하겠다. 실측 당시에는 유물이 있은 것 같지 않았다. 제4층 옥개 밭침이 시멘트로 보수한 흔적이 있음으로 보아서 일제강점기에 유물은 이미 분실된 것이 아닌가 추정된다.[90]

---

85) 高裕燮, 『한국의 탑파 연구』에,
  同文의 碑銘이 당대의 石槽에도 있다(현재 부여박물관에 移管). 그런데 탑에 새겼으되 비명이라 하였다. 아마도 비를 세울 것이나 겨를이 없어 그대로 古寺의 遺塔에 새겼기 때문일 것이다.
86) 『朝鮮金石總覽 補遺』, 朝鮮總督府, 1933.
87) 杉山信三, 「朝鮮古建築雜信(第4信 夫餘5層石塔婆)」, 『史跡と美術』第49號, 1938年 9月.
  杉山信三, 「大唐百濟塔の比例に就いて」, 『考古學』第8卷 6號, 東京考古學會, 1937.
88) 經部慈恩, 『百濟美術』, 寶雲舍, 1946, p.167.
89) 藤島亥治郎, 『韓의 建築文化』, 李光魯 譯, 技文堂, 1986, p.125.
  藤澤一夫는 여기에 대한 學術調査報告書를 出版하지는 않았지만 여기에 대한 發掘調査實測圖는 藤島가 所有하고 있다고 한다.
90) 洪思俊, 「夫餘 定林寺址 5層石塔(實測에 나타난 事實)」, 『考古美術』第48號,

우메하라 스에하루梅原末治의 기록에, 1915년 7월에 세키노 타다시關野貞가 당시 충청남도장관 오하라 신조小原新三의 원조로 정림사지석탑을 조사하였다[91]고 하고 있어, 이 당시 조사에서 파손된 개소를 발견하였을 것이다. 그리고 매일신보 1916년 2월 6일자를 보면, "이달 부여 소재 정림사지5층석탑 유인원기적비劉仁願紀蹟碑 등 고적을 수리 중 유실되었던 정림사지5층석탑 4층 개석을 동탑同塔 서방 약 42칸 지점인 답중畓中에서 발견하다."라고 하고 있어, 내부조사를 하였다면 이때가 아닌가 추정된다.

1924년 『고적급유물등록대장초록古蹟及遺物登錄臺帳抄錄』에 나타난 것을 보면, 등록번호 제43호로 기록하고, '비고備考'란에 "다이쇼大正 5년 2월에 파손破損된 개소箇所를 수리修理"[92]라고 기록한 점으로 보아 1916년 이전에 이미 석탑에 대한 어떤 피해가 있었던 것으로 보인다.

이 절터는 1950년까지만 해도 4~5호의 민가가 이곳에 있어서 탑 안집, 탑 앞집 등으로 불리어지고 있었고 절터의 일부는 전답으로 화하여 농토로 경작되고 있었다. 그리고 이곳 정림사지에 한때 5일장이 옮겨져 유적의 일부가 훼손되었다. 그러한 훼손의 예는 장날 국밥을 팔기 위해 솥을 걸었던 아궁이 자리와 소를 매었던 말뚝자리가 있었으며, 민가 건축이나 농토로 인하여 개설되었던 수로水路 때문에 유구는 대부분 파괴 훼손한 상태였음이 1980년 발굴조사에서 나타났다.

1965년에는 이 석탑의 상륜부로 추측되는 1편片의 단석斷石이 사지 부근에서 발견되었다.

1964.
91) 梅原末治, 「百濟遺跡調査の回顧と今春の發掘に就いて」, 『忠南敎育』 第10號(內鮮一體特輯號), 忠淸南道體育會, 1938年 6月, p.9.
92) 『古蹟及遺物登錄臺帳抄錄』, 朝鮮總督府, 1924, p.36.
92) 1931년 조선총독부에서 발간한 『朝鮮』 15-12에 실린 「朝鮮古蹟調査及保存沿革」에도 1916년에 정림사지5층탑을 修善한 기록이 보이고 있다.

납석제삼존불입상

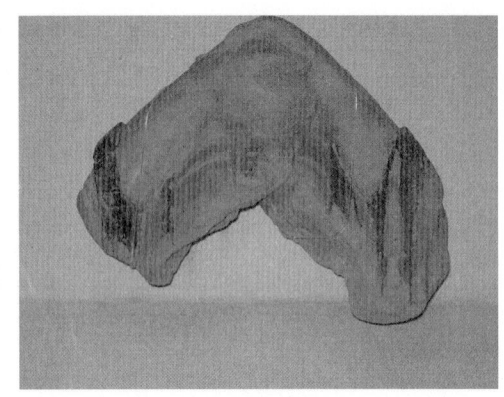
소조보살상편

도용

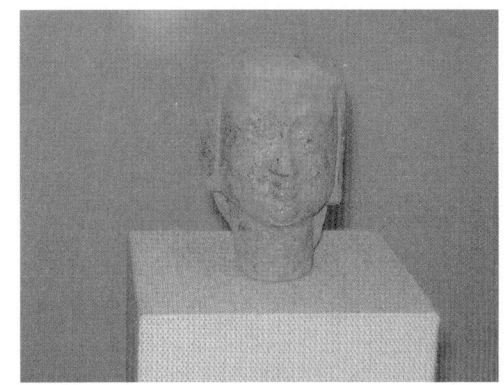
소조불상머리

정림사지 출토 유물

중원군 청룡사지靑龍寺址 보각국사정혜원융탑普覺
國師定慧圓融塔(국보 제197호)

현재 충청북도 중원군 소대면 오랑리 부락에서 서남쪽으로 약 2km 떨어진 청계산 남록南麓에 청용사지가 있다.

이 사찰은 고려시대에 번창했던 절로서 창건 연대는 명확하지 않으나 보각국사 환암幻庵 혼수混修가 이곳에 손수 암자를 지어 연

위 왼쪽부터 시계방향으로
청룡사지 보각국사정혜원
융탑비, 탑, 석등, 석종

회암宴晦菴이란 편액을 걸고 은거하다가 1392년(조선 태조 1)에 입적했다. 이에 그의 죽음을 애도한 태조가 보각普覺이라는 시호諡號와 정혜원융定慧圓融이라는 탑호塔號를 하사하고 내신內臣을 보내어 그의 유골을 수장하는 일을 감독하게 하는 한편 공인들에게 명하여 부도를 만들게 하고 권근權近에게 명하여 비명碑銘을 지어 그 덕을 기록하게 하였으며 절을 크게 중건하였다.[93]

근대에 들어서 폐사가 되어 터만 남아 있는데, 용과 관련된 설화[94]를 지닌 길지로 19세기 말에 당시 판서로 있던 자가 묘를 쓰기 위하여 절을 폐사시켰다는 이야기[95]가 전해지기는 하지만, 언제 폐사가 되었는지는 정확한 기록이 남아 있지 않다.『동국여지승람』에는 누락되어 있으며, 1870년경에 기록한『충주군읍지忠州郡邑誌』에는 "재주비오십리소태면금폐在州非五十里蘇台面今廢"로 기록하고 있다.

1916·1917년경에 조사한『조선보물고적자료』에 사지는 이미 사유지私有地가 되어 있으며, "청룡사지로 칭함 고 9척의 탑1, 고각 8척의 비2, 상석1, 고 6척의 석탑1이 현존함"[96]이라고 기록하

---

93)權近,『陽村集』.
　　李能和,『朝鮮佛敎通史』.
94) 이정 편저,『한국불교 사찰사전』, 불교시대사, 1996에 의하면,
　　어느 화창한 봄날 한 도승이 이 근처를 지날 때 갑자기 소나기가 쏟아져 급히 나무 밑으로 비를 피했다. 그때 공중에서 두 마리의 용이 여의주를 희롱하다가 땅에 떨어뜨렸다. 그러자 한 마리의 용이 날쌔게 여의주를 향해 내려오다가 청계산 위로 올라갔으며 여의주는 큰 빛을 내다가 사라졌다. 이어 용도 사라졌으며 비도 멈추었다. 이를 이상히 여겨 산세를 두루 살핀 도승은 그곳이 길지임을 깨달았다. 용의 힘이 꼬리에 있다는 것을 상기한 그는 용의 꼬리에 해당하는 곳에 암자를 짓고 청룡사라 했다고 한다.
95)『전통사찰 10』, 사찰문화원, 1998, p.162 에 의하면,
　　조선 말기 민씨들이 세도를 부릴 때 당시 판서로 있던 민대룡이 小室의 묘를 쓰려고 머슴을 시켜 이 절에 불을 지르게 하여 소실되었다고 한다. 당시 불을 지른 머슴은 이 다락 고개를 넘어 가다가 피를 토하고 죽었다고 한다.
　　그 뒤 민대감 집에서는 소실의 묘를 절터 윗편에다 썼는데 그 후손들이 산소를 찾아 묘역을 돌보면 해를 입어 지금까지도 벌초를 제대로 하지 못한다고 한다.
　　민대감 후손들은 지금 서울에 살고 있는데, 이곳에 와서 절도 하지 못하고 먼발치로 산소만 바라보고 지금의 청룡사에 참배하고는 올라가고 묘에 잡초가 무성해지면 절의 주지가 풀을 베어 준다고 한다.
96)『朝鮮寶物古蹟調査資料』, 朝鮮總督府, 1942, p.94.

고 있는데 훼손되었다는 기록은 보이지 않는다. 그 후 어느 때부터인지 사지 일원은 경작화되고 석조물은 도괴된 채 산란한 각 부재가 방치되어 있었다. 그 중에 보각국사의 정혜원융탑과 그 탑비가 있었다.

1967년 이곳을 조사한 정영호 교수의 기록에 의하면, 석조물의 도괴는 언제인지는 모르나 충주시내에 거주하는 자가 이 부도를 이반하려고 했는 데 이곳 오량리 동민들의 반대로 뜻을 이루지 못하였다. 그때 보각국사탑의 중대석은 도괴된 위치에서 40m 떨어진 아래쪽으로 옮겨진 것이라고 전문한 바 있다고 한다. 한편 이 보각국사부도가 도괴된 것에 대해 청룡사 주지 남두진 씨는 다음과 같이 전해 들었다고 하였다.

"일제 말기에 외지에서 잠입한 괴한 4명에 의하여 백주에 도괴되었는데 이때 그 중에는 한국어를 사용하는 사람도 있었으며 이들이 그곳에서 금제상자金製箱子를 도취해 가는 것을 동민들은 멀리서 바라보고만 있었다"고 한다.[97]

오늘날 이곳에는 자동차가 사지의 입구까지 올라갈 수 있으며 주차장에서 작은 개천을 따라 오솔길을 올라가면 위전비位田碑가 있고 50m 정도 더 올라가면 부도밭이라 여겨지는 곳에 다다른다. 그곳 가장 위쪽에 고려 공민왕과 공양왕 및 조선 태조의 국사였던 보각국사 정혜원융탑비가 있고 바로 그 앞 평평한 대지에 잘 다듬어진 장대석長臺石으로 1단의 축대를 쌓고 그 중앙에 팔각원당형의 보각국사정혜원융탑이 있다. 또 그 앞에는 1단 아래 상륜부가 소실된 사자석등이 있다. 이 모습은 1977년에 정리 복원한 모습이다.

---

[97] 鄭永鎬,「中原靑龍寺址의 調査」,『史叢』第12·13合輯.
鄭明鎬,「靑龍寺 普覺國師塔碑와 石燈」,『考古美術』第5卷 12號.

부여 은산면 각대리 숭각사지崇角寺址 5층석탑

숭각사지는 은산에서 서남으로 개설되어 있는 소로를 따라 합도리를 지나면 고개마루를 넘어 각대리에 이르는데 사지는 각대리의 큰 터골 안쪽 계곡에 있는 숭각마을 뒤편에 위치한다.[98] 각대리角垈里는 1914년 행정구획정리로 대대리大垈里와 숭각리崇角里를 합병하여 부르고 있는데,[99] 숭각마을은 숭각사란 절 이름에서 유래한 것으로 보인다.

『신증동국여지승람』, 『범우고』, 『가람고』에는 그 위치만 기록하고 사의 연혁에 대해 구체적으로 기술한 것은 보이지 않는다. 다만 『부여지夫餘誌』(1929년 부여군청夫餘郡廳)에는 "재현서이십팔리숭각리후구유在縣西二十八里崇角里後舊有 금폐이불상우고란사今廢移佛像于皐蘭寺"라 하여 불상이 고란사로 이안된 사실을 밝히고 있으나 5층석탑에 관한 기록은 남기지 않고 있다.

그런데 1934년에 간행한 『부여고적명승안내기夫餘古蹟名勝案內記』에는,

숭각사의 창건은 불명이다. 수년 전에 고려기에 속하는 제작 우수한 3층석탑 한 기가 있었으나 지금은 군산부외群山府外 모 농장에 옮겨져 있다.[100]

라고 외지로의 반출 사실을 말하고 있다.

이곳에 유전하던 5층석탑은 1925년 7월경 옥구군 개정면 발산리 강현기라는 자가 부여군 부여면 송곡리 진재홍으로부터 옥구군 개

---

98) 『忠南地域의 文化遺蹟』, 百濟文化開發研究員, 1987.
『夫餘郡誌』, 夫餘郡誌編纂委員會, 2003.
99) 朝鮮總督府 官報 제564호(1914. 6.19), 忠淸南道 告示 제42호.
100) 『夫餘 古蹟 名勝 案內記』, 夫餘古蹟保存會, 1934, p.69.

정면 구암리까지의 운반비를 포함하여 200원에 매입하였다. 강현기는 다시 전북 옥구군 개정면 발본리 시마타니島谷 농장주 일인 시마타니 야소기치島谷八十吉에게 전매하였다. 시마타니島谷는 당시 상품으로서의 고물을 알고 이를 매입하여 그의 정원에 두었다.

 1936년 총독부에서 이 사실을 알고 유물 보존상 반환시키기 위해 전라북도지사에게 공문을 보냈다. 그러나 전라북도지사로부터 보내온 '석탑취체石塔取締에 관한 건'101)을 보면, 시마타니島谷가 이 석탑을 구입한 것은 '조선보물고적천연기념물보존령'이 발포되기 이전에 발생한 것이다. 아울러 구법령舊法令인 1916년 총독부령 제52호 '고적급유물보존규칙古蹟及遺物保存規則' 제5조에 의한 고적유물대장古蹟遺物臺帳에도 등록되어 있지 않는 한 취제取締의 방법이 없는 것이라 하여 반환 시킬 수 없다고 하여 결국 반환은 유보되고 말았다.

 이를 미루어 보면 해방 전까지는 시마타니島谷의 정원에 있었을 것으로 짐작되나 그 이후에는 행방을 알 수 없다. 시마타니島谷가 살았던 주거지는 해방 이후 발산초등학교가 들어서 있으며 초등학교 후원에는 시마타니島谷의 정원에 놓여있던 석탑, 부도, 석등을 비롯한 석물들을 보존하고 있는 바, 그곳에는 봉림사에서 옮겨온 5층석탑 외에 또 다른 석탑재의 일부를 아무렇게나 쌓아두고 있어 주목되고 있다.

---

101) 金禧庚 編,「韓國 塔婆硏究資料」,『考古美術資料』, 考古美術同人會, 1969, pp.149~150.

중원군 정토사淨土寺 법경대사자등탑法鏡大師慈燈塔

정토사지淨土寺址는 충북 중원군 동량면 하천리에 소재한다. 창건 연대는 정확히 알 수 없으나 이 지역은 지리 조건상 대단히 중요한 요충지로서 일찍부터 왕건과 결탁한 충주 유씨는 왕비족이 될 정도로 긴밀한 유대를 맺고 있었다. 태조 왕건은 그가 받아들인 유학승 중의 한 사람인 법경대사 현휘玄暉(879~941)를 충주지역의 정토사에 머물게 하여 충주지역과 긴밀한 유대를 가지려 하였다.102) 따라서 정토사는 고려 초부터 왕실의 비호를 받으며 번창

법경대사자등탑비문
(『大東金石書』)

102) 채상식, 「충주 정토사지 법경대사비의 음기」, 『충북의 석조미술』, 충북개발연구원 부설 충북학연구소, 2000, p.336.

하였을 것으로 짐작된다.

　법경대사法鏡大師의 법휘法諱는 현휘玄暉 속성은 이 씨이다. 신라 헌강왕憲康王 5년(879)에 출생하여 효공왕孝恭王 2년(898)에 가야산사에서 구족계具足戒를 받고 효공왕 9년(905)에 입당入唐하여 수학한 후 경애왕景哀王 2년(925)에 본국으로 돌아오자 왕은 국사國師로서 예우를 하였다. 941년(고려 태조 24) 11월 26일 법경대사가 이곳에서 입적하니 제자 300여 인이 유해를 받들어 11월 28일에 북쪽 산봉우리의 양지바른 곳에 장사지냈다. 이에 임금이 시호諡號를 주어 법경대사라 하고 탑을 세워 자등지탑慈燈之塔이라 이름하였다. 비문에는,

　"중원부고개천산정토사 교익법경대사자등지탑비명中原府故開天山淨土寺教諡法鏡大師慈燈之塔碑銘"

이라 기록하고, 943년(태조 26년) 6월에 비를 세웠음을 밝히고 있다.[103] 개천산에 대해서는 『신증동국여지승람 제14권』 '충주목 산천' 조에,

　정토산 : 혹은 개천산이라고도 한다. 고을 30리에 있다.

라고 하여 개천산은 정토산이라고도 불리어지는 바 사명寺名은 바로 산이름에서 유래되었다고 보여진다. 『신증동국여지승람』 제14권 '충주목 불우佛宇' 조에는 다음과 같이 기술하고 있다.

　용두산龍頭寺 : 삼국때 북쪽 오랑캐기 자주 침노하므로, 이에 절을 짓고 탑을 세워서 기양祈禳하였다. 고려 최언위崔彦撝가 지은 승 법경法鏡의 자등탑 비문이 있다. 이숭인李崇仁이 도생상인道生上人에게 보내는 시에, '개천 서쪽 억정憶井 동쪽에 높직하게 이 절이 있다. 산은 평야를 둘렀

---

103) 『羅末麗初金石文』, 도서출판 혜안, 1996 參照.

는데 새벽구름이 희고, 강은 성긴 숲을 둘렀으니 단풍잎이 붉도다. 상인은 오늘에 돌아가는 돛대를 움직이고, 노는 객客은 전년前年에 울리는 종소리 들었노라······.'

개천사開天寺 : 정토산淨土山에 있다. 고려 역대왕조의 실록을 처음에는 합천 해인사에 간직하여 두었다가, 왜구로 인하여 선산 득익사에 옮기고, 또 죽주 칠장사에 옮겼다가 공양왕 2년에 그 땅이 바다에 가까워서 왜구가 쉽게 이를 수 있다하여 다시 이 절에 간직하여 두었다. 우리 세종 때에 고려사를 편찬하기 위해 모두 서울로 운반하였다. 이숭인이 권사군을 보내는 시에 '정토산이 대단히 좋다. 벽을 향한 이는 높은 중이러라······.' 하였다.

위에서 기록한 용두사는 인근에 있는 용두사와 혼동한 오기인 듯하며,104) 정토사淨土寺는 다른 사명寺名으로 개천사開天寺로도 불리운 듯하다. 이숭인의 시에는 '정토산개천사淨土山開天寺'라 하고, 권근權近의「보각국사비명普覺國師碑銘」에도 정토사란 사명을 사용하지 않고 개천사라는 사명을 사용하고 있는 것을 보면 정토사가 개천사로 개명改名된 듯하다.

와타나베 교시渡邊業志가 1914년에 이 정토사지에서「개천사開天寺」의 문자가 양각된 고와古瓦 수편을 발견105)한 점으로 미루어 더욱 확실해진다. 폐사의 시기는 밝혀진 것은 없으나 1870년대에 발간한『충주군읍지忠州郡邑誌』에는 "개천사재정토산하금폐開天寺在淨土山下今廢"로 기록되어 있으며, 안정복安鼎福이 정조 3년(1779)에 목천현木川縣의 수령으로 부임하여 구지舊誌를 참고삼아 편찬한『대록지大麓誌』에도 개천사가 "금폐今廢"로 기록된 점으로 보아 최소한 18세기 중반에는 폐사지로 남아 있었던 것으로 추정된다.

이곳에는 경복궁으로 옮겨진 홍법국사실상탑弘法國師實相塔의 옛 터가 있고 이곳보다 낮고 부락에서 가까운 곳에는 또 하나의 비석이 남아 있어「정토사 법경대사자등탑비淨土寺法鏡大師慈燈塔碑」라

---

104) 葛城末治,『朝鮮金石攷』, 大阪屋號書店, 1935, p.313.
105) 葛城末治, 위의 책, p.313.

되어 있다. 그런데 이곳에 있어야 할 그의 부도인 자등탑은 없다. 이 탑은 일찍이 일인들에 의해 운반되었다고 한다. 노인들의 말에 따르면(황수영 확인) 이곳 절터에는 알독卵甕 두 개가 비석과 나란히 전하고 있었다고 한다. 이것은 두 기의 탑비와 두 기의 탑을 말하는 것이며 그 탑신이 모두 원구형이었다는 것이다. 큰 알독과 작은 알독으로 각각 불려온 두 탑[106)]은 모두 배에 실려 서울로 갔다고 한다. 그 중 작은 알독만이 오늘날 서울에 있는데 다른 큰 알독은 그 행방을 알 수 없다는 것이다. 이 석조물의 반출을 전해주는 기록은 1912년 11월 20일경에 이곳을 답사한 다니이 세이치谷井濟一의 기록에 전해지는 바,

> 이렇게 훌륭한 비까지 마련되어 있으므로 반드시 탑에도 훌륭한 조각이 있었으리라 믿어지나 지금은 매각되고 그 자리는 파헤쳐져 있다.[107)]

라고 하여 1912년 이전에 반출되었음을 알 수 있다. 당시 촌노村老들의 증언에 따르면 "소 20마리 인부 50명이 동원되어 선창까지 10여 일이 소요되었는데 몇 푼의 돈을 받은 구장과 일본인 사이에 소송이 벌어져 마침내 경복궁에 있는 작은 알독은 되찾았으나 큰 알독 만은 국외로 이미 반출되었다."[108)]고 한다.

자등탑의 위치는 탑비로부터 남동 60m 지점으로 정토사의 입구에 해당되는데, 1983년 시행된 발굴조사에서는 부도탑지에서 8각지대석의 1변석재와 2매의 판석板石과 많은 적심석積心石이 노출되었다. 특히 적심석 부근에서 골호편骨壺片으로 추정되는 토기편이 다소 수습되기도 하였다.[109)] 현재는 충주댐의 담수로 수몰되었다.

---

106) 장준식의 「중원지방의 석조부도」(『충북의 석조미술』, 충북개발연구원 부설 충북학연구소, 2000)에 의하면,
　　이곳에 있었던 두 기의 부도탑 탑신이 둥근 원구형이었기 때문에 현지 주민들은 이 부도탑을 '알독'이라 불렀다 한다. 법경대사의 부도탑이 홍법국사실상탑보다 더 컸기 때문에 이를 '큰 알독' 홍법국사실상탑을 '작은 알독'이라 하였다고 한다.

107) 谷井濟一, 「朝鮮通信」, 『考古學雜誌』 3-6, 1913年 2月, p.49.

108) 黃壽永, 「잃어버린 國寶」, 『黃壽永全集』 5.

충주 탑평리7층석탑(국보 제6호)

충주는 신라시대 이후에도 육로와 수로를 통한 남북 교통의 요충지로 격이 높은 문화유산이 산재해 있다. 그 중에서도 고대의 유적과 유물들이 '가금면可金面'이라는 특정한 지역 내에 밀집되어 있는 것이 매우 특이하다.[110] 특히 탑평리 부락의 장엄한 14.5m의

탑평리7층석탑

109) 장준식, 「중원지방의 석조부도」, 『충북의 석조미술』, 충북개발연구원 부설 충북학연구소, 2000.

고탑은 충주지방을 상징하는 대표적 문화재이다.

이곳 탑평리는 본래 충주군 금천면의 지역으로 탑이 있어서 '탑들' 또는 '탑평塔坪'이라 하였는데, 1914년 행정구역 정리에 따라 성내리城內里, 금성리錦城里, 사교리沙橋里(일부)를 합병하여 탑정리라 동리 명칭을 변경했다.[111] 이후 군, 면 폐합에 따라 반천리盤川里, 율목리栗木里, 신촌新村과 가흥면의 부도동浮圖洞 일부를 병합하여 탑평리라 하고 가금면에 편입하였다.

1900년의 모습 (『고고계』 제1편 제9호 (1902년 3월))

110) 장준식, 「중원지방의 석조부도」, 『충북의 석조미술』, 충북개발연구원 부설 충북학연구소, 2000, p.153.
111) 官報 533호, 1914년 5월 12일.

사지에서는 고려시대로 추정되는 유물이 수습되기도 하여 고려대에 이르기까지 성세를 누렸던 것으로 추정되고 있으나112) 이 절의 연혁이나 사명을 밝혀줄 자료가 나타나지 않아 탑평리 7층석탑은 이 석탑의 위치가 한반도의 중앙부라 하여 '중앙탑' 또는 '탑평리탑'이라고 부르고 있다.113) 또 일설에는 충주에 왕기王氣가 있어 이를 누르기 위해 탑을 건립했다고 한다.

일본의 한국 진출과 함께 도한한 일본인 학자들 중에 고고미술 분야의 학자로서 가장 먼저 이 석탑을 살핀 자는 야키 쇼사부로八木奘三郎로 그는 1900년에 한국에 들어와114) 이곳을 탐방한 후, "토

『조선고적도보』에 실린 탑평리7층석탑

112) 李在俊, 『한국의 폐사』, 한국문화사, 1995.
113) 忠淸北道 編纂, 『忠淸北道要覽』 '附錄' 條, 1934.

지土地의 구비口碑에 근거하면 옛날에는 정사精舍가 있었으나 그 후 퇴파頹破하고 탑만 남아 있다고 한다. 탑명은 행정탑杏亭塔이라 하며 촌명村名은 행정촌이라 하고 또 탑평塔坪이라고도 한다." 하며 근처에 있는 행정촌이라는 동리의 이름을 따서 '행정탑'이라는 탑명을 붙이고 대략 구전된 내용을 기술하고 있으며 당시 탑의 사진을 1902년에 간행한 『고고계』에 소개하고 있다.115) 이때 남긴 탑평리7층석탑의 사진이 현재로서는 가장 오래된 것으로 보인다.

그 다음으로 조사한 세키노는 이 탑을 '탑정리칠층석탑'이라 하고 등급을 갑甲, 시대는 신라시대로 구분하고 있다.

1930년에 간행한 「충북의 명승구적」에서는 탑의 건립 연대를 신라 원성왕元聖王 병자丙子 12년이라고 구체적으로 기술하고 있는데116) 어디에 근거 하는지는 밝히지 않고 있다.

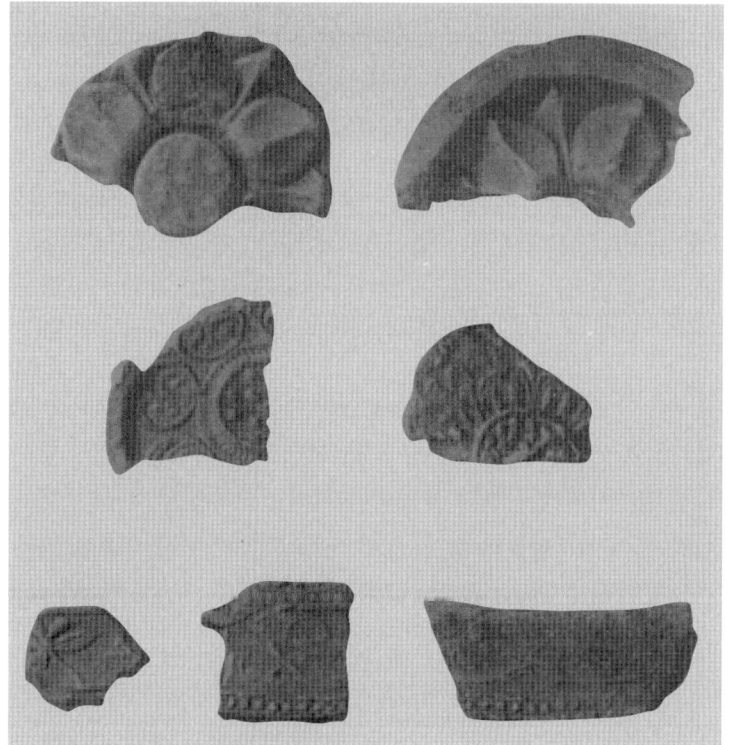

동경제국대학으로 반출된 파와
(『고적도보』)

---

114) 졸저, 『우리문화재 수난사』, 학연문화사, 2005, p.54.
115) 八木奘三郎, 「韓國 佛塔論」, 『考古界』 第1編 第9號, 考古學會, 1902年 3月.

보수전의 중앙탑
(『충주발전지』, 1916년)

고유섭 선생은 「조선탑파의 연구」에서, "탑정리탑은 그 소속사 지명은 미심未審이나 다소 참고자료가 있다. 제1로 「조선의 풍수」 속에 전하는 설로 이 지방이 조선의 중앙에 처함으로서 국가진호 國家鎭護의 의미로 원성왕 12년 건립하였다는 것이다. 따라서 중앙탑이라 부른다는 것인데 이 전설의 출처도 모르거니와 원성왕 12년이라면 저 천보天寶 17년(즉 경덕왕景德王 17년)의 건탑기명이 있는 김천 갈항사의 쌍탑보다 37년이나 뒤지는 연수인데 쌍탑의 양식으론 그 갈항사탑보다 고고高古하기 짝이 없으니 이 세대에 관한 설은 믿어지지 아니한다."라고[117] 하며 원성왕 12년 이전에 건립된 것으로 보고 있다.

「조선의 풍수」(村山智順, 1931년)와 비슷한 시기에 간행된『충주관찰지忠州觀察誌』(奧土居天, 1931년)에는, "이 탑은 그 지방이 조선

116) 森田耕一, 「忠北의 名勝舊蹟」, 『朝鮮』, 朝鮮總督府, 1930.
117) 高裕燮, 「朝鮮塔婆의 硏究」, 『震檀學報』第10券, 1936年 4月.

의 중앙에 위치함으로서 이를 표시하기에 이르는 것이고, 일설一說에 의하면 충주의 왕기王氣를 보고 이를 누르기 위하여 건설하였다 하나, 현재 전해지는 두 가지 설은 유래가 상세하지 않다. 건설은 신라 원성 12년이라 하는데 그 후 보존물로서 수리……"라고 하고 있다. 1933년에 발간한『충주발전사忠州發展史』에도 이와 같은 내용을 기술하고 있으며, 1916년에 간행된『충주발전지忠州發展誌』에도 이와 비슷한 내용을 간략하게 기술하고 있다. 그러나 모두가 출처가 명확하지 않아 중앙탑의 건립 연대는 고유섭 선생의 기술과 같이 탑의 양식상 갈항사탑보다 이전에 건립된 것으로 추정하는 것이 마땅할 것이다.

『조선고적도보』제4책 도판에는 기단석이 일부 파손되어 잡석으로 보완하고 있으며 해설편에, "충북 충주군 가금면 탑정리에 있는데, 복발 수화가 존, 그 상부는 잃어버림"으로 기록하고 있다. 또 1911년 11월에 이 탑을 조사하면서 수 종의 와편瓦片과 당초와唐草瓦를 획득하고는 그 해설편에 "모두 당대에 속하는 것으로 대략 탑 건립 연대를 추정하기에 족하다"고 하여 대단히 귀중히 다루었던 것으로 추측된다. 그러나『조선고적도보』제4책 도판 1425~1434가 동경제국대 공과대학 소장으로 되어 있어 모두 일본으로 반출한 것으로 보인다.

1916년에 중앙탑의 경사가 심하여 총독부의 토목국장에게 탑의 수선을 의뢰함으로써 1917년 11월부터 1918년 1월까지 중앙탑의 해체 수리가 이루어졌다. 스기야마의 기록에 의하면, "1917년에 개건改建 하였을 때, 이때 제6층 축부軸部에서 경감鏡鑑 2매와 목재 칠합자木材漆盒子가 발견되었다"고 한다.

유물은 신라시내와 고려시내의 것으로 추정되어 고려시내에 이르러 재차 사리장치를 봉안하였음을 알 수 있다.[118]

1917년 해체보수 할 때 석탑부재의 잘못 사용과 탑재조립의 잘못으로 변형된 부분이 있어 원형을 일부 잃었으며,[119]『고적급유

---

118) 杉山信三,『朝鮮の石塔』, 彰國社, 1944, p.98.

중앙탑 부근 로터리 설치 기사 (매일신보, 1940년 6월 7일자)

물등록대장초록古蹟及遺物登錄臺帳抄錄』(1924년 조선총독부)에는 "기단에 붕괴된 개소가 있음"으로 기록하고 있다. 1940년에는 중앙탑을 중심으로 로터리를 신설하고 주변도로를 개수하면서 이 일대의 유지를 완전 파괴해 버렸다.

119) 秦弘燮, 「圖版解說」, 『韓國文化財大系』, 藝耕産業社, 1986.
이달훈, 「중원 탑평리 7층석탑의 복원적 고찰」, 『충북의 석조미술』, 충북개발연구원 부설 충북학연구소, 2000.

보수 후의 중앙탑
(『충주관찰지』, 1931년)

1939년 11월의 모습
(近藤豊, 『한국건축사도록』)

중원군 정토사淨土寺 홍법국사실상탑弘法國師實相塔
(국보 제 102호)

홍법국사弘法國師는 신라 말 고려 초의 승으로 신라 53대 신덕왕대에 출생하여 고려 태조 원년(930) 구족계를 받고 그 후 현신玄信을 따라 입당入唐하였으며 귀국하여 선풍을 크게 일으켰다. 성종成宗은 대선사大禪師의 호를 내렸고 목종穆宗은 국사國師로 봉하여 봉은사에 이주케 하였다. 비문이 마멸되어 자세히는 알 수 없으나 그

정토사 홍법국사실상탑
(『조선고적도보』에 의함)

는 결가부좌結跏趺坐한 채 입적하였다. 그 해는 명백하지 않다.[120]
이 부도탑은 이에 따른 탑비가 있으나 이 비문에는 부도탑 건립의 상황이나 연대를 밝혀 놓은 내용이 없다. 다만 비문 말미에, "세차 정사9월일립歲次丁巳九月日立"이라 하여 탑비의 건립 연대를 밝히고 있는데 '세차정사'는 명문의 앞뒤 내용을 보아 고려 8대 현종 8년(1017)임을 알 수 있다. 따라서 이 부도탑의 건립 연대도 같은 시기로 추정할 수 있다.[121]

이 실상탑實相塔은 일본「고고학 제7권 10호」(1936년 10월)에, '조선의 석조미술자료'란 제목으로 사진과 함께 "이 탑은 비와 함께 충청북도 충주군 동량면 하천리 정토사지에 있던 것인데 현재 옮겨 총독부 박물관에 있다"라고 게재하고 있다.

다니이 세이치谷井濟一가 1912년 11월 19일에 이곳을 답사하였을 때는 홍법국사의 탑과 비신이 건재하였다.[122] 그후 언제부터인지 모르나 도괴되어 있던 것을 1915년 충주군 동량면 정토사지에서 비와 함께 경복궁으로 이건한 것으로 알려져 왔다.[123] 그러나 장준식 충청대학 박물관장의 조사에 의하면,[124] 1915년 이전에 원위치에서 반출되어 충주군청에 있다가 1915년 6월부터 1918년 사이에 총독부 박물관으로 재차 옮겨진 것으로 확인되었다. 1915년 6월에 일본인 무라카미 도모지로村上友次郎가 발행한 충주지방의

---

120) 金禧庚,「高麗 石造建築의 硏究」,『考古美術』175·176合本, 韓國美術史學會, 1987.
121) 鄭永鎬,「高麗浮圖의 硏究」,『考古美術』175·176合本, 韓國美術史學會, 1989, p.41.
122) 谷井濟一,「朝鮮通信」,『考古學雜誌』3-6, 1913年 2月, pp.49~50.
123) 1927년 9월 조선총독부에서 발행한『朝鮮』의 '弘法大師碑及法鏡大師碑' 조에, "本碑는 충주읍 동방 40리 동량면 하천리 개천사 跡에 在하니 비석은 고려조 시대에 긴설힌 깃인데 그 ㅠ래는 詳知이려우니 당시의 고승 弘法大師碑及法鏡大師의 공덕을 讚稱하야 영구히 후세에 전하고자 건설한 것이라고 한다. 同所에 天福 8년에 건설한 홍법대사의 실상탑이 有하더니 大正 4년 10월에 소위 국보 보존상 경성 경복궁내에 이전하고 법경대사의 비만 其樣存置하였다."라고 기술하고 있다.
1933년에 發行한 李英 編,『忠州發展史』(忠州發展史刊行會)에는 1915년 10월에 景福宮 內로 移轉하였다고 기록하고 있다.
124) 장준식,「중원지방의 석조부도」,『충북의 석조미술』, 충북개발연구원 부설 충북학 연구소, 2000, p.302.

풍물사진을 담은 『최근지충주最近之忠州』라는 책자에 '충주군청정내금불과 실상탑'이라는 제하의 사진이 실려 있는데 이들이 안치되어 있는 주변에는 철책을 둘러 보호하고 있어 충주군청 내에 잠시 동안 있었던 것이 아니라 상당 기간 있었던 것으로 밝혀졌다.

그리고 경복궁에 있는 이 부도탑의 지대석을 살펴보면 방형으로 화강암석재이다. 장대석으로 여러 개 결구하여 방형으로 이루어졌는데 이점에 대해 정영호 교수는 석재가 부도탑과 같지 않고 치석수법이나 짜임새 등도 부도탑 조성의 기법과 맞지 않은 것 같아 원 위치에서 함께 옮겨온 것인지 의심스럽다[125]고 한다. 1983년 발굴 조사에 의하면 실상탑이 서 있던 자리는 직경 2m 정도로 우묵하게 파여 있고 연화대석 1매를 비롯하여 다듬은 석재들이 주변에 산란해 있었다고 한다. 또 석비가 있었던 자리는 현지표에서 80~100cm 지하에 유구가 있음이 밝혀졌다. 즉 석비대좌로 마련한 돌거북의 자리가 나타났는데 4매의 장대석을 결구하여 돌거북을 안치한 지대석이 발굴되었고 이 장대석들의 상면 안쪽으로는 돌거북의 윤곽이 꼭 맞도록 음각되어 있었다. 그래서 탑비는 원위치에서 옮겨올 때 지대석을 함께 옮겨오지 않았으므로 현재는 옮겨올 당시의 새로운 석재로 지대석을 구축해 놓았다.[126]

『조선고적도보』에는 "충청북도 충주군 소재 폐개천사 홍법대선사실상탑"이란 제하의 원위치 사진이 게재되어 있는데 그 사진에는 옥개석 위의 상륜부를 모두 갖추고 있다. 그런데 현재의 실상탑은 상륜부를 모두 잃어 버렸다. 경복궁으로 옮긴 이후 도실된 것으로 보인다.

실상탑은 현재 용산 국립중앙박물관으로 옮겼다.

---

125) 鄭永鎬,「高麗浮圖의 硏究」,『考古美術』175·176합본, 韓國美術史學會, 1989.
126) 장준식,「荷谷 마을의 불교유적에 대하여」,『예성문화』제12호, 1991년 4월 參照.

홍법국사실상탑비
(『조선고적도보』)

제천 월광사月光寺 원랑선사탑圓朗禪師塔과 비(보물 360호)

월광사지는 충북 제천시 한수면 송계리에 있다. 이 사지에 있던 원랑선사탑비는 1922년 경복궁으로 옮겼다. 비문에 보이는 선사의 행적으로 볼 때 월광사는 신라 경문왕대(861~874)에는 이미 창사가 되었음을 알 수 있다. 폐사에 관한 내용은 알 수 없으나 수습되고 있는 기와의 편년으로 볼 때 고려 말까지 법등法燈이 이어졌던 것으로 보인다.127) 원랑선사는 신라 말의 고승인 성주산문聖主山門 낭혜화상朗慧和尚의 제자로서 856년에 당에 유학하고 866년에 귀국하여 왕의 신임을 받아 선문禪門을 빛냈으며 헌강왕 9년(883)에 입적入寂하니 원랑선사圓朗禪師라 추증追贈하고 탑명을 대보광大

경복궁 소재 때의 모습

127) 장준식, 「중원지방의 석조부도」, 『충북의 석조미술』, 충북개발연구원 부설 충북학연구소, 2000, p.297.

寶光이라 하였으며 진성여왕 4년(890)에 탑비를 세웠다.[128]

『사탑고적고寺塔古蹟攷』에는 "고지古址"라 하고 "유탑급비有塔及碑"라 하고 있어 비록 사寺는 폐廢하였으나 원랑선사圓郎禪師의 부도와 비는 남아 있었던 것으로 기록하고 있다. 『조선고적도보』(도판번호 : 1597~1600)에 실려 있는 이 탑비의 사진을 보면 이미 도괴되어 비신과 이수가 바닥에 굴러 떨어져 서로 분리되어 있으며, 이곳에서 탑비를 옮길 때 함께 수습 보존되어야 할 원랑선사의 부도에 관해서는 전해지는 바가 없다.[129] 고적도보에는 '월광사 부도잔석浮圖殘石'(도판번호 : 1571)이라 하여 도괴된 일부 석재가 남아 있는데, 지대석地臺石 위에 안상석眼象石과 연화대蓮花臺 2석이 걸쳐 있을 뿐이다. 그 이상의 각 부재는 나타나 있지 않다. 유물도취로 인한 것으로 짐작된다. 이러한 행위는 1915년 이전에 이미 부도의 파괴 행위가 있었던 것이다.

월광사 부도 잔석
(『조선고적도보』에 의함)

---

128) 葛城末治, 『朝鮮金石攷』, p.260.
129) 「金石文에 關한 參考」, 『新世界』 제3권 1호, 1915년 1월, p.87. '忠州月光寺圓郎禪師大寶禪光塔碑銘' 조에 다음과 같은 내용이 있다.,
"충청북도 충주의 동남5리 월악산 中腹에 在하니 고 약 12척의 석비인데 비신은 지면에 橫倒하고 傍에 귀부와 이수가 있으니 신라 말기의 승 원랑의 탑비라 〈중략〉
비고 : 탑은 현재 不存하고 地는 월광의 址로 추정하다."

이 부도의 반출에 대한 장준식의 현지 탐문조사에 의하면, 1989년 90세였던 고노古老로부터 반출 당시의 상황을 들었는데 고노에 의하면 부도탑의 반출을 위해 산상에서 선창(동창)까지 길을 닦아 가면서 환목丸木을 정자형井字形으로 깔고 그 위에 선로線路를 놓고 탄광에서 사용하는 선반차로 옮기는데 10여 일이 소요되었다고 한다.[130]

원소재지에는 1930년 3월 31일에 "월광사원랑선사대보선광탑비원소재지月光寺圓朗禪師大寶禪光塔碑原所在地, 다이쇼 11년 3월 조선총독부 박물관 내大正十一年 三月 朝鮮總督府博物館內로 이건移建했다"는 석표石標를 세웠다.

또 이곳에는 석사자가 1구가 있었다고 하는데 1922년에 일본으로 반출한 것을 다시 찾아와 지금은 창경궁에 안치하고 있다.[131]

---

130) 장준식,「중원지방의 석조부도」,『충북의 석조미술』, 충북개발연구원 부설 충북학연구소, 2000, p.296.
131)『文化遺蹟總覽』上卷, 文化公報部 文化財管理局, 1977, p.592.

단양 향산리3층석탑 (보물 405호)

  이 탑은 원위치로서 충북 단양읍에서 약 16km 떨어진 가곡면 향산리의 부락 밭 가운데 있다.『문화유적총람』(1977, 문화재관리국)에는 "신라 눌지왕 19년(435) 묵호자墨胡子가 부처님의 게시를 얻어 이곳에 절을 짓고 향산사라 하였는데 임진왜란 때 소실되었으며 오직 3층석탑만 남았다"고 기술하고 있다. 이 사지에 대한 고

향산리삼층석탑

문헌이 보이지 않을 뿐 아니라 이를 뒷받침할 수 있는 유물이 발견된 것도 없어, 이곳 지명을 따라 향산리사지로 부르고 있다.

사지에 남아 있는 석탑은 전형적典型的인 신라 양식의 후기에 속하는 3층석탑으로 탑신부에 비하여 비교적 높고 넓은 기단부를 가지고 있다. 주변 밭에는 와편이 산재하여 사지임을 알 수 있다. 『조선보물고적조사자료』에는 석탑의 도괴 사실은 없고 "초완전稍完全"하다고 되어 있다. 그러나 1963년 이곳 사지를 조사한 정영호 교수가 전문傳聞한 바에 의하면, 1935년 탑 내의 보물 도취로 석탑이 도괴倒壞되어 5년 후에 동민들이 재건했다[132]고 한다.

1966년에 해체 수리를 하였는데, 이때 3층 옥신석 중앙에서 사리공을 발견하였으나 내용물은 1935년에 도실당하고 아무것도 발견하지 못했다.

---

132) 鄭永鎬, 「단양 향산리3층석탑」, 『考古美術』 40호, 1963. 11.
金正基, 「中央文化 建築의 特徵」, 『考古美術』 160호, 1983. 12.

제천 장락리7층전탑(보물 제459호)

　제천시에서 동으로 약 2km 떨어져 낮은 구릉을 등지고 있는 이 일대를 탑문동 속칭 '창팍사터'라 부르고 있다. 이 지점에는 모전석탑이 서 있다.[133] 석재는 점판암으로 높이는 9.1m의 탑으로 탑신 전면을 회로 도장하였던 흔적이 곳곳에 남아 있어 상주 상병리 탑과 같은 수법에 속하는 탑이라 할 수 있다. 조성년대는 통일신라 혹은 고려 초기로 추정되고 있으나[134] 모전석탑이 세워졌던 절이나 탑 자체에 대한 문헌 기록이 없어 사찰의 창건 연대나 폐사 시기 등 그 유래를 알 수 없다.

　1930년대에 일인이 보물을 도취코자 하부를 파손시켜 2층까지의 탑신 한 모퉁이가 무너졌다.[135]

　해방 후 이 석탑은 경사傾斜가 심하여 긴급 수리가 결정되어 1967년 12월에 이 탑을 해체하여 조사하였다. 이때 제7층 옥개부에서는 상륜부의 파편으로 짐작되는 화형花形의 투각된 금동편金銅片과 5층옥개부에서 이 탑에 사용된 석재의 1면에 바둑판을 그린 석편이 발견되었다. 그런데 제6층 탑신부 중앙부에서는 방형공方形孔이 있어 사리공으로 추정되었으나 내용물은 아무 것도 없었다.[136] 이로서 일본인이 사리장치 등을 모두 도취하여 갔음이 확인되었다. 해체 조사시에 지대석 아래 서북측에서 아무런 시설도 없이 무질서한 상태로 백자편 수개, 금동편 3점, 금동불상 하나가 발견되었다.[137]

　현재 이곳 사지에는 1971년에 빌딩을 완공하여 오늘에 이르고 있다.

---

133) 『朝鮮寶物古蹟調査資料』, 朝鮮總督府, 1942, p.82.
134) 『寺誌』, 忠淸北道, 1982.
135) 鄭永鎬, 「제천의 모전 석탑 2기」, 『고고미술』 2호.
136) 秦弘燮, 「提川 長樂里 模塼石塔 舍利孔」, 『考古美術』 第9卷 第1號.
137) 金禧庚 編, 「韓國塔婆舍利目錄」, 『佛敎學報』 第26輯, 東國大學校硏究院, 1989.

2003년 10월 보수공사 모습

4장 서울·경기도 지역

경천사지(敬天寺址)10층석탑(국보 제86호)

경천사지는 개풍군 광덕면 부소산록에 있다. 『고려사』에는 왕이 이곳 경천사에 나간 기록이 15회 이상 나오며, 조선조에 와서도 태조가 2회[1]에 걸쳐 이곳에 간 기록을 보면 궁으로부터 오랫동안

경천사지10층석탑

---

1) 『太祖實錄』卷4, 太祖2年 10月 19日 辛卯 條.
  "어가가 해풍 敬天寺로 옮겨감".

비호를 받아 왔던 중요 사찰이었음을 알 수 있다.

그 명칭에 있어서 「경慶」자字의 경천사慶天寺는 『고려사』에 3회,[2] 『고려사절요高麗史節要』에 1회[3]가 나오며 그 외는 모두 「경敬」자字의 경천사敬天寺로 기록되어 예종睿宗 12년 10월 정사부터 나타난다. 이에 대해 고유섭은 동일한 것으로 추정하고 있다.[4]

창건에 관한 기록은 확실하게 밝혀진 것은 없으나, 경천사가 『고려사』에 처음 등장하는 기록으로는 『고려사』 세가 13, 예종睿宗 8년 11일 5일 병오 조에, "왕이 장원정長源亭으로부터 경천사慶天寺 낙성식落成式에 갔다"라고 하는데 여기에서 경천사慶天寺와 경천사敬天寺가 동일사同一寺라면 이때가 창건 시기이거나 최소한 중창 시기가 아닌가 생각된다.

이곳 경천사지에 있던 10층석탑에 대하여 채수蔡壽의 『유송도록遊松都錄』[5]에,

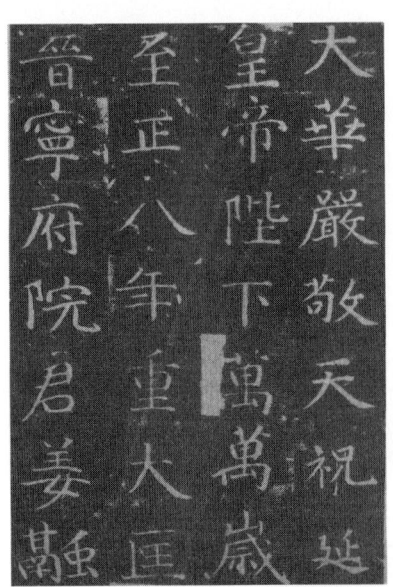

경천탑 명기

무자일에 승제문을 나와 20리 길을 걸어서 경천사에 당도하니 절이 화재를 입어 겨우 방 한 칸만이 남아 있다. 뜰 가운데 돌탑이 있어 광명한 품이 옥과 같은데 높이는 13층이요, 12화상을 조각하였는데, 더할 수 없이 정교精

『太祖實錄』 卷4, 太祖2年 11月 5日 丙午 條.
"임금이 해풍 경천사에서 여러 신하들을 거느리고 千秋節을 하례함"

2) 『고려사』, 권13, 세가 13 예종 8년 9월 을사 조.
『고려사』, 권17, 세가 17 인종 21년 9월 경신 조.
『고려사』, 권34, 세가 34 충숙왕 5년 9월 을축 조.

3) 『고려사절요』 권24, 충숙왕 5년 9월 조.

4) 高裕燮, 「扶蘇山 敬天寺塔」, 『고유섭전집』 4.
"원래 다 같이 長源亭 路順 위에 있던 것이 『高麗史』 行文에서 짐작할 수 있고, 또 敬과 慶은 音韻이 같은데서 동일한 것이 아니었던가 생각한다."

5) 『東文選』 第118卷.

巧하여 거의 인력으로 만들 수 없다고 생각된다. 절은 바로 기황후奇皇后의 원찰願刹이요. 탑은 중국사람의 소작所作인데, 바다를 건너와 여기에 세웠다. 중이 보장한 보주寶珠와 장번長幡을 내보이는데, 구슬이 직경은 두어치나 되어 광채가 사람에게 비치고, 휘장도 또한 금실로 짜서 만들었다. 모두 당시에 기황후가 시주한 것이다. 또한 탈탈승상脫脫丞相의 화상을 내놓는데, 하마 반이나 탈락하여 식별할 수 없게 되었다.

한다. 또『대동금석서大東金石書』'경천사탑기敬天寺塔記' 속편부에,

경천탑은 풍덕군豊德郡 부소산에 있다. 서書는 실명失名이며, 원순제지정팔년무자립元順帝至正八年戊子立, 려충목왕麗忠穆王 4년이라. 이 역시 려사麗史와 원사元史에 무고無攷하니 고려의 자작自作과 원으로부터 수입輸入을 판정치 못하겠고, 단 동국여지승람 풍덕군 경천사조에 '진령군강융晉寧君姜融이 원공元工을 뽑아다 이 탑을 만들었다' 라 하였다.

하고, 김창협의『송도유람기松都遊覽記』에 의하면,

신해년(1671) 일이다. 경천사에 드니 절이 부소산 아래에 있다. 뜰에는 13층석탑이 있는데 돌 빛이 맑고 환하여 옥과 같다. 그 높이는 10여 길이나 되겠고 사면으로 돌아가면서 누대樓臺와 불상을 새겨 12회(13불회)를 상징하는데 그 조각이 정교하여 모두 살아 움직이는 것 같다.

하며,『유송도록』의 기록과『신증동국여지승람』의 기록에 대해서는, "어느 것이 옳은지 모르나 탑의 상면에 지정至正이란 연호를 새겼으니 고려 때 세운 것임은 틀림없다"라고 설명하고 있다.

위 기록에서 13층탑이라 하는 것은 아래쪽 기단부터 이 탑의 층수를 계산하여 13층이라 말하였고, 오늘날에는 일반적으로 기단 상부의 전각 건물부터 헤아려 10층석탑이라 부르고 있다.[6]

---

6) 이에 대해 고유섭은 "지금 建築的으로 말하면 基壇이 3층이요 塔身이 9층이라 이대로 말하면 9층탑에 불과한 것인데 이것을 古記에 13층탑이라 한 것도 13佛會에 의

허목許穆의 『미수기언眉叟記言』에는 "고려 때의 것으로 경천사敬天寺 석탑의 부도도浮屠圖와 성거산聖居山의 화장사華藏寺에 공민왕恭愍王의 조경자사도照鏡自寫圖가 있다"고 하나 전해지지 않으며, 경천사가 어느 때 폐사가 되었는지 명확하게 밝혀진 것은 없다. 조선시대에 들어와 조선 태조가 경천사에 나아간 기록으로 보아 최소한 조선 초기까지는 중요 사찰로 왕실의 비호를 받아온 것으로 보인다. 김창협의 『송도유람기』에는 사찰 건물이 남아 있는 것으로 기술하고 있어 최소한 17세기 말까지는 법등이 이어온 것으로 추정되는데, 신경준(1712~1781)이 찬술한 『가람고伽藍考』에는 경천탑의 기록은 보이나[7] 사찰 건물 기타의 기록은 보이지 않고 있어 18세기에 와서는 완전히 폐사가 된 것으로 추정된다.

비록 폐사가 되었다하나 엄연히 원지인 경기도 개풍군에 잘 보존되었던 경천사지석탑은 20세기에 들어오면서 시련이 연속되었다. 경천사지탑이 개성 부소산에 서 있는 웅장한 모습은 1902년 세키노 타다시關野貞가 한국건축조사를 할 당시에 찍은 사진에만 남아 있을 뿐이다.[8] 현재는 용산국립박물관에 소재한다. 이같이 원소재지를 떠나 현재의 용산국립박물관으로 옮겨진 데에는 사연이 있다.

1907년 일본 궁내성의 특사 궁내부대신 타나카 미츠야키田中光

하여 그것을 法界13층탑이란 것에 응한 것으로 간주한 까닭이 아닌가한다." 한다. 또 장충식은 『한국의 탑』(1989, 일지사)에서 다음과 같은 견해를 피력하고 있다. 우리나라의 탑파는 목탑이나 벽돌탑 뿐만 아니라 석탑에 있어서도 삼국이래 소위 造塔所依經典이라 할 수 있는 무구정광대다라니경에 의하여 홀수의 탑만을 만들었던 것으로 짐작된다. 따라서 이 석탑에 대하여 구태여 층수를 논한다면 12불회까지의 전각 건물을 제외하고 상부의 방형 탑신부에 국한하여 7층의 석탑으로 보는 것도 한 방법이라 할 것이다. 그러나 우리나라 전형양식과는 다른 이 석탑에 대한 층수를 구태어 말할 것이 아니라 그냥 경천사지다층석탑이라 호칭하는 것도 한 방법이 되지 않을까 한다. 즉 신륵사다층석탑과 같은 용어가 있고 보면 차라리 이같은 호칭이 더 자연스러울 것이라는 견해다.

7) 『伽藍考』에는 "在府四十里 元丞相脫脫願塔"이라고 기록하고 있다.
8) 關野貞은 『朝鮮の建築と藝術』의 「朝鮮美術史」에서 圖版으로 싣고, "대체로 이 탑은 전체의 균형이 거의 완전에 가까운 미를 지니고 있으며 수법도 자유로워 기발하고 풍취가 있다. 고려시대의 탑파 중 가장 변화가 풍부하고 정밀하며 세련된 기교를 자랑하고 있다. 조선에서 이와 견줄만한 것이 드물 뿐 아니라 당시 이러한 종류의 건축으로서는 중국에서도 거의 유례를 찾아 볼 수 없다."고 극찬하고 있다.

顯가 한국 황태자의 가례를 축하하기 위해 우리나라에 왔다가, 몰래 개성 풍덕군 부소산에 있는 경천사10층석탑을 불법반출하기 위해 백수십의 무기를 가진 일본인을 동원하였다. 지역관리자와 주민들의 항의에도 불구하고 탑을 해체하여 개성 철도역으로 운반하고 다시 인천을 통해 일본으로 불법반출해 갔다. 이런 약탈이 이루어질 때 순사들이 철도역 주위를 에워싸고 있었다고 하며, 또한 타나카는 고종으로부터 이 탑을 하사 받았다는 가짜 문서까지 동원하였다[9]고 한다(항의하는 주민들에게 가짜문서를 보이니 주민들이 큰절을 하면서 물러났다는 것이다).

이 반출 과정을 당시 대한매일신보와 공립신보 기사의 내용을 대략 정리하면 다음과 같다.

1906년 가을에 일본인 승려 다이에大圓, 아유카이鮎貝, 요시아키惠明 등 3인이 군수를 찾아와 자신들이 경천사를 중축重築하고 경천사탑을 보호하겠다고 청원해 왔다. 그러나 군수는 "그런 일은 내무부 소관이니 내무부에 청원하라"고 하였다. 3인은 돌아갔다가 며

대한매일신보 기사
(1907년 3월 7일자)

9) 朴殷植, 『韓國痛史』 下.

칠 후 다시 나타나 "내무부 지시에 따른 경천사 증축에 있어서 민가와 무덤들의 피해가 없겠는지 소상히 보고하라" 하였으니, 이를 조사하여 보고하라고 하였다. 군수는 부득이 별로 피해가 없다고 내무부에 보고를 하였으나 내무부에서는 별다른 지시가 없었다.

그후 1907년 3월 6일에 군수는 경천리 마을 사람들로부터 일본인 수십 명이 많은 인부를 데리고 와서 탑을 헌다는 사실을 보고받고 경찰관과 서기를 보내어 중지케 했다. 경찰관과 서기가 현지에 도착하였을 때는 탑 근처에 천막을 치고 일본인 수십 명이 장목과 볏짚 등을 실어다 놓고 막 탑을 헐려다가 이들을 보고 멈추었다. 그 행위를 따져 물었더니 칼을 휘두르며 위협을 했다고 한다.

3월 8일 내무부 경찰 통역인과 와타나베 타카지로渡邊鷹次郎가 탑을 조사하기 위해 경성에서 내려 왔다고 하는데 이들의 행위가 수상하지 않을 수 없다.

군수가 그간의 경과를 설명하고 즉시 중지시킬 것을 요구하자, 와타나베 타카지로渡邊鷹次郎가 말하기를, "어찌 좌시할 수 있겠는가 그러나 그 유물은 그렇게 중요한 것도 아니다."라고 하면서 마치 별것 아니니 군수는 너무 염려 말라는 투로 자신이 관리하는 사람을 데리고 현장을 조사한 후에 말하겠다고 하였다.

그들의 속셈을 파악한 군수는 좌시할 수 없어 그 문제를 개성 이사청의 경부 하기노 나오주로萩野直十郎에게 조회하라고 부탁을 했다.

다음날 경천리로 군수가 가 보았더니 개성경찰지서의 안도 도보구마安藤友熊가 먼저 와 있었다. 군수와 안도安藤友熊, 와타나베渡邊鷹次郎 등이 현장에 도착하니 탑은 전날 밤에 다 헐어버리고 해체된 탑재들을 짚으로 묶어 포장한 것이 40여 덩어리였고 깨어져 버린 조각들이 또한 적지 않았다. 산골짜기 입구로 줄지어 탑재를 실어 가려는 달구지가 넷이나 대기하고 있었다. 군수가 주동자를 추궁하니, 주동자는 경성에서 오지를 않았고 단지 현장 감독자만 몇이 와 있을 뿐이라고 하였다. 군수가 와타나베渡邊鷹次郎에게 그 내막을 알아봐 달라고 하였더니 와타나베渡邊鷹次郎의 말은, "일본인 중인 아유카이點貝가 실제 주동자로 당국에 진작 청원을 하였으나 내무부에서 승낙을 피하고 있다. 그러나 승낙문서가 곧 내려오게 할 것이니 특별히 허락하는 것이 좋을 것이다"라고 했다.

이들의 의무는 탑의 반출을 막는데 있음에도 불구하고 이처럼 오히려 반출의 승낙을 요구하고 있다. 이 부분은 이들이 모두 한통속이 되어 반출을 공모하고 있었음을 알 수 있는 대목이라 할 수 있다.

그뿐이 아니라 군수가 "허나 정 그렇다면 허가문서가 도착한 다음에 실어감이 마땅하니 탑재들은 우선 다시 풀고 인부들을 돌아가게 하라"고 하자, 와타나베渡邊鷹次郎는 "만일 그래야 한다면 주동자가 오지 않고 현장 감독자가 전담한 일이니 오늘 달구지 4대가 공친 손해비는 감독자가 책임지고 배상해야 할 것이다"라고 하면서 계속 탑을 실어갈 것을 주장했다. 그러나 계속된 군수의 반대로 인해 달구지에 실려 있던 여덟 덩어리의 탑재를 풀어 한 곳에 풀어놓고 인부들을 되돌려 보냈다. 군수는 와타나베渡邊鷹次郎 등에게 감독자들에게 한 번 더 불법으로 탑을 옮길 수 없음을 강조시키라고 당부를 했다. 그리고 서기와 동장을 시켜 동정을 엿보는 한편 동네 사람 수십 명을 동원하여 며칠이라도 교대로 지키게 하고는 돌아왔다.

그런데 얼마 있지 않아 감독자는 인부들과 수십 명의 총 칼을 든 무리들을 이끌고 다시 현장으로 돌아와 탑재를 실었다. 주민들이 항거를 하였으나 총 칼을 휘두르며 위협을 하며 주민들의 항거를 제지하였다.

탑을 실어간 현장 감독자는 곤도 사고로近藤佐五郎라는 자로 서울에서 골동싱을 하는 익질직인 자로 소문난 자이다. 헌병들과 역부들을 동원하여 새벽까지 수십 대의 달구지에 탑 석재를 싣고 좌우에서 총 칼을 든 헌병들과 불법자들에게 호송케 하면서 현장을 떠났다.

다음날 이 소식을 접한 군수는 대경실색하여 현장에 도착했으나 이미 아무것도 남아 있지 않았다. 달구지 바퀴 자국을 따라 개성정

거장에 이르니 탑재는 이미 가지런히 쌓여 '궁내성에 보내는 물건' 이란 표지가 붙여져 있었다. 사방을 일본 순사들이 둘러싸고 있었다. 그래서 일본 관할기관에 달려가 와타나베渡邊鷹次郎와 경찰관 하기노萩野直十郎에게 불법반출에 대해 항의를 하였다. 와타나베渡邊鷹次郎는 웃으면서 "그것이 운반될 적에 총검이 달구지를 에워싸고 있으니 우리가 그것을 끝까지 막으려고 했으면 많은 사람이 구타를 당하고 상해를 입는 굴욕을 당했을 것이다. 그러니 뭐라고 말할 수 있겠는가" 하였다. 하기노萩野直十郎는 거드럼을 피우며 "비록 허가문서 없이 헐어갔더라도 탑은 이미 다 운반되었고 현재 기차에 실려 떠나게 된 마당이니 서로 책임을 따져도 소용없는 일이다. 그대 군수는 이 사실을 귀국 내무부에 보고하면 될 것이다"했다. 힘없는 군수가 여기서 어떻게 할 것인가. 무력한 당시 한국정부의 모습을 그대로 나타내고 있는 것이다.

결국 이 탑은 인천을 출발하여 3월 15일에 동경을 거쳐 19일에 우에노上野공원 안의 제실박물관으로 옮겨졌다.[10]

당시 대한매일신보 기자가 탐문한 바에 의하면,[11] 반출자는 전보통신과 철도관청의 협조를 받았고, 그래서 해체한 탑재를 기차로 실어갔는데도 이 사실을 전보로 내무부에 보고하지 않았다고 한다.

이러한 일련의 과정을 보면 와타나베 타카지로渡邊鷹次郎[12]와 경찰관, 감독지휘자, 철도관청 등이 한통속이 되어 군수와 주민들을

---

10) 參考

　大韓每日申報, 1907년 3월 21일자, 6월 5·6일자.

　公立申報, 1907년 7월 11, 12일자.

　搬出過程에 대한 날짜는 각기 조금씩 다르게 나타나 있다.

　또한 大韓每日申報 1907년 3월 7일자 기사에는 무기를 가진 일본인 수는 130~150명 가량이 急襲한 것으로 나타나 있다.

11) 大韓每日申報, 1907年 4月 13日字.

12) 渡邊鷹次郎은 1882년에 朝鮮公使館 警官으로 한국에 건너와 1896년부터는 韓國警務顧問 및 通譯官으로 근무, 1906년에는 警視廳高等警察係 警視, 한일합방 후에는 조선총독부에서 경시 및 통역관으로 일본의 조선지배에 앞장섰던 자이다.

　참고:『在朝鮮內地人 紳士名鑑』, 朝鮮公論社, 1917.

　『隆熙2年 職員錄』, 內閣記錄部.

　『朝鮮人事 興信錄』, 朝鮮新聞社, 1922.

석탑 반출기사 (공립신보 1907년 7월 12일자)

석탑 반출기사 (대한매일신보, 1907년 6월 4일자)

기만하고 총칼로 위협하여 탈취해 갔음을 알 수 있다. 이는 처음부터 철저한 계획 하에 이루어졌음을 추정할 수 있다.

　조선에 와보지 않았던 타나카 미즈야키 田中光顯(1843~1939)로서는 이 탑에 대하여 알리가 없었겠지만 그는 당시 궁내대신으로서 고미술에 대하여 상당한 지식을 가지고 있었으며, 세키노 타다시 關野貞가 발표한 1904년의 『한국건축조사보고』를 주의 깊게 읽었을 가능성이 많다. 그는 세키노關野가 기록한 "경천사는 풍덕군 부소산에 있다. 절은 쓰러지고 다만 석탑 1기가 있을 뿐이다. 〈중략〉 이 탑은 경성의 것에 비해 조금 작다고 할 수 있지만 거의 모두 구족具足해서 가장 수려한 모습을 나타내고 그 조각은 불상, 인물로부터 각종 모양에 이르기까지 조금도 마멸되지 않았다(다만 토민들의 장난으로 곳곳을 파손한 흔적이 있다). 따라서 세밀한 부분에 이르

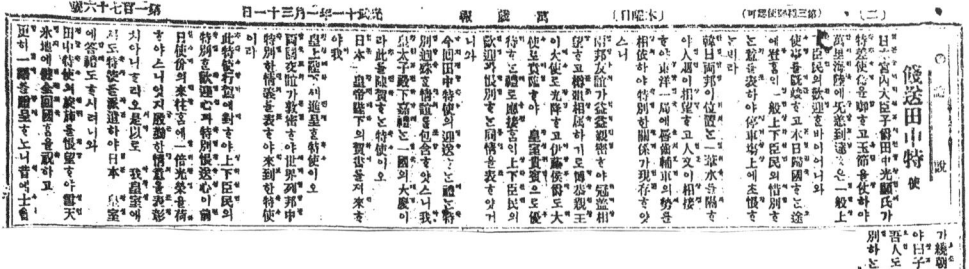

석탑 반출기사 (대한매일신보, 1907년 6월 5일자)

타나카 귀국 기사 (만세보, 1907년 1월 31일자)

기까지 극히 선명하고 충분히 당시의 형식을 고증할 수 있다. 이처럼 우수한 탑도 한갓 황량한 산 속에 파묻혀 누구 한사람 다시 뒤돌아보는 사람이 없다는 것이 애석하다"[13)]에 주목하고 눈독을 드리고 있었으며 한국 황태자의 가례를 빌미로 한국에 가면 이를 반출할 것을 이미 계획을 세우고 있었던 것이다.

그래서 한국으로 오기 전인 1906년 가을에 일본인 승려 3명을 파견하여 탑 반출에 대한 사전 조사와 한일친교 운운하면서 한국

반출되기 전의
경천사지10층석탑
(「韓國建築調査報告」)

---

13) 關野貞, 「韓國建築調査報告」, 『東京帝國大學 工科大學 學術報告書』第6號, 東京帝國大學 工科大學, 明治 37年(1904), pp.92~93.

정부에 이 탑을 기증 받기를 청원하였으나 성공하지 못하자 약탈하기로 계획한 것으로 보인다.

황태자 가례식의 축하사절로 온 일본 궁내대신 타나카 미츠야키田中光顯를 한국 대신들이 1907년 1월 22일에 타나카田中가 묶고 있던 여관으로 방문한 기록이 보이고 있으며, 1907년 1월 24일 한국 황태자의 가례가 있은 후에도 수차 한국 대신들과 만난 기록이 보이고 있다.[14] 그가 한국에 머문 날짜는 10여 일, 그간에 경천사탑 기증에 대한 미련을 버리지 못하고 끈질기게 노력을 하다가 뜻을 이루지 못하고 1907년 1월 31일 일본으로 돌아가게 되자 바로 반출계획을 실행에 옮겼던 것이다.

처음 경천사지10층석탑이 일본으로 반출되어 제실박물관에 도착하자 일본의 신문은 마치 이것이 한국에서 순순히 내준 것으로 선전하였다. 다음은 일본 오사카 아사히신문大阪朝日新聞 제9006호 기사의 일부이다.

> 예로부터 조선에 유명한 탑이 둘이 있다. 그 하나는 경성 종로의 원각사 자리에 있고 또 하나는 풍덕군 경천사 자리에 있다.
> 〈중략〉 지난번 사절로 갔을 때에 조선 국왕에게 그를 간청하였던 바 한국정부측이 그 뜻을 이해하고 이번에 조선 국왕께서 우리 궁내성에 경천사탑을 기증하므로 박물관 앞에 세우고 영구히 보존하게 되었다. …… 운운[15]

그러나 대한매일신보大韓每日申報를 필두로 하여 공립신보公立申報, 황성신문皇城新聞 등에 이 사실이 보도되고 한국인들이 분개하자 일본의 니로구신문二六新聞에서는 다음과 같은 기사를 싣고 있다.

문제의 경위를 알아보았더니 전번에 한국 황태자 가례嘉禮 때에 일본

---

14) 皇城新聞, 1907年 1月 23日字, 24日字, 28日字, 2月 1日字.
15) 大韓每日申報, 1907年 4月 23日字.

황실에서 타나카 미츠야키 궁내성장관을 특사로 보낸 바 있는데, 그는 고물을 애호하는 습관이 있어서 욕심을 참을 수 없었던지 일한 양국 친교 기념물 명목으로 앞에서 말한 두 보탑 중의 경기도 풍덕군에 있는 것을 간청하여 얻었다한 것과 의문의 백옥탑을 타나카田中 궁상에게 증여하셨는지 알 수 없으나, 한일친교의 기념물로 한국 황제폐하옵서 우리 황실에 증여하셨다하면 상당한 예용으로서 증여하심이 가할 바인데 일책一冊의 송장送狀과 일개一介의 사절이 없고 경성에 있는 고물상인에 의하여 송부함은 일층 의문이다. 타나카田中 궁상이 백옥탑을 가지고 온 순서를 기술하면, 본년 2월 4일경에 재류하는 고물상 곤도 사고로近藤佐五郎라는 자가 헌병 약간 명을 거느리고 전기 풍덕군에 나아가 보탑을 취거하려한 즉 군수 등이 동의치 아니하고 한민들이 항거하려는 즉 폭한이 있기로 부득이 다소 무력을 사용한 후에 인천으로 운반하여 3월 15일 신교에 도착하고 동19일 우에노上野 제실박물관으로 운송했다.

〈중략〉 이 사건에 관하여 당국자는 속히 그 탑이 일본에 오게 된 자초지종을 공개하고 천황이 본 뒤에는 일반인들도 관람케 하여 한국정부에 성의를 보일 필요가 있다.[16]

대한매일신보, 1907년 6월 4일자 기사

16) 大韓每日申報, 1907年 6月 4日字에 揭載.

라고 하여 한 걸음 뒤로 물러선 것 같은 감을 주지만 그러나 속내를 보면 마치 경천사지탑이 이미 일본 것이 되었으니 한국정부에 적당한 성의를 표시하고 이를 무마하자는 것이다. 이에 대해 대한매일신보는 곧 바로 다음과 같이 반박하였다.

타나카田中 자작이 도한渡韓하여 단지 고물을 애호하는 벽으로 보탑을 얻고자 하나 한국 황제폐하의 윤허를 얻지 못하였고 한국정부의 승낙도 얻지 못한지라 소위 고물상인 곤도 사고로近藤佐五郎라 하는 자가 약간 헌병 및 철로 역부를 대동하고 해지該地에 가서 밤을 틈타 훼철毁撤하고 몰래 가져갔으니 이 같은 저들의 행위를 어찌 도절盜竊로서 가져간 것이 아니라 하리오. 만약 황제폐하의 윤허하심과 한국정부의 승낙이 있었으면 정당한 예용禮容과 명백한 공문이 마땅히 있어야 할진대 지금으로서 무슨 이유로 양국 황실간에 정중한 사명詞命이 없었으며 한국정부의 문응文應이 해군該郡에 도부到付한 것이 없었으며, 〈중략〉 타나카田中 자작도 이를 일개상인에게 귀구歸咎하고 자기는 부재코자하니 이런 불법행위가 된 사실은 저들 역시 감출 수 없는 것인 줄로 자복한 상태가 드러난 것이다.[17]

그러나 이에 대한 일본정부의 공식적인 사과와 반환에 대한 의지는 전혀 보이지 않았다. 뿐만 아니라 일제통감부에서도 이에 대한 추호의 노력도 없었음이 이토 히로부미伊藤博文의 행위에서 볼 수 있는 바, 황성신문에 이토伊藤博文에 관한 다음과 같은 기사가 실려 있다.

개성군 옥탑을 일본에서 엄거하얏다함은 각 신문에 공개하였거니와 다시 소문에 의한 즉 이토伊藤 통감이 일전日前 화월루花月樓에서 일본관리들을 회집會集하여 연설하되 옥탑 사건은 모씨의 효로効勞(힘들인 공로)가 자못 있다하였는데 일본에서 이 탑의 가액價額으로 만원이 도래하

---

[17] 大韓每日申報, 1907年 6月 5日.

였다는 설이 있다하더라.[18]

불법반출을 효로效勞 등으로 표현하는 그의 태도는 오히려 이를 찬성하고 있음을 짐작할 수 있다. 그가 한국에 있는 동안에 숱한 고려자기를 일본으로 반출하여 일본 고관들에게 선물하고, 고려고분의 도굴을 부추긴 장본인이었다는 사실을 비추어 볼 때 그리 놀라운 일도 아니다.

황성신문
1907년 6월 22일자

경천사지석탑 불법 반출에 대한 기사는 미국인 헐버트에 의해 〈코리아 테일리 뉴스〉 등지에 반복해서 타나카 미츠야키田中光顯의 만행이 폭로되면서 국내의 여론은 물론이거니와 일본에까지 물의를 빚게 되어 양식 있는 일본인들까지도 그를 비난하기에 이른다.[19]

1907년 5월 28일자 후쿠오카 히비신문福岡日日新聞에 다음과 같은 내용이 실려 있다.

한국 황태자전하 어혼의御婚儀의 시 특사로서 파견되었던 타나카田中 궁상은 그때 한국 역사상의 국보인 경기도 풍덕부에 있었던 것을 물려받을 수 있는 수속手續을 하고 지난 2월 4일에 경성주재의 고물상으로 하여금 도민의 저항을 배제하고 다소의 무력을 써서 무난히 인천으로 가져가 3월 15일 동경에 도착한 이래 우에노上野의 박물관에 보존 중인데 이 탑은 거금距今 일천년전 중국으로부터 한국에 증여한 2개 중의 하나로서 한민은 이 탑의 세편細片을 복용하면 어떠한 난병도 당장에 치유된다고 미신하여 이것을 약삼탑藥三塔이라 칭하여 숭경崇敬한 것인

---

18) 皇城新聞, 1907年 6月 22日字.
19) 朝鮮公論史 編, 『裏から觀た朝鮮統治史』, '高麗朝の名塔事件'조, 京城朝鮮公論社, 1930.

데 그 가격은 이백만원을 헤아리겠다고 세상에서도 희귀한 진품일뿐
더러 타나카田中 궁상이 이것을 물려받은 수속에 대하여 의의疑義가 생
겨 목하 미국에서도 이 문제에 관하여 떠들썩한 평론이 일어나 동지
체재 중인 구로키黑木 대장과 같은 분도 적지 않게 곤경에 몰리고 있다
고……20)

하고 있다. 이로 인하여 타나카 미츠야키田中光顯는 탑을 복원하지
도 못하고 동경 제실박물관의 정원에 포장된 채 둘 수밖에 없었다.

결국은 이러한 내외의 여론에 힘입어 조선총독부에서 타나카에
게 반환할 것을 권고(후지타 료사쿠의 주장藤田亮策 主張) 하였으나 그
는 10여 년을 버티었다. 1918년에 다시 이 문제에 대해 강력한 반
환요구에 직면하자21) 타나카 미츠야키田中光顯도 결국 굴복하게 되
어 일본의 궁내성을 통하여 1918년에 조선총독부로 돌려받는다.

경천사지석탑의 반환은 조선총독부의 반환요구도 크게 작용했
지만, 무엇보다도 영국 언론인 베델(한국명 : 배설裵說)과 미국인 선
교사 헐버트(한국명 : 할보轄甫) 등에 의한 국제적인 여론의 형성과
황성신문, 대한매일신보 등의 끈질긴 추적과 대항이 없었더라면
어려웠을 것이다.

당시 반환할 때에 일본 궁내대신 명의로 보내온 공문에는,

타나카田中 백은 하등의 수속을 거치지 않고 이것을 운반한 것이라 원
래 동씨의 사유물이 아니다.22)

라고 기록하고 있다. 이같이 경천사탑을 돌려받기는 했으나 파손

---

20) 李鉉淙, 「開港後 史庫保存狀況」, 『白山學報』 第18號, 1970. 6, p.486 에서 轉載.
21) 이 점에 대해서 이구열 선생은 『한국문화재 수난사』에서 "데라우치의 후임으로
2대 총독이 된 하세가와 요시미치(長谷川好道)는 부임 3년째 되던 1918년에 가서
야 전임자 데라우치가 해결치 못했던 경천사석탑의 반환 문제와 과거의 전말에
대해 관심을 갖게 되었던 것 같다. 그는 학무국 고적조사과를 시켜 그 자초지정
을 듣는 한편, 꼭 다시 찾아와야 하는가의 의견을 물었다"고 한다. 이 책에서는
이에 대한 오다(小田星吾)의 '조사보고서'를 제시하고 있다.
22) 李弘稙, 「在日 韓國 文化財 備忘錄」, 『月刊文化財』 13號, 1972.

된 부분이 많이 생겼다.

세키노關野의 기록에는,

> 내가 지난 메이지明治 35년에 와서 조사할 때에 유일하게 대리석 다층 탑이 존存하였다. 이 탑은 그 후 내지內地에 반치搬致……23)

라고 할 뿐 파손된 부분에 대해서는 한 마디도 없었다. 세키노가 처음 1902년에 경천사지를 방문하였을 때만 하여도 "토민들의 장난으로 곳곳을 파손한 흔적이 있다"고 했으나 이는 주위의 민간인들이 탑재의 가루를 약으로 쓴다는 무매한 미신에 혹해서 약간의 손을 댄 흔적으로서 아주 미미한 상처라 할 수 있다. 그러나 한국에 돌아온 후의 세키노關野의 또 다른 기록에는,

> 이 탑은 선년先年 내지內地에 운반되어 갔다가 돌아와 현재는 총독부 박물관에 있다. 내지內地에 가지고 갔다 올 때 약간의 훼손이 있어 그 재건이 곤란하여 박물관 부지 내敷地內에 옮겨 놓았다.24)

하고 있다. 여기서 말하는 '약간의 훼손'이라는 것은 재건이 불가능 할 정도로 혹심한 파괴를 의미하는 것이다. 또 다이쇼大正 7년 (1918) 12월 21일자 〈경천사탑 립立의 건〉을 보면,

> 본부박물관에 진열하기 위하여 동경 제실박물관으로부터 인수한 경천사 13층(10층을 오인)석탑의 파손을 검사하였던 바, 전 운송에 의한 파손이 다대하였던 것 같으며 하조 같은 것은 거의 완전에 가까우나 원래 석의 성분이 위약危弱하므로 이를 무상으로 운반함은 불가능한 일에 속할 것이고……25)

---

23) 關野貞, 『朝鮮の建築と藝術』, p.567.
24) 關野貞, 「朝鮮の古建築に就て」, 『朝鮮と建築』 第2輯 第2卷, 1922, p.12.
25) 金禧庚 編, 「韓國塔婆硏究資料」, 『考古美術資料』 第20輯, 考古美術同人會刊, 1969, p.31.

라고 기록되어 있다. 이것을 보면 돌려받는 과정에서 그들이 무성의하게 운반하여 상당히 손상 되었으며, 또한 운송에는 문제가 없고 석재의 성분이 약해서 파손되었다고 하면서 총독부 담당자까지 책임을 해피하고 있음을 볼 수 있다. 이는 식민지 하에서의 우리나라 문화재에 대한 그들의 정책이 얼마나 그들 위주로 이루어 졌는지를 알 수 있다.

결국 도중의 파손으로 인하여 복원 건립할 수가 없어 일제강점기를 통하여 오랫동안 경복궁 근정전 서랑에 해체된 채로 방치 해

1959년 복원공사 모습

두었다. 이 당시의 상태를 고유섭은 「조선건축사초고朝鮮建築史草稿」에서 "지금은 파훼破毁되어 잔석금재殘石今在 총독부 박물관 내"라고 하고 있다.

해방 후 1959년에 복원공사를 통해 1960년에 국보로 지정하고 경복궁에 세워지게 되었다. 복원 당시 기단부분의 대리석은 심하게 훼손되어 3분의 2는 시멘트로 메워진 상태이며, 몸체에서 떨어져나간 탑의 조각들도 시멘트로 접착시켰다. 그러나 조류의 배설물과 산성비 등에 의한 오염이 가중되고 재건 당시 시멘트로 복원한 부분의 풍화가 진행되면서 구조 안전에 대한 문제가 제기됨에 따라 정밀보존 처리를 위해 1995년 국립문화재연구소에 의해 해체 보존처리 과정을 밟게 되었다.

1995년부터 2004년까지 10년간의 보존처리 과정에서 결실부위를 대체한 신석은 암질조사를 통해 탑의 암석과 가장 유사한 강원도 평창·정선 지역에서 산출되는 대리석을 사용했다.

10년간의 보수작업을 마치고 2005년 4월에 시작한 경천사지석탑 조립작업은 8월 15일에 완료하여 드디어 용산 국립중앙박물관 중앙 홀에 전시하기에 이르렀다.

1935년 당시 박물관에 진열된 탑재
(박물관진열품도감 1935년)

고달사지高達寺址의 석조물

고달사지는 여주군 북내면 상교리[26]에 소재하며, 신라 경덕왕 때 창건되어[27] 신라시대 이래 삼원三院[28]의 하나로 국가의 비호를 받던 대 사찰이다.

강원도 선림원지禪林院址의 홍각선사弘覺禪師 비문碑文에, "원감선사圓鑑禪師가 중국에서 귀국하여 혜목산慧目山에 머물며 산비탈에 단단히 얽은 것을 새로 중건하니 한 달이 못되어 완공되었다."[29] 하는 것으로 보아 경문왕대에 현욱玄昱이 이곳에서 처음 교화활동을 펼 때에는 아주 작은 암자 규모였던 것으로 보인다.

원종국사혜진탑비의 귀부와 이수

26) 上橋里는 1914년 行政區域改編에 따라 舊北面上高里와 橋頂里를 合倂하여 上橋里라 改稱하였고 面名 역시 合倂하면서 北內面으로 고쳤다.
27) 奉恩寺本末寺志.
28) 高達院, 曦陽院(현재 경북 문경군 가은읍 희양산의 鳳巖寺), 道峰院(도봉산 寧國寺 지금의 望月寺)을 가리키는 것으로 원종대사혜진탑비의 음기에, "건덕9년(971, 광종 22)세차 신미 10월 21일에 원화전에서 대장경을 읽을 때 황제폐하가 조서를 내리는데 '국내 사원 가운데 오직 세 곳은 단지 그대로 두어 변동하지 말고 문하의 제자로 이어 주지하여 대대로 끊이지 않게 하되, 이로써 법을 삼으라' 하였다."
29) 『譯註 韓國古代 金石文Ⅲ』, 駕洛國史蹟開發硏究所, 1997.

현욱玄昱은 경문왕景文王의 청으로 오랫동안 혜목산慧目山 고달사高達寺에서 교화활동을 하며 혜목화상慧目和尙이라 불렸다. 봉암사鳳岩寺의 적소탑비寂昭塔碑에 「혜목육慧目育」이라 하는 것도 바로 현욱玄昱을 가르키는 것이다.[30] 현욱은 헌덕왕憲德王 16년(824)에 입당入唐하여 수학한 후 희강왕僖康王 2년(829) 왕자 김의종金義宗을 따라 귀국하여 처음 실상사에 안거安居하다가 혜목산록에 띠집을 짓고 거주하였다. 민애閔哀, 신무神武, 문성文聖, 헌안憲安의 4조에 걸쳐 사師의 예우禮遇를 받았으며, 경문왕景文王 9년(869) 10월에 입적하니 시호諡號는 원감圓鑑이라 하였다.

862년에는 진경眞鏡 심희審希가 이 절에 와서 현욱에게 출가하여 제자가 되었다. 고려 광종 이후에는 역대 왕들의 비호를 받으며 큰 절의 면모를 유지했다. 고달사의 사세가 커진 것은 원종대사 찬유璨幽에 이르러서였으며, 원종대사는 고달사에서 진경대사에게 법을 전수 받은 이후 이곳에서 28년 간 머물렀다.

사명寺名에 대해서는, 대사의 본명이 고달이었기 때문이라는 설[31]도 있다. 또 다른 설은 원종대사가 이곳에 머무는 동안 사방의 먼 곳에서 학인과 신도들이 고달사에 몰리게 되자 절을 크게 중창하게 되었는데 그때 석공이 고달이라는 이름을 가졌다는 설[32]에서 유래되었다고 하는데 이러한 설을 근거로 한다면 원종대사 이전에는 다른 사명이 있었을 것으로 생각된다.

『신증동국여지승람 제7권』 '여주목' 편에,

혜목산에 있다. 고려 한림학사 김정언金廷彦이 지은 중 혜진의 탑비가 있다. 한수韓脩의 시에, '20년 전이 꿈같구나, 젊었을 때의 친구들은 반이나 황천객이 되었네. 이제 고달 옛 절에 옴은, 원통圓通 큰복전이 있기 때문이네. 사면의 산 병풍은 절을 둘렀는데, 한 개 비석은 푸른 하

---

30) 中吉功,『海東の佛敎』,國書刊行會, 1973, p.23.
31) 『전통사찰 총서』 3, 사찰문화연구원, 1993, p.208.
    김승호,「절따라 전설따라」, 대원정사, 1999, pp.300~308.
32) 『전통사찰 총서』 3, 사찰문화연구원, 1993, pp.212~213.

늘에 기대었네'.

하였다. 고달사가 언제 폐사가 되었는지는 알려진 것이 없으나 『신증동국여지승람』에 이미 '옛절'이라고 나타나 있는 것을 보면 1530년 이전에 폐사가 된 것 같다.

「혜목산고달선원원종대사혜진탑비(慧目山高達禪院元宗大師慧眞塔碑)」의 비문에,

김정언이 짓고 장단열이 쓰고 아울러 전액을 하다.
대사의 존칭은 찬유요 자는 도광이며 속성은 김 씨로서 계림 하남 사람이다. 〈중략〉 현덕 5년(958, 광종 9) 세차 무오년 가을 8월 20일에 대사는 입적하고자 목욕을 마치고 방안에서 문생들에게 명하여 모두 뜰 안으로 모이게 하고는 유훈 하기를 '만법은 다 공한 것이라 나 이제 떠나 가련다 일심은 곧 근본이니 너희는 힘쓰도록 하라 〈중략〉'라고 하고는 말을 마친 다음 방안으로 들어가 단정히 가부좌하고 고달원 선당에서 인멸하였다. 〈중략〉 임금은 대사가 입적하였다는 말을 듣고 선월禪月이 빨리 사라지고 각화覺花가 먼저 진 것을 슬퍼하여 사자를 보내어 곡서鵠書로 조문하였다. 시호는 원종대사라 추증하고 탑호를 혜진이라 하였으며, 영정 한 벌을 만들었다. 이어 국공國工에게 돌을 다듬어 여러 층으로 된 사리탑을 만들게 하였다. 문인들은 소리쳐 울며 시신을 받들어 혜목산 서북 언저리(산기슭)에 탑을 세우니 불법에 따른 것이다.
…… 개보開寶 8년(975)세차歲次 을해 10월일에 세움 글자를 새긴이 이정순李貞順33)

라고 그 건립 연대와 부도지를 밝히고 있다. 그런데 비문 이면에 의하면 탑비는 966년 공사를 시작하여 977년에 완공하였다는 내용이 기록되어 있다. 이것은 탑비공사가 김정언에 의하여 비문이 완료된 966년에 시작되어 975년 10월에 끝났는데, 추가적으로 비

---

33) 『羅末麗初金石文』, 韓國歷史學會, 도서출판 혜안, 1996.

석불대좌

각을 건립하는 공사가 977년에 완공되었음을 의미하는 것으로 추정된다.[34]

지금의 고달사지 터에는 부도(국보 제4호), 원종대사 혜진탑 및 비의 귀부와 이수(보물 제6호), 초석, 석불대좌(보물 제8호), 계단석 등이 있으며, 귀부 위에 있었던 비석은 보이지 않고 석등 등의 유구는 옮겨져 버렸다.

이전의 모습은 『대정5년도 고적조사 보고』(사진 32) '경기도 여주군 북내면 상교리 고달사지 원종대사 혜진탑비 귀부 및 비신'과 제5도 '원종대사 혜진탑비 단절도'에서 겨우 손대지 않은 고달사터의 상황을 약간 파악할 뿐이다.

1912년 11월 총독부촉탁 세키노關野 일행이 조사한 『다이쇼원년 조선고적조사보고 大正元年朝鮮古蹟調査報告』에 의하면 당시 고달사지에 유존한 석조물은 다음과 같다.

갑. 폐고달원 원종대사 혜진탑 廢高達院 元宗大師 慧眞塔

갑.   동   비碑

을.   동   서북부도西北浮屠

---

34) 嚴基杓, 『新羅와 高麗時代 石造浮屠』, 학연문화사, 2003, p.76

| 을. | 동 | 비귀부 碑龜趺 |
| 을. | 동 | 석조불좌 石造佛座 |

원종대사 혜진탑비는 1912년까지는 상당히 완전한 상태로 유존 遺存 되었음을 당시의 사진으로도 알 수 있다.[35] 1912년 11월에 이곳을 탐방한 다니이의 보고에도 아무런 손상이 없음이 나타나 있다.[36]

그런데 『대정5년 조사보고서』에는,

비와 탑신은 귀부와 이수가 함께 유존되어 있었는데 언제인지 지상에 넘어져 훼손된 흔적이 있다. 대정 3년(1914)에 여주군에서 다시 세워 비신을 귀부상에 안치하고 이수를 부재 附載 하였는데, 대정 4년 3월 2

1911년의 혜진탑비
(『조선의 건축과 예술』)

35) 關野貞, 『朝鮮の建築と藝術』 도판(번호 1911)의 상태를 보면 이 혜진탑비는 완전한 상태로 남아 있음을 보여주고 있다.
36) 谷井第一, 「朝鮮通信」, 『考古學雜誌』 3-6, p.49.

일 오후 7시에 원인 모르게 돌연 후방北方으로 전도顚倒되어 비신과 귀부의 갑상甲上이 충돌하여 비신이 8개로 괴단壞斷되었다. 비신의 하반은 귀부의 후부위에 있고, 그 상반은 귀부 후방 지상에 있다. 이수는 원위치에서 약 20척 후방北에 추락墜落되어 이수의 한 모퉁이가 떨어져 나갔다. 〈중략〉 비신은 금회今回 전도될 때 전기 8편八片의 괴단壞斷 외에 수많은 소편小片이 박락剝落되어 특히 귀부와 충돌하면서 이면裏面에서 박락剝落된 것이 많다. 보존방법으로 원처元處에 두어서는 보존이 불가능하며, 또 이 지역은 근년에 금광채굴로 외지방인들의 출입이 잦아 〈중략〉 현재 비와 파편을 후기後記의 2석탑二石塔(두 부도탑을 가르킴)과 함께 박물관으로 옮길 것을 희망한다.[37]

라고 기록하고 있다. 1차전도一次顚倒의 원인은 밝혀지지 않고 있어 혹시 불법자들의 소행이 아닌가 의심되는 바가 없지 않다. 2차전도二次顚倒에 대해서 이마니시 류今西龍는 1차전도一次顚倒 후 비신을 다시 세울 때 완벽함을 기하지 못한 부실로 보고 있다. 다행히 조선총독부에서는 파괴되기 전에 탁본을 하여 총독부 박물관에 소장을 하였고 파괴된 비신은 여주 군청에 옮겨 보관해 오다가 경복궁으로 옮기게 되었다.[38]

고달사지에는 현재 두 승탑(국보 제4호, 보물 제7호)이 있는데, 원종대사혜진탑元宗大師慧眞塔(보물 제7호)은 1934년 8월 27일에 조선보물 명승천연기념물 보존령에 의해 보물 제14호로 지정되었다. 세키노關野가 처음 이곳을 조사할 당시에는 원종대사의 혜진탑비의 비신이 귀부상에 이수와 함께 건재하였다. 그는 고달

원종대사혜진탑비문

---

37) 今西龍, 『大正5年度 朝鮮古蹟調査報告』, 朝鮮總督府, 1917, pp.120~124.
38) 葛城末治, 『朝鮮金石攷』, p.347.

원종대사혜진탑의 도괴상태
(『대정5년도고적조사보고』)

보물 제7호 부도

사지에 유존하는 2기의 부도 중에서 동남편에 있는 파손이 거의 없는 본 부도를 원종대사혜진탑元宗大師慧眞塔으로 보고 서북편에 있는 부도를 일명탑逸名塔으로 서북부도西北浮圖라 지칭하였다. 이 마니시 류今西龍도 1916년에 이곳을 조사할 때 당시의 주민들이 원종대사를 존숭尊崇하여 본 탑에 대하여 매년 8월에 제를 올리고 있어 원종대사혜진탑임에 전혀 의심을 가지지 않았다. 세키노 타다시關野貞는 『조선미술사』에서 원종대사혜진탑에 대해,

> 조선에 현존하는 부도 중 걸작傑作이다. 기단의 신부身部에는 영귀탑靈龜塔을 짊어지고 있는 형상을 새겨 놓았으며 좌우에 구름속에서 꿈틀거리고 있는 용이 부조되어 있다. 이것은 극히 호방하고 건강한 정신을 발휘하고 있으며, 그 상하에 역시 고상하고 화려한 연꽃이 조각되어 있다.
> ……기교 또한 역시 정밀하게 다듬어져 있어서 고려 부도 중 뛰어날 뿐 아니라 이런 종류의 것으로는 고금을 통해 견줄만한 것이 없다고 해도 좋다.

라고 기술하고 있으며, 고유섭은 『조선미술문화사논총朝鮮美術文化史論叢』에서,

> 원종대사혜진탑은 동사지同寺址에 있는 신라의 원감부도(국보 제4호)를 본뜬 것이나 작作으로는 도리어 우수한 것이니 고복석鼓腹石에는 영귀靈龜를 정면에 새기고 운용을 좌우에 새겨 호괴豪瑰한 품이 벌써 걸작인데 앙련 보련의 웅휘한 맛이 일단의 정채精彩를 가加하고 탑신의 사천왕상과 옥개의 건장한 맛과 상륜의 정교한 품이 발군의 미태美態를 형성하고 있다.[39]

라고 하며 일명 부도(국보 제4호)를 모방하긴 하였으나 오히려 우

---

39) 高裕燮, 『朝鮮美術文化史論叢』, 서울신문사출판국, 1949, p.91.

수한 작품으로 보고 있다.

그러나 오늘날 이 두 부도탑이 누구의 것인지에 대해 많은 논란이 있다. 소재구蘇在龜는 고달사지 무명탑(국보 제4호)은 형식화된 과장기법을 보여주고, 원종대사혜진탑(현 보물 제7호)은 짜임새가 있고 힘의 강약과 우아한 조형미를 잘 나타내고 있어 신라 하대의 작품에 가까워 고려시대의 승탑으로 보기가 어렵다는 것이다. 따라서 원래의 원종대사혜진탑은 오히려 고달사지 무명탑(현 국보 제4호)이 되어야 하며 지금의 원종대사혜진탑(보물 제7호)은 원종대사의 대스승인 신라 하대의 원감대사탑圓鑑大師塔(870년경으로 추정)이 되어야 한다는 주장이다.40)

또 정해창鄭海昌은 고달사 부도의 모작模作 문제에 있어 원종대사부도(일명탑 즉 현 국보 제4호를 지칭)는 원감부도(혜진탑 즉 현 보물 제7호를 지칭)의 모작으로 보고 있다. 세키노關野의 일명부도(국보 제4호) 후작설後作說은 동감이나 혜진탑(보물 제7호)의 여초 작품설은 수긍할 수 없는 것이며, 가츠라기 스에하루葛城末治의 혜진탑(보물 제7호)의 일명부도(국보 제4호) 모작설模作說은 그의 관찰부정觀察不定의 소치所致인 것이라 생각된다고 한다.41) 그러나 두 부도가 그 양식에서 큰 시기적 차이를 보이고 있지 않기 때문에 현욱의 부도는 당대에 건립되지 못하고 있다가 찬유대에 와서 건립되었을 가능성도 있다.42)

고달원 원종대사혜진탑비의 기록記錄에는 탑의 위치를 "혜목산 서북 언저리(산기슭)에 탑을 세우니 불법에 따른 것이다"라고 하였

---

40) 蘇在龜, 「高達院址 僧塔編年의 再考」, 『美術資料』 제52호, 국립중앙박물관, 1993.
   蘇在龜, 「新羅 下代 石造美術 樣式 硏究方法論」, 『美術資料』 제62호, 국립중앙박물관, 1999.
41) 鄭海昌, 「高達寺址의 浮屠와 碑趺에 관하여」, 『史學硏究』 제13호, 1962년 6월.
42) 嚴基杓는 『新羅와 高麗時代의 石造浮屠』에서,
   고달사지 부도 2기는 세부적인 치석 수법과 그 양식이 큰 시기적 격차를 두지 않고 모두 고려 초기에 건립된 것으로 추정되며, 따라서 현욱의 석조부도는 어떤 이유로 현욱이 입적한 직후에 건립되지 못하다가 고려가 건국된 이후 찬유가 고달사에 주석하고 있을 때 스승이었던 심희의 부탁이나 현욱과 사자상승관계를 표방하고 봉림산문을 계승한 혜목산문의 중심인 고달사의 위상을 높이기 위해 고려 왕실의 후원을 받아 건립되었을 가능성을 제시하고 있다.

다. 여기에서 서북 언저리라는 것만으로는 두 부도 중 어느 것을 지목하는지를 알기가 어렵다. 그러나 두 부도 중 하나가 원감대사의 것이라면 원감대사의 것이 먼저 건립되어 있었을 것이며, 혜진탑비에 혜진탑의 위치를 기록할 때 원감대사의 부도탑의 위치와 구별함을 의식하지 않을 수 없을 것이다. 그렇다면 보물 제7호는 국보 제4호에 비해 동남편에 있고 국보제4호의 탑은 보물제7호의 탑에 비해 서북편에 있다. 따라서 세키노關野가 지적한 혜진탑에 비해 서북편에 있는 일명탑(국보 제4호)이 원종대사의 혜진탑일 가능성도 추론해 볼 수 있다.

1912년에 촬영한 보물 제7호의 탑 사진(고적도보 도판번호 : 2973)에는 보주寶珠가 결실되어 있다. 그런데 『대정 5년도 고적조사보고』에 실려 있는 도판에는 그것이 개석상蓋石上에 얹어져 있다. 이는 1912년 이후 검출檢出(검출장소 미상)하여 이렇게 한 것이라 한

1912년의 모습
(『조선고적도보』)

다.⁴³⁾ 혹시 무뢰한들의 보물도취 시도가 있지 않았나 의심된다. 탑의 위쪽은 묘역으로 되어 있다.

고달사지 무명탑無名塔(국보 제4호)은 고달사터의 서북방향 즉 혜진탑에서 서쪽으로 50m 정도 떨어진 산기슭에 위치한다.

8각원당형의 석조부도 중 굴지屈指의 거작巨作으로 상륜부는 일부 결실되었을 뿐 탑신 옥개석 등은 모두 갖추고 있다. 기단부의 하대석은 측면에는 안상眼象을 조각하였고 상면에는 복련伏蓮을 조각하였다. 중대석은 거북을 중심으로 네 마리의 용과 운문을 장엄하고 강직하게 조각하였다. 상대석은 앙련仰蓮을 조각하였으며

고달사지 무명탑 (無名塔: 국보 제4호)

43) 『大正 5年度 古蹟調査報告』, p.150.

탑신에는 문비형門扉形과 사천왕상을 양각하였다. 옥개석 정상면에는 복련을 돌리고 상륜부를 받도록 하였는데 현재는 상륜부재로는 복발과 보개석 1개 뿐이다.

탑의 높이는 약 3.4m로 건립연대나 주인공이 명확히 밝혀지지 않았으나 신라 때의 고승 원감대사로 추정하기도 한다. 조성 연대는 800년대 또는 1000년대라고 하나 명확히 밝혀진 것은 없다. 더구나 이 탑에 대해 오늘날 원종대사혜진탑으로 보는 견해도 있다.

『대정5년도 고적조사보고』에,

혜진탑 서방에 또 하나의 탑이 있는데, 개석의 일부가 결락缺落하여 지상에 있고 보주부분이 없다. 이 탑 역시 혜진탑과 공히 존중되어야만 하며 〈중략〉 현재 이 탑 앞에 조선인이 묘총墓塚을 썼다. 그 난폭한 행위에 대하여 심히 불쾌감이 든다.

라고 이미 일부 훼손을 기록하고 있다.

1934년 11월 9일자의 경기도지사가 총독부로 보고한 '보물피해에 관한 건'[44]을 보면, 피해상황을 발견한 것은 1934년 10월로서 당시 조사로는 부도 전방 약 10m 떨어진 장군석을 운반하여 부도의 기단에 가로놓고 그 상하에 작은 돌을 놓고 기계를 사용하여 기단 위의 연대를 밀어 올려 그 사이에 작은 돌을 끼워 놓고 내부를 살핀 흔적이 있었다고 한다.

이 부도는 사찰의 금당지로 추정되는 곳에서 뚝 떨어진 산 중턱 기슭에 위치한다. 사찰이 폐허가 된 후 돌보는 사람이 없었기 때문에 방치된 사이에 유사流砂에 의하여 지대석 근처까지 매몰되어 있었다고 한다. 또 1950년대에 노굴범들이 탑 안에 든 상지를 빼내려고 시도하다가 탑에 손상을 입혀 복구를 하기 위해 탑을 바로잡고 류사流砂를 막는 석축작업을 하는 중에 탑전에서 안상이 있는 배례

---

44) 金禧庚 編,「韓國塔婆研究資料」,『考古美術資料』第20輯, 考古同人會刊, 1969, p.38~39. 1934년 11월 9일자의 경기도지사가 총독부로 보고한 '寶物 被害에 關한 件'.

석과 8각석재가 노출되고 탑 뒤에 옛날 축대석이 드러났다.[45]

이곳 고달사지에는 일찍이 비신을 잃어버려 그 이름을 알 수 없는 파괴된 귀부龜趺가 하나 있다. 이우李俁의 『대동금석서大東金石書』에서는 원종대사혜진탑비에 대한 기록은 있으나 다른 비에 대한 언급이 없으며, 『신증동국여지승람』에도 한수韓脩의 시에, "일조비석의청천一條碑石倚靑天" 하는 것으로 보아 이미 당시에 원종대사의 비만 존存하였던 것으로 일명의 비신은 파괴되어 사라진 것으로 보인다.

『고적급유물등록대장초록古蹟及遺物登錄·臺帳抄錄』(1924년 조선총독부)에는 국보 제4호에 대해서는 등록번호 제15호를 부여하고 단순히 '고달사지승탑'이라 하고 귀부에 대해서도 '고달사지귀부'라 하여 등록번호 제16호로 등록하고 있다.

1912년의 모습
(『조선고적도보』)

45) 『驪州郡誌』, 여주군, 1989, p.1278.

이마니시 류今西龍의 보고서 『대정 5년도 고적조사보고』에는, "본래 어느 비의 귀부龜趺, 어느 승僧의 부도浮屠인지 알 수 없어 그 이름을 잃어 버렸다"하여, '무명탑無名塔 및 귀부龜趺'로 명칭名稱을 붙이고 있다.

세키노 타다시關野貞의 『대정원년 고적조사보고』에는 이 탑(국보 4호)을 일명탑逸名塔이라 하고 사지에 남아 있는 일명귀부逸名龜趺를 일명탑비逸名塔碑의 귀부龜趺로 추정하고 있다.

비록 규모는 원종대사혜진탑비의 귀부에 비해서 왜소하지만46) 원감대사비의 귀부로 추정되고 있다.

이 일명비의 귀부를 원감대사비圓鑑大師碑의 귀부로 처음 주장한 사람은 가츠라기 스에하루葛城末治로, 「고달사지의 일명귀부逸名龜趺와 부도浮屠에 대하여」(『조선금석고朝鮮金石攷』, 1935)에서, 이 비의 주인에 대해 원감대사圓鑑大師 현욱玄昱의 탑비로 보고 있다.

고달사지 원감대사비의 것으로 추정되는 귀부

---

46) 嚴基杓는 『新羅와 高麗時代의 石造浮屠』에서, 고달사지의 귀부는 전체적인 형식과 양식으로 보아 원종대사혜진탑 보다는 앞서서 건립된 것으로 보고 있으나, 그 양식이 현욱이 입적한 시기와 어울리지 않으며 치석수법도 전대에 비하여 퇴화된 기법을 보여주고 있어 여러 가지 의문점이 있음을 지적하고 있다. 즉 사자상승이 강조되었던 당대의 엄격한 풍토에서 법손제자였던 찬유의 귀부보다 규모가 작다는 점에는 의구심이 있다는 것이다. 따라서 현욱의 탑비는 원종대사혜진탑을 치석한 국공장인 집단이 아닌 다른 장인집단에 의하여 건립되었을 것으로 추정하고 있다.

먼저 『조당집祖堂集』에 전하는 기사를 들어 현욱은 정원貞元 3년 (신라 원성왕元聖王 3년(787))에 태어나 구족계具足戒를 받은 것은 원화元和 3년(808) 현욱 22세 때이다. 또 장경長慶 4년(신라 헌강왕 16년(824))에 입당하여 13년간 당나라唐土에서 수학을 하고 신라 희강왕 2년(837)에 귀국하여 민애왕 이하 5조의 존숭을 받았으며 경문왕의 명으로 고달사에 거居하다가 함통咸通 9년(868) 11월에 향년 82세, 승랍 60에 입적하였다.

신라 경명왕 8년에 건립한 경남 창원의 봉림사 진경대사보월능공탑비鳳林寺眞鏡大師寶月凌空塔碑의 비문 중에 대중大中 9년 12월에 탄생한 진경대사는 9세 때 혜목산에 주住한 원감대사를 만났는데 이때가 신라 경문왕 3년(863)으로 원감의 나이 77세에 해당된다. 또 신라 헌강왕 12년(882)에 건립한 것으로 추정되는 강원도 양양의 사림사 홍각선사탑비沙林寺弘覺禪師塔碑의 비문 중에 "감대사자화귀국거우혜목산鑒大師自華歸國居于慧目山"을 들어 비록 단비斷碑로 인해 감鑒자字 앞이 떨어져 나갔지만 '감대사鑒大師'는 원감대사圓鑒大師로 추정되는바, 진경대사眞鏡大師의 비명碑銘과 홍각선사비弘覺禪師碑의 연대를 고구攷究하면 모순矛盾이 생기지 않는다. 그리고 신라 명승 가운데 시호諡號에 감鑒자가 들어가는 것은 진감선사眞鑒禪師와 철감선사澈鑒禪師가 있으나 대사大師와 선사禪師는 승계僧階가 상이相異하다. 이러한 이유를 들어 이곳에 원감圓鑒의 입적 후 원감의 비와 탑이 건립되었을 것이며 이 일명비逸名碑의 귀부를 원감의 것으로 추정하고 있다.

고달사지 쌍사자석등(보물 제282호)은 전형적인 양식에서 벗어난 이형적인 석등으로 현재 국내에서는 유일한 형태의 쌍사자석등으로 매우 독창적인 아름다움을 간직하고 있다.

고달사 터에 도괴되어 있던 것을 부락민이 수습하여 보관하였는데 1916년 이마니시 류今西龍의 조사시에는 이 부락에 거주하는 종2품 이 모씨의 집에 석등롱石燈籠, 격석隔石, 보주寶珠 등의 잔석이 있었던 것으로 기록하고 있다.[47]

해방 이후 이 씨가 죽자 1957년 그의 아들이 서울 종로에 있는

고달사지 쌍사자석등
(보물 제282호)

동원예식장 주인에게 3만 팔천원에 팔았다. 국가에서는 이 석등이 원지를 이탈하여 개인의 손에 넘어간 사실도 모르고 1958년에 국보 제430호에 지정하기도 하였다.[48] 후에 국가에서 이를 거두어 1959년에 경복궁으로 이전하였다가 용산 국립중앙박물관의 개관과 함께 용산 국립중앙박물관 홀로 옮겨 현재 전시하고 있다.

  2006년 6월에 고달사지를 전면적으로 발굴할 때 쌍사자석등이 있던 지대석과 옥개석을 찾아내어 현재의 모습으로 갖추게 되었다.

47) 『大正5年度古蹟調査報告』, p.227.
48) 조선일보, 1958년 1월 30일자.

봉인사奉印寺 부도탑(보물 928)

봉인사는 경기도 양주군 진건면 송릉리 천마산 서쪽에 자리하고 있다. 창건 시기는 미상인데 1619년(광해군 11)에 중국에서 석가법인釋迦法印, 불사리佛舍利가 들어와 왕명으로 다음해 예관을 시켜 봉인사로 보내어서 사리탑을 세워 봉안奉安케하고 당을 지어 부도암浮圖庵이라 했다. 1757년 풍암 취우대사가 사리탑과 당을 중수하였다. 그후 1887년(고종 24) 위국치성爲國致誠의 뜻으로 대궐로부터 향촉을 하사 받아 밤샘 치성을 드리다가 향촉이 넘어지면서 화재가 발생하여 대웅전, 응진전, 시왕전이 전소되었다. 1907~1910년에는 이천응李天應이란 자가 사우를 헐어 판매하고 그 재목은 지금의 홍유릉洪裕陵 건물을 짓는데 사용하였다.[49] 이후 부분적으로 재건을 하였으나 그 규모는 완전히 위축되었다.

이곳에 보존되어 오던 사리탑과 사리장치는 일제기에 불순한 자들에 의해 사지로부터 일본인에게 매도되어 일본으로 반출되어 오

봉인사부도탑

49) 임병규, 『남양주의 사찰』, 남양주문화원, 2000.
『경기도 불적자료집』, 경기도박물관, 1999.

사카미술관에 진열되어 있었다.

1958년 6월에 오사카大阪미술관 전정前庭에서 이 부도탑을 발견한 황수영 박사가 『고고미술考古美術』 2-10(1961년 10월)에 이 부도탑을 소개한 바 있다. 당시 황 박사는 이 사리탑의 반출 시기와 그 경위를 밝히기 위해 노력 하였으나 정확한 확증을 얻을 수 없었으며 단지 일제시 한국에서 활약하던 변호사 일인 모가 전전戰前에 오사카大阪미술관에 기탁한 후 그때까지 아무런 연락이 없어 무주물無主物과 같이 되었다고 한다. 그 후에도 황 박사는 관리당국자에게 문의한 바도 있었으나 회보回報를 받지 못하고 사진과 비문만을 소개하였다.

이 사리탑의 반출 경위는 사리탑이 한국에 반환되면서 소장자에 의해 그 대략이 밝혀졌다.

이 사리탑은 1911년 봉인사 감수인監守人 이환송李煥松이라는 자가 사리탑, 고문을 조각한 비, 범종을 조자권趙資權이라는 자에게 팔았다. 조자권이라는 자는 이것을 다시 일본인 고물상에게 팔았고 일본인 고물상은 다시 위 3점 중 사리탑과 비는 1911년 8월에 일본인 이와타 센스岩田仙宗에게 양도하고 범종은 1917년 여름에 경성(서울)에서 일본인 타카기高木 모에게 양도하였다.

이 일은 당국에서 탐지하여 봉인사 감수인 이환속은 무허가로 매각한 죄50)로 1911년 10월 9일 경성지방법원에서 징역 10개월의 형을 받아 복역을 하였다. 그러나 당국에서는 이것을 사들인 일본인 고물상이나 이와타 센스岩田仙宗에게는 아무런 처벌도 가하지 않았으며 유물 3점에 대해서는 환송조치還送措置를 취하지 아니하였다.

타카기高木 모라는 자는 1917년에 봉인사 범종을 일본으로 반출하려고 세관에 출원出願을 하였는데 처음에는 허가를 하지 않다가

---

50) 日帝는 寺刹令이 發布되기 前에 1911년 2月 14日字로 각도 장관에게 '寺刹寶物目錄牒'을 작성하여 보고하도록 명했으며, 1911년 6월 3일에는 '사찰령'이 발포되어 사찰령 제5조, 제6조에 사찰에 속하는 귀중품을 조선총독부의 허가 없이 처분을 하였을 경우 2년 이하의 징역이나 500원 이상의 벌금에 처하도록 되어 있다.

나중에는 이환송이 무허가로 매각한 죄로 이미 징역형에 처해졌음이 재판소의 증명에 의해 사건이 마무리 된 것으로 하여,「고적급유물보존규칙古蹟及遺物保存規則」이 발포된 이후임에도 불구하고 유유히 반출되고 말았다.

이와타 센스岩田仙宗가 사리탑과 비를 사들인 후 얼마 되지 않아 사원 경내에 있는 불상, 탑, 석등 등의 매매를 금지한다는 취지가 총독부로부터 발해졌다. 이어서 1916년 7월 4일 조선총독부령 제52호로「고적급유물보존규칙」이 제정 발포發布되어 소정의 유물을 소유한 자는「고적급유물보존규칙」제2조에 의해 고적 및 유물 중에 보존의 가치가 있는 것은 고적 및 유물대장에 등록하도록 되어 있으며, 제3조에 의해 해당지역 경찰서장 등에게 신고해야 하고 이를 이행치 않으면 제8조에 의해 처벌을 받도록 되어 있다. 또한 허가를 받지 않고는 국외로 반출할 수가 없었다. 그런데 이와타 센스岩田仙宗는 당시에 외국에 유학중이었고 집을 관리하는 자는 이를 신고하지 않아 고물보존대장古物保存臺帳에 기재되지 않았다. 이와타岩田도 1917년에 유학을 마치고 한국에 돌아왔으나 그는 신고를 하지 않고 그대로 두었다.

1919년에는 조선식산은행 미시마三島 총재로부터 이 사리탑 등을 양수讓受하겠다는 신청이 있었지만 이와타岩田은 1만원을 주장하고 미시마三島는 8천원을 주장하여 매매가 이루어지지 않았다.

1919년 봄에 이와타岩田는 일본으로 떠나면서 사리탑 반출의 허가를 받기 어렵다는 것을 알고 경성 본원사 경내에 맡겨 두었다. 그후 한국에서 무슨 이유에서인지 일본으로 반출하는데 있어서 허가를 필요하지 않게 됨으로써 1927년에 마침내 일본으로 반출을 하였다.[51]

이와타 센스岩田仙宗란 자의 경력을 살펴보면, 1899년 일본법률학교를 졸업하고 1901년부터 지방판사직을 역임한 후 1906년에

---

51) 이상 반출 경위는 李浩官,「奉印寺 舍利塔」,『三佛 金元龍敎授 停年退任 記念論叢』, 一志社, 1987에 收錄한, 所有者 일본인 岩田仙宗, 代理人 岩田幸子가 提出한 '舍利塔에 관한 搬出經緯'를 參考하였다.

한국에 건너와 변호사 개업을 하였다. 1911년에는 경성거류민단 의원, 1913년에는 경성변호사회장을 역임했다. 1914년에는 상법 연구를 목적으로 독일에 유학하여 1917년 1월에 한국에 돌아와 다시 변호사 생활을 하다가[52] 1919년에 일본으로 돌아갔다.

부도탑과 사리장엄구 6점은 일본으로 반출된 후 오사카大阪시립 미술관에 전시되어 오다가 1987년 이와타 센스岩田仙宗의 대리인 이와타 미사코岩田幸子에 의해 자발적인 기증반환으로 경복궁에 복원되었다.

당시 박물관신문(제186호)에 다음과 같은 기사가 있다.

지난 60년 동안 일본에 반출되어 있던 조선시대 사리탑이 2월 6일 박물관에 돌아왔다. 이 사리탑은 일본인 소유자 이와타 센스岩田仙宗가 본인의 생존시 한국에 무상으로 기증할 뜻을 밝혀 그 동안 주 오사카 총영사관과 반환 교섭 끝에 이번에 한국으로 돌아오게 된 것이다. 이번에 반환된 조선시대 사리탑은 1620년 광해군 때 제작된 후 1759년 중수되어 남양주 봉인사 부도암에 세워졌다. 60년전 일본인에게 넘어가 그동안 오사카시립미술관 정원에 보존되어 왔었다. 돌아온 사리탑은 8각원당형으로 탑신을 받치고 있는 대석은 하대, 중대, 상대의 3부분으로 구성되어 있으며 하대석에는 연꽃, 중대석에는 구름무늬, 상대석에는 연꽃과 당초문이 조각되었다.

탑신은 원형으로 구름 속을 날고 있는 용이 조각되었고 지붕돌 위에는 보주를 얹고 있으며 조선왕실이 당대 최고의 조각가를 동원하여 만든 것으로 경기도 남양주 회암사에 있는 무학대사부도와 견주어도 조금도 뒤떨어지지 않는 작품인 것으로 밝혀졌다. 앞으로 이 사리탑은 원래 모습으로 복원되어 국립중앙박물관 뜰에 세워질 계획이다.

그 동안 소유하고 있던 이와타 미사코岩田幸子의 자진반환으로

---

52) 參考 : 朝鮮公論社 編纂,『在朝鮮內地人紳士名鑑』, 朝鮮公論社, 1917, pp. 22~23.
川端源太郎,『朝鮮在住內地人 實業家人名士辭』, 朝鮮實業新聞社, 1913, pp. 17~18.

사리탑은 현재 경복궁 뜰에 보존되어 있으며, 함께 일괄 기증된 사리함은 현재 국립중앙박물관 전시실에 전시되어 있다. 불사리佛舍利는 옛터에 재건된 봉인사의 모형사리탑 속에 안치되어 있다.

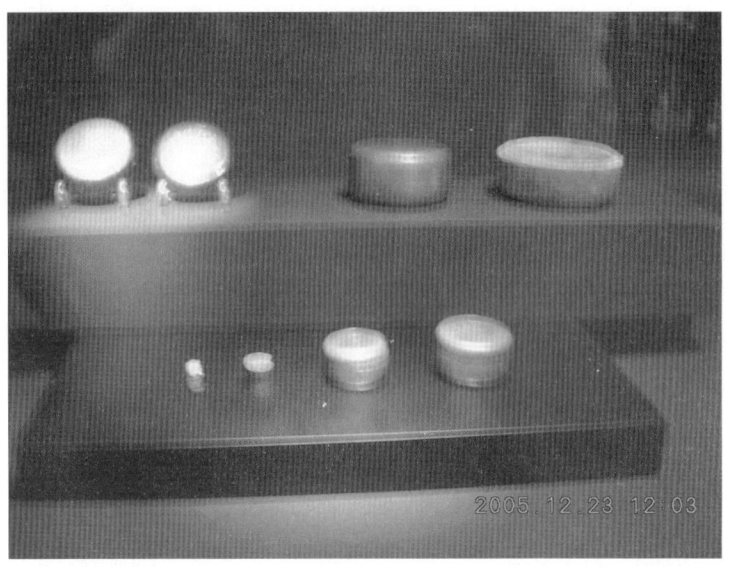

봉인사부도 사리구

하남시 춘궁리春宮里 동사桐寺 5층석탑(보물 제12호), 3층석탑(보물 제13호)

　사지가 있는 이곳 춘궁리春宮里는 원래 경기도 광주군廣州郡에 속하던 곳으로, 『신증동국여지승람』 제6권 광주목廣州牧 건치연혁建治沿革조에, "본래 백제 남한산성이다. 시조 온조왕 13년에 위례성으로부터 이곳에 도읍을 옮겼고, …… 신라가 그 땅을 점차 거두어 남한성南漢城을 고쳐 한산주漢山州라 하고, 또 남한산주南漢山州라고도 불렀다. 경덕왕 15년에는 한주漢州라 고쳤고, 고려 태조 23년에 지금의 이름廣州으로 고쳤다" 한다. 지금의 동명洞名은 1914년에 일제에 의해 대대적인 행정구획정리行政區劃整理를 할 때 궁촌리宮村里와 춘장리春長里를 합병合倂하여 춘궁리春宮里라 개명했다.53) 이곳은 일찍부터 옛 궁터로 추정되어 왔던 곳으로54) 오늘날

동사오층서탑과 삼층서탑의 전경

---

53) 朝鮮總督府 京畿道 告示 第10號(1915. 3. 9).
54) 今西龍은 「廣州郡調査報告書」, 『大正5年度古蹟調査報告』, 朝鮮總督府, 1917, p.71에서,
　『南漢誌』에, "溫祚舊宮本在廣州古邑謂之宮村居民業種甘瓜 云云"을 들어 혹 일찍이 宮址로 전해져 '宮村'이란 洞名이 생긴 것이 아닌가 추정하고 있다.

에도 옛 와편이 발견되곤 한다. 현재는 행정구역상 하남시 춘궁동
으로 되어 있다.

사지는 이성산二聖山 남방 고골저수지 인근 야산金岩山 기슭에
자리하고 있다. 동부면 교산리로부터 서부면 춘궁리에 뻗친 일대
는 백제시대 구지舊址로서 1935년에는 이곳 춘궁리에서 백제시대
의 고와 등이 발견된 바 있어[55] 이 절터에 관한 규모나 연혁은 밝
혀진 것이 없으나 백제시대의 사지로 추정[56]되고 있다. 1983년 단

鮎貝房之進은 「百濟古都案內記」(『朝鮮』 通卷234, 朝鮮總督府, 1934年 11月, p.11)에서,
春宮村의 밭고랑 사이에 많은 瓦片이 散在해 있고 또한 그 里名에서 '春宮' 즉 太子의 別宮 所在地로 推定하고 있다.
文明大는 「廣州地域 寺址發掘의 成果와 意義」(『佛敎美術』 10, 1991年 3月, 東國大學校 博物館)에서, 이 寺刹과 洞名에 대해서 후삼국시대 및 고려초의 광주지역의 大豪族이었던 王規와 깊은 관련이 있을 것으로 추정하고 있다. 특히 洞名에 대해서는, 왕규의 두 딸은 太祖의 부인이었는데 '廣州院夫人'(15부인), '小廣州院夫人'(16부인)이며, 제2대 惠宗의 부인 '後廣州院夫人' 역시 그의 딸이다. 소광주원부인의 소생인 왕자 廣州院君은 혜종의 왕위 계승자로 부각될 정도로 세력이 강성했으니 그 세력은 광주지역을 중심으로 형성된 것으로, 왕규는 혜종2년에 王位繼承戰의 실패로 완전히 沒落하고 말았으나, 왕자인 廣州院君이 太子로 冊封되었을 가능성도 있으며, 태자로 책봉되지 않았다 할지라도 광주원군의 근거지를 格上하여 태자의 궁인 春宮을 本으로 삼아 春宮里라 했을 가능성이 높다고 보고 있다. 또한 이 때는 왕자의 궁을 태자의 궁인 춘궁으로 격상했거나 실제로 태자로 책봉되어 여기에다 춘궁을 지었거나 근거지 자체를 춘궁리라 명명했을 수도 있을 것이라고 추정하고 있다.
'春宮里'라는 것은 本文에서와 같이 1914년 일제의 행정구획정리의 결과로 개명된 동명이며, 그 전의 동명이었던 宮村里와 春長里가 혹시 '春宮'에서 분리되어 불리어 온 것이라는 단서가 나타나면 더욱 확실할 것으로 보인다.

55) 朝鮮中央日報, 1935年 9月 1日字.
鮎貝房之進은 이곳 사지 아래 밭고랑 사이에 散布한 瓦片을 수 시간 搜索한 결과 有紋의 瓦片을 拾得하였는데 夫餘에서 발견된 古瓦와 같은 것은 물론이고 그중 하나는 滿洲 輯安縣에서 발견된 古瓦와 一脈相通한 것도 있었다고 한다.
東亞日報 1935年 9月 1日字에는 다음과 같은 기사가 있다.
광주군 동부면 교산리로부터 서부면 춘궁리 일대에는 백제시대의 宮址가 있는 곳으로 백제시대의 유물이 있는 줄로 믿어 오던바 이즈음 그 산속에서 1천 수백 년이나 되는 佛體 2개와 고분 6개를 발견하였는데 이 부근은 古瓦가 산재하여 있으며 이것은 부근 일대의 백제유물의 발견으로서는 처음인 만큼 고고학상으로 중요한 보물이라 한다.

56) 1983년도의 발굴조사에서 제2사지 즉 金堂址가 있는 제1사지에서 저수지까지 사원이 연속적으로 이어져 있었던 것으로 보이는데 고골 저수지에서 고속도로가 지나는 부지에서 건물지가 나타나 확실한 사지로 추정되었으며, 이 건물지에서는 제1사지에서 출토되지 않은 古式기와가 출토되어 백제시대의 古寺址일 가능성이 높은 것으로 추정되었다.

동아일보
1935년 9월 1일자

국대학교 박물관에서 춘궁리를 중심으로 한 일대의 조사에서 통일신라시대의 복엽연화문複葉蓮花紋 수막새와 유사한 양식과 수법의 기와편과 명문이 있는 기와편이 발견되었다. 명문와銘文瓦는 「동사桐寺」, 「신유광주동사辛酉廣州桐寺」 2종으로, 「신유광주동사辛酉廣州桐寺」의 명문와는 '광주廣州'라는 지역명이 나오는 것으로 보아 고려 태조 23년 이후의 것으로 볼 수 있으며, '신유辛酉'에 대해 정영호 교수는 고려 광종光宗 12년(961)으로 추정하고 있다. 또 「동사桐寺」의 명문와는 「신유광주동사辛酉廣州桐寺」의 명문와 보다 이른 시기의 기와로 추정되고 있어, 사명이 처음부터 '동사桐寺'로 불리어졌는지는 알 수 없으나 최소한 961년에 창건 내지는 중건이 되면서부터는 사명이 '동사'였음을 말해주고 있다. 또 당시 조사에서 순청사, 상삼청사편과 백사섭시 및 백사사말 등이 발견되어 조선시대 후기까지는 이 사찰이 이어왔음을 추정케 하였다.[57]

文明大, 「廣州地域 寺址發掘의 成果와 意義」, 『佛教美術』10, 東國大博物館, 1991年 3月 參照.
57) 鄭永鎬, 「廣州 春宮里 寺址 一考」, 『藍史鄭在學博士 古稀記念 東洋學論叢』, 高麗苑, 1984.
文明大, 「廣州地域 寺址發掘의 成果와 意義」, 『佛教美術』10, 東國大博物館,

현재 이곳에는 2기의 석탑과 거대한 규모의 금당지 및 수림 사이 곳곳에 초석이 산재해 있으며 새로 지은 대원사라는 절이 들어서 있다.

2기의 석탑은 금당지를 중심으로 형태와 크기가 서로 다른 3층 석탑과 5층석탑이 나란히 쌍탑형식을 하고 있다. 이 양 탑은 1916년 이마니시 류今西龍가 '대정 5년도 고적조사사업'의 일환으로 이 일대를 조사하였다. 이성산성을 조사하고 두 기의 석탑까지 조사하고자 하였으나 날이 저물고 비가 와서 이성산성에서 바라보기만 했을 뿐 직접적인 조사를 하지 못하고 군청조사서만 보았다고 한다. 이마니시가 살펴 본 군청조사서에는, "갑칠층고이십삼척甲七層 高二十三尺, 을사층고십삼척사촌乙四層高十三尺四寸"이라 하여 실제와는 상당히 다르게 기록하고 있다.58)

이마니시가 보았다는 군청조사서가 언제 편찬한 것인지 확인할 수는 없으나, 일반적으로 조선시대에 편찬한 읍지 등에는 사지를 기록할 때 탑의 높이까지 상세하게 기술하는 예가 거의 없다. 1911년 11월에 정무총감이 각도 장관 군수 등에게 지방폐사에 버려진

1917년의 모습
(『大正6年度古蹟調査報告書』)

1991年 3月.
58) 今西龍, 「京畿道廣州郡 調査報告書」, 『大正5年度 古蹟調査報告』, p.93.

석탑 등을 조사 감시하라는 통첩(조선총독부 관보 1911년 11월 29일자)이나, 1911년 이래 금석문 수집으로 각지의 석조물을 조사한 예, 그리고 이마니시가 군에서 보관하고 있는 조사서를 살피면서 군 참사參事의 말에 "지방 조선인들은 고적유물에 대해 알고 있는 것이 적어 조사상 불편한 감이 많다" 하는 점으로 보아 일제 초에 군에서 전문가가 아닌 일반인에 의해 급히 제작한 조사서로 추정된다.

이후 1917년에 다니이 세이치谷井濟一에 의해 현지의 조사가 이루어졌는데, "춘궁리석조5층석탑, 춘궁리3층석탑은 함께 서부면 춘궁리탑으로 산곡山谷에 있다. 전자는 고 25척 초층탑신폭 5척4촌의 신라통일시대 대작으로 칭, 후자 고 12척 초층탑신폭 3척4촌 역시 나대의 유물이다"59)라고 하여 실측을 한 것으로 보인다.

다니이 세이치谷井濟一는 여기에서 양 탑의 건립 연대를 나대 내지는 통일신라대로 추정하고 있으나 이는 외형을 관찰하고 추정한 결과이며, 오늘날 탑을 해체 수리하는 과정에서 탑 내에서 출토된 유물로 보아 고려 때 건립된 것으로 보는 것이 타당하다.

1916·7년경에 조선총독부 식산국 산림과에서 조사한 기록을 보면 "초석급고와산재礎石及古瓦散在, 탑 2기가 있음, 일기고약사간오중정부결실처처파손一基高約四間五重頂部缺失處處破損, 일기고약이간반이중현재처처파손一基高約二間半二重現在處處破損"이라 기록하고 있으며, 비고란에는 "을종요존예정임야탑사유전내재乙種要存豫定林野塔私有田內在"이라 하여 당시 사정으로 보아 이미 사유화로 취급되고 있음을 짐작할 수 있다.60)

1924년에 이 2기의 탑은 1924년에 『고적급유물등록대장초록』에 등록번호 제9호(5층탑), 제10호(3층탑)로 등록되였나. 5층석탑의 현황에 대해서는 "노반 이상을 실하고 기단은 궤손潰損된 개소가 있다"라고 하고, 3층석탑에 대해서는 "제2층을 실하고 제1층 급

---

59) 谷井濟一, 「京畿道廣州 古蹟調査報告」, 『大正6年度古蹟調査報告書』, 朝鮮總督府, p.604.
60) 『朝鮮寶物古蹟調査資料』, 朝鮮總督府, 1942.

제3층이 존存한다"라고 하고 있어[61] 3층석탑은 이미 1차 손상이 있었던 것으로 보인다.

1933년 8월에 총독부에서 제령 제5호로 '조선보물명승천연기념물보존령'을 정하고 12월에 바로 시행에 들어가자, 2기의 탑은 다시 재등록 되어 1934년에 총독부에서 보물 제20호(5층석탑), 보물 제21호(3층석탑)로 지정하였다.[62] 그럼에도 불구하고 1936년에 이 석탑을 외지로 반출하려는 시도가 있었다.

원래 이 석탑이 서 있는 경작지를 소유하고 있던 사람은 이재극이었다. 1909년에 당시 서울에 거주하고 있던 카사이 긴야笠井金彌라는 일본인이 이재극(조선귀족으로 자작이라고 기록하고 있다)으로부터 이 양 탑을 양도받아 서울로 옮기고자 1912년 12월에 광주 헌병분견소장에게 운반 허용에 대한 증명까지 받았다. 그러나 1911년 11월에 정무총감이 각 도 장관, 부윤, 군수에게 통첩한 '고비, 석탑, 석불, 기타 석재에 조각한 건설물 보존을 위한 취체에 관한 건'(관통첩 제359호. 폐사지 등에 있는 석조물 등을 타지로 이전하지 못하도록 방지하라는 내용)에 의해 저지를 받아 결국 실패로 끝나고 석탑은 그대로 사지에 남아 있었다.

그런데 동경으로 귀국을 하였던 카사이 긴야笠井金彌는 1936년 9월에 재차 석탑을 반출하려고 조선총독부 사회과에 청원을 하였으나 실패로 돌아갔다. 1939년에 또 다시 재반출 청원을 하는데 이번에는 일본의 재무국장을 내세워 일본으로 반출하고자 하였다.[63]

---

[61] 『古蹟及遺物登錄臺帳抄錄』, 朝鮮總督府, 1924, pp.21~22.
[62] 『朝鮮 寶物古蹟名勝天然記念物 要覽』, 朝鮮總督府 社會教育課, 1937.
[63] 金禧庚, 「韓國塔婆硏究資料」, 『考古美術資料』 第20輯, 考古美術同人會, 1969, pp.62~72.
1939년 3월 27日字로 水田財務局長이 조선총독부사회과장에게 보낸 '고대석탑에 관한 건'은 다음과 같다.
"首題의 件에 관하여 소유자인 笠井金彌氏의 의뢰에 의하여 星島二郞代議士로부터 寺田政務次官을 介하여 이의 取調를 依囑한 바 있어서 御多用中 죄송하오나 左記사항을 特急 御調査하셔서 回報하여 주시옵기를 관계서류(笠井氏의 請願書 1통, 사진 2매 및 참고서 2매)를 첨부하여 이에 御依賴 하옵니다.
追而. 小官 4월 7일경 경성을 떠날 예정이오니 만약 그때까지 회답이 곤란할 경우는 미리 어통지하여 주시기를 바라며 관계서류는 회답시에 돌려 주기를 첨언함.
一. 當該 석탑은 청원서류에 의하면 笠井氏의 소유물로 인정되는바 국유로 된

3층석탑 1층탑신에 묵서한 모습
(『국보도록』 제5집, 1961)

그러나 1917년 3월에 '고적급유물보존규칙'에 의하여 국유로 등록되고 1934년 9월 8일에 국유 보물로 지정되었기에 국외반출이 허락되지 않았다.

해체 수리하기 전의 5층탑 기단부 (『문화재대관』, 1968)

경위
二. 만약에 어떤 착오로 인하여 국유로 귀하였다면 본인에게 반환의 방법이 없을까?
(그런데 本人은 日本으로 가져오고 싶은 意向임)"

해체 수리하기 전의 3층탑 기단부 (『문화재대관』, 1968)

1916년경의 조사에서는 탑의 상태에서 도괴의 사실이 없는데 1934년의 아유카이 후사노신鮎貝房之進의 조사에서 "2기의 석탑이 반도괴되어 있다"[64] 하는 것을 보면 이는 내부의 보물을 훔치기 위한 불법자들의 소행이 있었던 것으로 보인다.

1965년, 1966년에 이 양 탑을 해체 보수하였는데 양 탑 기단부가 모두 파괴되었으며 이때 3층탑의 하층기단 중앙부 토중土中에서 납석제소탑蠟石製小塔 29기가 발견되었다. 기단 부재가 일부 탈락되어 있으므로 원래의 수는 아닐 것이다. 5층석탑의 사리공은 4층 옥개석 내면의 중앙부에 사리공이 있었으나 사리공에는 아무것도 없었다.[65] 일제강점기를 거치는 동안 도굴의 화를 입어 내부의 유물을 도실 당한 것이다.

---

64) 鮎貝房之進, 「百濟古都案內記」, 『朝鮮』 通卷234, 朝鮮總督府, 1934年 11月, p.11.
65) 金禧庚, 「춘궁리 양탑의 발견 유물과 보수 개요」, 『고고미술』 7-3.
　　고고미술 뉴스, 1966년 3월, 『고고미술』 7-1.

이천利川 읍내면 5층석탑

경기도 이천 읍내면의 5층석탑의 반출은 조선총독부에서 일본 도쿄 오쿠라집고관大倉集古館에 양도한 건으로, 오쿠라집고관大倉集古館은 한국에서 반출해 간 막대한 고려자기 등을 진열하고 있었으며 또한 경복궁 안의 자선당을 이건하고 평안남도 대동군 율리면에 있던 8각석탑까지 반출하여 정원에 이건하였다.

이후에도 계속하여 또 다른 1기의 석탑을 반출하고자 한국의 석

폐율리사8각석탑
(『朝鮮古蹟圖譜 6』 도판 2948에 의하면, 원래 평안남도 대동군 율리면에 있었던 것인데, 동경 오쿠라미술관으로 반출하였다.)

탑을 물색하던 중 평양 정차장 앞의 7층석탑66)에 눈독을 드려 이를 양수하고자 하였다.

1918년에 오쿠라집고관大倉集古館의 이사 사카와 요시로阪谷芳郎는 평양정차장 앞의 7층석탑에 대해 양도해줄 것을 희망하는 문서를 총독부에 보내왔다. 이에 대해 1918년 10월 3일자 '고적조사위원회 의안'의 '석탑 양도의 건'을 보면,

> 평양정차장 앞의 석탑은 1906년 정차장 설치시부터 지금 장소에 있어서 세인世人의 숙지熟知함이 되었으므로 이를 타에 옮김은 적당하지 못하다.

고 하며 평양 정차장 앞의 7층석탑은 이미 많은 사람들이 알고 있기 때문에 반출시 한국인의 반감을 우려하여 이를 허락하지 않았다. 그러나 일본의 거물 오쿠라의 부탁을 외면할 수 없어 대신에 많은 사람들에게 알려져 있지 않은 다른 석탑을 주기로 결정했다. 이에 시정5주년기념공진회 때 이천에서 총독부 박물관으로 옮겨 온 5층석탑을 지목하여 오쿠라집고관에서 양수해 갈 것을 추천하였다.67)

1916년 이마니시류今西龍 일행이 이천읍 부근 석탑을 조사한 기록68)을 보면, 이천읍 부근 석탑 소재지를 다음과 같이 기록하고 있다.

---

66) 關野貞의 『朝鮮美術史』에서, "平壤六角七重石塔은 평양대동공원내에 있는 육각 칠층석탑으로 元廣寺라 칭하는 寺의 廢址에 있던 것을 보존하기 위하여 지난 해 정거장 앞에 옮겨 놓았다가 그 후에 다시 지금의 곳에 옮겨 놓았다"고 기록하고 있다.
齋藤岩藏, 「平南の名所舊蹟を訪ねて」, 『朝鮮』, 朝鮮總督府, 1930年 9月, p.89에, "明治 39年에 평양정차장 부근으로 옮겼다가 大正 15年(1926)에 다시 練光亭의 공원 내로 옮겨 지금에 이르고 있다"라고 하고 있다.
그리고 關野貞, 『朝鮮의 建築과 藝術』(岩波書店, 1942, p.566) 에서는 [編者註]에 "현재는 평양박물관 내에 있다"라고 하고 있다.
67) 金禧庚 編, 「韓國 塔婆硏究資料」, 『考古美術資料』 第20輯, 考古美術同人會, p.275.
68) 今西龍, 『大正 5年度 古蹟調査報告』, pp.104~105.

(1) 읍내 향교밭 2기 (그 중 1기는 총독부 박물관으로 이건)[69]
(2) 읍내면 안흥리 안흥사지 1기 (총독부 박물관으로 이건)[70]
(3) 읍내면 진리 1기
(4) 읍내면 관고리 1기
(5) 읍내면 송정리 1기

이 중에서 총독부 박물관으로 옮긴 것은 읍내 향교 가까이에 있던 5층탑 1기와 안흥사지석탑 1기를 기록하고 있는데 이는 시정5주년기념공진회에 전시하기 위해 옮겼던 것이다. 당시 향교 근처에서 와편 등이 출토된 것을 보면 이 일대가 사지임에 틀림없는데,

오구라컬렉션으로 이건된 이천 향교앞석탑 (권희경, 『탑자료』)

[69] 수서(水西)의 기록에는 옮긴 탑지를 시굴한 결과 수개의 瓦片을 발견하였는데 그 와편에는 화재를 당한 흔적이 있었다.
[70] 안흥사지에는 수서(水西)의 조사 당시 당간지주석이 畑中에 있었으며, 탑은 총독부로 옮겼으나 석탑지에서 瓦片, 塼 등을 발견했다.

이곳에서 박물관으로 이건하였던 이천향교 부근의 5층석탑을 반출 허가하였던 것이다.

형식적으로는 '고적조사위원회 의안'을 거친 것으로 하고 있으나 이는 (억지)절차를 거쳤다는 이유로 민족 문화재를 일본으로 강탈해 간 것이다. 결국 합방이 되면서 한국의 문화재는 곧 일본의 것으로 하고 그들 마음대로 처분하였던 것이다.

오쿠라 키하치로大倉喜八郎는 일본 굴지의 실업가로서 명치유신을 전후해 총포점을 운영하여 막대한 부를 축적했으며, 러일전쟁 즈음에는 이미 한국에 농장을 운영하고 토목, 광업, 은행 등에 손을 뻗친 일본 경제계의 거물이다. 서울에는 선린상업학교를 설립하기도 했다. 그는 일찍부터 고미술에 관심이 많아 60여 년간 동서양의 고고미술품을 수집해 오던 중 1917년 8월 문부성의 허가를 받아 재단법인 오쿠라집고관을 설립하여 1918년 5월 1일에 개관을 하였다. 하지만 1923년 관동대지진으로 자선당을 비롯한 진열관은 모두 소실되고 불에 타지 않는 석조물들만 남았었다.

해방 이후 정부는 대일현물배상의 요구로 1차목록을 1949년 3월에 맥아더 사령부에 제출하였는데 이 속에는 '동경 오쿠라집고관 소장 5층공양탑'이라 하여 반환목록에 포함시켰다. 국내의 여론은 배상의 성질이 아니고 부정한 수단에 의하여 강탈당한 우리 재산에 대한 반환 요구인 만큼 배상문제와 분리시켜 시급히 찾아와야 한다는 것이었다. 당시 외무장관은 "이것들은 배상문제와 분리시켜 시급히 찾아오도록 조처하고 있는데 그 시기에 대해서는 예언할 수 없으나 반드시 찾아 오겠다"고 하였다. 또한 문교당국에서도 "간악한 일본인들이 어느 정도 에누리해 나올른지 모를 일이고 무엇보다도 양산부부총이나 신라5층석탑을 비롯한 100여 점의 극히 귀중한 물건들은 비법적으로 건너간 것들이기 때문에 그것들은 우리 문화인들이 일본에 가서 쉽게 찾아올 자신이 있다"했으나 반환할 의사가 전혀 없는 그들에게는 백방의 노력도 허사였다.

현화사지 玄化寺址 7층석탑

현화사지는 경기도 개풍군 현화리에 소재한다. 고려 제8대 현종이 그의 고부考父를 추존追尊하고 안종安宗과 헌정왕후의 명복을 빌기 위해 현종 11년(1020)에 창건한 사찰로 왕이 신하들과 함께 종을 치고 현화사의 승 법경法鏡을 왕사로 삼았다.[71]

현화사지칠층석탑
(『조선고적도보』에 의함)

---

71) 『高麗史』 世家 顯宗 11年(1020) 9月 條, 10月 條 參照.

현화사가 언제부터 폐사가 된 것인지는 명확하지 않지만 이중환 李重煥(1690~1756)의 『택리지擇里志』에는 "즉 현화사의 옛터인데 이제는 비와 탑만이 남아 있다" 하여 일찍부터 사찰이 폐허가 되었음을 밝히고 있다.

사지에는 비[72]와 7층석탑이 유존해 있는데, 현화사비의 음기陰記에 의하면 비를 세우기 전년 10월에 현종의 선비先妣 향리에서 진신사리가 출현하였고, 또 선고先考의 산릉山陵 근처에서 영아靈牙가 출현하여 이 사에 칠층석탑을 만들고 이것을 안치하였다.[73]

이 탑은 고려 석탑 중에서 백미를 이룬 것으로 유명한데, 칠층석탑의 상태에 대한 1912년경 세키노關野의 기록에는 파손에 대한 언급이 없다.

> 현화사는 개성의 동 약 3리 산성 남문 외에 있다. 금 사는 이미 폐하였고 오직 칠층석탑, 현화사비, 당간지주가 존한다. 비는 현종 12년에 세운 것으로 탑 역시 그 전후에 이루어진 것이다.[74]

또 『조선고적도보 제6책』에 게재되어 있는 도판(도판번호 2924)에도 상륜부까지 완전한 상태로 남아 있으며 현화사비(도판번호 3056~3058)도 온전한 상태로 잡초더미에 쌓여 있으며 뒤쪽으로 초가집이 보이고 있다.

1926년 이곳을 답사踏査한 가와구치 우키츠川口卯橘란 사람의 기록을 보면,

> 현화사는 부락 10호 정도의 현화동에 있다. 사의 구역은 매우 광대하여 수정에 이르며 와편과 석원石垣이 산재하고 본당의 유적, 대석비, 대석탑, 당간지주, 석단, 문지, 석교 등이 남아 있다. 대석비는 비신고

---

72) 『高麗史』 世家 顯宗 12年(1021) 8月 條에,
  "乙未에 王은 玄化寺에 행차하여 親히 碑額을 썼다. 이는 일찍 翰林學士 朱佇가 碑를 짓고 參知政事 蔡忠順이 碑陰을 짓고 並書한 것이다."
73) 葛城末治, 『朝鮮金石攷』, 大阪屋號書店, 1935, p.135.
74) 關野貞, 『朝鮮の建築と藝術』, p.561.

약 8척 폭 4척5촌 후 8촌으로 「영취산대현화사지비명靈鷲山大玄化寺之碑銘」이라 제題하였다. 금今은 총독부에서 간단하게 목책木柵을 둘렀다. 대석탑은 7층으로 총고 목측目測 30척, 기대基臺는 고 약 5척 폭 약 10척이다. 각층 4면에 삼존불三尊佛, 사천왕四天王, 양나한兩羅漢, 2협자二俠者를 각刻 하였으며 총체總體 화강석으로 조각하여 정교하다.[75]

라고 하여 주변이 황폐한 상태이기는 하지만 석탑이나 비는 파손되지 않고 보존되어 있음을 말해주고 있다. 1930년 오야 도쿠시로大屋德城의 기록에도 파손에 대한 언급이 없다.[76] 이후 1935년 5월 24일에 조선총독부고시 제318호로 보물 제156호로 지정하였다.

그런데 스기야마杉山의 기록에는

애석하게도 선년先年 초층축初層軸이 파괴되었다.[77]

라고 하여 불법자들에 의한 피해를 나타내고 있다. 이는 1937년 여름 큰비가 오는 날 사리장치가 도난당하면서 초층탑신부初層塔身部가 파괴되었다[78]고 한다.

당시 동아일보(1937년 9월 5일자)에는 다음과 같은 기사가 있다.

지난 28일 폭풍우가 몹시 내리던 야반 천지를 진동하는 일대 괴음과 같이 고적보존령에 의하야 보물 156호로 등록된 개풍군 영남면 현화동 영추산 현화사 앞에 있는 칠층석탑의 맨 밑층 제1층이 깨어지고 그 속에 들어 있는 보물이 감쪽같이 없어진 괴이한 사건이 생기었다. 〈중략〉 낙뢰인지 보물을 탐한 도적의 소위所爲인지 알지 못하게 파열되어

---

75) 川口卯橘, 「史蹟探査旅行記」, 『朝鮮史學』 第7號. 1926年 7月.
76) 大屋德城, 『鮮支巡禮行』, 1930年 6月에,
    "현화사는 고려의 명찰로 이미 폐하였고 당간의 지주와 석조칠층탑 一基 殘과 근처에 비가 서 있다."
77) 杉山信三, 『朝鮮の石塔』.
78) 高裕燮, 「開豊靈鷲山 玄化寺址七層塔」, 『韓國塔婆硏究論草稿』, 考古美術同好人會, 1976.

동아일보, 1937년 9월 5일자

이 소식을 받은 개성서에서는 지난 2일 박 사법주임을 비롯하여 3명의 서원과 영남면 주재소원 개성박물관장 고유섭 씨 총독부 박물관 촉탁 스기모토杉本 씨 개풍군 고적계원 2명 도합 8인이 현장에 출장하야 일검을 하였으나 …… 운운

또 해방 이후 북한의 고고학총서에도, "지난날 우리나라를 강점하였던 일제침략자들은 이 탑을 약탈해 가려고 위의 세 층을 내려놓았던 일이 있다. 그때 탑의 윗부분이 조금 이지러졌다. 이 흔적은 간악한 일제의 야만성에 대하여 뚜렷이 보여 준다"[79]라고 하고 있다.

북한 향토사학자 송경록은 "일제 침략자들이 이 탑을 약탈해 가려고 해체하여 개성역까지 싣고 나왔다가 개성 사람들의 완강한 저항으로 본래의 위치에 가져다 세우면서 되는대로 세워 탑의 윗부분이 이지러져 있었다"[80]고 한다.[81]

79) 『북한 고고학총서』, 한국인문과학원 영인, 1990.
80) 송경록, 『북한 향토사학자가 쓴 개성 이야기』, 도서출판 푸른숲, 1988, p.39.

현화사석등
(용산 국립중앙박물관 소재)

    1990년대 초에 이 탑과 현화사비는 개성고려박물관 야외전시장으로 이건되었으며, 현재 현화사지에는 당간지주만 남아 있다고 한다.

    현화사 7층석탑과 동년대 경에 제작된 것으로 추정되는 석등은 1911년 사지에서 서울로 옮겨져 1912년 조선총독부관방총무국朝鮮總督府官房總務局에서 발간한 『이왕가박물관소장품사진첩李王家博物館所藏品寫眞帖』에 실려 있다. 그 간에 덕수궁과 경복궁에 전시되어 오다가 손상된 부분이 많아 1986년에 해체 격납되었다가 2001년부터 경복궁 국립박물관 정원에 전시되어 있다가 현재는 용산 국립중앙박물관에 옮겨 전시 중이다.

---

81) 이 기록은 좀 과장된 듯한 감이 있다. 거대한 탑을 해체하여 개성역까지 가져갔다가 다시 원 위치에 복원을 했다면 관민의 엄청난 저항을 받았을 것이며, 또한 이런 거대한 석탑을 다시 복원한다는 것은 엄청난 인력을 요하는 바, 다른 사람들의 기록에 보이지 않는 것이 이상하다.

장단군 화장사華藏寺 지공탑指空塔과 동남봉東南峰 부도

화장사는 고려 제30대 충정왕忠定王 원년에 창건하였다고 전해진다. 그후 260년이 지나 화재로 사찰의 절반이 불타고 이때 대사 숭해崇海가 수축修築 하였다. 1927년 3월에 재차 화재가 일어나 대웅전, 명부전 기타 유서 깊은 건물들이 사라졌는데 1933년 11월에 복구하였다.[82]

화장사지공정혜영조탑
(『조선고적도보』)

82) 『京畿地方の名勝史蹟』, 朝鮮地方行政學會, 1937.

『신증동국여지승람』 화장사 조에,

보봉산에 있는데, 처음 이름은 계조암繼祖菴이다. 지공指空이 처음에 터를 보고 크게 절을 지어 드디어 큰 총림叢林이 되었다. 불전佛殿과 승당僧堂의 제도가 굉장하여 매년 여름이면 중들이 모여들어 참선하는 것이 양주 회암사와 버금하다

하여 사찰의 규모가 매우 컸음을 밝히고 있다.

공민왕 19년에는 지공의 두골頭骨을 왕궁 내로 영입迎入하였다는 기록이 있으며,[83] 부도 건립에 대해서 이색李穡의 「서천제납박타존자부도명西天提納薄陁尊者浮屠銘」에 다음과 같이 기록하고 있다.

가섭백팔전迦葉百八傳에 의하면, 제납박타존자 선현禪賢의 호는 지공이다. 지정 22년 12월 20일에 귀화방장에서 입적하였다. 무신년 가을에 병임성에서 화장하고 유골을 4분하여 달현, 정혜, 법명과 내정 장록길이 각각 가지고 갔다. 그의 무리 달현이 바다를 건너오는데 사도 독달은 정혜에게서 얻어서 가지고 함께 우리나라로 돌아왔다. 임자년 9월 16일에 왕명으로 회암사에 부도를 세우고 장차 탑 안에 넣으려고 유골을 물에 씻다가 사리 몇 개를 찾아내었다.
〈중략〉 나옹의 제자 모가 말하기를 '우리 스승도 또한 일찍이 사師를 스승으로 하였으니, 사는 곧 우리의 조祖입니다' 하고, 사의 제자인 정업원 주지 묘장비구니와 더불어 연석燕石을 사서 장차 회암사의 언덕에 세우기로 하였으니, 이 일을 듣고 천자가 명하여 신臣 색穡이 명銘을 짓고 신臣 수脩가 써서 중화仲和가 전자篆字로 액액額을 쓰라고 하였다.
〈중략〉 여기 회암사에 돌을 세우고 명을 새긴 것으로 보아 조금도 와전됨이 없게 하여 길이 보게 하노라.[84]

---

83) 高麗史 世家, 恭愍王 19年 庚戌 條..
　　正月甲寅幸王輪寺觀佛齒及胡僧指空頭骨親自頂戴送迎入.
84) 『東文選 第119卷』 碑銘 條.

위에서 보면, 1362년에 지공이 입적하자 1368년에 화장을 하고 1372년에 회암사에 지공탑을 세웠다고 기술하고 있다. 그러나 회암사 외의 곳에 대해서는 아무런 언급이 없다. 또 "신 색은 말하였다. 사師의 육신은 이미 화장하여 넷으로 나누어졌는데, 그 나머지의 유골은 어느 곳에 탑을 세우게 하며, 명銘을 구하여 그것이 전해지기를 꾀하는 자는 누구이며, 그 붓을 잡는 자는 누구인지 알지 못하겠노라" 하여 화장사 지공탑에 대해서는 알지 못하고 있다. 그러나 화장사에 건립한 지공탑은 회암사의 지공탑과 거의 비슷한 시기에 건립되었을 것으로 추정된다.

화장사 지공탑은 「지공指空」「정혜령定慧靈」「조지탑照之塔」의 3행三行으로 각刻해 있으며 탑에 대한 조사는 세키노關野와 스기야마杉山에 의해 이루어졌으나 조사기록에는 그 파손 여부에 대한 언급이 없다.

1935년경에 미국 보스턴박물관에 은제도금銀製鍍金의 우수한 사리탑 한 점이 수장되었는데 이 박물관의 동양미술부장 도미타富田는 이 사리탑의 발견 장소로 경기도 회암사를 주목하고 있다고 한다. 그러나 황수영 박사의 조사에 의하면 1935년경 화장사의 지공탑指空塔에서 도실盜失된 바 있는 사리탑으로 추정된다고 하며, 이

화장사 동남봉부도 도괴 상태 (『조선고적도보』에 의함)

탑은 그 직후 서울의 일인 고물상을 거쳐 일본에 반출되었고 그곳에서 매각賣却 되었다고 한다.[85]

화장사 동남봉부도는 『조선고적도보』에 사진(도판번호 : 1571)이 실려 있는데, 그 모습이 자연적으로 도괴된 것이 아니라 인위적인 가해로 인해 도괴된 것으로 보여지고 있어 유물을 훔치기 위해 붕괴시킨 것으로 짐작된다.

---

85) 黃壽永,「高麗 金銅 舍利塔과 靑瓷壺」註釋篇 參照,『考古美術 3-1』, 1962.

양평 보리사지菩提寺址 대경대사현기탑大鏡大師玄機塔(보물 351호)

보리사지는 양평군 용문면 연수리에 소재한다. 연수리延壽里는 구舊 장수리舊長壽里와 연안리延安里의 두 마을을 병합倂合하여 붙인 동의 명칭이다.

『신증동국여지승람新增東國輿地勝覽』 지평현砥平縣 불우佛宇 조에,

대경대사현기탑비
(국립중앙박물관)

> 보리사는 미지산에 있다. 고려 최언위崔彦撝가 지은 승僧 대경大境의 현
> 기탑비玄機塔碑가 있다.

라고 기록하고 있어 이때까지는 건재했던 것으로 보이는데, 『범우고梵宇攷』에는 "금폐今廢"로 기록하고 있다. 이마니시 류今西龍는 『다이쇼 5년도 고적조사보고大正五年度古蹟調査報告』에서 『지평현지砥平縣志』에는 『동국여지승람』의 기사를 전재(轉載)하고 〈금폐今廢〉라는 두 자를 넣었다고 하는데, 이 『지평현지』의 편찬 연대는 불명이나 그 인물조人物條에 '이단하李端夏'라는 이름을 들어 영조왕시대로 추정하고 있다. 이마니시今西의 추측대로라면 영조대 이전에 폐사가 된 것으로 볼 수 있다.

1842년에 간행한 『경기지京畿誌』에도 "금폐今廢"로 나타나 있으며 1871년에 간행한 『경기지』에는 나타나 있지도 않다. 따라서 보리사는 영조대 이전에 폐사가 되어 중건이 이루어지지 않고 그대로 황폐하게 버려져 있었던 것으로 추정된다.

대경대사大鏡大師는 낭혜화상朗慧和尙의 제자로 법휘法諱는 여엄麗嚴이고 속성은 김 씨이다. 중국에 유학하여 효공왕 13년(909)에 귀국하여 월악산·소백산 등지에서 수행 정진하다가 태조 왕건의 초빙으로 궁으로 나아가 교화를 펼치고 본산本山으로 돌아가려 하자 태조는 너무 멀다하여 지평에 소재한 보리사菩提寺를 수리하여 주석케 하였다. 이후 여엄麗嚴은 이곳에서 교화를 펼치다가 930년 (태조 13) 2월 17일에 입적하니 문도들은 2월 19일 감실을 만들어 보리사 서쪽 300보 떨어진 지점에 유체를 입감入龕하여 장례식을 치렀다. 이어 여엄의 행적을 모아 탑비를 세워 줄 것을 태조에게 주청하였다. 이에 태조는 시호諡號를 대경대사라 하고 탑명塔名은 현기지탑玄機之塔이라 하였다. 이 탑비는 최언위崔彦撝가 글을 짓고 이환추李桓樞가 교를 받들어 글씨와 제액題額을 써 939년(태조 22년) 4월 15일에 세우니 입적入寂 후 9년이 지나서였다.[86]

---

86) 「大鏡大師玄機塔碑」, 『譯註 羅末麗初金石文』 참조.

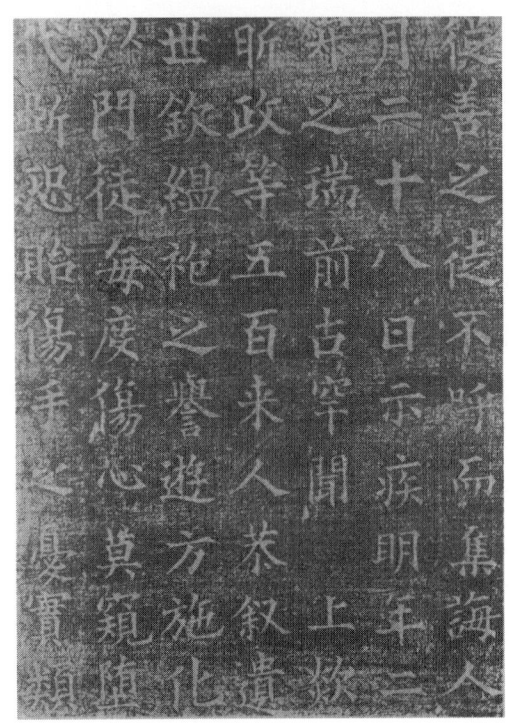

현기탑비문

가츠라기 스에하루葛城末治의 기록에 의하면,

비는 경기도 양평군 용문면 연수리 보리사지에 있는데 선년先年에 이 것을 조선총독부 박물관으로 옮겼다. 〈중략〉 내가 다이쇼大正 3년 초봄에 미지산 용문사에 출장을 명받아 귀도歸途에 보리사지를 방문하였는데 논 중에서 비신碑身을 발견하였고 귀부는 수 칸間 떨어진 토중土中에 매몰되어 겨우 그 두부頭部만이 보이고 있었다. 사는 언제 폐사가 되었는지 미상未詳이다. 비신의 높이 5척8촌, 폭 2척8촌5분, 이수는 귀부위에 있는데 어느 때 넘어져 매몰되었는지 〈중략〉 다이쇼大正 초춘 내가 사지의 전포田圃에서 이것을 찾아냈다.[87]

현기탑비玄機塔碑는 이같이 조선총독부 참사관실에서 추진한 금석문 수집에 박차를 가하던 1914년에 발견하여 총독부 박물관으로

---

87) 葛城末治, 『朝鮮金石攷』, 1935, pp. 291~292.

옮겼다. 그런데 여기에는 현기탑玄機塔에 관한 언급이 없다. 이로써 이미 이 탑이 1914년 전에 다른 곳으로 옮겨졌음을 알 수 있다.

이마니시 류今西龍의 기록에는,

> 그 비신, 귀부, 이수는 사지의 북변 중앙부에 유존하여 수 칸 사이에 산재하며, 현기탑으로 생각되는 1석탑一石塔은 연수리장 김선호 씨 등의 말에 수년 전에 귀부의 좌방左方 수칸數間 지점에 있었는데 일본인이 경성으로 운반해 갔다고 한다. 〈중략〉 본 비는 현 위치에 보존하기 어렵기 때문에 경성박물관에서 이미 경성으로 운거해 갔다. 현기탑도 수색 검출하여 같이 박물관 내에 영구히 보존되기를 절망切望한다.[88]

이마니시今西의 조사에서는 현지인의 말을 빌어 현기탑은 이미 서울로 반출되었음을 기술하고 있으며,『다이쇼 5년도 고적조사보고大正五年度古蹟調査報告』에는 도괴되어 있는 대경대사현기탑비신과 일부 파손된 귀부의 사진을 싣고 있다.

현기탑은 보리사지인 경기도 양평군 용문면 연수리 용문산록 경작지에서 발견되어 매각되기 직전에는 상원사에 속하였다. 이때의 상원사도 의병봉기에 수색대들에게 완전히 소각되어 유물로는 석사, 석탑대 등이 남아 있었으며 승은 2명만 거주하고 있었다.[89]

그리고 현기탑은 1909년 7월에 고물상 타나카 히사고로田中久五郎와 타카하시 토쿠마츠高橋德松가 상원사에 이르러 감언이설로 주지에게 120원을 주고 매수한 다음 1911년 8월에 경성 명치정의 조로구타城六太에게 500원을 받고 매각하였다. 조로구타城六太는 이를 730원을 들여 자신의 정원으로 운반을 하였다.[90]

조로구타城六太란 자는 일본에서 경찰로 일하다가 1895년 한국에 건너와 경성(서울)에서 철도청부업, 전당포업을 하였으며, 1907

---

88) 『大正5年度 古蹟調査報告』, pp.159~160.
89) 今西龍, 『大正5年度 古蹟調査報告』, p.161.
90) 金禧庚 編, 「韓國塔婆研究資料」, 『考古美術資料』, 考古美術同人會刊, 1969, p.27 古蹟調査參考書類.

대경대사현기탑

년부터는 민단 및 상업회의소 의원으로 활동하였다.

　조로구타城六太의 집으로 옮겨진 후 현기탑은 세간에 알려지지 않은 채 해방이 되었다. 그런데 해방 후 명치정이였던 명동에서 부도는 발견되지 않았고 이곳과 매우 가까운 남산동 일본인 주택에서 석조1기가 발견되어 이화여대로 이건하였는데, 그 경위는 다음과 같다.

　1955년 이대에서 총장공관을 건립하고 다음해인 1956년 정원을 만들기 위하여 정원수를 물색하던 중 남산동 일본인이 살던 집에서 수목을 판다는 소문을 듣고 찾아가 보니 나무는 이미 팔렸고 정원석을 판다고 하여 그곳 정원에 꾸며 놓았던 정원석과 기타 석물을 함께 구입하게 되었다. 그때 부도는 눈에 잘 띄지 않는 한쪽 구석에 이끼가 낀 채로 놓여 있었으므로 별로 사람들의 눈에 띄지 않았다고 한다. 그러므로 그곳에 있던 근작 석등 수기와 함께 부도 1기도 옮겨왔던 것이다. 이리하여 이 부도는 총장공관에 이건하고 이어서 박물관의 지정 문화재 신청으로 1960년 3월 21일 국보 제529호로 지정되었다가 1963년 재지정시 보물 제351호로 지정 보존하게 되었으며,[91] 여러 학자들의 연구에 의해 이 부도가 대경대사현기탑으로 밝혀지게 되었다.

현재 보리사터에는 석축과 주초석만 남아 있을 뿐 다른 유적이나 유물들은 전하지 않고 사지의 대부분은 경작지화 되어있다.

---

91) 金和英,「梨大藏 石造浮屠에 關하여」,『史叢』第12輯, 高大史學會, 1968. 9.

강화군 하점면 장정리長井里5층석탑(보물 제10호)

이 석탑은 강화군 하점면 장정리 마을의 뒷산 낮은 구릉 중복에 위치하고 있다. 일대에서 사지와 관련한 유물 등이 발견되지 않아 사역의 규모를 알 수 없을 뿐 아니라 이 탑에 대한 유래를 밝히고 있는 기록도 나타나 있지 않다.

장정리

『보물고적조사자료』에는 "고 15척으로 건립 연대 불명"으로 기록되어 있으며 도괴나 파손의 기록은 없다.

그런데 1924년의 『고적급유물등록대장초록』에는 등록번호 제32호로 등록하고 "상부 1층은 실하였으나 노반은 남아 있다"[92]라고 기록하고 있어 그간에 어떤 훼손毀損이 있었던 것으로 보인다. 1938년 8월에는 '조선보물명승천연기념물보존령'에 의해 보물 제18호로 지정되었다.

1955년에 간행한 『경기도 명승고적 연혁사』에는, "하점면 장정리 193번지에 소재한다. 화강암의 방형 5층탑으로 기단이 있는 15·6척으로 상부 1층은 유실되고 노반만이 잔존하고 있다. 이 탑의 유래는 알 수 없으나 보물로 지정되었던 것이다."[93]라고 기술하고 있어 이 상태는 1955년까지 유지되었던 것으로 보인다.

『문화재대관』(1989년)에는 "일찍이 쓰러져 있던 것을 1960년에 보수하여 다시 세웠다. 쓰러져 있었기 때문에 파손이 심하고 없어진 부재도 많아서 3층 이상의 옥신과 옥개석, 상륜부 등이 없어졌다. 높이는 3.5m"라고 하고 있어 그간에 또 다시 불법 도굴자들의 소행이 있었던 것으로 추정된다.

보수하기전의 모습
(『국보도록』 제5집, 1961)

---

92) 『古蹟及遺物登錄臺帳抄錄』, 朝鮮總督府, 1924, p.13.
93) 金龍基 編, 『京畿道名勝古蹟 沿革史』, 京畿道警察局 保安課, 1955.

부천 소래면 대리大里석탑

『신증동국여지승람』 인천도호부仁川都護府 불우佛宇 조에, "효일사曉日寺 소래산蘇來山에 있다"하고, 산천山川 조에는 "소래산은 부동쪽 24리 되는 곳에 있으며 진산이다"라고 기록하고 있다. 『조선보물고적조사자료』에,

동국여지승람에 이르는 효일사曉日寺에 해당該當하는 것으로 생각되는 사지다. 약 이백보約二百步의 평탄지平坦地에 석탑 1기가 있음, 산주山主라 칭하는 대리大里 양령묵梁寧默이 다이쇼大正 4년 음력 10월 인천부에 거주하는 이이다飯田茂登雄에게 매각하여 현재 인천 동인저내同人底內에 세워져 있다. 3층으로 높이 14척 입笠의 폭 4척, 최하부 입笠의 대석에 채갑단蔡甲端, 이홍李興, 오성△吳聖△, 신△욱(?)만申△旭(?)萬, 조세환趙世煥, 조세언趙世彦, 오성△吳聖△의 문자가 각刻해 있음.

이라고 하는데 이이다飯田茂登雄는 『재조선내지인신사명감』에 의하면 "1912년 5월에 인천미두취인소 지배인에 진급하여 1917년 현재에 이른다"하고 인천 산수정 2~4에 거주한 것으로 나타나 있는데, 이 석탑이 그의 정원에 있다가 후에 어떻게 되었는지 현재는 행방불명이다.

　명문이 있는 고로 국내에 있다면 찾을 수 있겠으나 현재까지 출현하지 않는 것으로 보아 국외로 반출된 것으로 추정된다.

가평군 종현암지鐘懸庵址석탑 및 부도

이마니시 류今西龍는 가평군 향토사를 들어 "북면北面 화악리華岳里 사동寺洞의 사지寺址에 1탑 1부도가 있는데 메이지明治 44년에 어떤 자가 경성에 옮기려 하다가 이루지 못했다. 지금 하층의 대석臺石이 있다고 한다. 탑도 또한 일부를 빼앗겼다. 그 부도를 훼손시 동기 2銅器二가 있었는데 하나에는 사리골舍利骨이 있었고 다른 하나에는 "세창구년추구월갑자世昌九年秋九月甲子"가 각해 있음을 기억하고 있는 자가 있다. 지금 그 소재를 잃음"94)이라고 불법자들의 도굴을 기록하고 있다.

종현암지鐘懸庵址에 대한 기록은 『신증동국여지승람』이나 『조선보물고적조사자료』 등에도 나타나 있지 않으며, 해방 이후의 『가평군지』 등에도 가평군 북면 화악리에 종현암이 나와 있지 않아 이마니시 류今西龍가 기록한 종현암지가 어디에 소재하는지 알 수 없다.

---

94) 今西龍, 『大正 5年度 古蹟調査報告』, p.148.

5장 강원도 지역

원주 법천사지法泉寺址 지광국사현묘탑智光國師玄妙塔(국보 101호)

법천사지는 원주시 부론면 법천리 산70 명봉산에 있다. 법천사는 허균許筠의 『유원주법천사기遊原州法泉寺記』에는 신라시대의 고찰이라고 하나 창건 유래에 대한 명확한 기록이 보이지 않고 있다.

지광국사현묘탑비

법천사지
(위쪽으로 보이는 가옥이
있는 건물지가 금당지로
추정되고 있다)

그러나 고려 초 승려 석초釋超가 928년 법천사 현수율사賢首律師에게 수계를 받은 사실[1]이 있는 점으로 보아 신라 하대에 이미 이 지역에서 상당히 이름이 있는 사원의 지위에 있었음을 짐작할 수 있다. 그후 고려 문종 때 지광국사智光國師가 머물면서 대찰大刹의 면모를 갖추게 되었다.[2] 조선시대에는 태재 유방선이 일찍이 이 절에 있으면서 강학講學하여 수업을 받으려 멀리서 모였는데 권람, 한명회, 강효문, 서거정 같은 사람들은 뒤에 모두 이름이 나 더욱 유명하게 되었다.

이 절은 원래 아주 광활하여 사지 경내寺址境內에 부락이 3개소가 있어 '장뜰'이라는 부락은 사내寺內 장독을 놓았던 터이고, '도시랑'이라는 부락은 절의 응접실인 도사랑道舍廊의 터이며, '원촌'이라는 부락은 사원이 있다는 것과 또는 명현의 서원[3]이 있다는 데서 동명이 된 것이다.[4]

---

1) 金南允, 「高麗 前期의 法相宗과 海麟」, 『江原佛敎史硏究』, 도서출판 소화, 1996, p.139.
2) 권상로, 『韓國寺刹全書』, 동국대학교 출판부, 1979.
3) 우담 정시한 선생은 1649년 겨울에 부친 관찰공께서 안동에서 돌아와 법천촌에서 살았는데 우담이 받들어 모셨다. 우담은 1650년 봄에 恩休亭을 지었고, 1683년에는 법천별사를 지었고, 1717년에는 도동서원을 완성하였다. 1721년에 비로소 位版을 봉안하고 祭를 올렸다. -「愚潭先生 年譜」
4) 『江原道誌』上, 江原道誌編纂委員會, 1959.

장뜰 마을 입구

『신증동국여지승람』에,

고려 때의 중 지광의 탑비가 있다. 법천사에서 권람, 한명회, 강효문, 서거정 등이 이곳에서 학문을 할 때에 탑 위에 시를 써 놓은 것이 지금까지도 남아 있다. 유운겸의 시에 '안탑에 이름을 쓰는 것은 옛날부터 전하는데 제군諸君에게 붙이기에는 어질지 못한 것이 부끄럽구나. 지금에 두려워하는 것은 비로 인하여 이끼가 올라서 〈그것을〉 손으로 어루만져도 당년의 그것을 알아보지 못하게 되지나 않을른지' 하였다.

하고 있어 이때까지는 법천사가 건재하였던 것으로 보인다. 그러나 임진왜란 이후 머지않은 시기에 기록한 허균許筠의 『원주법천사기原州法泉寺記』에는,

원주의 남쪽 50리 되는 곳에 산이 있는데 비봉산이라 하며 그 산 아래 절이 있어 법천사라 하는데 신라의 옛 명찰이다. 나는 일찍이 듣기를 태제泰齊 유방선柳方善 선생이 그 절 밑에 살자 권람權擥, 한명회韓明澮, 서거정徐居正, 이승소李承召 모두 쫓아와 배워 이 절에서 업을 익혀 문장으로 세상을 울리고 혹은 공을 세워 나라를 안정시켰으므로, 절의 명성이 이로 말미암아 드러났으므로, 지금까지도 사람들이 그곳을 말하

고 있다. …… 험준한 두메 길을 따라 고개를 넘어 소위 명봉산에 이르니 산이 그다지 높지 않으나 봉우리가 넷인데 서로 마주보고 있는 모습이 새가 나는 듯 했다. 개천물이 동과 서에서 흘러나와 동구에서 합쳐 하나를 이루었는데, 절은 바로 그 가운데 처하여 남쪽을 향하고 있다. 그러나 난리에 불타서 겨우 그 터만 남았으며 무너진 주춧돌이 토끼나 사슴 따위가 다니는 길에 여기저기 흩어져 있었고 그러나 비석은 반 동강이 난 채 잡초 사이에 묻혀져 있었다. 살펴보니 고려의 승려 지광智光의 탑비였다. 문장이 심오하고 필치는 군세었으나 누가 짓고 쓴 것인지는 알 수가 없었으며 실로 오래되고 기이한 것이었다. 중은 '이 절은 대단히 커서 당시에는 상주한 이가 수백이었지만 제가 일찍이 살던 소위 선당禪堂이란 곳은 찾으려 해도 가려낼 수 없습니다.' 하였다. 기유년(1609) 9월 28일 쓰다.5)

라고 기록하고 있다. 따라서 임진왜란 때 폐사가 되어 방치되었음

지광국사현묘탑비문

5) 許 筠, 『性巢覆瓿藁』 第6卷.

을 알 수 있는데, "비석이 반동강이 난 채……"라는 것은 탑비신의 상부에 사선斜線의 균열이 있어 이를 두고 한 것이 아닌가 생각된다.

　이 비의 귀부는 넓은 지대석 위에 놓여 밑 부분은 구름무늬로 장식되어 있다. 등에는 방형의 구획 안에 따로 갑문甲紋을 새겼으며 그 내부에 왕자王字를 양각한 것이 주목된다. 비신은 검은 청색의 점판암으로 바깥 둘레에는 보상당초문寶相唐草紋을 조각하고 여의주如意珠를 가진 쌍용문을 양각했다. 비문의 내용은 지광국사의 행적 등을 기록하고 있는데, 지광국사는 고려 성종 3년(984)에 태어나고 속성은 원元 씨이며 이름은 해린海麟이다. 지광국사 해린은 출가 전 999년에 이 절에서 경전을 배웠으며, 승과에 급제한 후 법상종의 주요 사찰들의 주지가 되었으며, 문종 8년(1054)에 칙령勅令을 받아 현화사 주지가 되어 절을 크게 중수하고 법상종法相宗 교단을 이끌었다. 문종 11년(1057)에는 왕사王師에 제수되고, 그후 국사의 지위에 올라 불교계를 이끌었으며 문종 12년에는 법천사로 귀안歸安하여 머물다가 이해 10월 23일에 입적하였다. 왕은 입적 소식을 듣고 시호를 지광智光, 탑호塔號는 현묘玄妙라 내렸다. 1067년 11월 9일 법천사 산 동쪽에서 다비를 행하고 비를 세운 년시는 비음碑陰에 "대안원년세재을축중추월일수大安元年歲在乙丑中秋月日樹"로 대안원년大安元年은 고려 선종宣宗 2년(1085)에 해당되어 국사가 입적한 후 18년 만에 건립된 것이다. 그리고 비음碑陰에 국사의 제자 이름 및 인원 수를 기록하고 있는데 그 숫자는 무려 1370여 명에 달했다. 비문은 정유산鄭惟産이 짓고 글씨는 안민후安民厚가 썼다.[6] 이처럼 왕이 시호와 탑명을 내린 후 18년 후에 건립된 오랜 공기工期와 수많은 제자의 수를 볼 때 온갖 정성을 다하였음을 알 수 있다.

　현재 원촌동 뒷산에는 지광국사의 비(국보 제59호)가 보존되어

---

6) 『朝鮮寺刹史料』(下), 朝鮮總督府 內務部地方局, 1911.
　葛城末治, 『朝鮮金石考』, 대판옥호서점, 1935.
　李能和, 『朝鮮佛敎史』, 1917.

탑비 비갓

있다. 그간 풍우와 벼락의 화를 당하여 파괴처가 많고 문자 내지 조각의 파괴처가 많다. 비갓 위에는 작은 돌을 던져서 얹히게 하면 생남한다는 속설이 있어 과거에 투석한 작은 돌들이 얹혀 있었으나 최근 이를 모두 치웠다. 그 옆에는 1965년 발굴[7]로 밝혀진 요사지寮舍址로 당시에 수습한 불상광배佛像光背, 불두佛頭, 파불破佛, 연화문대석蓮花紋臺石, 용두龍頭, 배례석, 탑석재[8] 기타 용도를 알 수 없는 석재를 한 곳에 모아 두고 있다. 이곳에서 원동 부락을 내려다보면 몇 채의 민가가 있고 민가를 둘러싼 전답이 펼쳐져 있는데 그 곳에 당간지주가 서 있다. 또 전답 중간 중간에 법천사의 용재로 생각되는 석재가 여러 곳에 쌓여 있어 당시의 규모를 대략 짐작할 수 있다.

1993년 12월에 문화재관리국 문화재연구소에서 입수한 경도대

---

7) 金東賢,「高麗 法泉寺智光國師塔碑殿址調査槪要」,『考古美術資料』11, 1966.
8) 小川敬吉의 사진자료집에는 옥개석 3개와 탑신석 하나가 있었으나 현재는 옥개석 두 개만 남아 있다.

오가와(小川)가 촬영한
현묘탑비

학 소장의 오가와 케이기치小川敬吉의 조사자료9)를 보면 지광국사현묘탑비의 사진이 1점 실려 있다. 이것이 언제 찍은 것인지는 알 수 없으나 사진에는 지광국사현묘탑비 앞에 귀부의 높이 보다 적은(사진상으로는 귀부의 몸체 높이) 인물상(또는 보살상)으로 추정되는 석상 1구가 놓여 있다. 원래 석비 옆에 이런 보살상 내지는 석상을 놓은 예가 없으며 기록이 보이지 않는 점으로 보아 이 사진에 나타난 석상은 주변에 있던 것을 가져다 놓은 것이 아닌가 여겨진다. 그러나『조선보물고적조사자료』에는 "법천사지는 구역 면적이 수정보에 이르며 원촌부락이 대부분 차지하고 있다. 지광국사현묘탑비, 당간지주가 존한다"고 하면서 석상에 대한 기록은 보이지 않는다. 또 1918년에 발행한『조선고적도보』에 실려 있는 비의 사진에도 석상이 나타나 있지 않다. 세키노 타다시關野貞는 1913년 6월에 일본『건축잡지』에 '폐법천사지광국사현묘탑비'라 하여 정면 사진을 싣고 있는데 이 사진에도 석상이 나타나 있지 않다.10) 따라서

9)『小川敬吉 調査 文化財 資料』, 문화재관리국 문화재연구소, 1994.
10) 關野貞,「朝鮮東部に於ける古代文化の遺蹟」,『建築雜誌』第318號, 大正 2年 6月.

이는 최소한 1913년 이전에 반출되었다는 사실을 말하는 것으로 어쩌면 이보다 앞서 현묘탑이 반출되던 때와 시기를 같이 하는 것이 아닌가 생각된다.

지광국사비와 함께 이곳에 있어야 할 지광국사현묘탑은 현재 경복궁에 옮겨져 있다. 이 현묘탑은 현묘탑비문을 기준으로 한다면 고려 선종 2년(1085)경에 건립된 것으로 추정되며 전면에 가득한 각양각색의 건조의장建造意匠이 기발하고 우수하여 우리나라 부도 중에서는 가장 크고 우수한 걸작이라 할 수 있다.[11]

1912년에 이곳을 조사한 이마니시 류今西龍의 기록(대정원년 조선고적조사보고)에,

이미 개인의 손에 돌아가 사적의 인멸湮滅에 이르러 오인들이 심히 유감으로 생각하는 바이다.[12]

라고 기록하고 있는 것을 보면, 이미 불법 약탈자들에 의해 사지에서 이반移搬 되었음을 알 수 있다. 또 1911년에 세키노關野 등이 촬영한 《조선고적사진목록朝鮮古蹟寫眞目錄》[13]에 목록번호 3-12가 "현묘탑玄妙塔〈와다 츠네이치 소장和田常市氏所管〉"으로 기록하고

『朝鮮の建築と藝術』第86圖, p.715.
11) 關野貞은『朝鮮美術史』(pp.131~132)에서,
"그 技巧가 정밀하고 아름답다. 장식이 풍부하여 조선에 現存하고 있는 부도 중 최고의 위치에 있는 것이다. …… 생각하건데 당시 장인들에 의해 전력을 기울여서 고금에 비추어 탁월한 것을 만들어 내고자 새로이 시도된 것으로 지나치게 화려하여 기력이 이에 따르지 못하는 점은 시세의 흠이기는 하나 애석한 일이다"라고 하고 있다.
李榮姬은「法泉寺智光國師玄妙塔에 관한 硏究」,『考古美術』173호에서,
해린은 법상종의 세력 강화에 큰 역할을 하였으며, 고려 초의 과도기적 혼란에서 벗어나 정치, 사회, 문화 전반에 안정이 이룩된 문종 연간에는 승려로서 최고의 영예인 왕사와 국사에 봉해지는 등 고려 중기 불교계에서 중요한 인물이었다. 그의 사후 혜덕왕사를 비롯한 문하의 제자들이 스승의 묘탑에 온갖 정성을 다하여 화려하고 장엄하게 조영하였을 것이며 이는 고려 중기의 막강한 법상종의 교단의 세력과 고려문화의 난숙기라는 시대적 배경으로 가능하였을 것이라고 하고 있다.
12)『大正元年 朝鮮古蹟調査報告』, 朝鮮總督府, 1914.
13) 위의 책, p.19.

경복궁에 소재한
지광국사현묘탑

있다.

　와다 츠네이치和田常市란 자의 이력을 살펴보면, 1862년 생으로 1879년에 상업견습소를 나와 1881년 3월에 한국에 건너왔다. 처음 원산에서 약종상으로 시작하여 인천에서 무역상을 겸영하였다. 1887년에 서울로 무대를 옮겨 석유 외 잡화 등의 무역상을 시작하여 일본에 있는 상인들과 일한무역日韓貿易이라는 조합을 결성하고 1896년 당시 남대문통에 와다상점和田商店이라는 간판을 걸고 본격적인 무역업을 하였다. 1902년에는 경성상업동지회 및 화폐교환소를 창설하여 그 이사장에 임했다. 이후 실업은행감사, 일화목재주식회사사장, 주식회사온양온천사장, 경성상업회의소회두, 일본거류민단총대 등 그의 경력은 일본 민간인 중에 가장 두각을 나타낸 자로 재계의 거물로 알려져 있는 인물이다.[14]

　처음 맨손으로 한국에 건너왔던 일본인들은 대부분 이익이 있는 일이면 무슨 일이든 가리지 않고 하였으며, 와다 역시 이러한 부류의 인물이었다.

1911년 세키노 타다시關野貞가 그의 집 정원에서 본 석조물은 이 외에도 원공국사승묘탑圓空國師勝妙塔과 탑명을 알 수 없는 또 다른 불사리탑佛舍利塔을 기록하고 있는 점으로 보아 한일합방을 전후

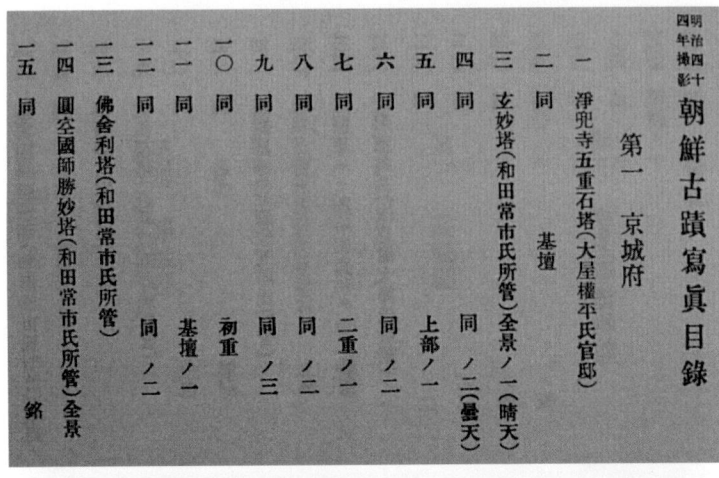

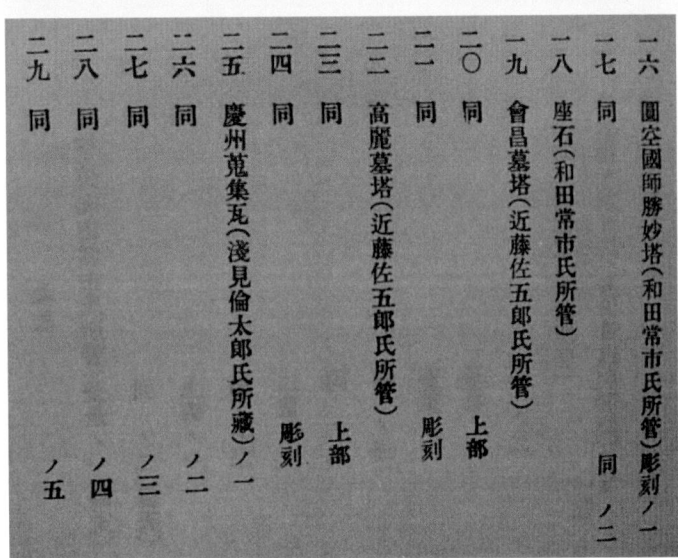

《조선고적사진목록(朝鮮古蹟寫眞目錄)》

14) 參考 : 朝鮮新聞社 編纂, 『朝鮮人事興信錄』, 朝鮮新聞社, 1922.
朝鮮公論社 編纂, 『在朝鮮內地人紳士名鑑』, 朝鮮公論社, 1917.
『京城市民名鑑』, 朝鮮中央經濟會, 1922, pp.97~98.
『京城發達史』, 京城居留民團役所, 1912, p.73.

하여 산간벽지에서 수많은 석조물을 중간상인들을 통해 몰래 반출하여 이익을 챙겼던 자임을 짐작할 수 있다.

법천리 인근 마을에는 현묘탑 반출 과정을 풍자하는 노래귀절까지 전래되고 있다고 한다. 그 노래귀절은 '몸 약한 생원 상투만 끄덕 끄덕 으싸 으싸'로 이는 현묘탑의 운반이 그만큼 힘들었음을 시사하고 있다.[15]

와다和田의 정원에 옮겨졌던 지광국사현묘탑은 1912년에 또 다시 일본으로 반출되어 일본 오사카大阪의 후지타藤田 남작가 묘지로 이건移建되었다.

현묘탑에 대한 반출 경위는 1927년에 간행한 『거류민지석물어居留民之昔物語』란 책자에 수록되어 있는 후지무라 토쿠이치시藤村德一誌의 「관헌官憲의 횡포橫暴와 관리官吏의 비상식非常識」('현묘탑 강탈시말强奪始末')에 구체적 내용이 나타나 있다. 이 내용은 관헌의 횡포에 초점을 맞추고 있으며 데라우치寺內 총독의 고미술품 반출금지에 따른 현묘탑 반환을 강탈사안으로 규정하고 관권의 폭정에 의해 어쩔 수 없이 강탈당한 것으로 기술하고 있어 현묘탑을 소유하였다가 일본 후지타藤田 가에 매각한 와다和田을 철저하게 감싸고 있다. 그 전말을 요약하면 다음과 같다.

현묘탑의 반출 시기는 1911년 가을로서 모리무라 타로森村太郎[16]란 자가 강원도 원주군 부론면 3리 원촌2통10호의 정주섭丁住燮의 사유지에 있던 현묘탑을 발견하고 이를 정주섭으로부터 매수買受하여 서울에 거주하는 와다 츠네이치和田常市에게 다시 양도讓渡하였다.

와다和田는 이를 일반인들도 볼 수 있는 명치정明治町(1927년 당시 무라가미 병원소새시)에 두었다가 1912년 초여름에 남미창정南米倉町 자신의 집 정원으로 옮겼다.

---

15) 장준식,「중원지방의 석조부도」,『충북의 석조미술』, 충북개발연구원 부설 충북학연구소, 2000, p.306.
16) 『(朝鮮在住內地人)實業家人名士辭』(1913)에 의하면, 이 자는 1906년에 처음 한국에 건너와 협동조에 근무하다가, 1909년에 전당포를 운영하였으며, 1913년에는 森村상점을 운영하면서 군수용달상을 겸하였다고 한다.

그 후 오사카大阪의 약종상藥種商 후쿠시마幅島 모가 와다和田와의 상업 거래관계로 서울에 왔다가 와다和田의 정원에 있는 현묘탑을 유심히 관찰하는 것을 보고 와다和田가 사진 한 장을 주었다.

후쿠시마幅島는 오사카大阪로 돌아가 남작 후지타 헤이타로藤田平太郎에게 한국 시찰담視察談을 이야기하면서 현묘탑의 사진을 보여 주었더니 후지타藤田는 보자마자 꼭 양수讓受하고자 하였다. 그 뜻을 서면으로 와다和田와 교섭한 결과 양도讓渡의 상담이 이루어졌다.

후지타藤田는 현묘탑에 대한 출처와 정당한 상거래에 의해 매매가 이루어졌는지를 밝혀 둠으로서 이 일이 성립되었을 때 후일 곤란한 일을 겪지 않기 위해 실지實地를 조사할 필요가 있다고 생각하고 에무라江村이란 자를 한국에 특파하였다.

와다和田 측에서는 점원으로 있는 가토加藤란 자를 에무라江村의 안내역을 맡게 하였다. 일행은 1912년 5월 23일 서울을 출발하여 원주 부론면에 도착하여 전소유자인 정주섭과 기타 부락민들과 만나 조사에 착수하였다. 결과 이구동성으로 현묘탑은 오랜 전부터 정주섭의 소유 경작지에 버려져 있었으며 이를 매각하여 농사를 짓는데 편리하게 한 것이라고 하였다. 또 탑을 반출할 때 부락민들이 운반 기타의 잡업에 종사하였으며 처음 탑을 매수한 모리무라 타로森村太郎를 좋게 평가하는 정도였다. 이에 에무라江村는 안심하고 1912년 5월 31일 서울로 돌아왔으며 3만 1천 5백원에 탑의 거래가 성사되어 일본으로 반출이 이루어졌다.

그후 현묘탑 반출에 관한 일을 총독부에서 탐지하여 1912년 10월경 경무총감부에서 처음 반출자搬出者 모리무라 타로森村太郎와 판 사람을 소환 구류시키고, 와다和田를 소환하였다. 와다和田를 소환한 안도安藤 경시는 현묘탑은 국유지에 있는 폐사의 유물이므로 반환하라고 하였다. 와다和田는 원래 탑이 있던 곳은 국유지가 아니고 사유지였음을 말하고 탑이 있던 곳이 사유지라는 것은 다년간 토지세를 납부하였다는 것으로도 증명할 수 있다고 하였으나, 안도安藤는 모리무라森村와 탑을 팔았던 자는 유죄라고하며 숙고熟考하라고 협박하고 일단 집으로 돌려보냈다.

와다和田의 친구인 야마구치 다헤이山口太兵衛[17)]가 이 일을 듣고 데라우치寺內 총독과 아카시明石 경무총감을 만나 이 일을 중재하기로 하고, 와다和田는 오사카로 건너가 후지타藤田가를 방문하여 그간의 일을 진술하고 동의를 구하고자 하였다. 후지타藤田가에서는 매수할 당초 특별히 사람까지 현지에 보내어 상황을 조사하고 매수를 하였음에도 불구하고 이런 일이 발생하여 상당한 유감을 표했다.

그 사이 야마구치山口는 데라우치寺內 총독을 만나 총독의 위신을 유지하고 와다和田의 안면을 상하지 않게 하는 방안을 모색하였으며 그 결과 현묘탑을 와다和田가 총독부에 헌상獻上하는 형식을 취하기로 결정을 하였다.

결국 와다和田는 후지타藤田가에서 조사를 위해 파견한 왕복 여비와 탑의 운비運費 등을 포함한 후지타藤田가 부담하였던 일체를 물어주고, 오사카에서 한국으로 옮겨오는 운임은 총독부에서 부담하였다. 탑의 인계는 1912년 12월 6일자부로 총독비서관이 날인한 수령증을 와다和田에게 전달되면서 현묘탑 반출사건은 종결되었다.[18)]

와다가 수령증을 받은 후일인 1912년 12월 13일에 법천사지를 답사한 다니이 세이치谷井濟一의 기록에,

현묘탑은 운거運去되어 지금은 없다. 선편先便에 오사카大阪의 모 부호가 거액을 투投하여 고려시대의 어느 유명한 묘탑을 구입하였음을 말씀드렸던 그것이 바로 이 현묘탑입니다. 최근 들은 바에 의하면 이 현묘탑을 판 선인鮮人은 횡령죄로 몰렸고(국유지에 존한 이 묘탑을 함부로 매각한 까닭에) 현묘탑은 오사카大阪로부터 조선으로 되돌려 보내게 되었는데

---

17) 1919년에 刊行한 『在朝鮮內地人 紳士名鑑』(朝鮮公論社編纂)에 의하면, 山口太兵衛는 1885년에 한국에 들어와 1887년부터 서울에서 輸入貿易商을 하였다. 1890년에는 雜貨商을 겸업하였다. 이후 경성거류민회 및 경성상업회의소의 의원으로 활동, 각종회사 중역, 京城日丸수산주식회사사장, 朝鮮郵船주식회사감사, 경성부협의회의원, 경성중학교조합의원 등을 역임했다.
18) 藤村德一誌,「官憲の橫暴と官吏の非常識」,『居留民之昔物語』, 朝鮮二昔會發行, 1927, pp.218~224.

먼저 이를 사들이고 다시 오사카大阪의 모씨에게 전매轉賣한 경성의 모 세상某細商은 많은 타격을 받은 듯합니다.[19]

이라고 하고 있다.

이를 보면 총독부에서 반환을 요구하자 누구에겐 가는 책임을 지게 해야 하는데, 이 탑을 산 일본인에게는 물을 수가 없어 일인의 꼬득임에 빠진 힘없는 한국인에게 죄를 뒤집어씌우고 있음을 알 수 있다.

그러나 와다和田가 수령증을 받은 1912년 12월 6일에 한국에 돌아온 것은 아니었던 것 같다. 어디에도 정확하게 1912년에 반환받았다는 기록은 보이지 않고 있다. 총독부에서는 일본에서 한국으로 반환하는 운임을 부담하기로 하고 와다和田로부터 소유권을 이양 받았으나 바로 시행하지는 않고 어떤 사정으로 인해 지연되다가 시정5주년기념공진회를 계기로 한국으로 옮겨 온 것으로 추정된다.

결국 우리나라로 돌려받았지만 사리구는 반환받지 못했다.[20] 이

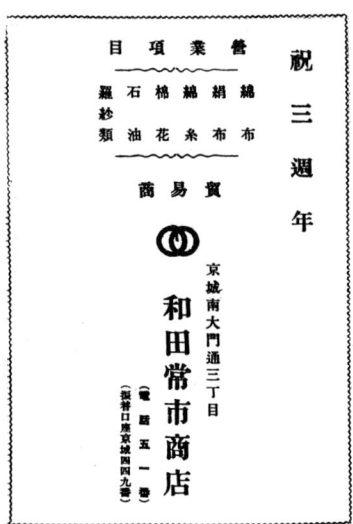

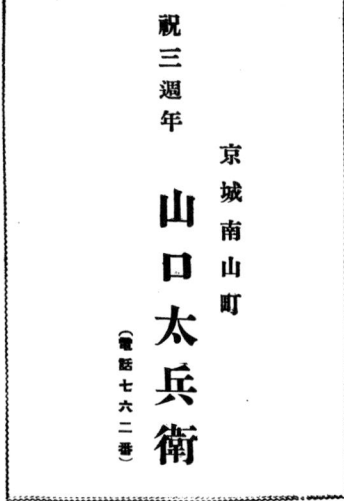

『(朝鮮硏究會3周年記念) 朝鮮』(朝鮮硏究會, 1913年)에 실린 광고

19) 谷井濟一,「朝鮮通信」,『考古學雜誌』第3卷 5號, 1913年 1月, p.60.
20) 黃壽永,「잃어버린 國寶」,『黃壽永全集』5.
　　金禧庚,「法泉寺 智光國師玄妙塔의 舍利孔」,『考古美術』6-10・11.

탑을 처음 해체하였을 때 탑 속에서 '문서 보따리'가 나왔으며 탑 밑의 땅 속에서는 금제불상이 함께 나와 배로 반출되었다[21]고 하

시정공진회시에 미술관 앞에 세워진 현묘탑
(시정5주년기념공진회보고서)

조선휘보 (1915. 9)

탑신 상면에 방형의 큰 사리공이 있고 다시 그 평평한 저면 중앙에 작은 원공을 마련하였다 이곳의 사리구는 현지 고노들이 전하고 있으며 탑과 더불어 일본으로 반출된 후 돌려받지 못했다.

는데 이것도 모두 돌려받지 못했다.

세키노 타다시關野貞의 『조선의 건축과 예술』에는 이 현묘탑이 경복궁에 옮겨진 후의 사진(『조선의 건축과 예술』, 도판 19)이 실려 있는데 탑기단塔基壇에 사자상獅子像 두 구가 보이고 있으며, 『조선고적도보』 제6책(도판 2987)에도 탑기단에 3구의 사자상이 보이고 있어, 네 모서리에 각 한 구씩 있음을 짐작 할 수 있다.

그러나 현재 경복궁에 보존되어 있는 현묘탑에는 사자상이 한 구도 남아 있지 않다. 해방 이후 한국전쟁 전에 분실된 것으로 추정된다.

1938년 9월 20일의 현묘탑
(『한국건축사도록』)

21) 『서울 600년사(문화 사적편)』, 서울특별시사 편찬위원회, 1987.

또 한국전쟁 때는 포탄의 피해를 받아 탑신부塔身部 이상의 각 부재部材가 크게 파손되어 옥개석 이상이 낙하落下되었다. 1957년 복원할 때 파손된 석재는 크고 작은 것이 약 1만 2천여 조각으로 부도탑의 부재 가운데 제거되는 석재파편과 지방에서 채취해온 석재를 함께 분쇄하여 돌가루로 땜질하는 방법으로 원형을 복원22)하는 등 온갖 수난을 안고 있는 탑이다.

경복궁의 석조물들을 용산 국립중앙박물관으로 옮길 때 지광국사현묘탑은 경복궁에 그대로 두었다. 한국전쟁 때 파손된 것을 다시 접합하였기 때문에 해체할 경우 재조립이 어렵다는 판단 때문이다.

법천사탑 (소천자료집)

---

22) 『原州市史』, 2000년 3월 參照.

요사지에 모아둔 석재들

원주 흥법사지興法寺址 진공대사비眞空大師碑와 탑

흥법사는 고려 초 대찰 중의 하나로 원주시 지정면 안창리에 소재하며 사지의 앞은 전답을 사이에 두고 섬강이 흐르고 사지의 뒤쪽으로는 해발 403m의 영봉산의 지맥이 이어져 내려 작은 구릉지를 이루고 있는 곳에 자리하고 있다.

고려 태조 때 흥법사가 있었음을 보아 적어도 통일신라 때 세워진 사찰로[23] 추정된다. 흥법사가 폐사가 된 시기는 명확하지 않으나『신증동국여지승람』에는 폐사의 기록이 없는데, 정조 3년(1779)에 편찬한『범우고梵宇攷』와 영조대에 신경준(1712~1781)이 지은『가람고伽藍攷』의 내용에는 진공대사의 탑비가 파손되어 두 토막 나 있음을 밝히고 있으며 흥법사도 폐사가 되었음을 기록하고 있어[24] 임진왜란을 거치면서 소실된 것으로 추측된다. 그 이후

흥법사지 진공대사비의 귀부와 이수

---

[23] 土居山洋은 「興法寺 廉居和尙塔誌に就いて」(『京城帝大史學會報』1933년 4월 京城帝大史學會)에서, 흥법사의 건립 연기에 대해 "원주지방에 흥법사와 같은 거찰이 건립된 것은 신라 신문왕 내지는 경덕왕 이후 가능한 일이며 제46대 문성왕 내지 고려 태조시대에는 상당히 이름이 높은 거찰이었다"고 하는데 어디에 근거한 지는 밝히지 않고 있다.

중창이 없어 그대로 폐사지로 남아 있었던 것 같다. 흥법사는 그 규모는 적으나 태조의 왕사가 있었던 점으로 보아 당대에는 그 위상이 대단했을 것으로 짐작된다. 이 사지는 1984년 6월에 문화재자료 제45호로 지정되었다.

흥법사가 폐사가 된 후 이곳에는 조선 숙종 19년(1693)에 도천서원陶川書院이 세워졌다가 고종 8년(1871)에 서원철폐령에 의해 철폐되었다고 한다.

사지는 대부분 경작지화 되고 민가들이 들어서 있다. 사지 내의 민가들은 서원이 철폐되고 나서 한참 후인 1940년대 이후에 들어선 것으로서, 대부분 건축한 지 오래되지 않은 집들이다. 민가가 들어서면서 사지의 석재들을 가져다 사용하여 장독대나 가옥의 기단으로 사용한 것이 눈에 띤다. 현재 사지의 서북쪽에 민가 몇 채가 모여 있는 곳은 윗말, 남동쪽에 형성된 촌락은 아랫말이라 부르고 있다.[25]

이곳 사찰을 가장 번창시켰던 진공대사는 혜목산 고달사에 주석하였던 원감국사 현욱과 진경대사 심희의 법을 이어받은 고승으로 법휘는 충담忠湛이고 속성은 김이다. 신라 말 중국 당나라에 유학하고 신라 효공왕 때에 귀국하여 왕사가 되었다. 고려가 건국된 이후에도 태조의 초빙으로 궁에 들어가 설법을 하고 왕사에 추대되었으며, 태조는 흥법선원을 중건하여 충담이 주석하도록 하였다. 충담은 이곳에서 교화를 펼치다가 태조 23년에 입적하니 태조는 부음을 듣고 슬퍼하며 진공대사라는 시호를 내렸다. 그러나 비신의 중간 부분이 결실되어 탑호塔號를 무엇이라고 했는지는 나타나 있지 않다.

『성호사설(星湖僿說)』에,

원주 건등산 흥법사에는 진공대사비가 있는데 당 문황의 글씨에 고려

---

24) 權相老, 『韓國寺刹事典』下卷.
    『興法寺址 石物實測 및 地表調査報告書』, 原州市, 2000.
25) 『原州市史』, 原州市史編纂委員會, 2000.

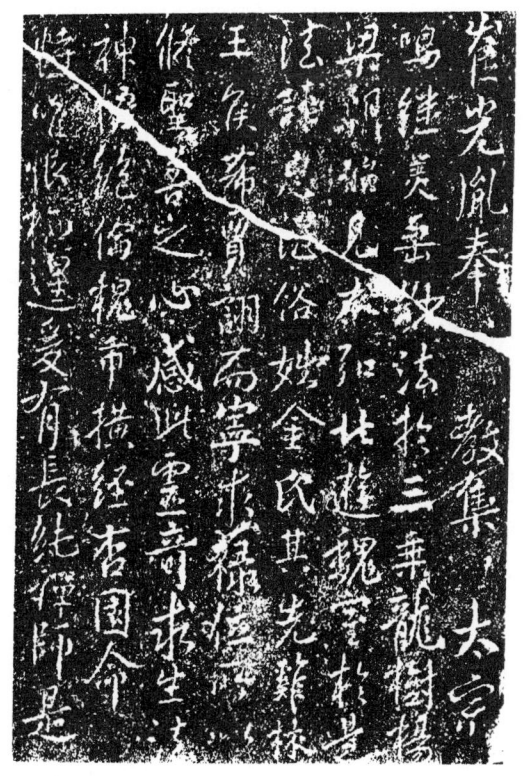

진공대사비문

태조의 글로 된 것이다.

하고, 또 『역옹패설櫟翁稗說』 후집 1에는 다음과 같은 기록이 있다.

> 북원北原(원주)의 홍법국사비는 곧 우리 태조가 친히 지었고 최광윤이 당 태종의 글씨를 모아서 비석에 모방하여 새겼다. 말뜻이 웅장하고 깊고 위대하고 고와서 마치 검은 구름을 찬 신하와 붉은 임금이 조정에서 인사를 하는 것 같고 글자는 크고 작은 진서眞書와 행서行書가 서로 산석을 맞춰 그 시세가 만생 밖까지 집어삼키고 있이 침으로 천하의 보물이다.

라 한다. 비는 고려 태조 23년(940년) 7월 진공대사가 입적한 직후에 세운 것[26]으로 문장이 전아하고 글씨가 힘찬 것으로 유명하다. 『해동금석원海東金石苑』[27]에 전하길 임진왜란 때 왜구가 이 비를 수레에 싣고 가다가 죽령에 이르러 부러져 두 동강이 나자, 그 중 한 개는 가져가고 나머지 조각만이 남았다 한다. 그래서 이 비를 반절비半折碑라고도 한다.[28]

홍법사지에 남아 있던 진공대사의 비신 조각은 후일 관아로 옮겨졌다가 다시 그 소재를 잃어 버렸다.[29]

홍법사 진공대사비의 탐색에 대해 『조선금석고』에는 다음과 같이 기술하고 있다.

> 비는 강원도 원주군 지정면 안창의 영봉산 홍법사지에 있다. 이수가 귀부 위에 있으며 비신은 한때 소재를 잃었는데 후에 이것을 발견하여 왕년往年에 이것을 군청으로 옮겼는데, 그 후 다시 단석을 조선총독부로 가지고 왔다.[30]

1912년 11월에 세키노 타다시關野貞와 다니이 세이치谷井濟一가

---

26) 『高麗史』世家, 太祖 23년(940) 條.
   칠월에 王師 忠湛이 사망하므로 原州 靈鳳山 興法寺에 탑을 세우고 왕은 親히 碑文을 지었다.
   李俁, 『大東金石書』.
   "石晋高祖天福四年己亥立 麗太祖二十二年也"
27) 『海東金石苑』은 조선 금석학자 金正喜 등의 도움을 받아 청대의 考證學者 劉燕庭이 編輯한 것으로, 김정희가 翁方綱 등을 만나 그에게 130권의 탁본을 전해 준 것이 1810년이고 이를 기점으로 조선의 금석문 탁본은 1816년에 趙寅永이, 1823년에 金明喜 등이 탁본을 전한 것으로 알려지고 있다. 이와 같이 청에 대량 유출된 탁본을 청의 유영정이 편집한 것으로 알려지고 있다.
28) 洪良浩(1724~1802)의 『耳溪集』卷16, 「題原州半折碑」에 다음과 같은 기록이 있다.
   "原州 靈峰山半折碑는 고려 태조가 지었고 臣 최광윤이 받들어 당 문황제의 글씨를 집자한 것이다. 萬曆 壬辰亂에 倭奴가 싣고 가다가 竹嶺에 다달았을 때 비가 둘로 잘려져 그 반만 가져갔다. 난이 평정된 후에 關東守臣이 나머지 반을 원주로 가지고 돌아와 半折碑라 稱한다."
29) 1923년 12월에 간행한 『開闢』지에 게재된 「嶺西八郡과 嶺東四郡」에 다음과 같은 내용이 있다.
   "그 비가 엇지 하얏던지 州衙에 이치하얏더니 전일 어떤 無知沒覺의 군수가 寺物을 郡衙에 두는 것은 俗忌라 하고 溝渠中에 投하야 破折되고 그 파편 두 개만 잔존하야 보통학교 構內에 있더니 일본수비대에서 마저 가져가고 보니……"
   『朝鮮寰輿勝覽』에는 다음과 같은 내용이 있다.
   "뒤에 고을에 있는 관아에서 거두었는데 守令 한사람이 迷惑되게 세속에서 꺼린다 하여 밭두둑 봇도랑에 던져버리면서 이내 부러져 파손되어……"
30) 葛城末治, 『朝鮮金石攷』, 大阪屋號書店, 1935, p.301.

흥법사지를 조사하였는데 그 기록에는 다음과 같이 기술하고 있다.

비신은 주아州衙로 옮겨져 절손折損되어 근년에 그 소재를 잃어, 내가 원주에서 수일간 머무르면서 1편一片을 객사(원주공립보통학교) 앞 정원 앞에서 발굴하였다. 2편二片은 내가 친히 수비대영사守備隊營舍 내의 석원石垣으로 사용하고 있음에서 검출檢出, 귀부와 이수는 현재 사지에 존하고, 역시 웅휘 장려하다.[31]

1912년에 촬영한《조선고적사진목록》[32]에는 진공대사비비신 잔편의 1편(목록번호 169)은 "재원주공립보통학교교정在原州公立普通學校校庭", 또 다른 1편은 "재원주수비대장교실석원중在原州守備隊將校室石垣中"이라 하고『조선고적도보 제7책』(도판번호 3031)에 세 조각으로 절편된 것이 게재되어 있다.

세키노關野 일행이 찾아낸 비편은 한동안 원주군청에 보관하였다가 1913년에 다시 총독부 박물관으로 옮겨 보관하였다.[33] 경복궁 소재의 비신석은 현재 상, 하 2석으로 절단된 위에 하석下石은 다시 3편으로 파절破切되어 있기 때문에 중간 부분의 결실로 인한 판독 불능의 부분이 많다.[34]

원 소재에는 아직도 석등재石燈材와 3층석탑이 유존하고 있으며 진공대사비의 귀부와 이수가 남아 있다. 이수 전액篆額은 "진공대사眞空大師" 4자를 2행 2자씩 종서縱書 하였으며, 외부는 구름 속에 생동하는 용을 표현하였다. 귀부의 머리는 여의주를 물고 있는 용을 형상화하고 네발로 힘차게 대석을 밟고 있는 당당한 모습을 나타내고 있다. 귀부와 이수가 있는 오른편에는 현재(2001년 6월) 민가가 들어서 있으며 주변에는 기와편이나 축대식으로 추정되는 석재가 산재한 것으로 보아 사지의 일부였을 것으로 추정된다.

---

31)『大正元年 古蹟調査報告』, 1914.
32)『大正元年 朝鮮古蹟調査報告』, 朝鮮總督府, 1914, p.119.
33)『朝鮮金石總覽』上, 朝鮮總督府, 1919.
34) 齋藤忠 編著,『高麗寺院史料集成』, 第一書房, 平成9年.

진공대사탑의 조성 연대에 대해서는 탑비의 비문에 의거함이 가장 정확할 것이나 비신의 중간부분이 결실되어 있기 때문에 생전에 있었던 태조 왕건과의 관계를 자세히 알 수 없으며 탑호가 무엇이고 건립 연대가 언제인지를 참고할 수 없다. 그러나 『고려사』세가 태조 23년 조에 기록된 940년대에 진공대사의 입적과 함께 세워진 것으로 추측되는데 고려 초기의 승탑 중에서 아주 우수한 작품으로 인정받고 있다.

이 흥법사 진공대사탑은 언제인지 명확하지 않으나 일본인에 의해 서울로 반출되어 1920년 후반에 일인들에 의해 한때 탑동공원으로 옮겨진 것을 1934년 가을에 염거화상 사리탑과 함께 조선총독부 후정으로 옮겼다.

진공대사 탑이 있었던 원 위치는 사지의 뒤편 산인 덕가산 일산봉 중턱으로 1929년 3월에 흥법사에서 옮겨왔다는 염거화상탑의 지대석을 찾기 위해[35] 이곳을 조사한 오가와 케이기치小川敬吉에

흥법사 진공대사탑 및 석관
(국립중앙박물관)

---

35) 土居山洋, 「興法寺廉居和尙塔誌に就いて」, 『京城帝大會報』 1933년 4월, 京城帝大史學會에 의하면,
"양탑 공히 흥법사지에 존립되었던 것으로 위치는 이전할 때 不用意的 爲不明하여 失하였다"라고 하고 있다.

의해 뜻밖에 이곳 진공대사탑지에서 석관과 묘탑의 지대석 일부가 발견되어 총독부 후정으로 옮기게 되었다.[36] 다음은 오가와의 현지조사 기록이다.

이 유허遺墟는 흥법사지 금당의 서북 3정쯤 산록 경사면에 거석巨石을 뒤에 받치고 그 앞에 축조된 것이다. 옆으로 길게 산석山石이 석렬石列을 이루고 있는데 이것이 진공대사묘탑의 전면 기단이 붕괴된 상황이다. 이중기단으로 하층기단은 높이 약 3척, 폭 32척의 방형이고 상층기단도 역시 높이 약 1척, 폭 22척의 방형단이다. 상층기단의 중앙에 묘탑이 건립된 것이나 다이쇼大正 연도경 경성으로 옮겨져 한때 탑동공원에 있었다가 쇼와昭和 6년 총독부 박물관 마당으로 이건된 것이다. 진공대사 묘탑은 이전한 터에 남아 있던 석관 등 기타 석물이 묘탑기단 중앙부의 파낸 구덩이에 남아 있었다. 석관은 일부 파손되고 개석은 결실되었다. 그것은 이 폐허에서 수정 떨어진 소부락에 있는 소구의 다리로 사용하기 위해 운반되었기 때문이다.[37]

사지 인근에 거주하는 고노의 말에(장준식 확인), "일본인들이 부도탑을 가져가는 것을 봤는데 이런 아름들이 낭구뚱(나무)을 굴리면서 배에 실어갔다"고 한다.[38]
이것이 반출된 시기는 명확하지 않지만 세키노 타다시關野貞는 『조선의 건축과 예술』에서 진공대사탑과 염거화상탑에 대해 "나는 작년 경성에서 이미 개인의 손에 들어가 있는 가장 우수한 것들을 보았다. 함께 강원도 원주 폐흥법사지에서 나온 것으로"라고 기술하고 있는데,[39] 이 내용은 1912년에 일본『건축잡지建築雜誌』에

---

36) 「昭和3年度古蹟調査槪要」, 『朝鮮 1929年 4月 朝鮮總督府』, p.4.
　　'原州興法寺址調査'.
37) 『興法寺址 石物實測 및 地表調査 報告書』, 原州市, 2000.
　　「1929年 3月 小川敬吉의 現地調査記錄」'眞空大師浮屠址'조.
38) 장준식, 「중원지방의 석조부도」, 『충북의 석조미술』, 충북개발연구원 부설 충북학연구소, 2000, p.307.
39) 關野貞, 『朝鮮의 建築과 藝術』, 岩波書店, 1942, p.642.

발표하였던 것을 다시 『조선의 건축과 예술』에 수록하였던 것이기 때문에 세키노關野가 말한 작년은 1911년을 지적하는 것으로, 진공대사탑의 반출 시기는 1911년 이전임을 알 수 있다.

현재 국립중앙박물관으로 이건되어 있는 진공대사탑과 『조선고적도보 제6책』(도판번호 2969), 오가와小川 자료집을 비교해 보면, 고적도보관과 오가와의 자료집에는 진공대사탑의 상륜부 보개 윗부분이 일부 남아 있었는데, 국립중앙박물관에 이건한 탑의 상태를 보면 보개 윗부분에는 아무것도 남아 있지 않다.

스기야마 노부조杉山信三의 기록에, "현재 보개까지 남아 있고 다른 것은 산일하여 전형全形을 알 수 없다"[40] 하는 것으로 보아 경복궁으로 이건되기 전에 도실된 것으로 추측된다.

이곳 사지에 있는 3층석탑은 1916년경의 『조선보물고적조사자

진공대사탑
(『조선고적도보』에 의함)

---

40) 杉山信三, 『朝鮮の石塔』, p.28.

료朝鮮寶物古蹟調査資料』에는 "석탑은 3중의 방탑方塔으로 높이 약 10척 완전"이라고 되어 있다.[41] 세키노 타다시關野貞는 홍법사지 3층석탑에 대해 기술하길, "그 형식은 신라탑을 계승한 2단의 기단 위에 세운 것으로 실로 여초 탑파麗初塔婆의 백미白眉"라고 극찬하고 있다. 그리고『조선고적도보』제6책(도판 2930)을 보면 탑신, 옥개석 곳곳에 파손된 흔적이 보이며 수령이 10년 이상으로 보이는 잡목이 석탑의 지대석에 붙어서 자라고 있다. 그리고 오가와 케이기치小川敬吉의 조사자료집에 실린 사진[42]을 보면 탑은 여러 곳에 수 차의 도괴에 의한 것으로 추정되는 파손의 흔적이 있고, 노반 이상은 아무것도 보이지 않으며 기단부 상대석까지 주변의 잡석들을 쌓아 두어 당시 밭으로 경작을 하면서 아무렇게나 방치하여 두었음을 알 수 있다.

『조선의 건축과 예술』에 실려 있는 사진. 장소가 어느 곳인지 명확하게 나타나 있지 않다. (건축잡지 1911년 2월부터 1912년 9월에 게재한 내용이라고 명기하고 있다)

---

41)『朝鮮寶物古蹟調査資料』, 朝鮮總督府, 1942.
42)『소천경길 조사 문화재 자료』, 문화재관리국 문화재연구소, 1994 참조.

『小川敬吉調査 文化財資料』

홍법사지3층석탑
(현재의 모습)

현재 탑의 옥개석 위에는 근래의 보수시에 얹어 놓은 것으로 보이는 탑 두부의 일부 석재가 올려져 있다. 탑이 유존하는 이곳은 지금도 밭으로 경작지화 되어 있으며 사지의 축대 주변에는 기와편이 산재하고 밭가에는 주초석이 방치되어 있다. 축대도 부실하여 언제 허물어질지 모르는 상태인지라 이 사지에 대한 보존대책이 필요하다.

　이곳 홍법사지 밭에서는 1989년 11월 28일 정지작업을 하던 중 우연히 고려의 재명동종이 발견되었다. 현품이 아무런 화상흔적도 없이 받지 않고 출토된 사실에서 아마도 홍법사가 폐사될 당시 매장된 것이 아닌가 추정되고 있으며, 재명은 〔명창이년신해사월홍법寺明昌二年辛亥四月興法寺……〕으로 명창明昌 2년은 1191년에 해당한다.[43]

진공대사비편
(국립중앙도서관)

---

43) 黃壽永,「明昌二年銘 高麗 興法寺銅鍾」,『梵鐘』12・13합집, 1990.

동종 발견 기사
(좌: 한국일보, 1989. 12. 8;
우: 국민일보, 1989. 12. 4)

강릉 신복사지神福寺址3층석탑(보물 제87호)

이 사지는 강원도 강릉시 내곡동에 소재하는 것으로, 창건 및 폐사에 관한 자세한 기록이 없다. 건립 연대에 대해서는 범일梵日에 의하여 개창되었다하나 범일이 도굴산파闍崛山派를 개창한 이후 이 사를 말사로 하여 법을 펼쳤을 것으로 보이며, 이곳에서 출토된 기와편으로 보았을 때 대략 통일신라시대에 사찰이 창건되었던 것으로 추정되고 있다.

1916년에 발간한『조선고적도보』제4책에는 탑 부근에서 발견한 '신복神福'명銘의 와편이 실려 있으며, 해설편에는 "탑의 연대와 사의 명칭을 알 수 있는 참고자료"라 하고 있다. 스기야마 노부조杉山信三는 신라 말기에 건립된 사찰로 보고 있으나 명확한 근거는 들지 않고 있다.[44] 그러나 사찰의 창건 연대에 대한 가장 확실한 연대를 올려 볼 수 있는 것은, 신천식 씨에 의해 현지에서 '천흥天興'이란 연호가 있는 와편이 수집됨으로써[45] 통일신라시대에 사찰

신복사지삼층석탑

---

44) 杉山信三,『朝鮮の石塔』.
45) 申千湜,「韓國佛教史上에서 본 梵日의 位置와 崛山寺의 歷史性 檢討」,『嶺東文

이 창건되었던 것으로 볼 수 있다.

『강원총람江原總攬』에 의하면, 1932년까지는 신복사의 '신神'을 지명과 같이 '심尋'으로 써오다가 당시의 불교 포교사 김홍경金弘經씨가 현지답사에서 '신복神福'이라 쓰여진 기와를 발견한바 있고, 이듬해 박물관 직원 고이즈미 아기오小泉顯夫가 같은 명문이 있는 기와 2매를 발견하여 이후 신복사神福寺라 개명케 되었다46)고 한다. 그러나『다이쇼원년 고적조사약보고大正元年古蹟調査略報告』에 의하면, 세키노 타다시關野貞 일행은 1911년 10월 30일에서 11월 2일 사이에 신복사지를 조사한 것으로 나타나 있으며 "폐신복사廢神福寺"로 기록하고 있어 이미 사명寺名에 대한 물증자료 즉 당시 조사에서 발견한 '신복神福' 재명와에 근거하고 있음을 알 수 있다. 따라서 이미 1911년에 세키노 일행에 의해서 신복사神福寺라 밝혀졌으나 널리 알려지지 않았을 뿐이었다.

신복사神福寺는 사찰이 폐하여 진 후 오랜 세월이 흐르면서 신복사神福寺가 유사음類似音의 지명인 심복尋福을 따라 한동안 심복사尋福寺로 불리워졌던 것으로 지역 주민들 사이에 일반화되었던 것으로 추정된다.

동경제국대로 반출한
신복사 출토 瓦
(『조선고적도보』)

化』創刊號, 1980.
46)『江原總攬』, 江原道企劃管理室, 1974.
　동아일보 1937년 11월 30일자와 1938년 5월 24일자의 기사에 의하면,『江原總攬』에서 말하는 1932년은 1936년의 誤記로 보인다.

당시 일본학자들의 조사와 더불어 중요한 일부 자료는 수거해 일본으로 반출하였던바, 1916년에 발간한 『조선고적도보』 제4책에 '신복사神福寺'명銘의 문자와(도판번호 1520~1522) 등이 동경제국대학 공과대학소장으로 되어 있다.

이곳의 석탑은 전형적인 고려시대 석탑으로 특히 탑 앞에 보살좌상(보물 제84호)이 있어 특히 주목된다. 이 보살상은 오늘날 약왕보살藥王菩薩이라 전칭傳稱되고 있는데47) 탑을 향해 왼 무릎을 세우고 공양하는 자세로 왼팔은 무릎 위에 올리고 모아 쥔 두 손은 가슴에 붙이고 있는 모습이다.

『조선고적도보』 제4책에는 신복사3층석탑이 파손 없이 완전한 상태로 게재되어 있으며, 『조선보물고적조사자료』에도 "강릉에서 서남 약 10정의 심복동尋福洞 후곡後谷 전중田中에 고 14척 석탑과 고 5척3촌의 석좌불상石座佛像이 잔존함"이라 하여 완전함을 기록하고 있다.

1936년에는 강릉공립공업학교 교장 오사다 켄지長田謙二에 의해

동아일보,
1938년 3월 24일자

---

47) 黃壽永, 「新羅 半跏思惟像의 新例」, 『考古美術』 142, 韓國美術史學會, 1977년 2월.

신복사지에서 또 다시 '신복神福'이라 새겨진 기와가 발견되었다. 이와 관련하여 당시 강릉포교당의 김홍경이 "이 귀신 신神자 절 이름은 매우 드문 것으로 만약 강릉 심복사尋福寺가 신복사神福寺였다면 반드시 여기에는 이유가 있을 것이다"라고 한 얘기가 주민들의 입에 오르고 신복사의 사명에 대한 신비감이 더해 가면서 세인들의 주목을 받게 되었다.

그간에 한적한 산간의 외진 밭 가운데 고이 보존되어 오던 이 석탑도 세인들에게 알려지면서 주변 민간인들의 방문은 물론 불법자들의 침입까지 초래하고 말았다. 불법자들은 1938년 5월 13일 야음을 틈 타 탑을 무참히 무너트리고 탑 내의 보물을 훔쳐 달아났다. 당시 동아일보(1938년 5월 24일자)에는 다음과 같은 기사가 실려 있다.

심복사尋福寺 유탑遺塔을 파훼破毁

보물을 훔쳐 내려 하였습니까? 국보 강릉 신복사지神福寺址의 석탑을 떼어내어 넘어트린 괴 사건이 돌발되었다. 강릉군 성덕면 심복동 403번지 밭 가운데 있는 화강암 방형석탑은 전하는 바에 의하면 지금으로부터 1천 50년 전에 있던 대가람 신복사의 유탑으로 고가 14척 2분이오 기경基經이 8척 2촌 7분이나 되는 것으로 소화 9년도에 조선보물고적천연기념물보존령에 의하여 지정을 받아, 이래 국보로서 같이 남은 유상遺像 석불과 함께 찬연한 고대문화를 말하고 있는바 의외 소화 11년도 강릉공립공업학교 오사다 켄지長田謙二 씨가 주은 기와 2편에 '신복神福' 2자가 새겨진 것을 발견하여서 종래 불리어 오던 찾을 심尋자 심복사尋福寺는 전혀 그릇 전해진 것이 판명되어 학계에 크나 큰 센세이션을 일으켰으며 그후 아마추어 연구가 김홍경씨도 역시 신복사神福寺라 쓰여진 기와를 얻어 절대 의심할 여지가 없게 되었는데 이런 일 저런 일로 해서 그런가 일반의 신복사에 대한 인식은 가일층 더하여 사가史家의 발길은 물론 신앙부녀 등의 치성이 끊일 사이 없던 중 더구나 지난 4월 그믐께는 총독부 박물관 주임 고이즈미小泉 씨도 계원을 대동하고 강릉에 와서 신복사 옛터를 조사하였다는바 역시 귀신 신자

'신복사神福寺'라고 씌여진 커다란 기와 한 장을 또 얻었다. 이제는 더 말할 나위가 없게끔 된터인데 그후 한 20일 남짓 하였을까 말까한 지난 13일밤 어떤 자가 그 육중한 탑을 전부 무너트리고 돌함 속을 텅 비게 해놓았다 한다. 이 급보를 접한 소관서에서는 당장에 현장을 조사하는 등 일대 수사망을 펴고 방금 범인을 염탐 중이라 한다.

『광복 이전 박물관자료 목록집』을 보면, '신복사지3층석탑 적직공사積直工事비 내역서'와 '신복사지 및 굴산사지부도 복구공사 사

1938년 10월 3일의 모습
(近藤豊, 『한국건축사도록』, 1974)

양서仕樣書'가 보이나 날짜가 명기되어 있지 않으며, 곤도 토요近藤豊의『한국건축도록』에는 1938년 10월 3일자 사진에 도괴된 상태의 사진이 수록된 점으로 보아 당시 곧바로 복원공사가 이루어지지 못하고 한참 후에 복원이 이루어졌던 것으로 보여진다.

1953년에 발행한 『강원도지 상』에 의하면, 일제 말경에 정체불명의 불법자들이 탑 중의 보물을 훔치기 위해 고의적으로 탑신을 붕괴했다[48]고 하며, 1959년에 발간한 『강원명승고적』(강원체육회)에도 "15·6년 전에 붕괴된 것을 재건축한 것이다"라고 하고 있다. 이는 1943·4년경에 또 다른 도굴의 만행이 있었다는 것으로 2차에 걸친 도굴의 수난을 당하였다.

일제강점기의 도괴 전의 모습과 현재의 복원한 탑 모습을 보면

신복사석탑과 상륜부
(『조선고적도보』)

---

48) 『江原道誌』上, 江原道誌 編纂委員會, 1959.

현재의 탑 상륜부의 순서가 바뀌어 있음을 알 수 있다. 이는 일제 말기 성급하게 석탑을 복원하는 과정에서 이같이 된 것이 아닌가 추정된다.

현재 사지 일대는 야산으로 둘려져 있으며 탑지 일대는 많은 흙이 퇴적되어 있다.

『조선총독부 조사자료』
제3집 (1931)

원주 거돈사지居頓寺址 원공국사승묘탑圓空國師勝妙塔(보물 190호)

거돈사지는 강원도 원주군 부론면 정산리 담안마을에 있다.

창건된 시기는 발굴조사 결과 통일신라 말인 9세기경으로 보고 있으며 고려 초에 중건된 것으로 고려 초기에 큰절의 면모를 이루었던 것으로 짐작된다.[49] 1018년(현종 9)에 왕사를 지낸 원공국사 지종智宗이 이 절에 와서 만년을 보내다 현종 9년(1018)에 89세로

원공국사승묘탑비

입적하니 시호諡號는 원공圓空, 탑호塔號는 승묘勝妙라 하였다. 탑비는 대사가 입적한 지 7년 후인 현종 18년(1013)에 건립되었다. 문은 최충崔冲이 찬하고 글씨는 김거웅金巨雄이 썼다.

이 사찰이 폐사가 된 시기는 분명하게 알 수 없으나 『신증동국여지승람新增東國輿地勝覽』에는 "한계산에 있다. 고려 최충이 찬술한 승묘의 비가 있다"라는 기록이 있어 조선 중기까지 남아 있었다고 보여지며, 임진왜란 때 소실되었다고 전해진다.

또 이곳 민가에서 사용되고 있는 석재는 모두 사지에서 이동된 것인데 그 중에는 유문석有紋石도 있었다. 1916년경에 조선총독부 토목국에서 조사한 기록에는 "3중방탑三重方塔이 있고 불전폐지 전방에는 원공국사승묘탑비가 있다"[50]고 하면서 이곳에 당연히 있

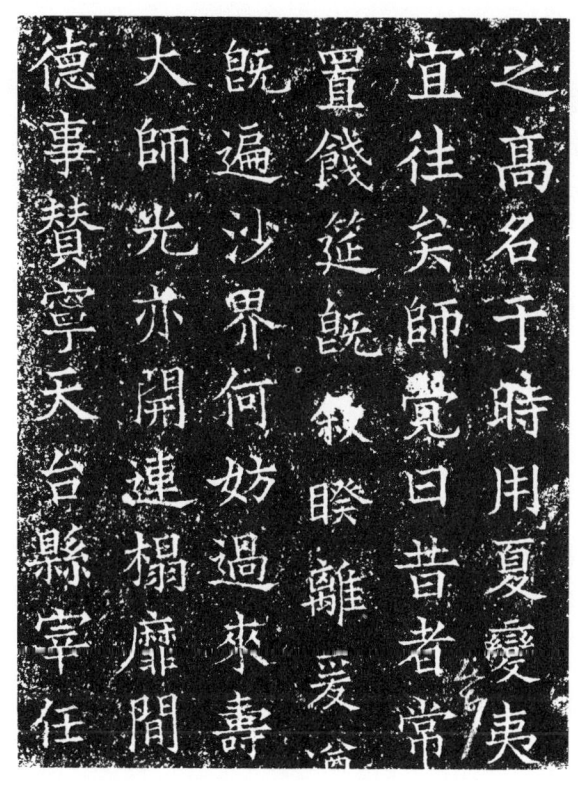

원공국사승묘탑비문

---

49) 「居頓寺址 發掘報告書」, 『한림대학교박물관연구총서 14집』, 한림대학교 박물관, 2000.
50) 『朝鮮寶物古蹟調査資料』, 朝鮮總督府, 1942.

원공국사승묘탑
(경복궁 소재시)

어야 할 승묘탑에 대해서는 아무런 언급이 없다.

원래 이곳 사지 중심에서 동으로 약 60m 떨어진 곳에 원공국사 승묘탑이 있었다. 1912년 11월 13일 이곳을 조사한 다니이 세이치 谷井濟一의 기록에,

> 승묘탑은 지금 경성으로 몰래 운거運去되었고 탑이 있던 장소는 파헤쳐져 있다.51)

고 하며 승묘탑의 반출을 밝히고 있다.

탑이 반출될 때의 상황은 담안 마을에 거주하는 주민이 선친先親에게서 전해 들었다고 하는데(장준식 조사) "산상에서 선창이 있는

---

51) 谷井濟一, 「朝鮮通信」, 『考古學雜誌』 第3卷 5號, 1913年 1月, p.60.

1910년대의 모습 (사지 내에 민가가 들어서 있다.)

정돈된 현재의 모습

생개강까지 우차牛車를 동원하여 운반하였는데 이 운반에 사용하였던 소들이 땀에 흠뻑 젖었으며 동리 주민들은 왜놈들이 무서워 말 한 마디 못했다" 한다.[52]

『조선고적도보』세4책을 보면 거돈사 폐시의 전경(도판 1458)에는 석탑 주변에 민가들이 들어서 있다. 그리고 와편瓦片(도판 1460~1466)들은 동경공과대학 소장으로 되어 있어 일본으로 반출되었음을 보여주고 있다.

---

52) 장준식,「중원지방의 석조부도」,『충북의 석조미술』, 충북개발연구원 부설 충북학연구소, 2000, p.310.

1911년 세키노關野 등이 촬영한《조선고적사진목록》을 보면 목록번호 14-17이 "원공국사승묘탑(와다 츠네이치 소관和田常市所管)"으로 기록되어 있고, 스기야마杉山의 기록에도

현재 옮겨져 경성부 남미창정 와다和田 씨의 저邸에 있다.

하고 있어 일본인 와다和田가 몰래 자신의 정원에 옮겨 놓았음을 밝혀 주고 있다.

1939년 10월 18일에는 조선총독부 고시 제857호에 의해 보물 제314호로 지정, 소유자는 '경기도 경성부 남미창정 202번지 와다和田'로 기록되어 있다. 이로서 최소한 1939년 내지 해방 전까지는 와다의 정원에 있었던 것으로 보이는데, 해방 후 한때 행방이 묘연하였다. 1946년 3월에는 당국에서 현장조사까지 하여 확인을 하였으나 1948년 5월에 와서 실종 사실을 알게 되었다. 당시《국립박물관일지》[53]에는 다음과 같이 기록하고 있다.

와다(和田)의 정원에 있는 승묘탑

53) 박물관신문, 1971년 9월 1일자.

1948년 5월 20일

남창동 202 전 일본인 와다和田의 주택 내 소재 거돈사지 원공국사승묘탑이 실종되었다는 소식을 듣고 이 관장대리, 황 박물감이 현지를 검사.

1948년 5월 21일

승묘탑의 도난을 서면으로 문교장관에게 보고하고 급속 탐색을 요청.

승묘탑의 실종 사실은 신문지상에까지 공개되어 수배를 하였는데, 동아일보(1948년 6월 18일자)에는 다음과 같은 기사를 싣고 있다.

잃어버린 국보
원공국사승묘탑

1946년 3월까지는 확실히 그 자리에 있었던 것을 문교부에서도 인정하고 있으므로 그 이후에 도난된 것은 확실한 바이지만 해방 후 와다和田의 집주인이 여러 번 바뀌었기 때문에 모두가 모르겠다고만 하니 어느 고고학자나 골동애호가의 욕심으로 서울 안에 옮겨다 세운 것인지 그렇지 않으면 벌써 바다 밖으로 흘러간 것인지 문교부에서도 극력 조사 중이나 930세의 늙은 원공국사탑이 소리쳐 대답치 않으니 언제나 찾어질 것인가 이제 잃어버린 국보는 찾아 내는데 있어 관계 당국의 활동과 노력과 성의에 기대하는 바 자못 크다고 하겠다.

와다和田가 살던 집은 해방 후 집주인이 여러 차례 바뀌있는데 당시 수사의 초점은 해방 후 와다의 집에 살았던 사람 홍모와 이모에게 주목했다. 그 결과 서울 성북동의 이모 씨의 정원에서 발견할 수 있었다. 문교부 교화국에서는 그의 불법행위를 지적하고 국립박물관으로 이전하는데 드는 비용을 부담하는 서약서를 작성하라고 하였다. 그러나 그

의 아들은 "1946년 6월 남창동 그 집을 미국인에게 명도할 때 미국인의 양해를 얻고 이리 가져왔던 것으로 이 탑이 9백여 년 전의 것이라는 것은 알고 있었으나 국보인지는 전혀 모르다가 지난번 동아일보에 기사가 게재된 것을 보고 그것이 국보인줄을 알고 문교부에 보고하게된 것이다."54)라고 하며 보관의 승인은 하였으나 이전에 관해서는 은닉치 않았기 때문에 서약서 작성을 할 수 없다고 거부 하였다.

와다의 정원에 있을 때만 하여도 조선보물명승천연기념물보존령에 의해 입간판이 세워져 있었기 때문에 원공국사탑이 함부로 이전할 수 없다는 것은 상식일 것이다. 박물관측에서는 법적인 절차를 밟겠다고 하여 겨우 이모에게 국립박물관에 건립하겠다는 서약서를 받게 되었다. 하지만 이 씨는 원공국사탑을 박물관 정원에 실어다 던져 놓은 채 1년이 넘도록 건립을 하지 않았다. 당시 문교부 교화국장의 말을 빌리면, "이가 작년 7월 말까지에 국립박물관에 기초를 축조하고 건립하여 놓기로 서약서까지 썼음에도 불구하고 이행하지 않음으로 5차에 걸쳐 공문을 발송하였으나 아직 해결하지 못하고 있다"55)고 한다.

그후 어떻게 종결이 되었는지는 알 수 없으나 여기에 한 가지 간과할 수 없는 것이 있다. 경복궁으로 옮긴 후의 승묘탑과 오가와 케이기치小川敬吉가 촬영한 승묘탑을 비교하면 오가와小川가 촬영한 사진에는 보주 윗부분이 완전한 상태인데 현재의 승묘탑에는 보주 윗부분이 분실되었다.

와다의 정원에서 반출되는 과정에서 분실된 것이 아닌가 추정된다.

현재 거돈사지에는 금당지에 초석이 보존되어 있고 중앙엔 거대한 석불대좌가 파손된 채 놓여 있다. 금당터 앞에는 삼층석탑(보물 750호)이 있고 삼층석탑 북쪽에 원공국사승묘탑비가 있다. 사지의 동쪽 언덕 조금 높은 곳에 원공국사의 부도 자리가 있고 석단과 지

---

54) 東亞日報, 1948년 7월 6일자.
55) 동아일보, 1949년 9월 27일자.

대석 2편만이 잔존하고 있다.

거돈사3층석탑

석불대좌

원공국사승묘탑 자리

양양 선림원지禪林院址의 석조물

선림원지禪林院址는 강원도 양양군 서면 황이리에 소재하는데, 신라시대에 창건된 것으로 알려져 있으나 창건과 폐사에 관한 자세한 자료가 없을 뿐 아니라 사명寺名의 유래에 대해서도 명확한 기록이 보이지 않는다.

사명에 대해서는 『조선금석총람朝鮮金石總覽』, 『조선금석고朝鮮金石攷』, 『조선보물고적조사자료』와 1830년경에 편찬한 『관동지關東誌』 등에는 모두 '사림사沙林寺'로 기록하고 있으며, 『대동금석서大

선림원지삼층석탑

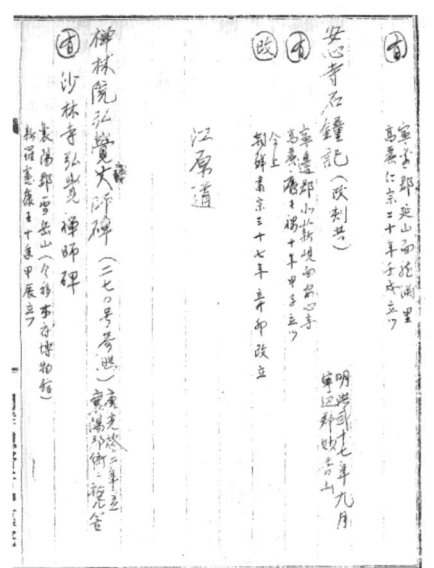

『朝鮮金石調査稿本』淺見倫太郎 (1916년 9월 7일)

東金石書』와 18세기 중엽의 기록으로 추정되는『현산지峴山誌』에는 '선림원禪林院'이라 하고 있다. 그러나 이들 기록에는 어디에 근거를 두고 있는지는 알 수 없다. 사명을 추론해 볼 수 있는 가장 오래된 기록으로는 '정원 20년貞元廿年' 명銘 신라범종新羅梵鍾을 들 수 있으나 여기에도 명확한 사명은 밝히지 않고 '당사當寺'라 하는 점으로 보아 804년 당시에는 □원□院이 아니라 □사□寺로 불리어 졌음을 알 수 있다. 오늘날 수차례의 발굴조사에서도 이 사찰명을 말해주는 어떤 명문도 발견하지 못하였으며, 사명에 대해 일반적으로 '선림원禪林院'이라 하고 있으나 여기에 대한 명확한 유래를 밝히기는 어렵다.

오랫동안 폐사지로 남아 있던 이곳에서 1948년 '정원 20년貞元廿年' 명銘 신라 범종이 발견되어 주목되어 왔다.56) 범종의 명문銘文에, "정원 20년 갑신(804) 3월 23일에 당사當寺의 종이 이루어지다. 고시산군古尸山郡 인근仁近 대내말大內末과 자초리紫草里가 시납施納하신 고종古鍾의 쇠 280정廷과 당사고종當寺古鍾의 쇠 220정廷, 이

---

56) 1948년에 출토되어 1949년 월정사로 옮겨 보존하여 오던 중 한국전쟁으로 월정사가 소실되면서 함께 불타 파손되어 그 일부의 파편만이 국립중앙박물관에 보존되어 있다.

손상되기 전의 선림원종
(『월정사 선보박물관도록』)

것으로 밑천을 삼고 십방十方의 단월旦越들을 권하여 이루었다"[57] 한다. 여기에서 '당사 고종當寺古鍾'이라 하는 점으로 보아 804년 이전에 이미 이 사찰이 창건되어 있었음을 알 수 있다. 종의 명문에 경주 영묘사의 일조화상日照和尙, 해인사를 창건한 순응화상順應和尙 등도 종을 주조하는데 참여한 것으로 기록된 점으로 보아 804년 당시에 이미 이 사찰이 상당한 지위였음을 짐작할 수 있다.

1985년부터 1986년 8월에 걸쳐 동국대학교 발굴조사단에 의해 발굴된 기와편들로 보아 9세기 초에 창건된 것으로 보고 있다. 그러나 이 사찰이 획기적인 변모를 가져오게 되는 것은 홍각선사기 이곳에 주석하면서 대대적인 중창불사를 한 다음 사찰의 성격을 화엄종에서 선종으로 전향한 것으로 보여진다. 그 이후 얼마 지나지 않아 태풍과 대홍수로 산이 무너져 내려 중요 건물을 덮어 버려

---

57) 『譯註 韓國古代金石文』 3, 駕洛國史開發研究所, 1997.

그대로 폐사가 된 것으로 추정되고 있다.[58)]

폐사된 이곳에 오랫동안 홍각선사비弘覺禪師碑의 귀부와 이수, 부도, 석등, 3층석탑 등 석조유물이 전하고 있는데,[59)] 이들 석조

선림원지 석등

[58)] 『전통사찰총서』 2(강원도편), 사찰문화원출판부, 1992, p.193.
　　　文明大, 「禪林院址 發掘調査 略報告」, 『佛教美術』 10, 1991, 東國大博物館에 의하면, 1985년 7~8월 사이에 發掘調査한 遺物調査에서는 800년경으로 추정되는 암막새 기와와 수막새 기와가 출토되었으며, 9세기 후반으로 추정되는 기와가 대부분이며 이 시대 이후의 유물이 발견되지 않은 점으로 보아 800년경에 창건되었다가 9세기 후반에 대대적인 중창을 거쳐 900년 전후시기에 산사태로 매몰되었던 것으로 추정하고 있으며 1986년 8월 2차 발굴에서도 같은 결론을 내리고 있다.

유물은 일정시 불법자들의 사리구舍利具 도취盜取로 인하여 대부분 도괴되어 3층석탑, 팔각석등, 홍각선사탑비의 귀부와 이수, 부도 등의 석재가 산란되어 왔다.

1964년에는 신흥사新興寺에 있다는 승려 2명이 인부를 동원하여 선림원지의 석탑, 석등, 부도 등을 신흥사로 이반移搬하려고 작업을 진행하여 반출준비가 거의 완료된 상태에서 당국이 이를 탐지하여 작업을 중지시켰다. 1965년 봄에 정영호 교수의 현장조사로서 석조물에 대한 문화재 가지정文化財假指定과 함께 원위치에 보호조치하고 1965년에 복원하였다.

1965년 3월 초에 정 교수가 처음 이곳을 답사하였을 때는 석조물의 각 부재가 원위치에서 흩어져 반쯤 토중에 묻혀 있는가 하면 석등 화사석은 축대 밑으로 굴러 떨어져 있는 등 산란하였다고 한다. 부재를 점검해보니 복원이 가능함을 알 수 있어서 상경 후 곧 당국에 보고하여 유물과 사지에 대한 문화재 가지정으로서 우선 보호조치를 취해놓고 만추에 이르러 복원공사를 하였다. 공사 착수 2주일 만에 완공하여 약 3000여 평 넓이의 사지에 삼층석탑과

홍각선사비 귀부와 이수

---

59) 『寺刹古蹟考』에는, 舍利塔, 浮圖, 臺石及三重塔, 燈爐, 龜趺殘缺 등이 남아 있는 것으로 기록하고 있다.

석등, 부도, 홍각선사비 귀부 및 이수 등이 우뚝이 서게 되었다. 유물 4점은 문화재위원회의 결의에 따라 보물로 지정되었으며 사지 일대는 사적지로 보호받게 되었다.[60]

홍각선사비弘覺禪師碑는 병부랑중兵部郎中 김원金蒝이 찬문撰文하고 사문沙門 운철雲徹이 왕우군王右軍의 글씨를 집자集字한 것이다. 이익의 『성호사설星湖僿說』 동방석각東方石刻 조에, "양양 설악산에는 홍각선사비가 있는데 왕우군의 글씨를 집자한 것이다"라고 기록하고 있다. 또 『대동금석東國金石』[61]에는 비문을 "절품絶品"이라 평하고 있다.

이처럼 일찍부터 이름이 높았던 고로 법첩용으로 탁본이 성행하였으며 그만큼 비면의 마모도 심해졌을 뿐 아니라 탁본에 따른 노역을 견디다 못한 주민들이 불을 지르는 바람에 1700년대 중반에 비는 결국 깨어지고 말았다.[62] 산화山火로 인하여 비가 절단切斷되었던 것을 영조 23년 정묘(1747)에 부사 안경운安慶運이 부의 창고에 보관하여 왔는데,[63] 어느 때 그 소재를 잃어버렸다.

홍각선사비문

---

60) 鄭永鎬, 「양양 禪林院址에 대하여」, 『考古美術』 제2권 6호, 1966. 6.
61) 齋藤忠 編著, 『高麗寺院史料集成』.
62) 『譯註 韓國古代 金石文』 3, 駕洛國史開發研究所, 1997, p.62 參照.
　　許興植은 『韓國中世 社會史 資料集』(아시아문화사, 1976, p.69)에서 『大東金石書』를 編纂할 當時까지 弘覺禪師塔碑文의 완전한 拓本이 존재하였을 것으로 推定하고 있다.
　　그리고 權悳永은 「弘覺禪師塔碑文을 통해 본 新羅 億聖寺의 推定」(『史學研究』 55·56집, 1998)에서 『大東金石書』에 실려 있는 拓本은 탁본 당시 이미 비석이 깨어졌음을 지적하여 17세기 中葉頃에 弘覺禪師碑가 破損되었음을 推論하고 있다.
63) 『峴山誌』 史蹟 弘覺碑 條, 『私撰邑誌』 卷35.
　　"今上丁卯府安公慶運 拾其殘片 留置府庫"

1913년 조선총독부의 금석문 수집의 통첩에 의해 수색한 결과 1914년 가을에 발견하여 총독부 박물관으로 옮기고[64] 현지에는 귀부와 이수만 전한다. 이수螭首 전면前面에는 "홍각선사비명弘覺禪師碑銘"이라고 전자체篆字體로 2행으로 양각되어 있다. 귀부와 이수에 조각된 수법과 양식이 9세기 말경의 작품으로 비신 잔편에서 판명된 자구는 150여 자일 뿐으로 탑비의 건립 연대가 나타나 있지 않으나,[65] 이우李俁의 『대동금석서大東金石書』에는 "당희종광계이년병오립唐僖宗光啓二年丙午立. 신라정강왕원년야新羅定康王元年也"라 하여 886년에 건립한 것으로 기록하고 있다.

3층석탑은 2층기단 위에 3층의 탑신을 건조한 전형적인 신라식 일반형 석탑으로 1916년경의 조사에는 붕괴되었다는 기록이 없었는데,[66] 1930년 초에 스기야마 노부조杉山信三가 이곳을 조사하였을 때는 탑은 도괴되어 있었으며 홍각선사비의 귀부와 이수는 현지에 있었으나 부도의 잔재殘材가 흩어져 있었음[67]을 보아 불법자들의 소행으로 추정된다.

그후 1964년 말경에 또다시 불법자들이 탑을 해체하고 기단 밑에서 납석제소탑蠟石製小塔을 도취하였던 것을 문화재관리국에서 그 중 64기를 회수하였다. 1965년 복원시에 조사한 바에 따르면 초층탑신에 사리공은 있었으나 사리구는 일제시에 이미 도실盜失되었음이 확인되었다.[68]

선림원지부도는 9세기경에 건조한 신라 하대의 부도로 이곳 홍각선사의 탑으로 비정할 때 탑비의 건립 연대인 886년으로 추정된

---

64) 朝鮮總督府博物館 編, 『朝鮮書畵古器物目錄』, 1915.
　　葛城末治, 『朝鮮金石攷』, 大阪屋號書店, 1935.
　　葛城末治, 「朝鮮의 集字碑에 대해」, 『稻葉博士還曆紀念滿鮮史論叢』, 稻葉博士還曆紀念會, 1938.
65) 李浩官, 「統一新羅時代의 귀부와 이수」, 『考古美術』 154·155號, 韓國美術史學會, 1982年 6月.
66) 『朝鮮寶物古蹟調査資料』, 朝鮮總督府, 1942.
67) 杉山信三, 『朝鮮の石塔』, p.207.
68) 『江原總攬』, 江原道企劃管理室, 1974.
　　金禧庚, 「우리나라 탑속의 舍利藏置」, 『文化財大系』, 1986.

선림원지부도

다.[69] 일제 때 완전 파손된 것을 1965년 11월에 각 부재를 수습하여 현재의 자리에 복원하였는데 원래는 동편 법당지 뒷산에 건조되었던 것이 허물어져 밑으로 굴렀는데 지대석까지 원위치에서 떨어졌으므로 다시 산으로 올라가지 않고 기슭에 복원하였다. 복원시에 원위치에는 약간 평평하게 다져진 중심부에 구멍이 파여 있어 도굴꾼의 만행을 추정케 했다[70]고 한다. 현재는 기단부까지만 남아 있으나 기단부의 모습을 볼 때 남아 있지 않는 탑신부와 상륜부가 얼마나 섬세하고 화려했는지를 짐작케 하고 있다. 원 위치[71]는 뒷산 중턱으로 50m쯤 올라가야 한다.

---

69) 鄭永鎬, 「浮屠」, 『考古美術』 158·159號, 韓國美術史學會, 1983.
70) 鄭永鎬, 『新羅 石造浮屠 硏究』.
71) 葛城末治에 의하면, "碑는 新羅末의 僧 弘覺의 사리탑 옆에 세워진 塔碑일 것은 당대에 있어서 탑비의 例證에 따라 대략 추측되지만 塔銘을 무엇이라 사하였는지는 알 수 없다."라고 하였는데, 葛城末治의 '사리탑 옆에 홍각선사비가 세워졌

강릉 굴산사지崛山寺址 부도浮屠

굴산사지는 강원도 강릉시 구정면 학산리에 있다. 굴산사는 신라 문성왕 13년(851)에 범일국사에 의하여 창건된 사찰로 범일은 당에서 환국 한 후 굴산사에서 40여 년을 주석하면서 국사로서 존

굴산사지부도

다'라고 하는데 대해, 정영호는 이를 현지의 상황을 전혀 알지 못하고 기록한 것으로 사리탑명이 있는 조형물은 없으며 홍각선사비는 寺麓 平地에 있으나 부도는 100미터 이상 떨어진 산비탈 높은 곳에 위치하였으므로 금석고의 기록은 현지답사를 하지 않은데서 비롯된 잘못이라고 지적하고 있다(鄭永鎬, 『新羅 石造 浮屠 硏究』, 1974, p.105 參照).

숭尊崇을 받았다. 굴산사에 대한 기록은 『삼국유사』에,

> 굴산조사 범일梵日이 태화太和년간(817~835)에 당나라에 들어가 명주 개 국사에 이르니 왼쪽 귀가 없어진 중 하나가 여러 중들의 끝자리에 앉아 있다가 대사에게 말하기를,
> '나도 또한 고향사람으로, 내 집은 명주의 경계인 익령현 덕기방에 있습니다 조사께서 후일 본국에 돌아가시거든 반드시 내 집을 지어 주어야 합니다.' 했다.
> 이윽고 조사는 총석을 두루 돌다가 염관鹽官[72]에게서 불도를 얻고 회창會昌 7년 정묘(847)에 본국으로 돌아오자 먼저 굴산사를 세우고 불교를 전했다.

라고 하여 굴산사의 창건 연대와 창건주創建主를 밝히고 있다. 즉 범일이 환국한 후 굴산사를 창건한 것으로 기록하고 있다. 그런데 『조당집祖堂集』에는 범일이 환국 후에 일시 경주에 체류滯留하다가 얼마 후 백달산白達山에 안좌安坐하여 대중大中 5년(문성왕 13년, 851)정월까지 기거하였으며, 이때 도독 김공金公이 대사의 명성을 듣고 그에게 '청주굴산사請住崛山寺'하였던 것으로 기록하고 있다.[73] 따라서 굴산사는 범일이 환국하기 전부터 창건되었던 것으로 추정되나,[74] 범일에 와서 대대적인 중창과 아울러 선문禪門 도굴산파闍崛山派의 개산開山이라는 의미에서 그의 창건으로 보아도 무방하리라 본다.

도굴산파闍崛山派의 개창지開創地인 강릉지방은 무열왕武烈王의 직계손直系孫으로 왕위에 오르지 못한 강릉 김가의 시조 김주원金

---

72) 중국 염관현에 있었던 齋安禪師.
73) 『祖堂集』 卷第十七 "大中五年正月於白達山宴坐溟州都督金公仍請住崛山寺".
74) 申千湜은 「韓國佛敎思想史에서 본 梵日의 位置와 崛山寺의 歷史性 檢討」(『嶺東文化』 創刊號, 1980, pp.3~4)에서, 직접 地表調査 과정에서 標集한 遺物 중에는 新羅 中代의 것으로 보이는 것이 다수 발견되었으며, 범일이 闍崛山禪門을 開山하기 이전부터 현 위치에 存置하였던 것이 확실하며 그 창건연대는 新羅 中代로 보고 있다.

周元의 은거지이다. 김주원은 이곳에 토착하여 명주군왕溟州郡王으로 봉해졌으며, 그 후에도 김주원계의 사람들이 이곳에 세거世居하여 독립세력을 형성하게 되었다. 범일도 그의 조부가 명주도독溟州都督을 지냈던 점으로 보아 이 계통의 사람이었음에 틀림없다.[75] 범일의 굴산사 개창을 후원한 명주도독 김공金公이라는 사람도 역시 김주원계 세력에 속하는 인물로서,[76] 굴산사는 김주원계의 지방호족세력을 배경으로 한 영동지방嶺東地方을 대표하는 사찰로 번창해 갔다.

굴산사는 신라 하대 구산선문 중의 하나인 도굴산파의 본산本山으로 범일의 문하에는 낭원대사朗圓大師 개청開淸, 낭공대사朗空大師 행적行寂 등을 포함한 소위 십성제자十聖弟子들이 있어서 문풍門風을 조양助揚하여 구산선문에서 가장 번창하였다.[77] 그러나 고려 때 원나라의 침입으로 인근 법왕사法王寺와 함께 불에 타서 폐사가 되어[78] 그 사명寺名과 위치마저 잃었음인지 『동국여지승람東國輿地勝覽』에는 굴산사지의 위치 등은 보이지 않고, 단지 『신증동국여지승람新增東國輿地勝覽』 제44권 강릉대도호부江陵大都護府 '제영題詠' 조에 '굴산종崛山鐘'을 읊은 김극기金克己(고려 명종 때의 문신)의 시[79]만 전해지고 있다.

굴산사의 사명과 위치가 밝혀진 것은 1936년 홍수로 인해 주변의 흙이 쓸려가면서 6개의 주춧돌이 노출되고 '굴산사崛山寺'라는 글씨가 새겨진 기와가 발견됨으로써 이 절이 굴산사였음이 밝혀졌다.

1983년에는 농업용수로공사로 개발을 위한 수로공사 중 유구와

---

75) 崔柄憲, 「羅末麗初 禪宗의 社會的 性格」, 『史學硏究』 25號, 韓國四學會, 1975, p.5.
76) 金杜珍, 「新維卜代 禪師들의 中央土室 및 地方豪族과의 關係」, 『全南史學』 11, 全南史學會, 1997, p.33.
77) 白弘基, 「溟州 崛山寺址 發掘調査略報告」, 『考古美術』 161號, 1984年 3月.
78) 이정 편저, 『한국불교사찰사전』, 불교시대사, 1996.
79) 용용(舂容)한 崛山鐘은, 梵日禪師가 지은 것이다.
   보고 놀라서 마음이 당황하고, 珍重하게 敬禮하며 눈물 흩뿌린다.
   귀신은 다만 도를 행하고, 새들은 발붙이기 어렵다.
   그대는 행여 치지 말라, 동해에 어룡이 놀랄까한다.
80) 白弘基, 「溟州 崛山寺址 發掘調査略報告」, 『考古美術』 161號, 1984.

도괴된 굴산사부도
(『조선의 석탑』)

유물이 발견되어 강릉대학교 박물관에서 발굴조사를 하게 되었는데, 이때 지표 채집된 와당편瓦當片의 대부분이 고려시대의 유물인 점으로 보아 굴산사는 여말까지 존속한 것으로 추정된다.[80]

낭원대사오진탑비문朗圓大師悟眞塔碑文에 의하면 889년 범일조사가 입적入寂하자 그의 제자 낭원대사 개청이 스승을 그리며 비를 세우고 항상 송문松門을 지켜 도적으로부터 수호했다고 전한다.[81] 현재 이곳 사지에는 범일국사의 비는 일찍이 파괴되어 산일되고[82] 범일의 것으로 보이는 부도[83](보물 제85호)가 있다.

이 부도는 1916년경에 조사한 『조선보물고적조사자료』에, "강릉 약 1리 석천石泉의 서방西方 전중田中에 있다. 8각형 4층의 석탑

─────────────────

이 당시에 발견된 銘文瓦로는 「崛山寺」, 「五臺山」, 「中二六」 등의 印刻瓦가 나왔다.
81) 「朗圓大師悟眞塔碑」, 『朝鮮金石總覽』 上, 朝鮮總督府, 1919.
82) 申千湜은 1977년-8년에 굴산사지에서 石碑의 龜趺片과 螭首片, 그리고 銘文이 있는 비편을 발견하였는데, 명문에는 '溟州都督銀副都督'이란 명문과 '所二年三'이란 명문이 刻字되어 있으며 記銘이 나오지 않아 연대를 측정할 수 없으나 字體가 朗圓大師悟眞塔碑銘과 유사한 점이 있어 범일국사비편일 가능성이 높다고 한다.
申千湜, 「韓國佛敎思想史에서 본 梵日의 位置와 崛山寺의 歷史性 檢討」, 『嶺東文化』 創刊號, 1980, pp.3~4 참조.
83) 진성여왕 3년(889) 5월에 示寂하니 諡는 通曉大師라 하고 塔名은 延微之塔이라 하였다. ─ 權相老 『退耕堂全書』 卷八.

으로 높이 10척6촌 제1 제2층 및 대석에 정교하게 연화가 조각되어 있음"[84]이라고 하여 손상 없이 완전한 형태로 남아 있었다. 또 1924년에 간행한 『고적급유물등록대장초록古蹟及遺物登錄臺帳抄錄』에는 "정식頂飾의 일부 실失"한 외에는 다른 손상이 없이 등록번호 제173호로 등록 기재하고 있다.

그후 1934년 8월 27일에는 조선총독부 고시 제430호로 '보물고적명승천연기념물보호령'에 의해 보물 제127호로 지정되어 학산리 밭에 있었는데,[85] 1935년 6월 7일 야음을 틈타 무뢰한들이 무참히 도괴倒壞시키고 안에 있던 유물을 훔쳐 달아났다.[86] 스기야마 노부조杉山信三의 『조선의 석탑』에는 당시 굴산사지부도의 석재가 도괴되어 흩어져 있는 모습의 사진 1매가 게재되어 있다.[87] 도괴 후 이를 조사하기 위해 조선고적보존회가 기단석基壇石을 들추어 본 결과 기단석 아래에 지하 석실이 있고 오백나한을 설치한 흔적이 있었다고 한다.

『광복 이전 박물관 자료목록집』을 보면, 강릉고적보존회장 강릉군수가 조선총독부 학무국장에게 보낸 '보물 굴산사지부도에 관한 건(1943년 2월 3일자, 1943년 3월 13일자)'과 조선총독부 학무국장이 강릉군수에게 보낸 '보물 굴산사지부도에 관한 건(1943년 2월 9일자)'과 '굴산사지부도 적직積直 공사비 내역서'가 보이고 있어 1943년 2월경에 복원한 것으로 보인다.

1959년에 발간한 『강원명승고적江原名勝古蹟』(강원도체육회)에 실린 사진을 보면, 부도의 주변은 경작지화 되어 있으며 부도는 하대석까지 묻혀 있고, 현재의 부도에서 볼 수 있는 상륜부의 노반과 복발은 보이지 않고 옥개석 위에 보주 하나만 남아 있어 그간 버려져 방치되어 있었음을 짐작게 한다.

1961년에 발간한 『국보도록』 제5집을 보면 상륜부의 부재가 지

---

84) 『朝鮮寶物古蹟調査資料』, 朝鮮總督府, 1942.
85) 總督府告示 第430號(1934年 8月 27日).
86) 金禧庚 編, 「韓國塔婆硏究資料」, 『考古美術資料』 第20輯, 考古同人會刊, 1969, pp.97~102 參照.
87) 杉山信三, 『朝鮮の石塔』, 1944, 圖版 第4-2.

『江原道名勝古蹟』,
강원도체육회, 1959년

『강원도지』, 1959년

『국보도록』 제5집

상에 흩어져 있음이 나타나 있다. 이는 1943년 복원을 하면서 빠 트린 것이라고 보기에는 너무 어처구니없는 일이다. 혹 1943년 복원 후에 또 다른 도굴 행위가 있었던 것은 아닌지 의심이 된다.

현재 사지에는 부도 외에 보물 제86호의 당간지주幢竿支柱와 강원도 문화재자료인 석불좌상이 남아 있다. 이러한 유물들이 광범위하게 산재散在되어 있어서 중심 건물지가 어느 곳인지 확실치 않으나 지형조건과 와전편瓦塼片의 산포상태散布狀態로 보아서 대략 학산鶴山과 그 앞을 흐르는 학산천鶴山川 사이의 넓은 대지 일내일 것으로 추정되고 있다.[88] 그간 이곳에는 민가지民家地와 경작지耕作地로 사용되어 왔으며 특히 2002년 태풍의 피해로 이 일대의 토사들이 쓸려 내려가면서 지형마저도 그 원형을 많이 잃어버렸다.

---

88) 白弘基,「溟州 崛山寺址 發掘調査略報告」,『考古美術』161號, 1984年 3月.

굴산사지 당간지주

원주 약사암지藥師庵址석탑

강원도 원주군 흥업면[89] 대안리에 소재하는 것으로『조선보물고적조사자료』에 "약사암지藥師庵址 와편瓦片이 산재하고 석원잔존石垣殘存 석탑은 전부 붕괴崩壞되어 부근에 산재해 있으며 탑주塔柱에는 불상이 조각되어 있음"이라고 되어 있다. 원래는 3층석탑이었으나『조선고적도보』도판(1526~1527)에 도괴된 모습이 나타나 있는데 자연적인 것이 아니라 인위적인 도괴임이 잘 나타나 있다. 한일합방 전인 1910년경에 불법자들이 사리장엄구를 훔치기 위해 탑을 도괴하여 탑신석, 개석 등을 흩어 놓고 도망간 것으로 추정된다.

도괴된 약사암 석탑 잔석

---

89)『朝鮮古蹟圖譜』에는 금물산면(今勿山面)으로 기록하고 있다.

양양 진전사지陳田寺址3층석탑(국보 제122호)과 석조부도(보물 제439호)

진전사陳田寺는 강원도 양양군襄陽郡 둔전리屯田里에 있다. 진전사의 창건 유래에 대해서는 구전口傳되어 오는 전설 외에는 전해오는 문헌이 보이지 않고 있다. 구전되어 오는 전설에 의하면, 진전사는 신라 중엽 이후 약 1300년 전에 존재했던 절로 신흥사新興寺와 동시대에 건축되었다. 사세가 융성했던 신라 말기에 들어와 사

진전사지삼층석탑

회의 문약성文弱性에 편승便乘한 권씨, 김씨(권금성을 쌓았다는 사람)가 권금성을 무대로 진전사와 신흥사의 양 사찰을 약탈하게 되어 치명적인 피해를 입고 이 절이 망했다고 하며 진전사지에서 좀 떨어진 곳에 '도적굴'이란 동굴의 흔적이 묻혀진 채 있다고 한다.[90]

진전사는 선문禪門 가지산문迦智山門의 초조初祖 도의국사道義國師가 수행 정진하던 사찰이다. 도의국사는 선덕왕 5년(784)에 당나라로 건너가 지장선사地藏禪師의 선법禪法을 이어받고 그곳에서 37년 동안 정진 수행한 후 헌덕왕 13년(821)에 귀국하여 선법을 전하려 하였다. 그러나 당시의 신라인들은 경론經論 외의 것을 믿으려 하지 않아 이곳 진전사에서 불출산문不出山門하며 수행하다가 입적하였다. 그의 선법은 제자 염거선사廉居禪師에게 전해지고 염거선사로부터 선법을 이어받은 보조普照 체징體澄에 의해 드디어 보림사寶林寺에서 가지산문의 선문이 널리 전파하게 되었다는 것이 보조선사의 창성탑비문彰聖塔碑文에 나타나 있다. 또 보각국사普覺國尊:一然의 비문에 "일연선사가 1219년에 진전사의 장로 대웅에게서 구족계를 받았다"는 기록[91]이 있는 것으로 보아 고려 말기까지는 가지산문의 중심 사원 중의 하나였음을 알 수 있다.

조선시대에 와서는 『동국여지승람』이나 『범우고』에도 전해지는 기록이 보이지 않는다. 1975년도 발굴조사에서 고려시대의 청자와편과 연호가 있는 명문와銘文瓦가 출토되었는데 그 중에는 「천경天慶」(1111~1145), 「대덕大德」(1279~1306), 「성화 3년成化三年」(1467) 등이 발견되었을 뿐 조선시대의 와편이나 유물 등이 아직 발견되지 않은 점으로 미루어 보아[92] 조선 초기에 이미 폐사가 되어 황폐화되었던 것으로 추정된다.

폐지로 남이 있던 이곳에는 오직 3층석탑과 석조부도 만이 오랫동안 유존하였다. 그동안 세월이 흐르면서 사명조차 잃어버려 조

---

90) 『鄕土誌』, 襄陽郡敎育廳, 1968.
91) 權相老, 『韓國寺刹事典』.
    中吉功, 『海東の佛敎』, 1973, p.18.
92) 鄭永鎬, 「陳田寺址 發掘調査(1974~1975) 略報」, 『陳田寺址 發掘報告』, 단국대학교 중앙박물관, 1989.

선총독부간행『조선보물고적조사자료』(1942)와 스기야마 노부조杉山信三의 『조선의 석탑』(1944)에도 '강현면降峴面 둔전리사지屯田里寺址', '둔전리부도屯田里浮屠' 등으로 만 기록하고 있다. 동리에서는 '진전사지陳田寺址'라는 구전이 있기는 하였으나, 1965년에 사지에서 "진전陳田"이란 명문銘文의 와편이 수집되면서 진전사지임이 확인되었다.

1941년에 간행한 『강원도지江原道誌』(강원도지 간행소) 권지3 '고적명소'의 '둔전동탑' 조에, "군 서북 3리 둔전고지屯田古址에 있다. 4면에 모두 불상을 작作하였으며, 탑 아래 마을 사람들의 말에 의하면, 달 밝은 밤에 하나의 서기瑞氣가 탑 중에서 나와 이는 필시 불력佛力의 소치所致라 한다" 하는 것으로 보면 비록 폐사지로 남아 있었으나 마을주민들이 오래전부터 이곳에 남아 있는 석조물에 대해서 신성시하고 있었음을 알 수 있다.

이곳 사지에 남아 있는 3층석탑과 부도에 대한 현지조사는 1916년경에 조선총독부 식산국 산림과에서 실시하였는데 3층석탑에 대해서는 '초완전稍完全'이라고 하고, 부도에 대해서는 '완전完全'이라고 하여[93] 인위적인 손상이 없었음을 알 수 있다. 그런데 오가와 케이기치小川敬吉의 조사자료에 수록된 진전사지 3층석탑의 사진을 살펴보면 기단과 탑신이 기울어져 도괴 직전의 모습을 하고 있어 외부로부터의 탐색이 있었지 않나 하는 의심을 갖게 한다.

한국전쟁 당시에는 탑상의 풍경이 사라지고[94] 탑신에 총탄의 흔적을 입은 채 방치되어 있었다.

그후 1965년 이곳 3층석탑을 낙산사로 이안移安하려는 계획이 있어 현지조사가 처음으로 실시되었다. 3층석탑은 신라식 일반형으로 2층기단을 갖추고 있으며 상륜부는 로반 윗부분이 결실되었다. 하층기단부가 잡석에 매몰되었고 상층기단부는 북쪽 면석 일장석一杖石이 결실되었으며 균형을 잃어 기울어져 도괴 직전에 있었다. 또 부도는 도괴되어 각 부재가 산란하였다.[95] 이에 대한 복

---

[93] 『朝鮮寶物古蹟調査資料』, 朝鮮總督府, 1942.
[94] 『鄕土誌』, 襄陽郡敎育廳, 1968.

『小川敬吉調査 文化財資料』에 수록된 모습

원공사는 1968년 4월에 시작되었는데 3층석탑을 해체한 결과 초층탑신 상면의 중앙에 방형의 사리공이 있었으나 사리장치는 이미 도실되고 저면底面에서 녹색 구슬 하나만 발견되었다.

석조부도 역시 사리공이 조사되었으나 아무것도 없었다. 이처럼 도괴 및 보물 도실의 경위에 대해 현지 주민들로부터 전문한 바를 정리하여 정영호 교수의 「진전사지 유적 유물 조사」에 수록하고 있다. 그 내용인 즉, 일제시 어느 가을에 일본인 2명이 이곳에 와 당시 이장을 강제 동원하여 지렛대로 3층석탑의 옥개석을 들어 돌로 받쳐놓고 사리공 내舍利孔內에서 보물을 꺼냈으며, 석조부도도 동일한 방법으로 보물을 도취하였는데 탑신부에서 기단부까지 보물을 탐색하느라고 완전히 도괴시켰다고 한다.[96]

『조당집祖堂集』 제17권의 '도의전道義傳'에는 도의국사가 당나라

---

95) 「考古美術뉴스」, 『考古美術』 6-3·4, 考古美術同好人會, 1965.
  「考古美術뉴스」, 『考古美術』 6-12, 考古美術同好人會, 1965.
96) 鄭永鎬, 「陳田寺址 遺蹟 遺物調査」, 『陳田寺址 發掘報告』, 단국대학교 중앙박물관, 1989年 6月, pp.18~19.
  鄭永鎬, 『新羅 石造浮屠 研究』, 1974.

유학 당시의 여러 고승들을 배알한 기록과 함께 "비문에 적힌 내용과 같다(餘如碑文)"라는 기록이 보이는 것으로 보아 『조당집』의 찬자는 진전사에 건립되었던 비문[97]을 참고하였음을 알 수 있다. 그리고 [진공대사보법탑비문(眞空大師普法塔碑文)]에는 진공대사(855~937)가 전국을 유람하며 수행 정진하다가 도의국사의 영탑(靈塔)에 예배하였다는 내용[98] 등으로 보아 도의국사의 입적 후에 탑과 비

진전사지 부도

97) 金杜珍은 「道義의 南宗禪 도입과 그 思想」(『江原佛敎硏究』, 한림과학원총서 51, 1996)에서, 祖堂集 '道義傳'에서 "雪岳陳田寺元寂禪師"로 시작되고 있는 점을 들어, 도의의 碑銘은 '雪岳陳田寺元寂禪師碑'로 추정하고 있다.
98) "어떤 禪廬의 遺址에 얼마동안 주석하다가 다시 행선지를 雪峯으로 정하였으니 곧 설악산이다. 동해 곁에 있는데, 선조 〈결락〉 대사가 赤水에서 探珠하다가 西堂의 法印을 전해 받고 靑丘인 신라로 돌아와서 해동에 선을 전래하고 初祖가 되었으니, 그는 후생을 위하는 뜻으로 선철의 당부를 깊이 간직하였다. 그후 왕의 명령을 받들고 진전사에 도착하니 기꺼운 바는 직접 도의국사의 유허를 답사하여 그 靈塔에 예배하고 스님의 진영을 추모하여 영원히 제자의 의식을 편 것이니 〈결락〉 진리가 있으면 능히 알아서 스승 없이 스스로 깨달았다."
李智冠, 「豊基毘盧庵眞空大師普法塔碑文」, 『校勘 歷代高僧碑文』.

가 세워졌음을 알 수 있다.

　진전사지의 부도는 방형 2층기단 위에 앙련仰蓮 괴임 1석을 놓고 8각신석과 옥개석을 안치한 이례적異例的인 양식으로[99] 년대를 알 수 있는 명銘이나 관계사료가 없어 절대연대를 추정할 수 없다. 그러나 기단부가 8·9세기의 가람탑 기단부와 유사한 형식을 가지고 있는 점으로 보아 통일신라기로 추정되고 있다.[100] 그리고 진전사가 염거화상廉居和尙의 스승인 도의선사가 거처한 곳이라는 점에서 이 부도를 도의선사와 관련시켜 가정하여 본다면[101] 현재까지 밝혀진 명기상銘記上 가장 앞서 건립된 염거화상탑 보다도 앞서 세워진 것이라는 추정도 가능하다.

---

99) 蘇在龜는「新羅下代 僧塔造營史 硏究」,『美術資料』第67號(2001, 12)에서, 이 승탑이 외래형식이나 기법과 무관한 신라전통의 석조유물 조형기법으로 간결하고 단순한 형태로 구성된 점은 당시에 중국 선을 배워 귀국한 승려가 매우 적어 중국 승탑의 조형적인 면에 밝지 않았거나 조형을 받아 들였어도 신라식의 석조승탑으로 재현되기까지는 어느 정도 시간이 필요했던 것으로 보고 있다.
100) 李銀基,「新羅末 高麗初期의 龜趺와 浮屠 硏究」,『歷史學報』第71輯, 歷史學會, 1976.
101) 鄭永鎬,『陳田寺址發掘報告』.
　　鄭永鎬,「高麗初期 石造浮屠 硏究」,『東洋學』, 단국대학출판부, 1980.

6장 원소재지가 명확하지 않은 석조물

염거화상탑廉居和尚塔(국보 104호)

　염거화상廉居和尚은 신라 9산선문九山禪門 가운데 가지산문迦智山門의 조사祖師 도의국사道義國師의 법을 이어받았다. 도의국사가 진전사陳田寺에서 입적할 때 염거화상에게 전심傳心하여 선禪을 널리 펼 것을 당부하였다. 염거화상은 주로 설악산 억성사億聖寺에 머무르면서 선법禪法의 포교에 힘썼고, 체징體澄에게 법맥을 전하여 가지산문迦智山門을 대성시킬 수 있는 기반을 마련하고 입적하였다.[1]

염거화상탑

염거화상과 관계되는 사명寺名으로는 장흥長興 보림사寶林寺의 보조선사창성탑비普照禪師彰聖塔碑에 "염거선사廉居禪師 거설산억성사居雪山億聖寺 전조심傳祖心"이라 하여 염거화상이 설악산 억성사에 주석하였다는 기록이 있다. 또 선림원지禪林院址 홍각선사비문弘覺禪寺碑文에는 홍각선사 이관이 설악산 억성사에서 염거화상으로부터 법문을 들었는데 문성왕 6년(844)에 염거가 죽자 그곳을 떠나 영암사에서 선정을 닦고 다시 혜목산 원감선사 현욱(787~868)에게 나아가 그의 제자가 되었다. 그후 경문왕 13년(873)경에 다시 억성사에 주지하면서 금당과 향사를 이루었으며 873년경 홍각선사가 설산 억성사에서 머물고 있던 중 왕궁으로 초빙되어 그곳에서 강설한 후 산으로 되돌아갔으며, 880년 11월 21일에 열반에 들었다는 기록이 보이고 있다.

그러나 억성사의 위치가 현재까지는 명확하게 밝힐 수 있는 고증 유물이 발견되지 않고 있다. 염거화상의 행적에 대한 자세한 관계기록도 밝혀진 것이 없어 단정하기는 어려우나, 억성사의 위치에 대해 권덕영은 홍각선사의 행적에서 마지막 주석처가 억성사임을 추론推論하여 지금의 선림원지를 바로 억성사로 추정하고 있다.[2]

염거화상의 입적 후 설립된 이 탑은 팔각연당대좌형八角蓮堂臺座形을 기단으로 하고 탑신은 팔각당형八角堂形의 목조건물을 모방模倣한 것으로 팔각당형의 최초最初이자 신라승탑新羅僧塔의 전형적典

---

1) 「寶林寺普照禪師彰聖塔碑」.
   『原州市史』, 原州市史編纂委員會, 2000.
2) 權悳永은 「弘覺禪寺碑文을 통해 본 新羅 億聖寺址의 推定」(『史學研究』 55·56, 果川韓國史學會, 1998年)에서,
   弘覺禪寺가 입적한 마지막 사찰명은 명확하게 나타나 있지 않으나, 홍각선사가 궁에서 산으로 되돌아 갈 때, 왕이 보낸 사자가 홍각선사를 호위하여 바래다 준 산은 바로 신라의 왕궁으로 올라가기 전에 그가 살았던 설산 곧 지금의 설악산이었을 것이고 그가 돌아간 절은 앞서 거주하였던 억성사였을 것이며 그가 열반에 든 것도 억성사였을 것으로 추정하고 있다.
   신라 말 고려 초에 조성된 선사들의 부도와 탑비가 그들이 마지막으로 입적한 사찰에 건립된 점으로 본다면 홍각선사가 입적한 사찰이 억성사이므로 그의 탑비와 부도는 억성사에 조성되었을 것이며, 현재 홍각선사의 탑비와 부도가 있는 영양군 서면 황이리 미천골의 이른바 선림원지를 홍각선사가 만년에 주석하였던 억성사지로 보고 있다.

型的인 형식의 성립을 보여주는 것으로 이후 후대로 이어지는 승탑형식僧塔形式의 모태母胎라 할 수 있다. 원 위치는 밝혀지지 않고 있으나 서울로 옮겨질 때 금동제 탑지가 발견되어 그 내용 가운데 "회창사년세갑자會昌四年歲甲子"로 그 조성년대가 신라 문성왕 6년(844)에 해당되어 현재까지 밝혀진 부도 가운데 가장 고식古式을 띠는 예로서[3] 일찍부터 주목받아왔다.

세키노 타다시關野貞의 기록에,

> 우리들은 이와 같은 신라 고승의 묘탑墓塔으로서 역사상 꼭 타他에 옮겨서는 안 될 것이 이렇게 산일되려고 함을 볼 때 너무 통석痛惜하여 참을 수가 없는 바입니다.[4]

라고 염거화상탑의 이반移搬 사실을 기록하고 있다.

그리고 세키노關野 일행이 1911년에 촬영한 《조선고적사진목록朝鮮古蹟寫眞目錄》[5]을 보면 사진번호 19~21번이 "회창묘탑會昌墓塔 (곤도 사고로 씨 소관近藤佐五郎氏所管)"으로 기록되어 있어 곤도 사고로近藤佐五郎가 불법 반출하였음이 명백히 나타나 있다. 그 이후 어떤 과정을 거쳤는지는 알려지지 않았으나 1914년 일인들이 파고다공원에 이반移搬한 것을 나중에 경복궁으로 이건하였는데 원위치는 밝혀지지 않고 있다.

『조선금석총람』(조선총독부, 1919년)에는 "처음 강원도 지정면 안

---

3) 石塔造營에 있어서 記錄上에는 『三國遺事』 卷第五, 惠現求靜條에, "道를 닦은 사람이나 俗人이나 모두 스님을 공경하여 石塔에 安葬하였다. 스님의 나이는 58세였으며 당시는 唐나라 貞觀初年이었다."
  『三國遺事』 卷第四, 二惠同塵條에, "安康縣 北쪽에 惠宿이란 길이 있는데 스님이 머물렀기 때문에 스님의 이름이 절 이름이 되었다고 한다. 역시 浮屠가 있다."
  『三國遺事』 卷第四, 圓光西學條에, "나이 여든이 넘어 貞觀年間에 돌아 가셨다. 浮屠는 三岐山 金谷寺에 있는데 지금의 安康 서남쪽 고을이며 또한 明活山의 서쪽이다." 등의 기록이 보이며, 현재 江原道 양양의 陳田寺址에 遺存하는 浮屠를 廉居和尙에 앞서 造營된 道義國師의 浮屠로 보기도 하지만 가장 확실한 銘記를 가진 현존 부도 중에서 이 廉居和尙塔이 가장 오래된 僧塔이다.
4) 關野貞, 『大正元年 朝鮮古蹟調査 略報告』, 朝鮮總督府, 1914.
5) 『朝鮮古蹟調査略報告』, 朝鮮總督府, 1914, p.20.

『조선고적도보』에 실린 모습

정리 홍법사지에 있던 것을 현재 경성 탑동공원에 세움"이라고 기록하고 있으며, 『조선금석고朝鮮金石攷』에는 다음과 같이 기술하고 있다.

> 사리탑은 처음에는 강원도 원주군 지정면 안정리 홍법사지에 있었던 것으로 선년先年 사지에서 이것을 경성부 낙원동 탑동공원으로 옮겨 세웠다. 이전移轉할 때 탑 속에서 동제銅製의 탑판塔板을 발견하였는데, 즉 이것이 탑지塔誌이다. 이것은 속인俗人의 묘지墓誌에 상당相當하는 것으로 탑지는 현재 조선총독부박물관에 장藏하였다.6)

이같이 원래 홍법사지에서 옮겨왔다는 설이 있으나 1929년 3월에 총독부에서 오가와 케이기치小川敬吉를 파견하여 홍법사지를 답사하고 주변 일대를 면밀히 조사한 기록을 보면,

---

6) 葛城末治, 『朝鮮金石攷』, 大阪屋號書店, 1935, p.239.

처음 파고다공원에서 염거화상廉居和尙의 묘탑墓塔과 진공대사묘탑眞空大師墓塔을 이전移轉하려고 할 때 살펴보니 양 묘탑 공히 맨 아래쪽의 지대석을 결실하고 있었다. 이와 같은 훌륭한 묘탑이 지대석을 잃은 이유를 이상하게 생각하여 이들 묘탑을 원주에서 경성으로 운반한 당시의 관계자에게 문의하였다. 그런데 그 대답은 염거화상묘탑의 지대석은 너무 커서 운반이 어려웠기 때문에 상부의 탑석만 가지고 왔다고 하였고 지대석은 현지에 남아 있을 것이라고 하였다. 따라서 모처럼 박물관에 이건하는 경우이기에 지대석을 가지고 와서 완전하게 할 필요를 인정하여 홍법사지 조사가 이루어졌다. 그런데 어이없게도 염거화상묘탑의 지대석으로 보이는 것은 찾지 못했다.[7]

라고 하며 홍법사 절터에서 염거화상탑지를 발견하지 못했다고 기록하고 있다. 도이 산요土居山洋도 "탑은 처음 강원도 원주군 지정면 안창리 홍법사지에 있었는데 목하目下 경성 탑동공원에 세웠다. 탑을 이전할 때 지판誌板을 발견하여 조선총독부박물관에 소장하였다"라고 하며, "위치는 이전할 때 불용의不用意로 불명不明하여 실失하였다"고 하고 있다.[8] 이는 곤도 사고로近藤佐五郞가 도굴배로부터 염거화상탑을 매수할 때 원위치에 대한 추구가 없었던 것으로 보이며, 또한 불법반출에 따른 법망을 빠져나가기 위하여 원위치를 교묘히 은폐한 것이라 할 수 있다.

해방 이후에도 수차에 걸쳐 조사를 하였으나 근거가 없는 것으로[9] 일본인들에 의해 옮겨질 때 아무런 고증도 없이 상인들의 말만 듣고 기록한 목록작성에서 차질이 생긴 것으로 보여진다.

1961년에 발간된 『국보도록』 제2집(한국신문연구소간)에서 조차

---

7) 「1929年 3月 小川敬吉의 現地調査」, 『興法寺址 石物實測 및 地表調査報告書』, 원주시, 2000.
8) 土居山洋, 「興法寺 廉居和尙 塔誌に就いて」, 『京城帝大史學會報』, 京城帝大史學會, 1933.
9) 鄭永鎬, 「浮屠」, 『考古美術』 158·159號.
여러 차례 현지 조사와 함께 염거화상탑이 홍법사에서 옮겨 왔다는 사실에 대해 현지 탐문에서도 전혀 들을 수가 없었다고 한다.

"홍법사 염거화상탑"이라 명명하고 있다. 오늘날은 전홍법사지 염거화상탑傳興法寺址廉居和尙塔으로 명명하고 있으나 원위치와는 관계가 없는 명칭이다.

현재 경복궁에 안치되어 있는 탑에는 상륜부相輪部가 하나도 남아 있지 않다.

『조선고적도보』의 사진(도판 1566)을 보면 상륜부의 복발覆鉢 1석과 보륜寶輪 2석이 그대로 남아 있으며, 『경성제대회보京城帝大會報』(1933년 4월)를 보면, "탑의 옥근玉根 내지 보주는 편마암으로 탑신 대석 등은 화강암"이라고 기록하고 있는 점으로 보아 처음 발견시에는 가장 윗부분인 보주까지 완전한 상태로 있었던 것으로 보인다. 또 높이는 2.2m임을 밝히고 있어[10] 현재 경복궁에 보존되어 있는 탑의 높이가 1.7m임을 감안하면 상륜부는 약 50cm임을 알 수 있다.

그리고 문화재관리국 문화재연구소에서 1993년 12월에 경도대학이 소장하고 있던 오가와 케이기치小川敬吉의 조사자료를 입수하였는데 그 자료집에는 '염거화상탑 두정부頭頂部' 사진이 있다.

염거화상탑 두정부
(오가와 사진자료)

이는 곤도近藤의 집에서 탑동공원으로 옮겨지는 과정에서 도난당했거나 아니면 곤도近藤가 내놓지 않은 것으로 추측된다.

---

10) 土居山洋, 「興法寺廉居和尙塔址に就いて」, 『京城帝大 史學會報』, 京城帝大史學會, 1933.

경북대학교 석조부도 (보물 135, 285호)

경북대학교에는 원소재지原所在地가 불명이고 누구의 부도인지도 알 수 없는 부도탑이 2기 있다. 현재까지 알려진 것은 경북대학교로 옮겨지기 전에는 일제시 대구시내에 거주하던 일본인 오구라 다케노스케小倉武之助의 사택에 있었다는 것만 밝혀져 있다.

일제시 오구라 다케노스케小倉武之助는 막대한 재력을 이용하여 우리나라 문화재를 수없이 일본으로 반출한 자로 도굴배 상인들로부터 산간벽지의 석탑, 부도 등을 매입하여 그의 사택 정원을 장식하였다. 이 두 부도도 그의 정원에 놓여졌던 것으로 해방이 되면서 오늘날의 위치로 옮겨지게 된 것이다.

이 두 부도는 둘 다 방형지대석方形地臺石 위에 기단, 탑신, 옥개,

보물 제135호 부도

상륜이 차례로 중적重積되어 있는 8각연당형의 고려시대로 추정되며 걸작에 속하는 조형미를 지니고 있는 부도이다.

특히 보물 제135호는 중대석이 약간 각을 지닌 원형으로 표면 전체에 운문과 용을 양각하여 마치 고달사지의 두 부도를 연상케 하고 있다. 이같이 우수한 부도와 관련한 내용이 불명이라는 것은 무척 안타까운 일이 아닐 수 없다.

그러나 이 부도(보물 제135호)는 약간의 추정이 가능한 단서가 1936년에 발간한 『청구학총青丘學叢』에 나타나 있는데, '쇼와昭和 10년도 조선총독부 보물고적명승천연기념물보존회총회'의 지정예정물건목록指定豫定物件目錄'에 다음과 같은 기록이 있다.

사리석탑(대구 부동문정 삼팔번지 오구라 다케노스케씨방)
화강암조 현재 전체 높이 2m 5~6cm. 탑신은 팔각형으로 전후 양면에는 정과 보주를, 또 다른 사면에는 사천왕상을 양각했다. 대, 개는 팔각형으로 대는 사두의 용과 일두의 구를 조출했음. 강원도 원주군 거돈사로부터 옮겨왔다고 전한다.

舍利石塔(大邱府東門町三八番地 小倉武之助氏方)
花崗巖造 現在全高二米六,五糎. 塔身은 八角形으로 前後兩面에는 錠과 寶珠를, 또 다른 四面에는 四天王像을 陽刻했다. 臺, 蓋는 八角形으로 臺는 四頭의 龍과 一頭의 龜를 彫出했음, 江原道原州郡居頓寺로부터 옮겨왔다고 전한다.[11]

라고 기록되어 있으며 이듬해 1936년 2월 21일 조선총독부 고시 제69호로 보물 제222호로 지정되었다.

이 탑이 처음 옮겨온 소재지는 원주의 거돈사지居頓寺址라고 전한다 하는데, 이를 뒷받침할 수 있는 문헌이 보이지 않는다.

그러나 보물 제135호 석조부도와 유사한 양식의 부도를 살펴보면, 원주 흥법사 진공대사탑, 고달사지에 남아 있는 2기의 부도가

---

11) 『青丘學叢』 第24號, 1936年 5月, p.182.

유사한 형태를 갖추고 있다. 특히 경북대학교 소장의 부도(보물 제135호)와 고달사지의 양부도는 중대석에 고부조한 운용문이 마치 같은 장인들에 의해 조성된 느낌을 주고 있다.

엄기표嚴基杓는 『신라와 고려시대 석조부도』에서, "고려시대에는 일반적으로 동일한 형식과 양식의 석조부도가 가까운 거리나 일정한 지역을 범위로 한 지역에 건립되는 경향을 보인다. 일제강점기에 원위치에서 반출된 경북대학교 박물관 석조부도(보물 제135호)는 고달사지를 중심으로 한 지역에서 비교적 가까운 거리에 위치한 사찰에 건립되어 있었을 가능성도 있는 것"[12]임을 지적하고 있다.

지역적으로 보면 경기도 여주군 북내면 상교리에 소재한 고달사지, 원주시 부론면 법천리에 소재한 법천사지, 원주시 부론면 정산리에 소재한 거돈사지, 남한강의 지류인 섬강에 인접한 원주 지정면 안창리에 소재한 흥법사지 등은 모두 남한강을 중심으로 서로 이웃해 있으며 라말 려초에 이 지역의 사찰들에서 국사, 왕사들의 배출이 많았던 대표적 사찰들이다. 서로 이웃해 있기 때문에 서로 왕래가 잦았을 것이며, 이런 환경은 결국 사찰 석조물의 조성에도 서로 영향을 주고받았을 것으로 추정된다. 따라서 고달사지와 홍법사지 진공대사탑과 유사한 양식의 부도가 거돈사에서도 조성될 수 있는 가설이 가능하다. 보물 제135호 부도가 거돈사지에서 옮겨왔다는 전문傳聞은 이 부도가 거돈사 내지는 인근의 폐사지에서 옮겨왔을 가능성이 높다는 것을 시사해 주고 있다.

거돈사지에는 일찍이 서울에 살고 있던 일본인 와다和田에 의해 이반移搬된 원공국사승묘탑圓空國師勝妙塔이 있으며, 사지에는 승묘탑이 있었던 자리는 현재 금당지의 뒤쪽 조금 높은 곳에 석단이 마련되어 있고 옮겨진 자리가 그대로 있다. 물론 이 일대의 사지에

---

12) 嚴基杓, 『新羅와 高麗時代 石造浮屠』, 학연문화사, 2003, p.171.
   엄기표는 또 고려시대 석조부도의 중대석은 다양한 양상을 보이기는 하지만 특정한 지역을 중심으로 건립된 석조부도들이 친연성을 보이고 있어, 장인집단이나 건립시기를 추정하는데 하나의 단서를 제공해 주고 있다고 한다.

또 다른 부도의 자리가 있을 수 있는지는 알 수 없으나[13] 보물 제135호의 부도탑이 거돈사지 내지는 인근 폐사지로부터 옮겨왔다는 것은 충분히 검토할 필요가 있다고 보여진다.

보물 제285호 부도는 일제강점기에 오구타의 저택에 있었다는 기록 외에는 출처불명이며, 1942년 6월 15일자 조선총독부 고시 제893호로 오구라의 소유물로 하여 보물 제397호로 지정되었다. 해방 이후 다시 보물 제285호로 지정되었다.

보물 제285호 부도

13) 거돈사에는 원공국사 이외에 관계를 가진 고승의 기록이 보이지 않는다. 선종구산 중의 하나인 鳳巖寺의 창건주 智證大師 道憲의 碑文에는 그가 봉암사를 창건하기 전 賢溪山 安樂寺에 거주한 적이 있으며, 봉암사를 창건한 뒤 다시 현계산으로 돌아와 입적하였다고 적고 있다. 현계산 안락사가 어디에 있었는지 명확하지 않지만, 거돈사 역시 현계산에 위치하고 있다. 만일 이 현계산이 같은 산이라면, 어쩌면 창건 직후의 거돈사는 선종구산 중 봉암산파와 관련되었을 가능성이 있으며, 원공국사 지종 역시 24세 이후 여러 해 봉암사에 머물렀다는 기록이 있어 이러한 가능성을 뒷받침하고 있다. 그 외 13세기 초 국사였던 선종 志謙이 잠시 주지를 역임했다는 단편적 기록만이 보이고 있다.

『居頓寺址 發掘報告書』, 한림대학교 박물관, 2000 參照.

7장 사진 자료에 나타난 일본 내의 한국석탑

현재 일본에 반출된 석탑, 석비 등은 그 수가 얼마나 되는지 대략적인 파악조차 힘들다. 우리의 성보聖寶인 석탑 등의 문화재를 한갓 정원석의 용도로 사용하여 그들의 요정이나 개인의 정원에 두고 있기 때문이다.

이러한 석조물들은 대부분 한국에서 활동하던 골동상회를 통해 일본으로 반출된 것으로 이들은 한국 석조물들을 대량 반출하면서 전시 경매를 위해 간혹 전시도록을 만들어 선전하기도 했다. 극히 일부이기는 하지만 도록에 나타난 재일 한국석탑을 살펴보면 다음과 같은 것이 있다.

세계적인 골동상회인 야마나카山中상회는 일제강점기 초부터 우리나라 고분을 도굴하여 나온 도자기류나 산간벽지 폐사지 등에서 옮겨온 석조물들을 일본으로 반출하여 전시 경매했을 뿐 아니라 상당수는 유럽 등지에까지 판매를 하였다. 그 예로 1934년 5월 25일부터 29일까지 한국, 중국에서 수집한 미술공예품을 우에노上野공원에서 전시 판매를 하였다. 여기에는 한국에서 수집한 1급 도자기 뿐 아니라 각종 미술품을 망라하였다. 당시 도록까지 발간하였는데, 그의 주품목은 도자기이지만 극히 일부이기는 하지만 도록 상에 다음과 같은 석탑이 실려 있다.

야마나카山中 상회가 1933년 11월 2일부터 11월 5일까지 오사카의 야외 야마나카山中 석조진열소에서 석등롱 야외전을 개최하고 경매를 한 적이 있는데, 이때 간송 전형필은 이곳에 출품된 우리나라 석조유물을 구입하여 한국으로 가져온 적도 있다. 당시 통일신라 3층석탑은 기와 집 6채 값인 6천원에 사들였고 고려 3층석탑은 3천7백원, 석조 사자는 2천5백원 조선 석등 하나는 3천7백원에 사들

도록 안쪽 표지

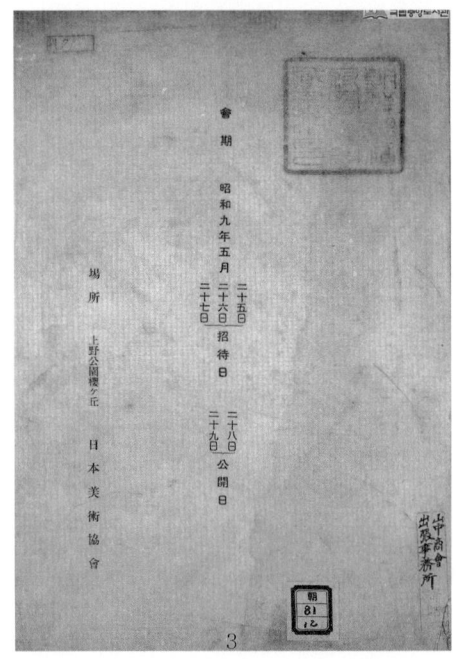

높이 1장 8척

높이 9척5촌 ('백제탑'으로 표기되어 있다.)

높이 1장3척 ('文字刻'해 있다고 한다)

도록에 수록된 석탑사진

인 예도 있다. 이 석조물들은 현재 간송미술관의 정원에 소재한다.

    1935년 4월 3일부터 8일까지 오사카大阪의 슈고엔聚好園이라는 곳에서『조선석공예품전朝鮮石工藝品展』이라는 제목으로 전람회가 열렸는데 이는 일본인 골동상 다케우치 야오타로竹內八百太郎란 자가 한국 전토에 걸쳐 수집한 석조물 200기 이상을 판매하는 전시로 도록까지 발간하였다. 이 속에는 8기의 석탑도 포함되어 있다.[1]

    그 중에서 사진으로 나타난 것을 살펴보면 다음과 같은 것이 있다.

    이 전시 매매에서 불티나게 조선석조물이 팔리자 두 달 후 1935년 6월 1일부터 3일까지 다시 동경미술구락부 정원에서 한국석조물 120여 점을 전시 매매하였다. 이때 매매되었던 것도 석탑 6기

---

1) 『朝鮮石工藝品展觀』, 安井聚好山房, 1935 參照.

도록 표지

도록에 수록된 석탑 사진

를 포함한 석등, 석수, 문인석 등 대부분이 폐사지나 고분묘 등에서 몰래 이반한 것으로 전국적인 조직망을 통해 대량 반출한 것으

도록에 수록된 석탑 사진

도록에 수록된 석탑 사진

會期　昭和十年六月二十一日〜二十三日　三日間
場所　東京美術俱樂部前 空地
主催　京城　竹內八百太郎
　　　大阪　安井聚好山房
　　　　　電話本局二三〇五番

도록 안쪽 표지

로 보인다.

그가 얼마나 많은 한국문화재를 일본으로 반출하였는지 알 수 없으나 1938년에도 인천을 통해 괴산부도를 반출하려던 차 간송이 엄청난 가격으로 입수한, 그 즈음에도 역시 한국 석조물을 대량 반출하였던 것으로 생각된다.

도록에 수록된 석탑 사진

도록에 수록된 석탑 사진

도록에 수록된 석탑 사진

일제 때 얼마나 많은 석탑류가 일본에 유출되었는가를 알려주는 하나의 예로 1930년대에 오사카에서 주기적으로 경매가 벌어졌을 때의 목록에는 1회 경매에 보통 50~60점의 조선 석탑, 석등, 부도가 모여지고 있었다고 한다. 그 대표격인 오사카大阪의 슈고엔聚好園에서는 한국에서 반출해간 석조물을 수시 판매는 물론 주기적으로 경매도 하였다. 다케우치(竹內)가 반출해 간 한국석조물의 전시 경매에서 매매가 이루어지지 않은 것도 역시 이곳에서 상설 전시하며 판매를 하였다.

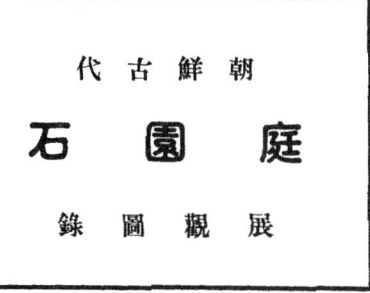

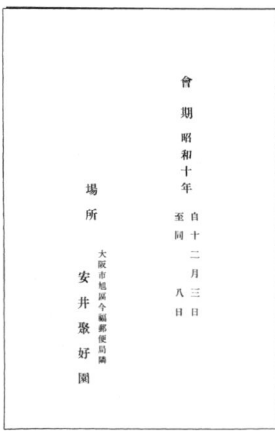

다케우치(竹內)의 경매에서 매매가 이루어지지 않은 것을 재차 1935년 12월 3일부터 8일까지 경매 전시했던 도록표지

다케우치(竹內) 골동상과 관련한 신문 기사

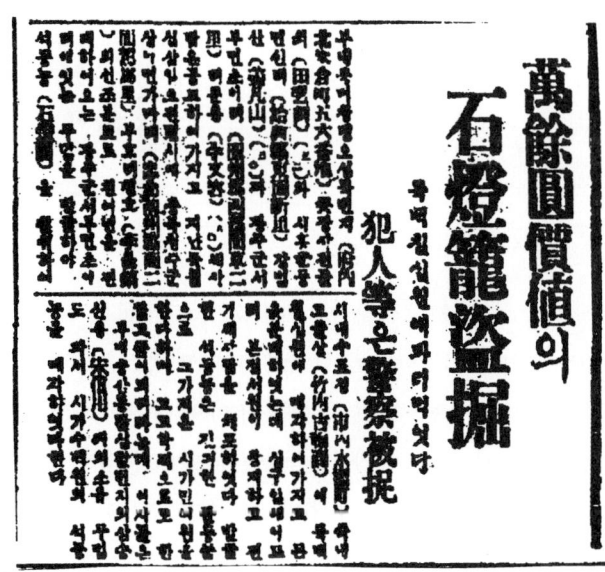

매일신보
1930년 8월 22일자

만여 원 가치의 석등롱 도굴. 륙백칠십원에 팔아먹었다.
부내 북미창정 56번지 옷장사 전돌쇠와 시흥군 도면 신리 강범산과 광주군 서부면 초이리 이문용 세 사람은 공모하여 가지고 지난 6월 13일

오전 영시에 충북 청주군 상이면 가마리 부호 이성호의 선조 분묘로 천여 년을 전래하여 오는 광주군 서부면 초이리에 있는 무덤을 발굴하야 석등롱을 절취해 시내 수표정 다케우치竹內 고물상에 륙백칠십원에 매각하여 돈을 분배하였는데 19일에 이르러 본정 서원署員이 탐지하고 전기前記 세 사람을 체포하였다. 발굴한 석등롱은 진귀한 골동품으로 그 가격은 시가 만여 원을 한다하며 고고학적으로도 한 참고작품이 되리라는데 이 자들은 부내 숭산동 88번지 송신용 씨의 소유 무덤도 파서 시가 수백원의 석등롱을 매각하였다한다.

매일신보
1935년 5월 28일자

타인 총전塚前의 석물을 절취 매끽賣喫한, 덕한德漢

충북 음성군 금왕면에 본적을 두고 현재 경기도 고양군 □지면 하주중리에 거주하는 □□□은 생활곤란 관계로 호구지책을 강구하던 중 현재 경성부 황금정 2정목 65번지 다케우치 야오타로竹內八百太郞가 전선적全鮮的으로 고분상古墳上에 장식한 석물들을 고가로 매입하야 내지內地(일본)에 이송한다는 소문을 듣고 한번 일확천금을 하자는 생각으로 금년 3월 초경에 강원도 관내에 들어와서 고분의 석물을 찾던 나머지 금년 4월 5일 오후 11시에 원주군 원주면 화천리 구정동 □봉산 후록에서 동군 동면 상교리 원씨元氏 12대조 분묘를 장식한 석등롱 1개 가격 100원 짜리를 관리인과 공모하고 운거하는 동시에 동군 신초면 암리 김 옥의 전중田中에 있는 석탑 8개(가격 150원)을 절취하여 주간에 인부를 투입하여 심야에 틈을 타서 운반하고 전기 고물상에 200원에 매각한 사실이 발각되어 원주경찰서 이형사가 체포 취조 중이라 한다.

한국인 이희섭이 운영한 문명상회는 서울에 본점을 두고, 개성, 도쿄, 오사카에 지점을 두어 운영하면서 1934~1941년 사이에 7회에 걸쳐 일본 도쿄와 오사카에서 번갈아 가면서 조선 총독부의 후원을 얻어 일본 왕실과 귀족들의 찬사를 받으면서 〈조선 공예전람회〉를 열었다. 이때 출품된 물건은 낙랑~조선까지의 것으로 1급품만을 골라서 전시하였는데, 단 한번이 간송미술관을 무색케 했다고 한다. 7회 동안의 출품 총작품수가 14,407점으로 세계 역사상 어디에서도 이렇게 많은 문화재를 반출시킨 예가 없었던 일이다. 그 중에는 상당수의 석조물도 포함되었는데 도록에 실린 석탑사진 일부를 보면 다음과 같은 것이 있다

문명상회가 1934년 11월에 도쿄에서 개최한 〈조선공예전람회〉 관련 기사
(좌) 동아일보, 1934년 10월 30일자
(우) 조선중앙, 1934년 11월 14일자

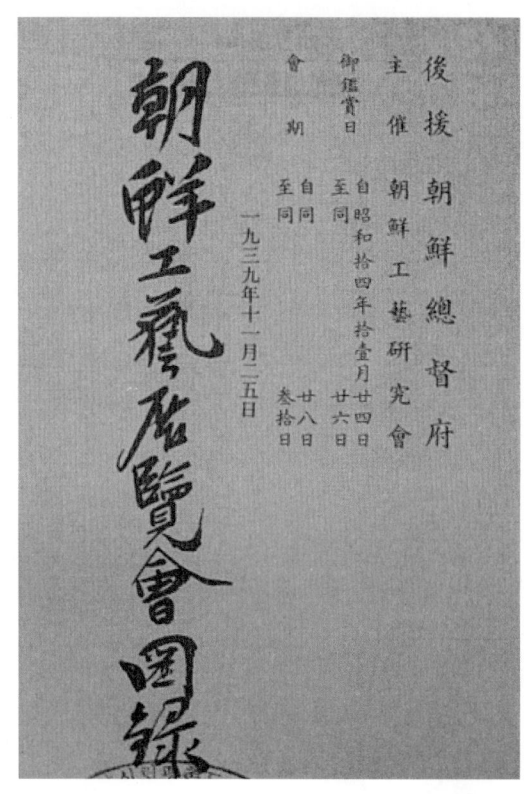

도록 표지

석조문화재, 그 수난의 역사

도록에 수록된 석탑 사진

도록에 수록된 석탑 사진

도록에 수록된 석탑·석비

석조문화재, 그 수난의 역사

이 석탑은 『조선순유잡기(朝鮮巡遊雜記)』(1929)에 실려 있는 것으로, '團家 珍藏 新羅塔'이라 표기하고 있다.

수를 헤아릴 수 없는 석탑, 석등, 부도 등이 인천, 부산, 군산, 목포, 기타 여러 항구를 통해 일본으로 실려 갔지만 1966년 〈한일 문화재 및 문화 협력에 따른 협정〉 후의 반환 문화재에는 석탑류가 하나도 포함되지 않았다. 모두 개인 소유로 되어 있다는 이유이다.

현재 일본으로 반출된 중요 석조물은 소재지는 물론이고 그 수량의 조사조차 할 수가 없는 형편이다. 이는 일본 정부의 협조가 있지 않고는 불가능한 일로서, 요원한 일일지는 모르지만 소재지 파악만이라도 할 수 있는 날이 빨리 오기를 고대한다.

參考文獻

1. 史料 및 資料

『三國史記』(조선민족주의 인민공화국 과학원 번역, 1958)
『三國遺事』(李奉斗 譯, 敎文社, 1993)
『高麗史』(북역, 박시형 역, 1962)
『高麗史節要』(민족문화추진회, 1968)
『新增東國輿地勝覽』(고전국역총서 40~46)
安鼎福,『東史綱目』(민족문화추진회, 1978)
『東文選』(민족문화추진회, 1970)
『櫟翁稗說』(大洋書籍, 1973)
許穆,『眉叟記言)』(국역총서, 178)
權近,『陽村集』(민족문화추진회, 1979)
許筠,『惺巢覆瓿藁』第6卷(민족문화추진회, 1967)
『擇里志』(盧道陽 譯, 大洋書籍, 1976)
李圭景,『五洲衍文長箋散稿』(고전국역총서 154, 민족문화추진회, 1980)
洪良浩,『耳溪集』(경인문화사, 1993)
許亨道,『東溪集』(경인문화사, 1993)
李睟光,『芝峰類說』(남만성 역, 을유문화사, 1979)
李俁,『大東金石書』(亞細亞文化社, 1976)
『星湖僿說』제30권(국역총서 113)
李德懋,『靑莊館全書』第69卷(국역총서 195)
丁時翰,『山中日記』(金成贊譯, 國學資料院, 1999)
『阮堂全集』卷六(민족문화추진회, 1988)
『高麗古都徵』卷之七(한국인문과학원, 1989)
『祖堂集』(1947年 寫本, 國立中央圖書館 古典運營室 資料)
『梵宇攷』(國立中央圖書館 古典運營室 資料)
『京畿誌』(한국인문과학원,『私選邑誌』, 1989)
『關東誌』(한국인문과학원,『私選邑誌』, 1989)
『峴山誌』(한국인문과학원,『私選邑誌』, 1989)
『東京雜記』(李錫浩 譯, 大洋書籍, 1978)
『咸州誌』(한국인문과학원,『私選邑誌』, 1989)
『鷲山誌』(한국인문과학원,『私選邑誌』, 1989)
『商山誌』(한국인문과학원,『私選邑誌』, 1989)

『彦陽邑誌』(한국인문과학원, 『私選邑誌』, 1989)
『善山邑誌』(한국인문과학원, 『私選邑誌』, 1989)
『東京通誌』(경주문화원, 1990)
『迎日邑誌』(한국인문과학원, 『私選邑誌』, 1989)
『蔚山邑誌』(한국인문과학원, 『私選邑誌』, 1989)
『長興府誌』(한국인문과학원, 『私選邑誌』, 1989)
『慶尙道邑誌』(한국인문과학원, 『私選邑誌』, 1989)
『嶠南誌』(한국인문과학원, 『私選邑誌』, 1989)
『慶州邑誌』(한국인문과학원, 『私選邑誌』, 1989)
『臨瀛誌』(東海老人 編, 1864)
『海東金石苑』(亞細亞文化社, 1981)
『大東金石書』(東京帝國大學 法文學部, 1932)
『大東金石目』(東京帝國大學 法文學部, 1932)
崔南善 編, 『中京誌』, 新文館, 1914.
朝鮮總督府, 『朝鮮寺刹史料』, 內務部 地方局, 1911.
朝鮮總督府, 『朝鮮金石總覽』 上. 1919.
朝鮮總督府, 『朝鮮金石總覽 補遺』, 1933.
駕洛國史開發硏究所, 『譯註 韓國古代金石文 3』, 1997.
崔致遠 著, 李佑成 校譯, 『新羅四山碑銘』, 亞細亞文化社, 1995.
李智冠, 『校勘 歷代高僧碑文』, 加山佛敎硏究院, 1994.
韓國歷史學會, 『羅末麗初金石文』, 도서출판 혜안, 1996.
任世權·李宇泰 編著, 『韓國金石文集成』, 韓國國學振興院, 2004.

2. 報告書 및 圖錄

江原道誌刊行會, 『江原道誌』, 1941.
江原道誌編纂委員會, 『江原道誌』 上, 1959.
江原道企劃管理室, 『江原總攬』, 1974.
江原體育會, 『江原名勝古蹟』, 1959.
開闢社, 「名勝과 古蹟」, 『開闢』 第46號, 1924.
구미문화원, 『구미시지』, 2000.
國立中央博物館, 『光復以前 博物館 資料目錄集』, 1997.

국립창원문화재연구소, 『昌原 鳳林寺址 發掘調査報告書』, 2000.
國民美術協會, 『朝鮮工藝展覽會圖錄』, 1934.
경기도박물관, 『경기도 불적자료집』, 1999.
慶尙北道, 『文化財大觀』, 2003.
京城居留民團役所, 『京城發達史』, 1912.
京城府, 『京城府史』 제3권, 1934.
京城日報社, 『朝鮮年鑑』, 1941.
慶州古蹟保存會, 『新羅舊都 慶州古蹟圖彙』, 1922.
慶州古蹟保存會, 『慶州古蹟案內』, 1934.
光陽邑, 『光陽邑誌』, 1924.
괴산군, 『괴산군지』, 1990.
內閣記錄部, 『隆熙2年 職員錄』, 1914.
단국대학교 박물관, 『선산지구 고적조사보고서』, 1968.
단국대학교출판부, 『尙州地區古蹟調査報告書』, 1969
東國大學校 博物館, 「聖住寺址 發掘調査特輯」, 『佛敎美術』 第2輯, 1974.
동아대학교 박물관, 「蔚州 澗月寺址」, 『古蹟調査報告書』 第10冊, 1985.
동아대학교 박물관, 「陜川靈嚴寺址」, 『古蹟調査報告書』 第11冊, 1985.
東洋文化協會, 『慶北大鑑』, 1936.
문교부, 『국보도록』 제4·5집, 1961.
문화공보부, 『文化財大觀』, 1968.
文化財管理局, 『石窟庵 修理工事 報告書』, 1967年.
文化財管理局, 『文化遺蹟總覽』 上卷, 文化公報部, 1977.
聞慶誌編纂委員會, 『聞慶誌』, 1994.
文化財管理局 文化財硏究所, 『小川敬吉 調査 文化財 資料』, 1994.
美術硏究所, 『日本美術年鑑』, 岩波書店, 1938.
百濟文化開發硏究員, 『忠南地域의 文化遺蹟』, 1987.
百濟文化開發硏究員, 『충남지역의 문화유적』 제9집, 1995.
보령군, 『保寧郡誌』, 1991.
夫餘古蹟保存會, 『夫餘 古蹟 名勝 案內記』, 1934.
夫餘郡誌編纂委員會, 『夫餘郡誌』, 2003.
사찰문화원, 『전통사찰총서』 10, 1998.
사찰문화원, 『전통사찰총서』 17, 2000.
사찰문화원, 『전통사찰총서』 2(강원도편), 1992.
三省堂, 『最新世界年表』, 1935.
尙州市, 『尙州誌』, 1989.
山中商會出張事務所, 『蒐集美術品圖錄』, 1934.

서울특별시사 편찬위원회,『서울 600년사(문화 사적편)』, 1987.
善山郡,『善山郡誌』, 1968.
순천대학교 박물관,「光陽玉龍寺 塔碑殿址 發掘調査」,『全南東部地域의 文化遺蹟과 遺物』, 1998.
순천대학교 박물관,「玉龍寺 建物址 發掘調査」,『全南 東部地域의 文化遺蹟과 遺物』, 1998.
新文社,「金石文에 관한 參考」,『新文界』3권 1호, 1915.
新文社,「朝鮮金石文에 關한 參考(其三)」,『新文界』제2권 12호, 1914.
安井聚好山房,『朝鮮石工藝品展觀』, 1935.
襄陽郡敎育廳,『鄕土誌』, 1968.
여주군,『驪州郡誌』, 1989.
禮山郡 敎育會,『忠淸南道 禮山群(誌)』, 1937.
완주군지편찬위원회,『完州郡誌』, 1966.
原州市,『興法寺址 石物實測 및 地表調査報告書』, 2000.
原州市,『原州市史』, 原州市史編纂委員會, 2000.
臨時土地調査局,『面의 名稱及區域』(局報제37호 附錄), 1914.
全北日日新聞社,『全羅北道 案內』, 1914.
帝國興信所,『朝鮮實業要錄』, 1935.
朝鮮古書刊行會,『朝鮮美術大觀』, 1910.
朝鮮古蹟硏究會,『昭和11年度 古蹟調査報告』, 1937.
朝鮮工藝硏究會,『朝鮮工藝展覽會圖錄』1~7권, 경인문화사 영인, 1992.
朝鮮公論社 編纂,『在朝鮮內地人紳士名鑑』, 朝鮮公論社, 1917.
朝鮮公論史 編,『裏から觀た朝鮮統治史』, 京城朝鮮公論社, 1930.
朝鮮敎育硏究會編纂,『尋常小學日本歷史補充敎材敎授參考書』, 朝鮮總督府, 1934.
朝鮮佛敎月報社,『朝鮮佛敎月報』第3號, 1912.
朝鮮新聞社 編纂,『朝鮮人事興信錄』, 朝鮮新聞社, 1922.
朝鮮硏究會,「施政5周年紀念共進會報告書」,『(朝鮮硏究會3周年紀念)朝鮮』, 1913.
朝鮮地方行政學會,『京畿地方の名勝史蹟』, 1937.
朝鮮總督府,『朝鮮總督府施政25周年紀念表彰者名鑑』, 朝鮮總督府, 1935.
朝鮮總督府,『湖南線線路案內』, 1914.
朝鮮總督府,『朝鮮總督府 月報』第4卷 9號. 1914.
朝鮮總督府,「昭和3年度古蹟調査槪要」,『朝鮮』, 1929年 4月.
朝鮮總督府,『最近朝鮮事情要覽』, 1922.
朝鮮總督府,『朝鮮彙報』, 1915년 9월.

朝鮮總督府, 『朝鮮總督府三十年史』, 1940.
朝鮮總督府, 『古蹟及遺物登錄臺帳抄錄』, 1924,
朝鮮總督府, 「朝鮮古蹟調査及保存沿革」, 『朝鮮』15-12, 1931.
朝鮮總督府 社會敎育課, 『朝鮮 寶物古蹟名勝天然記念物 要覽』, 1937.
朝鮮總督府 編纂, 『最近 朝鮮事情要覽』, 1922,
朝鮮總督府 編, 『地方行政區域名稱閱覽』, 朝鮮總督府, 1912.
朝鮮總督府, 『朝鮮古蹟圖譜』3~4冊, 1916.
朝鮮總督府, 『朝鮮古蹟圖譜』5冊, 1917.
朝鮮總督府, 『朝鮮古蹟圖譜』6~7冊, 1919.
朝鮮總督府, 『大正元年 朝鮮古蹟調査報告』, 1914.
朝鮮總督府, 『大正5年度 朝鮮古蹟調査報告』, 1917,
朝鮮總督府, 『大正6年度 古蹟調査報告』, 1920.
朝鮮總督府, 『大正7年度 古蹟調査報告』, 1921.
朝鮮總督府, 『大正11年度 古蹟調査報告 第1冊』, 1923.
朝鮮總督府, 「昭和5年度 古蹟調査」, 『朝鮮』, 朝鮮總督府官房文書課, 1931.
朝鮮總督府, 『慶州南山の佛蹟』, 朝鮮寶物古蹟 圖錄 第二, 1940.
朝鮮總督府, 『佛國寺と石窟庵』, 1938.
朝鮮總督府中樞院, 『殘見委員 提出 朝鮮金石調査稿本』, 1916.
朝鮮總督府, 『朝鮮寶物古蹟調査資料』, 1942.
朝鮮總督府, 『調査資料 第32輯 江陵郡生活狀態調査』, 1931.
朝鮮總督府, 『朝鮮總督府及所屬官署 職員錄』, 1911.
朝鮮總督府官房總務局, 『李王家博物館所藏品寫眞帖』, 1912.
朝鮮總督府博物館 編, 『朝鮮書畵古器物目錄』, 1915.
朝鮮總督府博物館, 『博物館陳列品圖鑒』第7輯, 1935.
靑丘學會, 「1935년도 조선총독부 보물고적명승천연기념물보존회총회 지정예정물건(指定豫定物件)」, 『靑丘學叢』第24號, 1936.
靑丘學會, 「彙報」, 『靑丘學叢』第24號, 1936.
靑丘學會, 「彙報」, 『靑丘學叢』第29號, 1937.
總務處, 『日帝文書解題選集』, 1992.
충남대학교박물관, 『聖住寺』(충남대학교 박물관총서 제17집), 1998.
충청남도교육위원회, 『우리고장 충남』, 1988.
忠淸北道 編纂, 『忠淸北道要覽』, 1934.
충청남도, 『충청남도 지정문화재 해설집』, 2001.
충청남도, 『문화재해설』, 1990.
충청남도, 『문화유적분포지도: 예산군』, 2001.
忠淸北道, 『寺誌』, 1982.

統監官房人事課, 『統監府及所屬官署職員錄』, 1908.
韓國文化財保護協會, 『文化財大觀』(해설편), 1989.
한국인문과학원 영인, 『북한 고고학총서』, 1990.
한림대학교박물관, 「居頓寺址 發掘報告書」, 『한림대학교박물관연구총서 14집』, 2000.
海東佛教社, 『海東佛教』 제4호, 1914.
洪城郡廳, 『洪城郡誌』, 1925.

3, 論著

葛城末治, 「朝鮮金石文」, 『朝鮮史講座』, 朝鮮史學會同人, 1923.
葛城末治, 「高達寺址の逸名龜趺と浮屠に就いて」, 『靑丘學叢』 17, 靑丘學會, 1934.
葛城末治, 『朝鮮金石攷』, 大阪屋號書店, 1935.
葛城末治, 「朝鮮의 集字碑に就いて」, 『稻葉博士還曆紀念滿鮮史論叢』, 稻葉博士還曆紀念會, 1938.
姜友邦, 『圓融과 調和』, 열화당, 1990.
姜友邦, 「石窟庵 佛教彫刻의 圖像的 考察」, 『美術資料』 第56號, 1995.
姜友邦, 「佛國寺와 石佛寺의 公德主」, 『美術資料』 第66號, 國立中央博物館, 2001.
姜仁求, 「麗初 碑身側面 雙龍高彫에 대하여」, 『考古美術』 106·107, 韓國美術史學會, 1970.
鎌田正一, 『朝鮮の人物と事業』, 1936.
經部慈恩, 『百濟美術』, 寶雲舍, 1946.
高橋健自·石田茂作 共著, 『滿鮮考古行脚』, 雄山閣, 1927.
高裕燮, 『朝鮮美術文化史論叢』, 서울신문사출판국, 1949.
高裕燮, 「朝鮮塔婆의 研究」, 『震檀學報』 第10卷, 1936.
高裕燮, 『고유섭전집 1』, 통문관, 1993.
高裕燮, 『고유섭전집 4』, 통문관, 1993.
高裕燮, 「開豊靈鷲山 玄化寺址七層塔」, 『韓國塔婆研究論草稿』, 考古美術同好人會, 1976.
高裕燮, 「朝鮮塔婆의 樣式變遷(各論, 續)」, 『佛教學報』 3·4합집, 東國大佛教文化研究所, 1966.
高裕燮, 「朝鮮塔婆의 樣式變遷」, 『東方學志』 第2집, 연희대동방학연구소, 1955.
高裕燮, 『韓國 建築美術史 草稿』, 대원사, 1999.

谷井濟一,「朝鮮通信」,『考古學雜誌』3-5, 1913.
谷井濟一,「朝鮮通信」,『考古學雜誌』3-6, 1913.
谷井濟一,「朝鮮通信」,『考古學雜誌』3-9, 1913.
菅野銀八,「新羅 興寧寺 澄曉大師塔碑の撰者に就いて」,『東洋學報』第13卷 第2號, 東洋協會學術調查部, 1923.
關野貞,「韓國建築調查報告」,『東京帝國大學 工科大學學術報告』第6號, 東京帝國大學 工科大學, 1904.
關野貞,「韓國慶州に於ける新羅時代の遺蹟」,『東洋協會調查 學術報告』第1冊, 東洋協會, 1909.
關野貞,『韓紅葉』, 1909.
關野貞,『朝鮮藝術之研究』, 朝鮮總督府, 1910.
關野貞,「朝鮮東部に於ける古代文化の遺蹟」,『建築雜誌』第318號, 1913.
關野貞,「朝鮮の古建築に就て」,『朝鮮と建築』第2輯 第2卷, 1922.
關野貞,『朝鮮の建築と藝術』, 岩波書店, 1941.
菊池謙讓,「慶州雜記」,『(朝鮮硏究會3周年記念)朝鮮』, 朝鮮硏究會, 1913.
權悳永,「弘覺禪師碑文을 통해 본 新羅 億聖寺址의 推定」,『史學硏究』55·56합본, 果川韓國史學會, 1998.
權相老 編,『韓國寺刹全書』, 東國出版部, 1997.
權相老,『朝鮮佛敎略史』, 新文館, 1917.
權相老,『韓國寺刹事典』, 이화문화출판사, 불기 2538.
近藤時司,『朝鮮名勝紀行』, 東京 博文館, 1929.
近藤豊,『한국건축사도록』, 1974.
今西龍,『高麗史硏究』, 近澤書店刊, 1944,
今西龍,『新羅史 硏究』, 國書刊行會, 1970.
今西龍,『朝鮮古史の硏究』, 國書刊行會, 1970.
今西龍,『高麗及李朝史硏究』, 國書刊行會, 1974.
金谷雅城,『忠州發展誌』, 金谷商會, 1916.
吉倉凡農,『(企業案內)實利之朝鮮』, 文星堂書店, 1904.
金南允,「高麗 前期의 法相宗과 海麟」,『江原佛敎史硏究』, 도서출판 소화, 1996.
金東賢,「高麗 法泉寺智光國師塔碑殿址調查槪要」,『考古美術資料 11』, 1966.
金杜珍,「新羅下代 禪師들의 中央王室 및 地方豪族과의 關係」,『全南史學』11, 全南史學會, 1997.
金杜珍,「朗慧와 그의 禪思想」,『歷史學報』57, 1973.
金杜珍,「道義의 南宗禪 도입과 그 思想」,『江原佛敎硏究』(한림과학원총서

51), 1996.

金相賢,「石佛寺 및 佛國寺의 硏究」,『佛敎硏究』2, 1985.

金相鉉,「石窟庵에 관한 文獻資料의 檢討」,『精神文化硏究』15-3, 1992.

金相鉉,「三國遺事에 나타난 一然의 佛敎史觀」,『韓國史硏究』20, 1978.

金映遂,「寺刹이란 名義는 이러하다」,『金剛山』제4호, 金剛山社, 1935.

金映遂,「五敎兩宗에 대하여」,『震檀學報』제8권, 1937.

김영태,『三國新羅時代佛敎金石文考證』, 民族社, 1992.

김영태,「石窟庵 內部의 經敎的 이해」,『佛敎思想史論』, 민족사, 1992.

金龍基 編,『京畿道名勝古蹟 沿革史』, 京畿道警察局 保安課, 1955.

金元龍,「石窟庵隨想」,『考古美術』2-8, 1961.

金正基,「中央文化 建築의 特徵」,『考古美術』160호, 1983.

金知見,『道詵硏究』, 民族社, 1999.

金和英,「梨大藏 石造浮屠에 關하여」,『史叢』第12輯, 高大史學會, 1968.

金和英,「新羅澈鑒禪師塔과 塔碑에 대한 考察」,『白山學報』第9號, 1970.

金禧庚,「춘궁리 양탑의 발견유물과 보수개요」,『고고미술』7-3, 1977.

金禧庚,「韓國塔婆硏究資料」,『考古美術資料』第22輯, 考古美術同人會, 1969.

金禧庚 編,「韓國塔婆舍利目錄」,『佛敎學報』第26輯, 東國大學校硏究院, 1989.

金禧庚,「우리나라 탑속의 舍利藏置」,『韓國文化財大系』, 藝耕産業社, 1986.

金禧庚,「統一新羅時代의 金屬製舍利具」,『考古美術』162·163合本號, 韓國美術史學會, 1984.

金禧庚,「法泉寺 智光國師玄妙塔의 舍利孔」,『考古美術』6-10, 1965.

吉岡堅太郎,「慶州 見物」,『鷄の林』, 1924.

吉田英三郎,『朝鮮誌』, 1911.

南天祐,『유물의 재발견』, 도서출판 학고재, 1997.

南天祐,「龕佛을 포함한 諸像과 石窟法堂의 敎理的 解釋」,『歷史學報』111, 1986.

大西修也,「獐項里廢寺 出土의 石造如來像의 復原과 造成年代」,『考古美術』125號, 韓國美術史學會, 1975.

大屋德城,『鮮支巡禮行』, 1930.

大坂金太郎,「慶州に於ける新羅廢寺址の寺名推定に就て」,『朝鮮』, 朝鮮總督府, 1931.

大坂六村(大坂金太郎),『趣味の慶州』, 慶州古蹟保存會, 1939.

大阪六村,「慶州의 南山」,『朝鮮』14권 10호, 朝鮮總督府, 1930.

渡邊彰, 「石窟庵의 境域內에 在한 古代의 石垣及土塔」, 『朝鮮』第77號, 1924.

渡邊彰, 「夫餘 平濟塔 所在地の寺刹名に就いて」, 『朝鮮佛敎』, 朝鮮佛敎社, 1930.

稻田春水, 「朝鮮石塔の硏究」, 『朝鮮佛敎界』, 佛敎振興會, 1916.

藤島亥治郞, 「慶州を中心とせる新羅時代佛座論」, 『考古學雜誌』23-10, 1933.

藤島亥治郞, 「慶州を中心とせる新羅時代 碑論」, 『考古學雜誌』23-11, 1933.

藤島亥治郞, 「湖南地方に於ける 朝鮮建築史料(二)」, 『朝鮮と建築』第5輯 第7號, 1926.

藤島亥治郞, 『韓의 建築文化』, 李光魯 譯, 技文堂, 1986.

藤島亥治郞, 「朝鮮 慶尙北道 達城郡, 永川郡及び義城郡に於ける新羅時代 建築に就いと」, 『建築雜誌』第48輯 第581號, 1934.

藤島亥治郞, 「朝鮮建築史論(其二)」, 『建築雜誌』第44輯 第533號, 1930.

藤島亥治郞, 『朝鮮建築史論』, 경인문화사, 1972.

藤島亥治郞, 「韓文化探訪の追想」, 『朝鮮學事始め』, 靑丘文化社, 1997.

藤田亮策, 「朝鮮金石瑣談」, 『靑丘學叢』第19號, 1934.

藤田亮策, 『朝鮮金石瑣談 外』, 亞細亞文化社, 1979.

藤村德一誌, 「官憲の橫暴と官吏の非常識」, 『居留民之昔物語』, 朝鮮二昔會 發行, 1927.

鈴木一郞, 『日韓合邦記念塔 寫眞帖』, 1934.

瀨戶道一, 「全羅北道의 名勝과 古蹟」, 『朝鮮』, 朝鮮總督府, 1930年 5月.

류종렬, 『조선을 생각한다』, 학고재, 1996.

末松保和, 「新羅昌林寺無垢淨塔願記について」, 『靑丘學叢』第15號. 大板屋號書店, 1934.

梅原末治, 「百濟遺跡調査の回顧と今春の發掘に就いて」, 『忠南敎育』第10號(內鮮一體特輯號), 忠淸南道體育會, 1938.

梅原末治 編, 『新羅古瓦譜』, 古蹟保存會, 1926.

木村靜雄, 『朝鮮に老朽して』, 帝國地方行政學會朝鮮本部, 1924.

文明大, 「廣州地域 寺址發掘의 成果와 意義」, 『佛敎美術』10, 東國大博物館, 1991.

文明大, 「禪林院址 發掘調査 略報告」, 『佛敎美術』10, 東國大博物館, 1991.

文明大, 「澗月寺址 調査槪要」, 『考古美術』133號, 1971.

文明大, 「聖住寺址 實測調査 -聖住寺址 1次調査」, 『佛敎美術』2, 동국대학교 박물관, 1974.

米田美代治, 「慶州 千軍里址 及 三層石塔調査報告」, 『昭和13年度 古蹟調査報告』, 朝鮮總督府.

米田美代治, 『朝鮮上代 建築의 硏究』, 秋田屋, 1944.

朴敬源, 『慶南의 古蹟과 그 文化』, 慶尙南道 鄕土硏究會, 1955.

朴敬源, 「陜川 靈巖寺址와 그 遺物」, 『考古美術』15號, 1961.

朴日薰, 「보령 성주사지 逸名塔碑」, 『考古美術』3-10, 1962.

朴殷植, 『韓國痛史 下』, 搏英社, 1980.

裵珍達, 「石佛寺 石窟構造의 原形과 淵源」, 『新羅文化祭學術發表論文集』, 東國大學校 新羅文化硏究所, 2000.

白松溪 編, 『金泉郡誌』, 金泉郡鄕校明倫堂, 1929.

白弘基, 「溟州 崛山寺址 發掘調査略報告」, 『考古美術』161號, 1984.

保高正記, 『群山開港史』, 1925.

山根倬三, 『(支那滿洲朝鮮案內)亞東指要』, 亞東指要刊行會, 1925.

杉山信三, 『朝鮮の石塔』, 彰國社, 1944.

杉山信三, 「朝鮮古建築雜信(第4信 夫餘5層石塔婆)」, 『史跡と美術』第49號, 1938.

杉山信三, 「大唐百濟塔の比例に就いて」, 『考古學』第8卷 6號, 東京考古學會, 1937.

森田耕一, 「忠北の名勝舊蹟」, 『朝鮮』, 朝鮮總督府, 1930.

上野盛一, 『慶南旅行の友』, 1935.

尙玄, 「慶州石窟佛像」, 『佛敎振興會月報』1권 3호, 1915.

小田幹治郎, 「葛項寺の塔」, 『朝鮮彙報』, 1916.

蘇在龜, 「新羅下代石造美術硏究」, 『美術資料』62호, 국립중앙박물관, 1999.

蘇在龜, 「新羅下代僧塔造營史」, 『美術資料』67호, 국립중앙박물관, 2001.

蘇在龜, 「高達院址 僧塔編年의 再考」, 『美術資料』제52호, 국립중앙박물관, 1993.

蘇在龜, 「新羅下代 石造美術樣式 硏究方法論」, 『美術資料』제62호, 국립중앙박물관, 1999.

蘇在龜, 「新羅下代 蔚山地域의 僧塔」, 『蔚山硏究』제3집, 울산대학교 박물관, 2001.

小倉親雄, 「玉龍寺 先覺國師 道詵의 一考察」, 『文獻報國』第2卷 2號, 1938.

小川敬吉, 「古蹟保存と取締規律」, 『朝鮮と建築』10-3, 1931.

小川敬吉, 「玉龍面の石塔婆と石燈籠に就て」, 『朝鮮と建築』第十輯 第八號, 1931.

小泉顯夫, 『朝鮮古代遺蹟의 遍歷』, 1986.

송경록, 『북한 향토사학자가 쓴 개성 이야기』, 도서출판 푸른숲, 1988.

신영훈,『천상이 천하에 내려 깃든 석굴암』, 2003.

申昌秀,「鳳林寺址 發掘調査」,『考古歷史學志』제16輯, 동아대학교 박물관, 2000.

申千湜,「韓國佛敎史上에서 본 梵日의 位置와 崛山寺의 歷史性 檢討」,『嶺東文化』創刊號, 1980.

申虎澈,「高麗 顯宗代의 淨兜寺5層石塔造成形止記 註解」,『李基白선생 古稀紀念 韓國私學論叢』, 이기백선생 고희기념한국사학논총 간행위원회, 1994.

雙荷子,「白月禪師碑」,『朝鮮佛敎月報』, 1912年 6月.

阿部薰,『朝鮮功勞者名鑑』, 民衆時論社, 1935.

安震湖,「三國遺事 出現을 보고 普覺國尊의 碑石을 言하노라」,『佛敎』36, 1929.

梁承律,『金立之의 聖住寺碑』, 忠南大學校 碩士學位論文, 1993.

嚴基杓,『新羅와 高麗時代 石造浮屠』, 학연문화사, 2003.

嚴基杓,「雙峰寺澈鑒禪師澄昭塔의 彫刻史的 意義」,『龍鳳論叢』27輯, 全南大學校 人文科學硏究所, 1998.

吳秉南,「그리운 옛터를 차져 新羅古都 慶州로」,『湖南評論』第3卷 1號, 湖南評論社, 1937.

奧田耕雲,『新羅舊都 慶州誌』, 1919.

奧土居天,『충주관찰지(忠州觀察誌)』, 1931.

奧平武彦,「朝鮮出土의 支那陶瓷器 雜見」,『陶瓷』第9卷 第2號, 1939年 5月.

有馬純吉,『人物評論 眞物? 贋物?』, 朝鮮公論社, 1917.

尹武炳,『定林寺址發掘調査報告書』, 民族文化, 1989.

尹聖永,『永川全誌』, 1940.

李浩官,「統一新羅時代의 龜趺와 螭首」,『考古美術』154·155合本, 韓國美術史學會, 1982.

이구열,『한국문화재 수난사』, 돌베개, 1996.

李基白,「新羅 執事部의 成立」,『震檀學報』第25·26·27 合倂號, 震檀學會, 1964.

李能和,『朝鮮佛敎通史』, 新文館, 1918.

이달훈,「중원 탑평리 7층석탑의 복원적 고찰」,『충북의 석조미술』, 충북개발연구원 부설 충북학연구소, 2000.

李道學,「泗沘時代 百濟의 4方界山 護國寺刹의 成立」,『百濟佛敎文化의 硏究』, 충남대학교 백제연구소, 1994.

李敏寧 編,『瑞山郡志』, 中央印刷社, 1929.

李秉延,『朝鮮環輿勝覽』, 1929.

李丙薫,「唐法藏寄新羅義湘書에 대하여」,『書誌』第2號, 書誌學會, 1960年 8月.

李英 編,『忠州發展史』, 忠州發展史刊行會, 1933.

이영섭,「문화재비화 내가 걸어온 고미술계 30년」,『월간문화재』, 1973년 7·8월호.

李龍範,「道詵의 地理說과 唐僧 一行禪師」,『先覺禪師 道詵의 新硏究』, 靈巖郡, 1988.

李銀基,「新羅末 高麗初期의 龜趺와 浮屠 硏究」,『歷史學報』第71輯, 歷史學會, 1976.

李殷昌,「서산보원사지의 조사」,『考古美術』7-4, 1066.

李殷昌,「보령 성주사지의 금당지」,『考古美術』3-4, 1962.

李殷昌,「보령 성주사지의 逸名塔碑」,『考古美術』2-9, 1961.

李殷昌,「보령 성주사지 石塔考」,『史學硏究』9, 1967.

李殷昌,「忠南 散逸文化財」,『考古美術』9-2, 1968.

李榮姬,「法泉寺智光國師玄妙塔에 관한 硏究」,『考古美術』173, 1974.

李在俊,『한국의 폐사』, 한국문화사, 1995.

이정 편저,『韓國佛敎寺刹辭典』, 佛敎時代社, 1996.

李重華,『慶州紀行』, 第一商會, 1922.

李浩官,「奉印寺 舍利塔」,『三佛 金元龍敎授 停年退任 記念論叢』, 一志社, 1987.

李弘稙,「倒壞된 一然禪師의 舍利塔」,『思想界』59, 1958.

李弘稙,「日本 根津美術館의 高麗浮屠」,『考古美術』10, 1961.

李弘稙,「在日 文化財備忘錄」,『史學硏究』18, 1964.

李弘稙,「在日 韓國文化財 備忘錄」,『月刊文化財』13號, 1972.

李弘稙,『한 史家의 流薰』, 通門館, 1972.

李鉉淙,「開港後 史庫保存狀況」,『白山學報』第18號, 1970.

林茂樹,「大正2年 府君廢合事情의 追憶」,『朝鮮』, 朝鮮總督府, 1931.

임병규,「남양주의 사찰」, 남양주문화원, 2000.

張俊植,「荷谷 마을의 불교유적에 대하여」,『예성문화』제12호, 1991.

張俊植,「遺蹟을 통해 본 鷄立嶺考」,『예성문화』제7호, 예성동호회, 1985.

張俊植,『新羅中原京硏究』, 학연문화사, 1998.

張俊植,「중원지방의 석조부도」,『충북의 석조미술』, 충북개발연구원 부설 충북학연구소, 2000.

張忠植,「聞慶 鳳西里 石塔의 調査」,『佛敎美術』第7號, 동국대학교 박물관, 1983.

張忠植,『韓國의 塔』, 一志社, 1989.

張忠植,「九山禪門의 舍利塔」,『文化史學』11~13合本, 韓國史學會, 1999.
齋藤岩藏,「平南の名所舊蹟を訪ねて」,『朝鮮』, 朝鮮總督府, 1930.
齊藤忠,『高麗寺院史料集成』, 大正大學綜合佛敎硏究所, 平成九年.
前間恭作,「若木石塔記の解讀」,『東洋學報』第15卷 第3號, 東洋協會學術調査部, 1924.
全暎雨,「謙齋畵 嶠南名勝帖의 慶州 骨窟石窟圖」,『考古美術』5-2, 1964.
鮎貝房之進,「百濟古都案內記」,『朝鮮』通卷234, 朝鮮總督府, 1934.
點貝房之進,『雜攷』第6輯 上卷, 近藤出版部, 1932.
정규홍,『우리문화재 수난사』, 학연문화사, 2005.
鄭明鎬,「靑龍寺 普覺國師塔碑와 石燈」,『考古美術』5-12, 1964.
鄭明鎬,「慶北地方 石造物 補修」,『考古美術』113·114합본, 韓國美術史學會, 1972.
鄭永鎬,「제천의 모전 석탑 2기」,『고고미술』2호, 1960.
鄭永鎬,「단양향산리 3층석탑」,『考古美術』40호, 1963.
鄭永鎬,「보화각의 괴산부도」,『考古美術』43호, 1964.
鄭永鎬,「양양 禪林院址에 대하여」,『考古美術』2-6, 1966.
鄭永鎬,『槐山地區 古蹟調査報告』, 단국대학교출판부, 1967.
鄭永鎬,「中原靑龍寺址의 調査」,『史叢』第12·13合輯, 고려대사학회, 1968.
鄭永鎬,「新羅三山 第3次調査略報」,『考古美術』102호, 韓國美術史學會, 1969.
鄭永鎬,「韓國石塔의 特殊樣式 考察」,『단국대학교논문집』제3집, 1969.
鄭永鎬,『新羅石造浮屠의 硏究』, 1974.
鄭永鎬,「蔚州望海寺 石造浮圖의 建造年代에 대하여」,『又軒 丁仲渙博士 還曆記念論文集』, 1974.
鄭永鎬,「高麗初期 石造浮屠 硏究」,『東洋學』, 단국대학교출판부, 1980.
鄭永鎬,「浮屠」,『考古美術』158·159號, 韓國美術史學會, 1983.
鄭永鎬,「舍利」,『考古美術』158·159號, 1983.
鄭永鎬,「廣州 春宮里 寺址 一考」,『藍史鄭在學博士 古稀記念 東洋學論叢』, 高麗苑, 1984.
鄭永鎬,「高麗浮圖의 硏究」,『考古美術』175·176合本, 韓國美術史學會, 1989.
鄭永鎬,「陳田寺址 發掘調査(1974~75)略報」,『陳田寺址 發掘報告』, 단국대학교 중앙박물관, 1989.
鄭永鎬,「陳田寺址 遺蹟 遺物調査」,『陳田寺址 發掘報告』, 단국대학교 중앙박물관, 1989.

鄭永鎬, 『韓國佛塔100選』(研究論叢92-10), 精神文化研究院, 1992.
鄭永鎬, 「石窟庵」, 『韓國의 文化遺産』, 韓國精神文化研究院編, 1997.
鄭永鎬, 「佛國寺」, 『韓國의 文化遺産』, 韓國精神文化研究員編, 1997.
鄭在烈, 『金烏勝覽』, 1936.
鄭海昌, 「高達寺址의 浮屠와 碑趺에 관하여」, 『史學研究』 제13호, 1962.
鄭海昌, 「浮圖의 樣式에 관한 考略」, 『白性郁博士頌壽記念佛教學論文集』, 동국대학교, 1959.
曺凡煥, 「朗慧 無嚴과 聖住寺 創建」, 『韓國古代史 研究』 14, 서경문화사, 1998.
趙焄哲, 「定林寺址의 美術史的 考察」, 『黃壽永博士 八旬頌祝 紀念論叢』, 한국문화사학회, 1997.
佐佐木兆治, 『朝鮮古美術業界二十年の回顧』, 京城美術俱樂部, 1942.
中根環堂, 『鮮滿見聞記 奥付』, 東京 中央佛教社, 1936.
中吉功, 『海東の佛教』, 國書刊行會, 1973.
中村健太郎, 「佛國寺より石窟庵まで」, 『朝鮮及滿洲』 第217號, 朝鮮及滿洲社, 1925.
中村亮平, 『朝鮮慶州之美術』, 1929.
中村資郎, 『(京城仁川)職業名鑑』, 東亞經濟時報社, 1926.
池內宏, 「朝鮮の文化」, 『東洋思潮』 第5卷, 岩坡書店, 1934.
秦弘燮, 「聞慶 觀音里의 石佛과 石塔」, 『考古美術』 2號, 1960.
秦弘燮, 「咸安 主吏寺四獅子石塔址의 調查」, 考古美術 第5卷 6·7號, 1964.
秦弘燮, 「奉化 太子寺址 調查概要」, 『考古美術』 제6권 제12호, 1965.
秦弘燮, 「提川 長樂里 模塼石塔 舍利孔」, 『考古美術』 9-1, 1968.
秦弘燮, 『경주의 고적』, 열화당, 1975.
秦弘燮, 「新羅北岳太白山遺蹟調查報告」, 『韓國文化研究院論叢』 36, 이화여자대학교 한국문화연구원, 1980.
秦弘燮, 「圖版解說」, 『韓國文化財大系』, 藝耕産業社, 1986.
秦弘燮, 「高麗時代의 舍利莊嚴具」, 『考古美術』 175·176號, 韓國美術史學會, 1989.
秦弘燮, 「백제사원의 가람제도」, 『백제불교문화의 연구』, 충남대 백제연구소, 1994.
蔡尙植, 「충주 정토사지 법경대사비의 음기」, 『충북의 석조미술』, 충북개발연구원 부설 충북학연구소, 2000.
蔡尙植, 「普覺國尊 一然碑의 現像과 復原의 問題」, 『古書研究』 第13號, 1910.

川口卯橘,「史蹟探査旅行記」,『朝鮮史學』第7號, 1926.

川端源太郎,『朝鮮在住內地人 實業家人名士辭』, 朝鮮實業新聞社, 1913.

天沼俊一,「朝鮮全南寶林寺の古石燈」,『史跡と美術』, 1934.

靑柳南冥,『朝鮮國寶的寶物及古蹟大典』, 朝鮮總督府, 1913.

靑柳南冥,『新朝鮮成業名鑑』, 朝鮮硏究會, 1917.

村上友次郎,『최근지충주(最近之忠州)』, 1915.

崔相宜,『朝鮮 遊覽錄』, 廣學書鋪, 1917.

崔柄憲,「羅末麗初 禪宗의 社會的 性格」,『史學硏究』25號, 韓國四學會, 1975.

崔柄憲,「新羅下代 禪宗九山派의 成立」,『韓國史硏究』7, 1973.

崔完秀,『澗松文華』41號, 1991.

崔完秀,「澗松이 葆華閣을 설립하던 이야기」55, 한국민족연구소, 1998.

崔仁善,「光陽 玉龍寺 先覺國師 道詵의 浮屠殿址와 石棺」,『黃壽永博士 八旬頌祝紀念論叢』, 韓國文化史學會, 1997.

諏方武骨,『慶南史蹟名勝談叢』, 諏方武骨遺稿刊行會, 1927.

漆山雅喜,『朝鮮巡遊雜記』, 1929.

土居山洋,「興法寺廉居和尙塔誌に就いて」,『京城帝大史學會報』, 京城帝大史學會, 1933.

統監府 鐵道管理局,『韓國鐵道路線案內』, 1908.

統監府官房人事課,『統監府及所屬官署職員錄』, 1908.

八木奬三郞,「韓國 佛塔論」,『考古界』第1編 第9號, 考古學會, 1902.

韓國美術史學會,「返還目錄」,『考古美術』165號, 1985.

許興植,『韓國의 古文書』, 民音社, 1899.

許興植,『韓國中世 社會史 資料集』, 아시아문화사, 1976.

洪思俊,「夫餘 定林寺址 5層石塔(實測에 나타난 事實)」,『考古美術 第48號』, 1964.

洪思俊,「百濟烏合寺考」,『考古美術』9-11, 1968.

洪思俊,「聖住寺址石塔 解體와 組立」,『考古美術』113·114합본, 韓國美術史學會, 1972.

和田雄治,「慶州瞻星臺ノ說」,『朝鮮古代觀測記錄調査報告』, 朝鮮總督府觀測所, 1917.

黃壽永,「石窟庵에서 搬出된 塔像」,『考古美術』2-8, 1961.

黃壽永,「高麗 金銅 舍利塔과 靑瓷壺」,『考古美術』3-1, 1962.

黃壽永,「崇巖山 聖住寺事蹟」,『考古美術』98號, 1968.

黃壽永,「新羅 聖住寺 大郎慧和尙 白月保光塔의 調査」,『考古美術』100號, 1968.

黃壽永 編,「日帝期 文化財被害資料」,『考古美術資料』第22輯, 韓國美術史學會, 1973.
黃壽永,『佛國寺와 石窟庵』, 敎養國史叢書, 1974.
黃壽永,「百濟烏合寺와 新羅聖住寺」,『又軒丁重煥博士還曆紀念論文集』, 1974.
黃壽永,「新羅 聖住寺의 沿革」,『佛敎美術』第2輯, 東國大學校博物館, 1974.
黃壽永,「新羅聖住寺址의 塑佛資料」,『美術資料』17, 國立中央博物館, 1974.
黃壽永,「新羅 半跏思惟像의 新例」,『考古美術』142, 韓國美術史學會, 1977.
黃壽永,「統一新羅時代의 鐵佛」,『考古美術』154·155합본, 韓國美術史學會, 1982.
黃壽永,「高麗時代의 鐵佛」,『考古美術』166·167합본, 1985.
黃壽永,「玉龍寺 道詵國師碑」,『先覺國師道詵의 新研究』, 靈巖郡, 1988.
黃壽永,「明昌二年銘 高麗 興法寺銅鍾」,『梵鐘』12·13합집, 1990.
黃壽永,「石窟庵 本尊 阿彌陀如來坐像 小考」,『考古美術』136호, 1997.
黃壽永,『黃壽永全集 2』, 도서출판 혜안, 1998.
黃壽永,『黃壽永全集 4』, 도서출판 혜안, 1998.
黃壽永,『黃壽永全集 5』, 도서출판 혜안, 1998.
黃壽永,『黃壽永全集 6』, 도서출판 혜안, 1999.
黃壽永,「石窟庵本尊 名號考」,『佛敎學叢書』, 천태종 불교문화 연구원, 1999.
황원갑,『고승과 명찰』, 책 있는 마을, 2000.
黃玹,『梅泉野錄』, 李章熙 譯, 大洋書籍, 1973.
喜田貞吉,「大唐平百濟國碑に關する疑問」,『考古學論文集』, 三宅米吉編, 1929.

4. 其他

朝鮮總督府官報, 1913년 10월 27일.
朝鮮總督府官報 533호, 1914년 5월 12일.
朝鮮總督府 官報 제564호, 忠淸南道 告示 제42호, 1914년 6월 19일.
朝鮮總督府 官報 第621號, 1914년 8월 26일.
朝鮮總督府(1915. 3. 9), 京畿道 告示 第10號.
朝鮮總督府官報 제3825호, 1939년 10월 18일.

總督府告示 第430號, 1934년 8월 27일.
朝鮮總督府官報 第2547號. 1935년 7월 10일.
朝鮮總督府官報, 號外, 1938년 5월 3일.

大韓每日申報　1907년 3월 7일자. 1907년 3월 21일자.
　　　　　　　1907년 4월 13일자. 1907년 4월 23일자.
　　　　　　　1907년 6월 4일. 1907년 6월 5일. 1907년 6월 6일자.
皇城新聞　　　1907년 1월 23일자. 1907년 1월 24일자. 1907년 1월 28일자.
　　　　　　　1907년 2월 1일자. 1907년 6월 22일자. 1909년 4월 28일자.
公立申報,　　　1907년 7월 11일자. 1907년 7월 12일자.
萬歲報　　　　1907년 1월 31일자.
每日申報　　　1912년 11월 10일자. 1912년 11월 14일자. 1916년 2월 6일자.
　　　　　　　1917년 9월 8일자. 1925년 10월 17일자. 1930년 8월 22일자.
　　　　　　　1933년 6월 23일자. 1935년 5월 28일자. 1935년 7월 11일자.
　　　　　　　1937년 9월 5일자.
時代日報　　　1925년 6월 6일자.
東亞日報　　　1928년 7월 26일자, 1928년 7월 28일자. 1935년 8월 27일자.
　　　　　　　1935년 9월 1일자. 1937년 9월 5일자. 1937년 11월 30일자.
　　　　　　　1938년 3월 24일자, 1938년 5월 24일자. 1939년 9월 10일자.
　　　　　　　1948년 6월 18일자. 1948년 7월 6일자. 1949년 9월 27일자.
　　　　　　　1961년 2월 27일자. 1961년 11월 4일자. 1962년 12월 5일자.
朝鮮中央日報　1934년 11월 14일자. 1935년 9월 1일자.
　　　　　　　1935년 7월 11일자. 1935년 8월 27일자.
朝鮮日報　　　1938년 5월 25일자. 1958년 1월 30일자.
新韓民報　　　1933年 8月 24日字.
서울신문　　　89년 3월 19자.
韓國日報　　　1991년 5월 3일자.
博物館新聞　　1971년 9월 1일자.

찾아보기

3층연대승형탑三層蓮臺僧形塔 85
11면관세음보살입상十一面觀世音菩薩立像 53

가

가야사 294, 297
가야산 310
가야산 해인사고적기 193
가지산문迦智山門 223, 495, 503
가츠라기 스에하루葛城末治 119
간월사지澗月寺址 195
갈항사지 143
감실龕室 42
강당사講堂寺 311
강당사지불상講堂寺址佛像 313
강설루중수기 113
강창부락 167
개천사開天寺 334
개천산 333
개태사 303
개태사석탑 305
거돈사지 468, 474, 512
경덕왕 83, 224, 397
경명왕 210, 213
경문왕 134, 175, 376, 504
경애왕景哀王 333
경주 골굴석굴도慶州骨窟石窟圖 41, 74
경주고적보존회 92
경주기행慶州紀行 21
경주고적보존회 59
경찬법회慶讚法會 32
경천사지 357
경천사탑기敬天寺塔記 359
고골저수지 398
고달사지 376

고달사지 무명탑無名塔 386
고달사지 쌍사자석등 390
고유섭高裕燮 49, 85, 88, 158, 321, 322, 340, 375
고적급유물등록대장초록古蹟及遺物登錄臺帳抄錄 181, 194, 255, 308, 312, 325, 388, 401, 425, 489
고적연구회 105
곤도 사고로近藤佐五郎 363, 370, 507
관덕동3층석탑 18, 152
교남명승첩嶠南名勝帖 40, 74
국존國尊의 책冊 114
국청사國淸寺 244
굴산사지 485
권금성 494
귀신사鬼神寺 253
김대성金大城 36
김대정金大正 36
김문량金文良 36
김부식金富軾 134
김생 96, 101, 175
김언경金彦卿 224
김입지金立之 273
김정언金廷彦 377, 378
김정희金正喜 98
김주원金周元 486
김창협 359

나

나가노 긴야長尾欽彌 31
나카네 간도中根環堂 22
나카무라 료헤이中村亮平 48, 54
남관南舘 122
남연군 묘지 297

낭공대사 175, 179, 184
낭공대사朗空大師 행적行寂 487
낭원대사오진탑비문朗圓大師悟眞塔碑文 488
낭혜화상朗慧和尙 274~276, 348, 419
니시와키 겐지西脇健治 142

다

다보탑多寶塔 14
다보탑중수경찬회多寶塔重修慶讚會 17
다케우치 야오타로竹內八百太郎 516
대경대사大鏡大師 419
대경대사현기탑 423
대낭혜화상백월보광탑大郎慧和尙白月葆光塔 283
대문동 130
대석臺石 49
데라우치寺內 60, 443
도굴산파闍崛山派 461, 486
도사랑道舍廊 432
도선 241
도의국사道義國師 184, 185, 495, 497
도천사지道泉寺址 165
도천서원陶川書院 450
동백사 251
동진대사洞眞大師 241, 245
동진대사보승탑비洞眞大師寶乘塔碑 248

라

료공선사了空禪師 241

마

만세암 108
모리 키구고로森菊五郎 299
무구광정탑無垢光淨塔 14
무구정광대다라니경無垢淨光大陀羅尼經 18, 98
무구정탑원기無垢淨塔願記 98
무량사無量寺 114

무열왕武烈王 486
문명상회 525
문무왕 125
문성왕 275
미수기언眉叟記言 360

바

박인범朴仁範 242, 243
박종朴琮 41, 176
반절비半折碑 452
발산리석등 261
배성관 138, 266
백계사 251
백계산옥룡사선각국사비명白鷄山玉龍寺詵覺國寺碑銘 247
백월서운지탑 175
백철현 298
백호白毫 50, 52
범일梵日 461
범일국사 485
법경대사 현휘玄暉 332
법인국사法印國師 311, 314
법인국사보승탑 314, 316
법천사지 431
보각국사普覺國尊 114, 495
보각국사정혜원융탑 329
보각국사 환암幻岩 327
보각국사정조지탑普覺國師靜照之塔 115, 120
보각국사존비普覺國師尊碑 115
보덕사 294
보리사지 418
보림사 223
보월능공탑寶月凌空塔 211
보원사 311
보조선사 체징體澄 224
보조선사창성탑 229
보조선사창성탑비普照禪師彰聖塔碑 504

봉림사지 208, 260
봉림산보제사鳳林山普齊寺 210
봉림산파 209
봉서사鳳棲寺 142
봉인사 392
부도골 121
부도암浮圖庵 392
부여석조 324
부인사夫仁寺 245
부처골 182
북악北岳 273
불국사 30
불국사 수리공사 17
불국사무구광정탑중수기佛國寺無垢光淨塔重修記 14
불국사와 석굴암 15, 24, 42, 52, 56, 65
불당골 137
불이법문佛二法門 60

사

사寺 33
사림사沙林寺 477
사운사獅雲寺 150
사자상 21
산중일기山中日記 33, 39, 84, 108, 195
삼천불전三千佛殿 288
상량문 현판 41
상병리탑上丙里塔 156
상원사 421
서천제납박타존자부도명西天提納薄陁尊者浮屠銘 415
석가탑釋迦塔 14, 18
석굴 본존本尊 54
석굴불 운송 59
석굴암 개안법회石窟庵開眼法會 62
석굴암 보수공사계획 62
석굴암 석불위치도石窟庵石佛位置圖 71

석굴암 수선공사 사양서石窟庵修繕工事仕樣書 62, 64
석굴암 수선공사 시방서 42
석남사石南寺 175, 179, 184
석불사石佛寺 33, 34, 72
석사자石獅子 18, 152, 204, 350
석심회피탑石心灰皮塔 156
선각국사증성혜등탑비先覺國師證聖慧燈塔碑 241
선덕왕 108, 495
선림원지禪林院址 477
선림원지부도 483
선융화상善融和尙 134
성주사비聖住寺碑 274, 276
성주사지5층석탑 286
세이요겐精養軒 30
소네曾禰 44, 45
소래산蘇來山 426
소정방蘇定方의 기공문紀功文 320
숭각사지 330
슈고엔聚好園 516, 522
스기야마 노부조杉山信三 256, 293, 489
승전勝詮 143, 145
시마타니 야소기치島谷八十吉 259~261, 330, 331
신라회新羅會 44, 57
신방사 198
신보 키조新保喜三 270
신복사3층석탑 463
신흥사新興寺 169, 494
실상탑實相塔 345
쌍봉사창건비문雙峯寺剏建碑文 252, 255
쌍봉화상雙峯和尙 252
쌍사자석등 188

아

안정복安鼎福 334

안흥사지석탑 407
암庵 34
야나기 무네요시柳宗悅 38, 39, 46, 72
야마구치 다헤이山口太兵衛 443
야마나카山中상회 515
야키 쇼사부로八木奘三郎 338
억성사億聖寺 503
염거화상廉居和尙 224, 499, 503
염거화상탑 199, 250, 454, 499, 507
영묘사 147, 479
영암사적연국사자광탑비靈巖寺寂然國師慈光塔碑 188
영암사지靈巖寺址 187
예산읍3층석탑 296
오가와 케이기치小川敬吉 105, 127, 233, 236, 247, 437, 508
오구라 다케노스케小倉武之助 151, 202, 237, 509
오사다 켄지長田謙二 463
오사카 긴타로大坂金太郞 96
오야 곤베이大屋權平 162
오쿠 지스케奧治助 201
오쿠다 게이운奧田耕雲 43, 46, 51, 99
오쿠라 키하치로大倉喜八郞 408
오쿠라집고관大倉集古館 405
오합사烏合寺 274
옥룡사동진대사보운탑비명玉龍寺洞眞大師寶雲塔碑銘 245
옥룡사지玉龍寺址 240
옥룡사지부도玉龍寺址浮屠 248
온고당溫古堂 270
와다 유지和田雄治 47
와다 츠네이치和田常市 439
와타나베 타카지로渡邊鷹次郞 362, 364
외남면外南面 155
요시오카 겐타로吉岡堅太郞 70
용두사 334

용장곡 83
용장사茸長寺 83
용현리龍賢里 311
원감국사 450
원감대사圓鑒大師 현욱玄昱 389
원감대사비圓鑒大師碑 389
원공국사 지종智宗 468
원공국사승묘탑圓空國師勝妙塔 440, 470, 511
원공국사승묘탑비 469
원랑선사圓郎禪師 348
원성왕元聖王 339
원종대사 찬유璨幽 377
원종대사혜진탑元宗大師慧眞塔 381
원주법천사기原州法泉寺記 433
월광사 부도잔석浮圖殘石 349
월광사지 192, 348
월광태자 193
위전비位田碑 329
의상조사 113, 125
이규경李圭景 96
이수광李睟光 117
이순황 270
이시가와 에쓰조石川悅三 83
이와타 센스岩田仙宗 393, 394
이왕직박물관 60
이이지마 겐노스케飯島源之助 62, 72
이토 히로부미伊藤博文 370
이환추李桓樞 134, 419
이희섭 525
인각사麟角寺 112
인각사 무무당기麟角寺 無無堂記 113
인종仁宗 242
일한합방기념탑 24
임나任那 211

자

자로 데라우치寺內 43

장각골 139
장각사長角寺 139
장뜰 432
장생표주長生標柱 224
장수사長壽寺 35
장연사지長淵寺址 217
장육상丈六像 82
장항리사지 88
적인선사寂忍禪師 혜철慧徹 255
정도사오층석탑조성형지기淨兜寺五層石塔造成形止記 161
정림사지 317
정림사지탑 320
정림탑定林塔 324
'정원 20년貞元卄年' 명銘 신라범종新羅梵鍾 478
정토사지淨土寺址 332
정혜사 108
조로구타城六太 421
조선 공예 전람회 525
조선고적사진목록朝鮮古蹟寫眞目錄 162, 438, 453, 472, 505
조선미술대관朝鮮美術大觀 45, 48, 71, 75
조선보물고적천연기념물요람 193
조선석공예품전朝鮮石工藝品展 516
조선총독부보물지정대장朝鮮總督府寶物指定臺帳 269
종열從悅 41
종현암지鐘懸庵址 427
주륵사지 122
주리사지 204
중앙탑 338, 340
중흥사中興寺 233
중흥산성 232
중흥산성 쌍사자석등 233
중흥산성석탑 238
증기행수蒸氣行水 77
증상사增上寺 31

증성혜등證聖慧燈 241
지광국사智光國師 432, 435
지광국사현묘탑 438, 441
지사리芝沙里 156
지사리탑芝沙里塔 156
직지사 140, 166, 168
진경대사 210, 377, 450
진경대사보월능공탑비鳳林寺眞鏡大師寶月凌空塔碑 390
진공대사眞空大師 133, 451, 498
진공대사탑 250, 454
진공대사보법탑 136
진공대사보법탑비眞空大師普法塔碑 134
진성왕眞聖王 277
진열품구입회의서陳列品購入回議書 138
진전사陳田寺 224, 494
진흥왕 193

차

창림사昌林寺 95
창림사비 96
창림사삼층석탑 99, 100
창팍사터 353
채수蔡壽 358
처용리 199
처용암 199
천군리사지 103
천궁사지川弓寺址 104
천호산 303
철감선사 252
철부鐵釜 307
철조비로사나불 226
청구靑丘 134
초도순시初度巡視 46, 47
초암사부도 127
최언위崔彦撝 134, 419
최유청崔維淸 242, 243

찾아보기

551

최인연崔仁渷 175, 210, 211, 277, 280
최충 469
최치원崔致遠 277, 279
춘궁리春宮里 397
충렬왕 114

카

카사이 긴야笠井金彌 402
코쿠지 히로시國枝博 62
키구치 겐죠菊池謙讓 44
키무라 시즈오木村靜雄 43, 57, 60, 322

타

타나카 미츠야키田中光顯 360, 365, 371
타케우치 야수기치竹內保吉 17
타케우치 야오타로竹內八百太郎 266
탑골 156
탑골못 156, 169
탑동 156
탑정리 서탑 91
탑평塔坪 337
태자동 179
태자사太子寺 175
태자산太子山 179

파

팔부신장八部神將 70, 73
평제탑 320, 324

하

하기노 나오주로萩野直十郎 362
학산천鶴山川 491
한남서림 270
한산주漢山州 397
행정탑杏亭塔 339
허형도許亨道 116
헌강왕 224

헌덕왕 184, 495
현각사玄閣寺 103
현기지탑玄機之塔 419
현욱玄昱 377
현화사지 409
혜각탑비편慧覺塔碑片 123
혜공왕惠恭王 36
혜철대사惠徹大師 241
홍각선사弘覺禪師 188, 376, 504
홍각선사비弘覺禪師碑 390, 480, 482
홍법국사弘法國師 344
홍양호洪良浩 114, 177
화산華山 113, 115
화장사花庄寺 180, 414
화장사 동남봉부도 417
화장사 지공탑 416
효공왕 209, 241, 314, 333, 419
후지시마 가이지로藤島亥治郎 88, 101, 127, 151, 158, 171, 227
흥법사지 511
흥선대원군 297
희강왕僖康王 377